Erich Zenger

DIE NACHT WIRD LEUCHTEN WIE DER TAG

Psalmenauslegungen

AKZENTE

Herder Freiburg · Basel · Wien

Dieses Buch ist die Zusammenführung der beiden Bücher
von Erich Zenger:
*Mit meinem Gott überspringe ich Mauern – Einführung
in das Psalmenbuch* (⁴1993) und
Ich will die Morgenröte wecken – Psalmenauslegungen (²1996)

Neuausgabe 1997

Umschlaggestaltung: Finken & Bumiller, Stuttgart
Umschlagmotiv: © Tony Stones

Alle Rechte vorbehalten – Printed in Germany
© Verlag Herder Freiburg im Breisgau 1997
Herstellung: Freiburger Graphische Betriebe 1997
ISBN 3-451-26379-3

Inhalt

Vorwort 7

I. Psalmen rezitieren – wozu und wie? 9

Psalmen beten ist ein großes Wunder 10
Vom Segen des Psalmenrezitierens 12
Christliche Vorbehalte gegen die Psalmen 15
Graben und Brücke zugleich zwischen Judentum
 und Kirche 18

II. Das Psalmenbuch als Teil der Bibel 21

Lobpreisende Antwort Israels 22
Zusammenstellung mehrerer Lieder- und
 Gebetbücher 26
Die Psalmenüberschriften 28
Ein Lieder- und Lesebuch zugleich 33
Rhetorische und poetische Gedichte 35

III. Das zweifache Portal des Psalmenbuchs 39

Psalm 1 41
Psalm 2 47
Psalm 149 53
Psalm 150 60

IV. Klage und Dank 70

Psalm 13 73
Psalm 30 87
Psalm 40 94

V. Volk Gottes ... 104

Psalm 47 ... 107
Psalm 15 ... 114
Psalm 133 ... 118

VI. Leben in der Geschichte des Volkes ... 127

Psalm 114 ... 128
Psalm 126 ... 146

VII. Von der Verantwortung des Staates ... 158

Psalm 20 ... 162
Psalm 21 ... 165
Psalm 101 ... 168

VIII. Option für die Armen ... 172

Psalm 12 ... 176
Psalm 14 ... 180
Psalm 11 ... 184

IX. Des Herrn ist die Erde und die auf ihr leben ... 188

Psalm 19 ... 189
Psalm 33 ... 195
Psalm 8 ... 201

X. Gottesmystik ... 212

Psalm 16 ... 213
Psalm 23 ... 225

XI. Ein Lebensbuch ... 233

1. Verdichtetes Leben ... 233
2. „Nachtherbergen für die Wegwunden" (Nelly Sachs) ... 236
3. Lobgesänge gegen den Tod ... 241
4. Mystische Biographie Israels und der Kirche ... 247

XII. Geheimnis der Schöpfung 251

Psalm 104 253
Psalm 148 268

XIII. Zion – Quelle des Lebens 275

Psalm 46 278
Psalm 65 288

XIV. Visionen des Gottesreichs 297

Die Komposition Ps 93–100 298
Psalm 93 301
Psalm 99 306
Psalm 100 312

XV. Der Gott des Exodus 320

Psalm 81 323
Psalm 82 330
Psalm 118 336

XVI. Der Gott der kleinen Leute 348

Der Wallfahrtspsalter Ps 120–134 350
Psalm 125 354
Psalm 127 357
Psalm 129 360
Psalm 134 363

XVII. Anschrei aus der Tiefe 367

Psalm 6 370
Psalm 44 383

XVIII. Vergebung der Sünden 394

Psalm 130 396
Psalm 51 401
Psalm 103 415

XIX. Leben mit dem Tod	426
Psalm 90	428
Psalm 49	437
Psalm 73	444
XX. Gottesnähe	454
Psalm 4	456
Psalm 139	464
Psalm 42/43	476
XXI. Der (nichtkanonische) Psalm 151: ein theologisches Nachwort zum Psalmenbuch	486
Literaturhinweise	491

Vorwort

„Begreifen, was uns ergreift" – so hat der Literaturwissenschaftler Emil Staiger das Ziel der methodischen Textauslegung zusammengefaßt. Die Beschreibung der Architektur eines Gedichtes, seiner Bildwelt und seiner Sprache soll aufdecken, was ein Gedicht in uns bewegt und auslöst, damit wir die Dynamik begreifen, mit der es uns ergreift.

Die Psalmen der Bibel sind Gedichte. Um ihre Auslegung geht es in diesem Band. Zwar verzichtet es auf den wissenschaftlichen Apparat, aber die Auslegungen sind fachexegetisch erarbeitet. Sie wollen keine Anmutungen anläßlich eines Psalmtextes mitteilen, sondern zum „begreifenden" Hören und Rezitieren der Psalmen selbst hinführen. Zu einigen Psalmen habe ich auch neue exegetische Einsichten rezipiert, die durch fachwissenschaftliche Gespräche gewachsen sind. Hier nenne ich besonders Silvia Schroer (ihr danke ich für die Überlassung eines noch unveröffentlichten Manuskriptes zu Psalm 65), Hubert Irsigler (ich denke an ein längeres Gespräch über Psalm 93 am Rande eines Symposions über Biblische Archäologie), Norbert Lohfink (mit ihm habe ich mehrfach längere Telefonate über Psalmenexegese geführt) und besonders Frank-Lothar Hossfeld, mit dem ich seit einigen Jahren an einem Psalmenkommentar für die neue Echter Bibel arbeite.

Beabsichtigt bei den Psalmenauslegungen dieses Bandes ist *theologische* Exegese! Andererseits habe ich versucht, die Psalmen als „kanonische" Texte auszulegen, also als Teile des biblischen Psalmenbuches. Dadurch möchte ich die Leserinnen und Leser motivieren, das Psalmenbuch als biblisches Buch im Zusammenhang zu lesen. Daß ich schließlich die Psalmen auch als authentische jüdische Gebete nahebringen will, ist selbstverständlich.

Dieser Band geht auf Beiträge zurück, die für die Wochenzeitschrift „Christ in der Gegenwart" geschrieben wurden. Die meisten sind überarbeitet, andere kamen neu hinzu. Insgesamt wurden die Beiträge in den größeren literarischen und theologischen Zusammenhang des Psalmenbuches eingeordnet, so daß damit, wie ich hoffe, eine Einführung in Gestalt und Theologie des Psalmenbuchs überhaupt vorliegt.

Münster 1991/1997 *Erich Zenger*

I. Psalmen rezitieren – wozu und wie?

„Ich bin ziemlich sicher, daß heutzutage außer unseren Geistlichen nur noch wenige in den Psalmen des Alten Testaments lesen. Ein paar Bibeltreue wahrscheinlich, einige kranke alte Menschen, vielleicht auch ein junger Dichter, der bei Brecht gelernt hat, wie gut Luthers kräftiges oder feingestimmtes Deutsch in unserer Zeit noch zu gebrauchen ist ..." Fast bin ich bereit, dieser pessimistischen Analyse des vielfach preisgekrönten Schriftstellers und Mitglieds der Deutschen Akademie für Sprache und Dichtung Heinz Piontek zuzustimmen. Ja, wo und wie leben die biblischen Psalmen heute? Als gelebte Tradition in der Synagoge? Als Füllelemente bei christlichen Großveranstaltungen? Als tägliches Brot für die, die das kirchliche Stundengebet in Gemeinschaften oder allein als geistliche Uhr ihres Alltags gewählt haben? Leben die Psalmen noch bei Dichtern und Komponisten? Leben sie bei den Kirchenchristen – oder überleben sie, weil sie sich, gewissermaßen wie von selbst und unkontrolliert, immer wieder den Menschen aufdrängen? Weil der Geist weht, wo er will ... Noch wichtiger ist die Frage: Was lebt in den Psalmen? Was geschieht, wenn Menschen nach den Psalmen der Bibel greifen und von ihnen ergriffen werden?

Psalmen beten ist ein großes Wunder

„Jetzt hilft nur noch beten", leichthin gesagt oder als Schlagzeile von Sensationsblättern mißbraucht, ist dieser Satz gewiß ärgerlich. Aber er ist zutiefst wahr, wenn er gelebt wird! Wenn Menschen in Ausweglosigkeit und Not sprachlos und apathisch werden, wenn andere im Glück oder im Erfolg sich selbst überschätzen, wenn wieder andere in der Banalität und im grauen Trott des Alltags abstumpfen, wenn nochmals andere in ihrer Rücksichtslosigkeit über Leichen gehen – wer in solchen Situationen nach den Psalmen der Bibel greift, wird aus seiner Einsamkeit, Lebensangst oder Selbstbezogenheit befreit. Nicht nur, weil er sich selbst zurücknehmen läßt, indem er Gebete rezitiert, die andere vor ihm schon gebetet haben. Nicht nur, weil er so seinen Gefühlen und Sehnsüchten Gestalt und Sprache gibt. Sondern vor allem, weil er sich so in der Nacht seiner Qualen und Gefahren dem menschenfreundlichen Gott JHWH entgegenstreckt. Weil er darauf setzt, daß da ein Gott ist, dessen An-sehen sein Ansehen ist und in dessen Licht sein Leben neu er-scheint.

Die chassidische Tradition hat dieses Geheimnis der Psalmen in dem Ausruf zusammengefaßt: „Verlaßt euch nicht auf Wunder, sondern rezitiert Psalmen!" Wer auf Wunder wartet, wartet auf ein Ereignis, das alles neu macht. Von Wundern erwartet man Rettung in der Not. Oder das ganz große Glück. Oder die Erfüllung eines Wunsches, den man sich selbst nicht erfüllen kann. Solche Wunder gab und gibt es – aber nicht für Menschen, die so darauf warten, daß das Warten ihnen zur lähmenden Tatenlosigkeit gerät. Wer sich auf Wunder verläßt, ist verlassen. Aber wer auf Wunder hofft, wer darauf hofft, daß nichts so bleiben muß wie es ist, und wer diese Hoffnung seinem Gott mit Psalmen sagt, wird erfahren, daß sich ihm dabei eine Quelle der Lebenskraft auftut. Das ist die Paradoxie des Psalmenrezitierens: Wer *ihre* Worte zu den *seinen* macht, ist in höchstem Maße aktiv und wird zugleich vor falschem Aktivismus bewahrt. An dem, der Psalmen rezitiert, geschieht das Wunder, daß er sich frei dem Gott der Freiheit aussetzt.

Es gibt im Grunde zwei Möglichkeiten, die Psalmen der Bibel zu beten. Entweder können wir sie als *unsere* Gebete rezitieren, weil wir unser Leben und unseren Gottesglauben in ihnen zusammengefaßt sehen. Oder wir rezitieren sie, weil unser Leben und unsere Erfahrung von Welt und Geschichte sich *nicht* mit den Psalmen und ihrer Hoffnung auf Gott decken: weil wir nichts mehr von Gott erwarten, weil wir eigentlich nicht mehr zu ihm rufen können und wollen, weil wir an seiner Güte und Treue zweifeln ... Wenn wir in solchen Augenblicken dennoch nach den Psalmen greifen, kann uns aufgehen, weshalb die Psalmen in der Bibel stehen, die wir „Wort Gottes in Menschenwort" nennen ...

Wer die Psalmen der Bibel zu seinen Gebeten macht, hofft auf das Wunder, das der 18. Psalm in einem „unglaublich schönen" Bild zusammengefaßt hat.

„,Unglaublich schön' will heißen, daß sogar Unglauben diesem Schönen nichts anhaben, sondern es, paradoxerweise, nur noch potenzieren kann" (Heinz Piontek). Dieses Bild sagt: „Mit meinem Gott kann ich über Mauern springen" (Ps 18, 30). Der Gott der Psalmen gibt mir die Kraft, (Stadt)Mauern, die Ausdruck von Angst oder Feindschaft sind, zu überspringen. Mögen es Mauern sein, die andere gebaut haben oder die wir selbst aufrichten. Weder mit dem Kopf durch die Wand noch mit der Planierraupe, die alles und jeden niederwalzt, noch mit Brandpfeilen und Kriegsmaschinen – nein, mit dem Gott der Güte und der Gerechtigkeit geschieht mir das Wunder, daß der Böse und das Böse mich nicht mehr einengen und abschrecken. Mit meinem Gott packe ich an, wovor ich, auf mich allein gestellt, zurückweichen würde. Mit unserem Gott gelingt das Wunder des Exodus. Ja, mit ihm überspringen wir Mauern und Trennwände.

Dieses Geheimnis buchstabieren die Gebete der Psalmen, die wir „aus der Tiefe" zum himmlischen Thron hinaufschicken. „Wenn wir sagen, daß unsere Gebete zum himmlischen Thron aufsteigen, dann bedeutet das, daß sie dort aufgenommen werden wie Kinder, die von einer langen Reise zurückgekehrt sind" (Elie Wiesel). Die Psalmen erinnern uns, daß wir auf der Reise sind – und sie halten das Ziel der Reise fest. Und sie lassen uns buchstäblich erfahren, daß wir nicht allein reisen.

Vom Segen des Psalmenrezitierens

Rabbi Schmuel von Kaminka, eine bedeutende Gestalt des chassidischen Judentums, erzählte aus seinem Leben die folgende Geschichte: „Einmal beschloß ich, einen ganzen Tag der Rezitation der Psalmen zu widmen. Als ich gegen Abend kurz vor dem Abschluß meines Gebetes war, kam der Diener meines Rabbis, des ‚Tschidnower Maggids', zu mir herüber und sagte, der Maggid wünsche mich zu sprechen. Ich bat ihn, dem Rabbi zu sagen, ich würde sofort nach dem Abschluß des Gebets zu ihm kommen. Doch kam der Diener zurück und sagte, der Rabbi fordere mich auf, sofort ohne Verzug zu kommen. Als ich zu meinem Lehrer kam, fragte er mich, warum ich der ersten Aufforderung nicht nachgekommen sei, und ich erklärte ihm den Grund. Der Maggid erwiderte: ‚Ich habe dich gerufen, damit du eine Sammlung für einen in Not geratenen Juden durchführst. Psalmen können die Engel genausogut singen wie wir, doch sterbliche Menschen allein kann Gott dazu brauchen, um den Armen zu helfen. Wohltätigkeit ist ein größeres Werk als das Psalmengebet, da nicht einmal Engel dieses Gebot erfüllen können!"*

Diese Geschichte könnte gut von einem/einer der zahlreichen Verfasser(innen) biblischer Psalmen stammen. Keine(r) von ihnen hat das Rezitieren oder Meditieren eines Psalms als Alternative zu einer geforderten Tat der Nächstenliebe verstanden. Daß Gottesliebe sich in der Nächstenliebe bewähren muß und daß Nächstenliebe aus der Gottesliebe Leidenschaft und Großherzigkeit schöpfen kann, ist Grundüberzeugung der gesamten biblischen Überlieferung. Auch der Psalmen. Ihr Festhalten an Gott, ihre Gottsuche und ihr Gotteslob erwachsen ja aus den Stürmen, Nöten und Freuden des privaten und des politischen Alltags. Sie sind verdichtetes Leben und wollen Leben prägen – von Gott her und auf Gott hin. Wer Psalmen betet und sich von ihren Worten packen läßt, wird nicht nur mit dem konkreten Leben konfrontiert, sondern in dieses „gesandt": Psalmen sind prophetisches und apostolisches Gebet zugleich. Sie versetzen den Beter in die lebenswichtige Spannung von Mystik *und* Politik, von Kontemplation *und* Kampf!

Was auf den ersten Blick als eine Grenze des Psalmenbetens erscheint, nämlich daß die Psalmen doch keine „persönlichen, spontanen Gebete", sondern „vorgegebene Gebetsformulare" sind (für manchen Zeitgenossen im Zeitalter von Kreativität, Spontaneität, Phantasie usw. ja ein schlimmer Fehler!), halte ich für einen großen Vorzug, für eine echte Segensquelle. Und zwar in zweifacher Hinsicht:

1) Es ist eine Illusion, daß der Mensch fähig ist, seine

---

* Nach P. Kuhn, Weißt du, wo Gott zu finden ist? Geschichten aus dem chassidischen Judentum, Kevelaer 1984, 87 f.

Erfahrungen, Nöte und Sehnsüchte immer adäquat und gleich intensiv auszudrücken oder kreativ zu verarbeiten. Es gibt Augenblicke der Ratlosigkeit und der Resignation, des Leids und der Angst, aber auch der Freude und des Glücks, in denen vorgegebene Texte aus der Sprachlosigkeit herausführen und der Situation eine Erlebnistiefe geben können, die „aus eigener Kraft" nicht erbracht werden könnte. Am Sterbebett zum Beispiel „originell" und „kreativ" beten zu wollen oder zu müssen, wäre anthropologisch und theologisch verstiegen! Ja, vorgegebene Texte wie die Psalmen, mit denen über Jahrhunderte hinweg Menschen das Leben und den Tod bestanden haben, können leichter zur Segensquelle werden als die zahlreichen Produkte jener kurzlebigen „Gebetsliteratur", die so modern und originell ist, daß sie schon am Tag ihrer „Veröffentlichung" keinen Lebensbezug mehr hat.

2) Die Psalmen bewahren uns davor, in unserem Beten kleinkariert und steril zu werden. Sie sind eine Gabe Gottes, um echt beten zu lernen. „Beten-lernen, das klingt uns widerspruchsvoll. Entweder ist das Herz so übervoll, daß es von selbst zu beten anfängt, sagen wir, oder es wird nie beten lernen. Das ist aber ein gefährlicher Irrtum, der heute freilich weit in der Christenheit verbreitet ist, als könne das Herz von Natur aus beten. Wir verwechseln dann Wünschen, Hoffen, Seufzen, Klagen, Jubeln – das alles kann das Herz ja von sich aus – mit Beten. Damit aber verwechseln wir Erde und Himmel, Mensch und Gott. Beten heißt ja nicht einfach das Herz ausschütten, sondern es heißt, mit seinem erfüllten oder auch leeren Herzen den Weg zu Gott finden und mit ihm reden" (D. Bonhoeffer). Die Psalmen als vorgegebene, ja als gottgegebene Gebete stellen uns in den großen Strom einer Gebetsgeschichte hinein, über der die dem Abraham zugesprochene Verheißung steht:

„In dir sollen Segen erlangen alle Geschlechter der Erde" (Gen 12,3).

Mit den Psalmen der Bibel ist es wie mit dem Brot. Über Brot kann man diskutieren, man kann es analysieren, chemisch in seine Bestandteile auflösen ..., doch nur dem, der das Brot ißt, gibt und stärkt es das Leben. Wer die Psalmen betend „in sich hineinspricht" (Ps 1,1), wer mit ihnen „aus den Tiefen schreit" (Ps 130,1) und wer mit ihnen staunend-dankend aufschaut zu IHM, „der in der Höhe thront und sich hinabwendet in die Tiefe, um den Schwachen aus dem Staub aufzurichten und den Armen aus dem Schmutz zu erhöhen" (Ps 113,6f) – der wird erfahren, daß „der Mensch von allem lebt, was der Mund JHWHs ausspricht" (Dtn 8,3), nämlich daß er lebt vom Brot *und* vom Wort, die Gott gibt.

Christliche Vorbehalte gegen die Psalmen

Wie anderen alttestamentlichen Texten sind auch den Psalmen Vorwürfe und Vorbehalte von seiten der Christen nicht erspart geblieben. Zwar haben die Psalmen insgesamt die besten christlichen „Noten" erhalten, nicht zuletzt deshalb, weil die Psalmen seit den Anfängen der Kirche zur „eisernen Ration" auch der christlichen Frömmigkeit und der offiziellen Liturgie gehört haben. Dennoch: Landauf, landab rümpfen sich christliche Nasen darüber, daß die poetische Schönheit und die anthropologisch-theologische Tiefe dieser Gebete und Gedichte immer wieder durchbrochen, ja – so sagt man – verunstaltet werden durch jene emotionalen Ausbrüche, in denen die Psalmenbeter ihren Haß über Feinde und Gottlose herausschreien, deren Verschwinden und Vernichtung fordern und den „Gott der Rache" anrufen. Unsere Übersetzungen glätten die oftmals deutliche

Sprache solcher Psalmenstellen, aber die Schärfe und die Klarheit des Urtextes lassen sich nicht immer „verbergen" – also streicht man sogar ganze Psalmen (wie Ps 58; 83; 109) oder wenigstens einzelne Psalmenverse (z. B. Ps 137, 8 f) aus dem biblischen Gebetsschatz, den man im Stundengebet oder in christlichen Gebetbüchern den Christen zum betenden Nachvollzug anbietet.

Nun könnte man auf diese Vorgänge und Vorwürfe einfach mit zwei Autoritäts-Argumenten antworten. 1) Das fatale Klischee, „der Gott der Rache" sei alttestamentlich-jüdisch und „der Gott der Liebe" sei neutestamentlich-christlich, ist historisch falsch und theologisch gefährlich (und ist übrigens *eine* der zahlreichen Wurzeln des Antisemitismus!). Wer immer noch meint, „der Gott der Rache" und der Fluch seien kein christliches Thema, der lese z. B. Mt 25, 41; 1 Kor 16, 22; Offb 6, 10; 19, 11–21. Die Schere, die die Psalmen zerstümmelt, müßte auch an das Neue Testament angesetzt werden. Ob das jene christlichen Kommissionen bedacht haben, die einzelnen Psalmen „die rote Karte" gezeigt haben? 2) „Das Wort Gottes lasset stahn!" – dieser reformatorische Kampfruf bringt auf den Punkt, was theologisch geschieht, wenn Menschen sich zu Schiedsrichtern über „Gottes Wort" aufspielen. Immerhin gilt der Kanon doch als abgeschlossen. Soll er nun doch nachträglich noch verändert werden? Wer dies will, muß die grundsätzlichen Konsequenzen mitbedenken. Offensichtlich halten manche Christen die Bibel für einen weniger heiligen Text als die kirchenamtlichen Dokumente. Oder darf man mit diesen ähnlich umgehen ...?

Nein, nicht streichen oder verdrängen dürfen wir diese harten, vielleicht sogar unverdaulichen „Brocken" im Psalmenbuch. Wir müssen sie zu begreifen versuchen – um sie zu akzeptieren und um sie richtig beten zu können. Viel wäre hier zu sagen.

Exegetisch wäre an Einzelpsalmen zu zeigen, daß es Psalmen, die durch und durch von Rache und Haß bestimmt sind, im Psalmenbuch gar nicht gibt, sondern daß die Racheschreie jeweils eingebunden sind in die Geschehensstruktur der Klage und der Bitte um Rettung. Es wäre herauszuarbeiten, daß die immer wieder gebrauchte Formulierung „Fluchpsalmen" töricht und falsch zugleich ist, weil ausgerechnet im Psalmenbuch keine Flüche (wie z. B. in Dtn 27–28) stehen; es sind meist Wünsche und Bitten, die direkt und indirekt Gott vorgetragen werden, damit ER dem Treiben der Feinde ein Ende setzt. Es wäre zu entfalten, daß die emotionale Sprache dieser Psalmenstellen kein dogmatischer Lehrsatz, sondern Dichtung ist, d. h. Ausdruck von Ängsten, Stimmungen, Aggressionen, Verletztheiten – und Äußerung der Sehnsucht, daß das Böse und die Bösen nicht das letzte Wort haben können und dürfen! Es wäre auch tiefenpsychologisch aufzuhellen, wie wichtig es ist, die Ängste und Aggressionen nicht zu verdrängen, sondern zuzulassen und sie im Gebet vor Gott (!) auszusprechen, sie gewissermaßen in SEINE Hände zu legen, damit sie nicht urplötzlich die eigenen Hände zur Tat treiben!

Vor allem aber sind zwei Gesichtspunkte wichtig:
1) Die alttestamentlichen Rachewünsche sind Lebensäußerungen der Verfolgten, Armen und zu Tode Erschrockenen, die damit den letzten Funken ihres Lebenswillens mobilisieren; sie sind verzweifelte Manifestation ihrer Ohnmacht und der Versuch, sich die Subjekthaftigkeit nicht vollständig zertreten zu lassen; sie sind Reaktion auf unsägliche Not. Und *da* liegt eine (verborgene) Wurzel unserer Schwierigkeiten mit diesem Teil der Psalmensprache: Weil wir diese Tiefe der Not nicht selbst kennen oder bei anderen nicht wahrnehmen, tun wir uns schwer, diese Psalmen zu beten. Das bürgerliche Christentum der Neuzeit müßte sogar Angst bekom-

men, diese Gebete wirklich ehrlich in den Mund zu nehmen: es wären Gebete über und gegen es selbst!

2) Theologisch halten diese Psalmenelemente fest, daß es für den biblischen Gott und vor ihm keine falsche Neutralität angesichts von Ungerechtigkeit und Leid gibt. Der Psalter verordnet den Unterdrückten nicht die brüderliche Liebe zu den Unterdrückern, damit diese so weitermachen können wie bisher. Nein, das Psalmenbuch entlarvt die Unterdrückungsmechanismen und fordert Gott selbst auf, die Zustände zu beenden – damit SEIN Reich der Gerechtigkeit und der Solidarität wachse!

Graben und Brücke zugleich zwischen Judentum und Kirche

Wenn Christen die Psalmen der Bibel rezitieren, dürfen sie nicht vergessen und verdrängen, daß diese zuallererst die Gebete Israels waren – und bis zum Ende der Zeiten bleiben! Israel hat über die Jahrtausende seiner Geschichte hinweg, auch in den Leiden, mit denen die Kirchen und christlichen Autoritäten die Juden überhäuft haben, seine Identität nicht zuletzt darin gerettet, daß es die Psalmen rezitiert und weitergegeben hat. Auch in den Gettos und Konzentrationslagern haben Juden die Psalmen rezitiert, als Zeugnisse der Menschenwürde und des ewigen Bundes Gottes mit diesem SEINEM Israel. Sie haben die Psalmen durch den Feuersturm des Holocaust hindurch bewahrt – auch für uns Christen.

Daß wir als Kirche die Psalmen nach Auschwitz noch beten dürfen, hat zwei theologische Voraussetzungen:

1) Gewiß kann jeder Mensch die Psalmen beten, wenn er beten will. Und manche sogenannte Atheisten beten vielleicht mehr mit Psalmen, als wir denken. Doch als

Kirche dürfen wir das nur tun, wenn wir die Rezitation der Psalmen als Aufforderung und Bekenntnis zur Solidarität mit dem jüdischen Volk begreifen. Das „Wir" der Psalmen muß christlicherseits die Juden miteinschließen. Aber weder in missionarischer Absicht noch in der Pose der Enteignung, sondern im Respekt vor der theologischen Würde, die Israel auch „post Christum natum" nicht verloren hat: daß es Volk Gottes ist und bleibt. Gewiß hat auch die Kirche Anteil an dem Geheimnis „Volk Gottes", das eine dynamische und eschatologische Wirklichkeit darstellt. Zwar hat die Kirche sich bisweilen als das „wahre" und „eigentliche" Israel bezeichnet, das das jüdische Volk theologisch ablöst und ersetzt. Doch ist dies, wie nicht zuletzt die neueren lehramtlichen Äußerungen hervorheben, weder biblisch legitim noch theologisch vertretbar. Schon der 1. Petrusbrief (2,9) belegt dies, wenn er die in Ex 19,5f Israel zugesprochenen Ehrentitel „auserwähltes Geschlecht, königliche Priesterschaft, heiliger Stamm, Volk, das sein besonderes Eigentum wurde" *ohne* den bestimmten Artikel (daß Martin Luther hier den bestimmten Artikel einführt, hängt mit seinem Antijudaismus zusammen!) auf die christlichen Gemeinden bezieht: Wo und wann die christliche Kirche sich von Gott in Dienst nehmen läßt, ist sie „Volk Gottes" – zusammen mit Israel, nie gegen es!

2) Daß wir als Kirche die Psalmen Israels rezitieren, erinnert uns daran, daß diese das „Gebetbuch" Jesu und der ersten Christen waren. Mit den Psalmen sagen wir ausdrücklich ja zu unserer jüdischen Ursprungsgeschichte und zu dem jüdischen Erbe, das seit den Anfängen der Kirche bei uns da ist. Mich erschüttert und beschämt der Gedanke, daß wir als Kirche inzwischen über zwei Jahrtausende hindurch die Psalmen rezitiert, aber immer noch nicht den theologischen Antijudais-

mus überwunden haben, der seit Markion christliche Köpfe und Herzen verdreht und verhärtet.

Das Rezitieren der Psalmen macht bewußt: sie sind Graben *und* Brücke zugleich zwischen Judentum und Kirche. Daß beide die gleichen Gebete auf eigene Weise zu ein und demselben Gott sprechen, ja im Respekt vor der Eigenart des anderen, hält fest, daß es eine „Wand" zwischen ihnen gibt, die zugleich trennt und verbindet. Judentum und Christentum sind wie Familien, die „Wand an Wand" im großen Haus ein und desselben Gottes wohnen. Solches ist, wie wir wissen, nicht immer einfach. Es bringt Probleme, fordert Rücksicht und schränkt manchmal ein. Aber es kann auch bereichern, vor allem, wenn die Familien die rechte Balance von Nähe *und* Distanz finden. Die Psalmen sind eine Einübung dazu!

II. Das Psalmenbuch als Teil der Bibel

Wenn wir die Bezeichnung „Psalmen" hören, denken wir an die 150 Gebete, Gedichte und Lieder, die in unserer christlichen Bibel im Mittelteil des Alten Testaments im Psalmenbuch zusammengestellt sind. In der jüdischen Bibel, dem TaNaCH, steht dieses Buch im letzten Teil, den „Schriften". Aber diese 150 Psalmen sind nicht die einzigen „Psalmen" des Alten Testaments. Auch in anderen Büchern gibt es „Psalmen", so z. B. das Siegeslied am Schilfmeer in Ex 15,1–18, das Lied des Mose in Dtn 32, das Magnificat der Hanna, der Mutter des Samuel, in 1 Sam 2,1–11, das Totenklagelied des David über Saul in 2 Sam 1,19–27, die „Konfessionen" des Jeremia in Jer 11; 15; 17f; 20, das „Danklied der Geretteten" in Jes 12,1–6, den Lobgesang der drei Jünglinge im Feuerofen in Dan 3, das „Dies irae" in Zef 1,14–18. Die Aufzählung ließe sich noch vermehren, vor allem wenn wir das Ijob-Buch hinzunähmen. Das Buch der „Klagelieder" könnte man sogar als zweites kanonisches Psalmenbuch bezeichnen.

Das Buch mit den 150 Psalmen ist also eine kleine Auswahl. Das biblische Israel hat viel mehr Psalmen gedichtet und gesungen, als da zusammengestellt sind. Das bestätigen auch die Textfunde aus den Höhlen bei Chirbet Qumran, dem essenischen Kult- und Verwaltungszentrum am Toten Meer. Hier wurden nicht nur Teile aus 31 Exemplaren des biblischen Psalmenbuchs (mit übrigens teilweise unterschiedlicher Reihenfolge der Psalmen im letzten Drittel des Psalmenbuchs!) entdeckt, sondern auch „Psalmen", die sich nicht im kanonischen Psalmenbuch finden. Darunter sind Psalmen, die von den Essenern selbst verfaßt wurden, aber auch solche, die „vor-essenisch" sind wie z. B. der jetzige Schlußpsalm der griechischen Bibel (Septuaginta), der nicht in den hebräischen Kanon aufgenommen wurde (vgl. unten Kapitel XI).

Sogar das Neue Testament bezeugt, daß der Schatz jüdischer Psalmen umfangreicher war als das biblische Psalmenbuch. Sowohl das „Magnificat" Mariens (Lk 1,46–55) als auch das „Benedictus" des Zacharias (Lk 1,68–79) greifen wahrscheinlich jüdische Psalmen auf und erweitern sie christlich bzw. christologisch.

Lobpreisende Antwort Israels

In einer klassisch gewordenen Formulierung hat Gerhard von Rad, einer der großen Alttestamentler dieses Jahrhunderts, die Psalmen als „Antwort Israels" gekennzeichnet. In den Psalmen wird sichtbar, daß Israel sich als Bundesvolk verstanden hat. JHWH hat sich Israel eben nicht als stummes Objekt seines Geschichtswillens erwählt, sondern zum Gespräch. Die Psalmen sind Niederschlag dieses Gesprächs, in dem Israel und der einzelne Israelit im Gegenüber Gottes zum Wir und Ich gefunden haben. Sie sind Israels Antwort auf die erfahrene Zuwendung und auf die erlittene Verborgenheit seines Gottes. Die Antwort zeigt uns, „wie Israel ... diese Existenz in der Unmittelbarkeit und Nähe zu Jahwe bejaht und verstanden hat; welche Anstalten es getroffen hat, sich vor sich selbst und vor Jahwe in dieser Nähe zu rechtfertigen oder zu schämen. Sie zeigt uns aber auch, wie Israel in diesem Verkehr mit Jahwe sich selbst offenbar wurde und in welchem Bild es sich sah, wenn es redend vor Jahwe trat" (G. von Rad). Sich selbst, als Kollektiv und als Individuum, im Geheimnis seines Gottes zu begreifen und sich der Lebensgemeinschaft mit ihm zu vergewissern, darum geht es in den Psalmen. Insofern die Psalmen Antwort sind, entspringen sie dem in der Alten Welt lebendigen Ursprung von Religion, der der Moderne und der Post-Moderne verlorengegangen ist. Während für uns Heutige Religion Ausdruck der Sehnsucht nach dem Heiligen ist und von der Gottessuche geprägt ist, setzt die Religion der Alten die Erfahrung des Heiligen, seine Gegenwärtigkeit und Wirkmächtigkeit voraus.

Weil die Psalmen „Antwort" sind, sind es zumeist Texte, in denen ein „Ich" oder ein „Wir" redet. Manchmal verschmelzen „Ich" und „Wir" sogar in ein und demselben Psalm (z. B. Ps 40). Die Exegese hat oft diskutiert, ob das „Ich" ein individuelles oder ein kollektives „Ich" ist. Heute wissen wir, daß dies eine eher moderne Unterscheidung ist. Auch wenn der einzelne Israelit „ich" sagte, wußte er sich eingebunden – gerade im Angesicht seines Gottes, vor dem und zu dem er betete – in das „Wir" des Gottesvolks. Und umgekehrt wußte sich Israel vor dem „Du" seines Gottes als eine Gemeinschaft, deren Leben unteilbar und verletzlich zugleich war wie das eines „Ich".

Aber es war ein lebendiges, vielgestaltiges „Ich" und „Wir", das da in den Psalmen seinem Gott antwortete. Vielleicht ist dies sogar das Faszinierendste am Psalmenbuch überhaupt. In ihm begegnen wir eben nicht nur der „offiziellen" Antwort Israels, sozusagen den Texten einer Kommission, einer Synode oder eines Konzils. Nein, hier sind Stimmen aus allen Schichten des Volkes gesammelt. Hier kommen nicht nur ausgebildete Theologen, Kultfunktionäre, Weisheitslehrer oder Könige und Beamte (sogar sie „beten"!) zu Wort, sondern ebenso Leute des einfachen Volkes, mit all ihren Nöten und Freuden; auch Psalmen, die von Frauen gedichtet wurden (z. B. Ps 131), fehlen nicht.

Die Psalmen sind eine „Antwort", die mitten aus dem Leben kommt. Das zeigen, wie die Exegese im einzelnen nachweist, die Situationen, in denen sie entstanden, für die sie erstmals verfaßt oder in denen sie immer wieder verwendet wurden („Sitz im Leben"): „Hausgottesdienste" am Bett eines Kranken, familiäre Opferdarbringungen am Heiligtum, große festliche Anlässe wie Krönungsfeierlichkeiten des Königs, Wallfahrtsgottesdienste, Buß- und Fastentage, aber auch als Gebete von einzelnen („Privatpersonen"), als Meditationstexte der Weisheits- und Tempelschule oder als theologische Dichtung. Wie kein anderes biblisches Buch ist der Psalter deshalb ein Volks- und Lebensbuch.

Vor allem aber gilt: die Psalmen sind eine *lobpreisende* Antwort Israels. So jedenfalls faßt die hebräische Tradition das den Psalmen gemeinsame Grundanliegen im Titel zusammen, den sie diesem Buch gibt. Während die bei uns durch die griechische Bibel (Septuaginta) üblich gewordenen Bezeichnungen „Buch der Psalmen" (griechisch *psalmós* = „Lied") oder „Psalter" (griechisch *psaltérion* = hebräisch *nebäl* = „Standleier", „Harfe") eine Aussage über die Verwendung dieser Texte (mit Musikbegleitung gesungene Gebete) machen, gibt der in der jüdischen Überlieferung gebrauchte Titel *sefär tehillim* = „Buch der Preisungen" (so mit Martin Buber) eine theologische Gesamtdeutung: In jedem einzelnen Psalm und in diesem Buch als Ganzem geht es um den Lobpreis des Gottes Israels. Diese Sicht überrascht auf den ersten Blick. Immerhin ist der größere Teil der Psalmen nicht Lob, sondern Klage. Doch erschließt bei genauerem Zusehen gerade diese Gesamtbezeichnung die theologische Bedeutung dieses biblischen Buches. Was, wie und von wem immer in einem Psalm gesprochen wird, preisend oder klagend, immer wurzeln die Worte und Sätze in der Gotteswirklichkeit, daß ER da ist und da sein will inmitten SEINES Volkes. Daß der Gott JHWH nicht der Götze einer leeren (philosophischen oder mathematischen) Jenseitigkeit ist, sondern ein lebendiges Du, ein ansprechbarer Gott, der hört und sich herausfordern läßt, dem man sein Herz ausschütten kann, dem man alles sagen darf (ohne Angst vor Mißverständnissen und Sanktionen!), der es sich sogar „gereuen" läßt (vgl. Ex 32, 14) – das ist die Grundposition, von der die Psalmen herkommen und die sie uns zur Annahme und Einübung anbieten. Die einzelnen Klagepsalmen bezeugen dort, wo sie die Rätselhaftigkeit und das Schweigen Gottes oder die als feindselig empfundene Gottverlassenheit beklagen und herausschreien, die lebendige Leidenschaft der Überzeugung, daß menschliches Leben nur als Leben vor und mit dem lebendigen Gott gelingen und sich vollenden kann. Deshalb schließen die Klagepsalmen (für uns oft überraschend) mit einer positiven Bekenntnisaussage. Und deshalb sind gerade die Klagepsalmen als sprachliches Ringen um die Erfahrung des gnädigen und rettenden Gottes ein Lobpreis des Gottes JHWH!

Daß das Psalmenbuch die lobpreisende Antwort Israels auf JHWHs Gerichts- und Heilshandeln sein will, wird auch in der kompositionellen Endgestalt des Buches sichtbar. Die meisten Bibelausgaben gliedern das Psalmenbuch in fünf Teile bzw. Bücher: Ps 1–41; Ps 42–72; Ps 73–89; Ps 90–106; Ps 107–150. Literarisch läßt sich dies begründen mit den sogenannten Doxologien (Lobpreisformel: „Gepriesen/Gesegnet sei JHWH ... Amen") am Ende der vier Psalmen Ps 41; 72; 89; 106, die mit dem vorangehenden Psalmtext nur recht locker verbunden sind und deshalb auf eine Redaktion zurückgehen; als „Doxologie" des gesamten Psalmenbuchs ist dann

Ps 150 zu begreifen. Auch wenn diese Doxologien von verschiedenen Redaktoren stammen, so geben sie doch dem fertigen Psalmenbuch eine theologische Deutung, die der Midrasch Tehillim zu Ps 1 so formuliert: „Mose gab Israel die fünf Bücher der Tora, und David gab Israel die fünf Bücher der Psalmen." Auf die Gabe der Tora in fünf Büchern antwortet Israel mit der (Rück-)Gabe der Preisungen in fünf Büchern. Auf die zentrale Botschaft der Tora, daß *Gott* die Schöpfung und sein Volk erwählt und liebt, antworten die Psalmen, insofern sie bezeugen, wie sehr *Israel* seinen Gott als Schöpfer und König sucht und liebt.

Zusammenstellung mehrerer Lieder- und Gebetbücher

Genaugenommen ist das biblische Psalmenbuch eine Zusammenstellung mehrerer Psalmenbücher, die eine je eigene Entstehungsgeschichte haben. Aber auch die „Zusammenstellung" ist nicht in einem einzigen Akt vollzogen worden; das ist keine „Gesamtausgabe", die irgendwann beschlossen worden wäre. Unser „Psalmenbuch" ist das Ergebnis eines komplexen Prozesses, der hier nicht nachgezeichnet werden kann. Aber es sollen wenigstens zwei Beobachtungen genannt werden, an denen dieser Prozeß auch für den „Nichtfachmann" sichtbar wird.

Die erste Beobachtung betrifft das Phänomen der Doppelüberlieferung von Psalmen. Es gibt einen Psalm, der – ausgenommen die Gottesanrede – vollständig wortgleich zweimal im Psalmenbuch steht (Ps 14 = Ps 53). Und es gibt einen Psalm, der unbezweifelbar aus Teilen anderer zwei Psalmen zusammengesetzt ist (Ps 108 = Ps 57,8–12 und 60,7–14). Auch Ps 40,14–18 und Ps 70 sind fast wortgleich. Diese „Wiederholungen" in ein und demselben „Liederbuch" sind kein Versehen der Überlieferer. Das Phänomen ist so zu erklären, daß im Psalmenbuch eben mehrere kleine „Psalmenbücher" unterschiedlicher Gruppen „zusammengebunden" wurden – wobei die Gruppen, denen jeweils die Sammlung „gehörte", darauf bestanden, daß ihre *ganze* Teilsammlung aufgenommen wurde, selbst wenn dadurch nun eine Doppelüberlieferung entstand.

Die zweite Beobachtung betrifft die Reihenfolge der 150 Psalmen. Vergleicht man beispielsweise das Psalmenbuch mit dem Liedteil unseres „Gotteslobs", so ist gegenüber der systematischen Anordnung der Lieder im Gotteslob keine auch nur irgendwie vergleichbare Reihenfolge (z. B. nach dem Festkalender, nach Lebenssituationen usw.) zu erkennen. Statt dessen lassen sich die meisten Psalmen durch ihre Überschriften zu Gruppen zusammenordnen. So stimmen beispielsweise die Psalmen 3–41 darin überein, daß sie alle „dem David" zugeschrieben werden. Danach folgen Ps 42–49 als „den Söhnen Korachs" zugewiesene Psalmen. Ps 51–71 sind wieder „Davidpsalmen", die von den „Asafpsalmen" Ps 50 und Ps 73–83 wie von einem Rahmen umgeben sind. Daran schließen sich mit Ps 84 und 85 wieder zwei „Korachitenpsalmen" an usw. Dabei fällt auf, daß die „Davidpsalmen" überwiegend individuelle Klagepsalmen sind, während die „Korachitenpsalmen" und die „Asafpsalmen" überwiegend „Wir-Psalmen" sind. Im letzten Drittel des Psalmenbuchs wird *diese* Systematik zwar lockerer, doch immerhin heben sich die jeweils mit „Ein Wallfahrtslied" überschriebenen Psalmen 120–134 als ein Block heraus, der als „Vademecum" von Jerusalempilgern entstanden sein dürfte (zu den „Korachitenpsalmen" vgl. die Auslegung von Ps 47; zu den „Wallfahrtsliedern" vgl. die Auslegung von Ps 126).

Vergröbernd gesprochen kann man sich die Entstehung des Psalmenbuchs als sukzessive Aneinanderreihung verschiedener Gebet- und Liederbücher vorstellen, wobei die jetzt gegebene Reihenfolge auch in etwa die Wachstumsgeschichte widerspiegelt („Einzelgänger" wie z. B. Ps 1 und Ps 2 oder Ps 149 und Ps 150 verdanken ihre Entstehung oder ihren Platz im Psalmenbuch einer übergreifenden Redaktion; vgl. das nächste Kapitel).

Die Psalmenüberschriften

Im hebräischen Text des Psalmenbuchs tragen die meisten Psalmen knappe Überschriften. Die alten Übersetzungen (Septuaginta, Vulgata, Peschitta) neigen dazu, die im hebräischen Text vorgegebenen zu erweitern oder dort, wo sie noch keine vorfinden, neue hinzuzufügen. Das Targum, die freie, ausmalende Übersetzung ins Aramäische, bietet besonders breit entfaltete Überschriften.

Keine dieser Überschriften dürfte ursprünglich mit der Entstehung eines Psalmes zusammenhängen. Sie geben uns nicht nur, wie schon angedeutet wurde, Aufschluß über den Vorgang der Zusammenstellung der Einzelpsalmen zu einer (Teil-)Sammlung. Aus ihnen erfahren wir auch etwas über die Assoziationen, die schon die alttestamentlichen Überlieferer zu dem einen oder anderen Psalm hatten, und über die Spiritualität der Kreise, in denen die Psalmen gebetet und meditiert wurden. Leider ist es der Forschung noch nicht gelungen, alle Überschriften zu verstehen. Einige Erkenntnisse sollen dennoch kurz mitgeteilt werden.

Manche Überschriften machen einen Vorschlag, wie ein Psalm musikalisch gestaltet werden kann bzw. soll. So gibt es Angaben über die Melodie, nach der ein Psalm gesungen werden kann, wobei offensichtlich die Melodie bekannter Volkslieder zugrundegelegt wird. So soll Ps 22 „nach der Weise ‚Hinde der Morgenröte'" (möglicherweise ist aber nicht auf eine entsprechende Liedmelodie angespielt, sondern gemeint: wie das Klagen der Hinde ...), Ps 8 „nach dem Kelterlied", Ps 9 „nach der Weise ‚Stirb für den Sohn'" oder Ps 56 „nach der Weise ‚Stumme Taube der Ferne'" gesungen werden. Oder es findet sich ein Hinweis auf die gewünschte Instrumentalbegleitung, z. B. „mit Saitenspiel" (Ps 4), „zum Flötenspiel" (Ps 5), „mit Saitenspiel zum Achtsaiter" (Ps 6). Vermutlich haben die Sammler solche Regieanweisungen nicht vordergründig technisch gemeint, sondern als deutende Anregung, worüber wir freilich nur spekulieren können. So könnte z. B. die Angabe bei Ps 6 bedeuten, dieser Psalm solle als Psalm der Sehnsucht nach der messianischen Zeit gebetet/gesungen werden, da nach der rabbinisch belegten Tradition die achtsaitige Harfe das Instrument der messianischen Zeit ist.

Andere Überschriften sind eine Art Gattungsbezeichnung. Sie sind teilweise recht allgemein (z. B. „Lied", „Gebet"), teilweise geben sie eine inhaltliche Charakterisierung (z. B. „Liebeslied" für Ps 45), teilweise sagen sie etwas über die bevorzugte Verwendung (z. B. „Wallfahrtslied": Ps 120–134). Einige Kennzeichen deuten an, was der jeweilige Psalm dem meditierenden Beter vermitteln könnte. So weist die Überschrift „Ein *maskil*-Psalm" (Einheitsübersetzung: „Ein Weisheitslied") darauf hin, daß die so bezeichneten Psalmen (32; 42; 44; 45; 52; 55; 74; 88; 89; 142) zu tieferer Lebenseinsicht und -kunst führen können. Dabei ist auffallend, daß für diese Überschrift nicht unbedingt der Inhalt des Psalms, sondern eine minimale Anspielung im Wortlaut des Psalms ausschlaggebend war. Die Überschrift „Stilles Gebet" (Ps 16; 56–60) weist darauf hin, daß die betreffenden Psalmen nach Meinung der Überlieferer entweder wegen ihres Inhalts nicht laut gebetet werden sollten oder, was mir wahrscheinlicher erscheint, eben als höchst persönliche Gebete geeignet sind.

Wieder andere Überschriften sagen etwas über die wirkliche oder auch nur fiktive kultische Verwendung eines Psalms. So wird z. B. Ps 30 „zur Tempelweihe", Ps 92 „für den Sabbattag" und Ps 100 „zum Dankopfer" empfohlen. Das können durchaus Angaben über die wirkliche Verwendung dieser Psalmen im Kult des Zweiten Tempels sein, zumal die Entstehung der betreffenden Psalmen in anderen Lebenssituationen wahrscheinlicher ist. Diese Überschriften deuten damit einen Wechsel im „Sitz des Lebens" an.

Die zahlenmäßig häufigsten Überschriften nennen den Namen einer Gruppe oder einer Einzelperson, mit denen bzw. mit der der jeweilige Psalm in Verbindung gebracht wird: 73mal wird ein Psalm mit David verbunden, 12mal mit Asaf (einem prominenten Leviten der nachexilischen Zeit, nach dem sich eine Tempelchorgemeinschaft nannte), 12mal mit den Korachiten (ebenfalls eine Tempelchorgruppe), 2mal mit Salomo, 4mal mit Jedutun und je 1mal mit Mose, mit Heman und mit Etan. Während die Angabe „Von den Korachiten" bzw. „Für die Korachiten" im Sinne von „Ein Psalm aus dem Repertoire der Korachiten" zu verstehen ist, sind die Angaben „Von Mose" oder „Von David" als Verfasserangaben gedacht, freilich nicht als historische Information, sondern als Deutehinweise: der Beter soll sich vorstellen, daß, wie und warum dieser Psalm gerade von Mose (Ps 90: wegen der Anspielung in V. 3 auf Gen 3, 19!) bzw. von David gebetet wurde – und in Gebetsgemeinschaft mit Mose oder David den Psalm beten.

Beinahe die Hälfte aller Psalmen des Psalmenbuches (73 von 150) schreibt die hebräische Bibel ausdrücklich dem David als Verfasser zu. Die griechische Bibelübersetzung (die sogenannte Septuaginta) erhöht die Zahl sogar auf 83. Auch das Neue Testament nennt mehrfach David als Autor eines Psalms (Apg 4,25: Ps 2; Apg 2,34: Ps 16; Röm 4,7 f: Ps 32; Apg 1,16.20: Ps 69; Mk 12,25 ff: Ps 110). Für die frühjüdische, die rabbinische und die frühe kirchliche Tradition ist David der Psalmendichter und Psalmensänger schlechthin. In Qumran wurde eine Psalmenrolle gefunden, die neben Zitaten aus dem biblischen Psalmenbuch und mehreren biblisch nicht belegten Psalmen auch tiefsinnige Reflexionen über David als Psalmendichter enthielt, wobei David gar als Verfasser von 4050(!) Psalmen gefeiert wird.

Die durch die Überlieferer vorgenommene Zuweisung so vieler Psalmen an David wurzelt in der Tradition und möglicherweise in der historischen Tatsache, daß David ein charismatischer Dichter und Musiker war. Von keinem anderen König Israels wird erzählt, was die Tradition von David sagt: Er konnte so meisterhaft die Tragleier, die „Harfe" der kleinen Leute (das meist mit „Harfe" übersetzte hebräische Wort *kinnōr* bezeichnet die kleinere und volkstümliche Leier; daneben gab es eine „Standleier" [hebräisch *nebäl*] mit größerem Resonanzkasten) spielen, daß er mit seinem Spiel die Schwermut, ja den bösen Geist Sauls vertreiben konnte (vgl. 1 Sam 16,14–23; 18,10). Mehrfach werden ihm im 2. Samuelbuch Gedichte bzw. Lieder in den Mund gelegt. Besonders eindrucksvoll sind die Totenklagen 2 Sam 1,19–27 und 2 Sam 3,33 f, die einen menschlich sensiblen und emotional betroffenen David widerspiegeln. So wundert es nicht, daß als Davids letztes Wort keine Prosarede wie z.B. das Testament des Josua (vgl. Jos 23; 24) oder des Samuel (vgl. 1 Sam 12), sondern ein Psalm überliefert wird (2 Sam 23,1–7), dessen Wortlaut die oben erwähnte Qumranrolle aufgreift und weiter ausmalt. Die Erzählung vom singenden, musizierenden und tanzenden David vor der Bundeslade (2 Sam 6) gibt eine theologische Deutung: Die Musik und der Tanz sind Ausdruck dafür, daß David sich von der Gegenwart seines Gottes voll ergreifen läßt; sie sind Vollzug höchster Spontaneität und geradezu mystischer Versenkung in das Gottgeheimnis. So wie Mose in der Tradition zum prophetischen Mittler der Tora (des Gesetzes) wurde (und deshalb als Verfasser der „fünf Bücher Mose" galt) und wie Salomo zum Weisen und Philosophen der Lebenskunst schlechthin avancierte (weshalb ihm auch die Bücher Kohelet = Prediger, Hoheslied, Weisheit Salomos zugeschrieben werden), so ist David zur biblischen Figur der Poesie, des Gebetes, der Musik und des Tanzes schlechthin geworden. Der singende und tanzende David als Hoffnungssymbol der messianischen Zeit – so hat ihn uns auch Marc Chagall nahegebracht!

In 13 Psalmenüberschriften gibt die Überlieferung Situationen aus dem Leben Davids an, in denen David den jeweiligen Psalm gebetet haben soll (Ps 3; 7; 18; 34; 51; 52; 54; 56; 57; 59; 60; 63; 142). Es sind Angaben, die im Stil der sogenannten Midrasch-Exegese einen Zusammenhang zwischen einem Wort des Psalms mit den in den Samuelbüchern überlieferten Daviderzählungen herstellen. Diese Angaben, die von gelehrtem und frommem Umgang mit der Tradition zeugen, sind als erbauliche Anregungen für die geistliche Schriftlesung gedacht: Der Beter soll sich in die Lage Davids versetzen und mit/ gleich ihm den jeweiligen Psalm beten. „David" wird so zum Vor-Beter einer lebendigen Gebetsgemeinschaft!

Dies kann für uns ein Ansatzpunkt sein, die Psalmen Israels als jüdisch-christliche Gebete zu rezitieren. Für den christlichen Psalmenbeter tritt neben den alttestamentlichen David der neutestamentliche *Jesus.* Er löst allerdings David nicht ab, wie manche Christen immer noch denken. Jesus hat die „Psalmen *Davids"* gebetet und sie nicht durch eigene Psalmen ersetzen wollen. Wenn wir Christen die Psalmen beten, ist es freilich legitim, nicht nur die Lebenssituationen des David, sondern auch das Leben Jesu zu bedenken, „und uns ‚Schulter an Schulter' neben ihn und in seine Lebenssituation zu stellen. So wird uns Jesus gerade beim Psalmenbeten in besonderer Weise unser ‚erstgeborener Bruder' (vgl. Röm 8, 29), und wir kommen in einen geistigen Kontakt mit ihm, wie ihn keine ‚Reliquie' von ihm (vgl. Turiner Grabtuch) gewähren könnte" (A. Deissler).

Ein Lieder- und Lesebuch zugleich

Von der angedeuteten Entstehungsgeschichte des Psalmenbuchs, aber auch von unseren knappen Ausführungen zu den Psalmenüberschriften her dürfte nun verstehbar sein: Die verbreitete Rede vom Psalter als *dem* Gesangbuch des Zweiten Tempels ist nur bedingt richtig. Im Psalter sind gewiß *einzelne* „Gesangbücher" von levitischen Sängergilden des Jerusalemer Tempels enthalten. Daß und wie diese Lieder beim Tempelkult Verwendung fanden, läßt sich plastisch in 1 Chron 16 und vor allem im Buch Jesus Sirach 50, 15–21 nachlesen. Die eigentlichen Psalmentexte wurden danach von einem musizierenden und singenden Levitenchor vorgetragen, dem (zwei) Priester vom Opferaltar aus durch Posaunensignale den Einsatz, die Pausen und das Ende ihres Psalmvortrags anzeigten. Dieser Levitenchor stand auf den breiten Stufen, die zum „Priesterhof" (wo der Opferaltar stand) hinaufführten. Das Volk konnte den Chor hier gut sehen *und* hören; es selbst sang in der Regel nur den Refrain oder einen Kurzvers. Als „Kurzvers" waren der Satz „denn SEINE Güte währt ewig" (vgl. Ps 135) oder der Ruf „Halleluh-Jah" (= lobpreiset Jah[we]) oder die Feststellung „Amen, amen" (= so ist es, so soll es sein!) besonders beliebt.

Aber nicht alle Psalmen sind bei den großen Tempelfeiern gesungen worden. Viele sind weder im offiziellen Kult entstanden noch gebraucht worden. Wahrscheinlich ist auch das Psalmenbuch als Ganzes nie als „Tempelgesangbuch" verstanden worden, sondern als „Gebetbuch" für die Synagoge bzw. für die familiäre Frömmigkeit. Und vor allem als Buch religiöser Dichtung und Lehre – als „Lese- und Meditationsbuch", ähnlich den anderen biblischen Büchern.

Daß das Psalmenbuch auch als Buch gewissermaßen „Seite für Seite" gelesen werden will, wird an drei Eigenheiten greifbar:

1) Im Psalmenbuch „benachbarte" Psalmen sind häufig durch (teilweise sekundär hergestellte) Stichwortbezüge miteinander verbunden; leider hat die „Einheitsübersetzung" dies nur selten festgehalten.

2) Nebeneinander stehende Psalmen bilden öfter eine thematische oder geschehensmäßige Einheit (z.B. Ps 23 und Ps 24 gehören durch das Bild von JHWH als dem König, der seinen Frommen Schutz und festliche Gemeinschaft in seinem heiligen Haus bietet, zusammen; die Psalmen 25–27, die überdies durch mehrere Stichwortassoziationen verbunden sind, stimmen in der Liebe zum Haus Gottes überein; die Psalmen 90–92 entfalten einen fortschreitenden Geschehensbogen: Klage [Ps 90] – Göttliche Zusage der Rettung [Ps 91] – Dank für erfahrene Rettung [Ps 92]).

3) Es gibt übergreifende Bearbeitungsschichten, deren theologische Bedeutung nur aufgeht, wenn das Psalmenbuch als Ganzes in den Blick kommt.

Dennoch: Die Psalmen sind als Einzeltexte entstanden. Und sie sollen und wollen zuallererst als solche *geschaut* und *gehört* werden: weil sie Dichtung sind.

Rhetorische und poetische Gedichte

Nicht alle Psalmen sind literarisch von gleichem Rang. Ihre Sprache und ihre Bilder, ihre Architektur und ihre Klanggestalt sind aber durchweg – vor allem in ihrer „Erstfassung", falls sie sich rekonstruieren läßt – von ergreifender Intensität. Mit einer Unterscheidung, die ich bei Paul Konrad Kurz (Wem gehört die Erde. Neue religiöse Gedichte, Mainz 1984, 258 f) gefunden habe, kann man sagen: manche Psalmen sind rhetorische Gedichte, manche sind poetische Gedichte, manche sind beides zugleich.

P. K. Kurz erläutert die Unterschiede so: „Das *rhetorisch* gearbeitete Gedicht setzt handwerklich sehr bewußt die sprachlich-rhetorischen Mittel ein: zum Beispiel die Metapher, Antithese, rhetorische Frage, Wiederholung, Steigerung, unterschiedliche sprachliche Schichten ... Das rhetorisch-religiöse Gedicht spricht meditativ, pastoral oder sozialkritisch ... Das rhetorische Gedicht ist bis zu einem gewissen Grad ‚übersetzbar' in Prosasprache." Psalm 1 ist ein solches rhetorisches Gedicht. Das *poetische* Gedicht ist – wieder mit P. K. Kurz – „nicht weniger sprachlich gearbeitet. Es steigt aus tieferen Schichten des Bewußtseins auf. Es spricht aus einer anderen Dichte und Dimension des Bildes. Es zehrt von einem poetischen Einfall (der mehr ist als der bloß rhetorische), dem poetischen Genius, der poetischen ‚Gnade' ... Dem poetischen Gedicht kann man sich zwar interpretatorisch nähern. Aber es ist unendlich viel mehr als die Interpretation, die Analyse, der Übersetzungsversuch. Das poetische Gedicht ‚strahlt': bildlich, rhythmisch, logoshaft, energetisch. Es produziert nicht nur (wie der rhetorische Verstext) ein intellektuelles Anderssehen oder Verstehen im neuen Kontext. Das *poetische* Gedicht löst seelisches Staunen aus.

Es läßt uns die Welt mit anderen Augen sehen. Alle poetischen Gedichte sind zugleich *epiphanische* Gedichte." Psalm 23 ist ein derart poetisches Gedicht.

Die hebräische Dichtkunst hat zwei Eigenheiten, um die man wissen muß, um diese Gedichte poetisch zu begreifen und zu erleben.

Die erste Eigenheit der Psalmen-Gedichte ist ihre (auch im Druckbild wiedergebbare) Parallelismusstruktur. Gewöhnlich bilden zwei, manchmal auch drei Zeilen eine kleine poetische Einheit. Was diese Zeilen zusammenbindet, ist freilich kein lautlicher Reim, wie dies in einem traditionellen deutschen Gedicht der Fall ist (bzw. war), sondern eine Eigenart der semitischen Dichtkunst, auf die schon vor 200 Jahren der Engländer Lowth aufmerksam wurde: der sogenannte *parallelismus membrorum,* d. h. die Doppelung (Parallelität) der Aussagen in zwei, drei aufeinanderfolgenden Zeilen. Die Zeilen „reimen" sich hier dadurch, daß sie das gleiche, aber mit anderen Worten bzw. mit einem anderen Bild sagen. So beginnt Psalm 2 mit dem Zweizeiler:

„Wozu tosen die Völker
und (wozu) murmeln die Nationen Eitles?"

Diese Technik des Gedanken- bzw. Bilderreims, die eine Sache durch Wiederholung von verschiedenen Aspekten her umkreist, entspricht der semitischen Vorliebe, etwas möglichst plastisch und lebendig darzustellen. Während unser abendländisch-griechisches Denken auf Präzision und Einfachheit abzielt, liebt es der Orientale, möglichst viele Aspekte einzufangen. Man hat diese Art des plastischen Denkens zu Recht mit dem Stereosound in der Musik verglichen. Wie die Psalmen zeigen, vermeidet die hebräische Dichtkunst die Monotonie der parallelen Doppelzeilen dadurch, daß sie verschiedene Arten des Parallelismus entwickelt hat. So gibt es neben dem synonymen (bedeutungsgleichen) Parallelismus (vgl. den zitierten Anfang von Ps 2) zunächst den antithetischen (gegensätzlichen) Parallelismus. Ein Beispiel ist der Schluß von Psalm 1:

„Ja, JHWH kennt den Weg der Gerechten,
und (= doch) der Weg der Gottlosen führt in den Abgrund."

Eine weitere Ausprägung dieses poetisch-rhetorischen Prinzips ist der synthetische (zusammensetzende) Parallelismus. Ein Beispiel dafür bietet der Anfang von Psalm 27:

„JHWH ist mein Licht und mein Heil:
vor wem sollte sich mich deshalb fürchten!"

Die Parallelismusstruktur gibt den biblischen Psalmen eine rhetorische Grundbewegung, die sich dem ruhigen Tempo des menschlichen Atems angleicht. Und genau dies will ein biblischer Psalm sein: Sprechendes Atmen vor Gott und in Gemeinschaft mit anderen!

Die Parallelismusstruktur der hebräischen Psalmen hängt mit einer zweiten Eigenheit zusammen, die durch die Eigenart der semitischen Sprachen insgesamt verstärkt wird. Diese bilden keine komplizierten Verschachtelungen von Haupt- und Nebensätzen, sondern stellen kurze Sätze unverbunden (asyndetisch) oder nur durch „und" verbunden (syndetisch) nebeneinander, wobei die Konjunktion recht unterschiedliche Bedeutung haben kann (z. B. doch, sogar, weiterhin ...). Ihren logischen Zusammenhang muß dann der Hörer bzw. der Leser selbst herstellen. Das gibt der Sprache einerseits eine gewisse Unbestimmtheit, andererseits fördert dies die Aufmerksamkeit und die Aktivität der Gesprächspartner. Sich einen vorgegebenen Psalm zu eigen zu machen, fordert deshalb den sprachlichen Mitvollzug. Die Psalmen sind auch von daher nicht Formulare, die „zur

Kenntnis" zu nehmen sind, sondern sie sind Gedichte, in die der Beter / der Leser sich selbst einbringen muß, wenn er sich von ihrer Sprachdynamik anstecken lassen will.

Vor allem aber leben die Psalmen-Gedichte von ihrer Bildsprache. Viele Bilder kommen aus der unmittelbaren menschlichen Lebenswelt. Andere stammen aus der Begegnung mit der Landschaft, in der die Psalmen entstanden sind. Wieder andere sind mythische Bilder, die Israel mit der Umwelt teilt. Bisweilen sind es ganze Bildcollagen, die ineinander verschmelzen. Dann ist es wieder ein einziges großes Gemälde, dessen Einzelzüge bis ins Detail dargestellt sind. Am eindrucksvollsten sind jene Bilder, die nicht als Vergleich, sondern als Metapher verwendet sind, d. h., das Bild benennt eine bildhaft wahrgenommene Wirklichkeit. Die Metaphern „JHWH ist mein Hirte, mein Fels" beschwören bildhaft die Erfahrung, daß ich von JHWH beschützt, geleitet, genährt werde bzw. in ihm Halt und Zuflucht finde. Dabei läßt die Metapher jene Offenheit, in der viele Beter diese Psalmverse als ihre ureigene Erfahrung konkretisieren können. Gerade die Bildsprache schafft die Möglichkeit, die Psalmen immer neu und anders zu entdecken und zu erleben. Bilder sind ja nie voll auszuschöpfen. Wer sich auf sie einläßt, schaut immer wieder neue Farbkonstellationen.

Die Poesie der Psalmen führt weg von der Vordergründigkeit des Alltags. Sie zielt auf unsere Emotionalität. Sie will unser Ich in Bewegung bringen, damit wir uns selbst in den Psalmen wiederfinden: mit unseren Sehnsüchten und Ängsten, mit unseren Leiden und Hoffnungen.

III. Das zweifache Portal des Psalmenbuchs

Wie die Textfunde aus den Höhlen um Qumran, aber auch die griechische (Septuaginta) und die syrische (Peschitta) Bibelübersetzung belegen, gab es bis zum 1. Jahrhundert n. Chr. unterschiedliche „Ausgaben" des Psalmenbuchs. Die Divergenzen betreffen das letzte Drittel des Psalmenbuchs, sowohl die Anordnung der Psalmen als auch ihre Anzahl. Eine der über 30 qumranischen Psalmenrollen bringt z. B. die Psalmen 101–150 in veränderter Reihenfolge und darüber hinaus mehrere Psalmen, die nicht in unserem kanonischen Psalmenbuch stehen. Vor allem der Schluß dieser Psalmenrolle zeigt das Selbstverständnis der Qumranbewegung und macht deutlich, daß die Reihenfolge ein theologisch-politisches Programm ist (was auch, wie ich sogleich erläutern werde, für das kanonische Psalmenbuch gilt!). Die Rolle endet gezielt mit Ps 140 als Hilferuf zu JHWH als dem Anwalt und Retter der Armen und Verfolgten und mit Ps 134 als Selbstaufforderung zum Gotteslob „in den Nächten", d. h. in der geschichtstheologischen Epoche der Finsternis und des Unheils, als die die Qumranleute ihre Zeit betrachten. Und als „Nachwort" bietet diese Rolle den (auch in der Septuaginta als „Nachwort" überlieferten) Ps 151, der David als Psalmendichter und Psalmensänger feiert (zu Text und Auslegung dieses schönen Psalms siehe unten unser Schlußkapitel XI).

Unser kanonisches Psalmenbuch verdankt seine Endgestalt der pharisäisch-rabbinischen Tradition, die um 100 n. Chr. den Kanon der hebräischen Bibel endgültig festgelegt hat. Die Rabbinen entschieden sich dabei mit guten Gründen für *jene* „Ausgabe", die mit Ps 149 und Ps 150 einen schönen Abschluß erhalten hatte. Von nun an war *diese* Ausgabe, die vermutlich schon im 2. Jahrhundert v. Chr. im Umlauf war, sich aber noch nicht voll durchsetzen konnte, für das Judentum verbindlich. Und die Kirche hat sich nunmehr faktisch auch für *diese* Ausgabe entschieden, wenngleich über Jahrhunderte hinweg lehramtlich die griechische bzw. die lateinische Bibelübersetzung den Vorzug hatte.

Die beiden Anfangspsalmen und die beiden Schlußpsalmen bilden einen theologisch-politischen Rahmen des Psalmenbuchs. Ps 1 und Ps 2 „begrüßen" den Psalmenbuchleser und Ps 149 und Ps 150 „verabschieden" ihn. Beides geschieht programmatisch. Diese „Eckpsalmen" sind wie zwei Portale, die der Psalmenbeter durchschreiten soll, um die einzelnen Psalmen „recht" zu beten *und* aus ihnen „gerecht" hinauszugehen – in das Leben!

Ps 1 und Ps 2 sind von den Redaktoren mit Bedacht an den Anfang gesetzt. Sie stellen das Psalmenbuch in das Licht der Torafrömmigkeit (Ps 1) und der Messiashoffnung (Ps 2) – beides jedoch unter dem übergreifenden Vertrauen auf die Jahweherrschaft (1,6; 2,11). Beide Psalmen sind durch Stichwortbeziehungen miteinander verbunden (1,1; 2,12: „selig …"; 1,2; 2,12: „[der/euer] Weg führt in den Abgrund"; 1,2; 2,1: „murmeln"). Sie sollen *auch* als Einheit gelesen werden, nicht zuletzt wegen der beide Psalmen rahmenden Seligpreisung: Sie werben um die Orientierung an der Tora JHWHs im individuellen Leben (Ps 1) und im gesellschaftlich-politischen Zusammenleben der Völker (Ps 2). Den in Ps 1 und Ps 2 seliggepriesenen Weg findet und geht eben nicht zuletzt, wer die einzelnen Psalmen zum „Reiseführer" des privaten und politischen Lebens macht.

Während die zwei Anfangspsalmen des Psalmenbuchs ein Doppelportal bilden, das den, der den Psalter betritt, in die richtige Grundstimmung versetzen will, fassen die beiden Schlußpsalmen zusammen, was geschieht, wenn und wo die Psalmen gebetet, gesungen und gelebt werden. Psalm 149 kennzeichnet das Sprechen der „Preisungen" als den grundlegenden Lebensvollzug der endzeitlichen Jahwegemeinde: wo Psalmen als Ruhmgesang Gottes die bestimmende Lebensmelodie sind, da bricht das Reich Gottes (vgl. V. 2) an. Psalm 150 zieht die Bedeutsamkeit des Psalmengebets noch weiter aus: Im Beten und Singen der Psalmen verdichtet sich der Lobpreis des ganzen Kosmos. Ps 150 ist ein „Schlußpunkt, der in Wahrheit ein Doppelpunkt ist" (K. Seybold). Denn dieser Psalm weitet ausdrücklich die Einladung zum „Psalmensingen" auf „alles, was atmet", aus. Die im Psalmenbuch gesammelten Psalmen sollen dazu hinführen. Sie sollen gewissermaßen das „Textbuch" sein, mit dem die Psalmenbeter alle Welt zum Lob JHWHs mitreißen. So sind Ps 149 und Ps 150 eine „Toröffnung" zur Welt. „Der so vollendete, aber als unvollendet erklärte Psalter wird zu einer textlich zwar abgeschlossenen, doch in alle Ewigkeit zu intonierenden Partitur des Lobpreises. Als solche steht sie im Kanon" (K. Seybold).

Psalm 1

1a *Selig der Mann,*
1b *der nicht geht im Rat der Gottlosen*
1c *und auf dem Weg der Sünder nicht steht*
1d *und am Sitz der Spötter nicht sitzt,*
2a *vielmehr an der Weisung JHWHs seine Lust hat*

2b und in seiner Weisung murmelt bei Tag und bei
   Nacht.
3a *Er wird sein wie ein Baum, gepflanzt an
   Wasserbächen,*
3b *der seine Früchte gibt zu seiner Zeit*
3c *und dessen Blätter nicht welken*
3d *und dem alles, was er tut, gelingt.*
4a *Nicht so die Gottlosen, [nicht so],*
4b *vielmehr wie der Spreustaub, den wegweht ein
   Wind.*
5a *Darum bestehen Gottlose nicht im Gericht*
5b *und Sünder nicht in der Gemeinde der Gerechten.*
6a *Denn JHWH kennt den Weg der Gerechten,*
6b *aber der Weg der Gottlosen führt in den Abgrund.*

Einführung

Als geistige Heimat des ersten Psalms gilt zu Recht die weisheitlich denkende Theologie, der es (etwa im Unterschied zur Geschichtstheologie, die die Geschichte Israels als Folge von Geschichtssetzungen JHWHs erzählend zu begreifen versucht) darum geht, Regeln zu finden und zu lehren, damit Leben gelingt. Die Weisheit zielt auf Lebenswissen und auf Lebenskunst. Ihre sprachlichen Mittel gleichen denen, die uns aus der Alltagspädagogik von Eltern oder Lehrern vertraut sind. Auch Ps 1 ist von ihnen geprägt. Typisch „weisheitlich" sind im Psalm: die Schwarzweißmalerei, die in pädagogischer Absicht zwei gegensätzliche Lebensweisen kontrastiert; die Gegenüberstellung des *einen* Gerechten und der Masse der Gottlosen; die Vergleiche aus dem Bereich der Natur (sie wollen überzeugen: das ist eben etwas, was jeder nachprüfen kann!); die Vorstellung vom Leben, das wie ein großer Scheideweg ist, für den man einen Wegweiser und einen Reisebegleiter braucht.

Der Psalm ist eine kunstvoll gestaltete Seligpreisung, die in V. 1–2 den idealen Lebensweg des Frommen vor dem Kontrast der gottlosen Lebenspraxis beschreibt, in V. 3–5 dann die Fruchtbarkeit dieses Lebensweges mit der Tora, wieder im Kontrast zum Leben der Gottlosen, in eindrucksvollen Bildern nahebringt, und schließlich in V. 6 zusammenfassend den tiefsten Grund der Seligpreisung nennt: Wer den im Psalm empfohlenen Lebensweg wählt, ist deshalb seligzupreisen, weil das der von JHWH begleitete und gesegnete, ja geliebte (das Verbum „kennen" in V. 6 meint all dies!) Lebensweg ist. Gattungsmäßig ist der Psalm also eine „begründete Seligpreisung." Diese Gattung hat ihren „Sitz im Leben" ursprünglich im politischen Leben und in der Weisheitsschule. Mit ihr wurden die jeweiligen Adressaten werbend aufgefordert, eine ihnen vorgelegte Lebenslehre zu verwirklichen oder einem König in unverbrüchlicher Loyalität zu folgen (vgl. Ps 2!). Für beide Verwendungsbereiche bietet die ägyptische Tradition zahlreiche Belege. In der sogenannten Amarna-Epoche (14. Jahrhundert v. Chr.) wird z. B. so um die Loyalität der Untertanen gegenüber ihrem König geworben: „Selig, wer seine Lehre tut! Denn er wird den Gau des Gelobten erreichen!" Auch das Alte Testament selbst belegt mehrfach diese Verwendungen der Seligpreisung (z. B. 1 Kön 10,8; Spr 3,13–20; 8,32–36; Sir 14,20 – 15,10). Und noch die Seligpreisungen als Eröffnung der Bergpredigt (Mt 5,3–12) stehen in dieser Wirkungsgeschichte; sie wollen dazu bewegen, sich auf den in der Bergpredigt verkündeten Weg ins Reich Gottes einzulassen.

Im Psalm spiegelt sich die Auseinandersetzung mit der hellenistischen Aufklärung wider, die im 3. Jahrhundert vor allem in der Mittel- und Oberschicht Jerusalems (vgl. auch das Buch Kohelet = Prediger) um sich griff. Zu zwei Fragestellungen dieser Zeit bezieht unser Psalm eine eindeutige Position. Gegen die hellenistische Weltkultur verteidigt er die Überlieferung der Väter (die Tora), und gegenüber den auf wirtschaftlichen und politischen Aktivismus setzenden ‚modernen' Lebensprogrammen vieler Zeitgenossen entwirft der Verfasser des Psalms *seine* Vision vom fruchtbaren Leben: für andere und für sich selbst produktiv ist nur, wer eine geradezu mystische Beziehung, abhold aller äußerlichen Geschäftigkeit, zu seinem Gott hat.

Auslegung

V. 1–2 preist den Lebensstil des Menschen, der sich als „Gefolgsmann" JHWHs (ein heutiger Psalmdichter müßte gewiß sagen: „Selig jene Frau und jener Mann, die …") inmitten einer gott-losen Welt bewährt, in doppelter Weise. Einerseits praktiziert dieser „Gerechte" (Zaddik) ein konsequentes Nein (dreimal steht „nicht"), das seinen Alltag rundum (vgl. die Verbfolge: gehen–stehen–sitzen) prägt. Er läßt sich nicht von den Überlegungen der Gottlosen beeinflussen, er gestaltet seinen Lebensweg nicht als Abfolge sündiger Aktionen, er praktiziert keine Kumpanei mit denen, die die überlieferte Tora spöttisch belächeln: Vom Gedanken über die Aktion bis hin zur organisierten Lebensform unterscheidet er sich von allem, was viele seiner Zeitgenossen treiben. Aber dieser Idealtyp gelingenden Menschseins ist kein bloßer Neinsager. Noch mehr ist er bestimmt durch sein begeistertes Ja zur „Weisung JHWHs", das alle Fasern seines Menschseins („bei Tag und bei Nacht" = immer) durchdringt. Die Singularbildung „Weisung" faßt die „gnädige

Willensoffenbarung" (G.' von Rad) zusammen, in der der Gott Israels seinem Volk das Geschenk der Gottesherrschaft erschlossen hat. Bündig formuliert liegt dieses Geschenk für den Israeliten in der schriftlich formulierten Tora der sogenannten fünf Bücher Mose vor. Sie ist die Magna Charta des Gottesbundes, mit und in welcher der Zaddik unseres Psalms leben kann und leben will. An dieser „Wegweisung" hat er seine Lust, in ihr „murmelt" er ständig, d. h. (vom hebräischen Wortsinn her), die Worte dieser Wegweisung (sie erzählen von den Wegen Abrahams und Israels aus Ägypten sowie von den Weisungen am Sinai) spricht er vor sich hin und in sich hinein, um sie ganz und voll in sich aufzunehmen. Es ist ein Meditieren der Tora, das einem Eßvorgang gleich (vgl. Jes 31, 4; 38, 14) die Worte in sich aufnimmt, eine Erfahrung ähnlich der, die den Propheten geschenkt wurde (vgl. Jer 15, 16; Ez 3, 1–3). Da Ps 1 als „Portal" des Psalmenbuchs gedacht ist und überdies das fünfteilige Psalmenbuch die Anlage der fünf Bücher Mose nachahmt, meint das „Murmeln in seiner Weisung" das Rezitieren des Psalmenbuchs.

Der Doppelvergleich V. 3–4 wertet die Lebenspraxis dieses meditierenden, betenden Zaddik. Anders als es die Meinung vieler damals war und heute ist, hält unser Psalm diesen Mystiker für den eigentlichen „Politiker", d. h., dieser am Quellbach der Tora gepflanzte und daraus lebende Mensch ist der für die Gemeinschaft eigentlich Frucht bringende Mensch. Während die Gott-losen wie der Spreustaub (der „letzte Rest" beim Dreschen bzw. Worfeln des Getreides) sind, nämlich nutzlos und vom geringsten Wind verweht, ärgerlich juckend (wenn er zwischen Hemd und Haut fliegt) und das absolute Gegenbild zu Ernteertrag, ist der Zaddik wie ein immergrüner Baum, der reiche, eigene Frucht abgeben (!) kann und schattenspendendes Laub bereithält.

V. 6 faßt optimistisch-werbend zusammen: Der Lebensweg des Gerechten ist nicht als dessen eigene Leistung so fruchtbar und letztlich gelingend, sondern weil JHWH ihn „kennt", d. h. sorgend und liebend begleitet. Anders der Weg der Gott-losen, der streng genommen gar kein „Weg" ist: Er verliert sich wie im Sand und führt nicht an ein Ziel, sondern in den Abgrund – gewissermaßen von selbst, wie der Psalm in V. 6b durch das gegenüber V. 6a auffallende Fehlen eines besonderen Eingreifens JHWHs andeutet.

Die Zeilen V. 3d. 5ab, die erst von der Psalmenbuchredaktion eingefügt wurden, tragen in den Psalm den Tun-Ergehen-Zusammenhang ein: Wer für andere Menschen ein Segen ist, ist zugleich für sich selbst erfolgreich (V. 3d: vgl. Jos 1,8) und gesegnet (vgl. Gen 12, 1–3); wer für andere nur nutzloser und ärgerlicher Spreustaub ist, hat selbst keinen „Bestand im Gericht" (V. 5). Der Wechsel vom Bild der Spreu zum Thema „Gericht" ist insofern durch die Tradition nahegelegt, als die Spreu mehrfach als Bild im Kontext des Gerichtshandelns Gottes begegnet (vgl. Ps 35, 4f; Jes 17, 13; Zef 2, 2). Die genauere Deutung von V. 5 ist kontrovers. Daß mit dem „Gericht" das „ständig gerechte Walten Gottes" (H. Gunkel) gemeint sei, mit dem er im Lauf der Geschichte die Guten belohnt und die Bösen bestraft, ist von V. 5b her wenig wahrscheinlich. Vom zeitgeschichtlich späten Kontext der Erweiterung her (3. oder 2. Jahrhundert v. Chr.) ist an das eschatologische Gericht zu denken, worin JHWH über die Zugehörigkeit zu seiner eschatologischen Heilsgemeinde (vgl. Ps 149, 1) entscheidet. Das impliziert die Position: Nur wer sich voll der Torafrömmigkeit verschreibt, wird den Weg ins eschatologische Gottesreich finden. Das ist die „Vollendung", von der V. 3d letztlich redet; sie gründet in der Tat in der „erkennenden Liebe" JHWHs (V. 6b).

Psalm 2

1a Wozu tosen die Völker
1b und wozu murmeln Eitles die Nationen,
2a stellen sich hin die Könige der Erde
2b und schließen sich die Fürsten zusammen
2c gegen JHWH und seinen Gesalbten?
3a „Laßt uns zerreißen ihre Stricke
3b und laßt uns werfen von uns ihre Seile!"
4a Der im Himmel Sitzende lacht,
4b der Allherr spottet über sie.

5a Einst wird er reden zu ihnen in seinem Zorn
5b und in seiner Zornesglut wird er sie verstören.

6a Ich aber bin eingesetzt als sein König
6b auf dem Zion, seinem heiligen Berg.
7a Ich will berichten die Setzung JHWHs.
7b Er sagte zu mir: „Mein Sohn – Du!
7c Ich habe heute dich (hiermit) gezeugt.
8a (Bitte von mir und) ich gebe die Völker als dein Erbteil
8b und als deinen Besitz die Enden der Erde.
9a Du sollst sie zerschlagen mit eisernem Stab
9b und wie Töpfergefäße sollst du sie zerschmettern."

10a Und nun, ihr Könige werdet einsichtig,
10b laßt euch warnen ihr Herrscher der Erde.
11a Dienet JHWH in (Gottes-)Furcht
11b und küßt seine Füße in Beben,
12a damit er nicht zürnt und euer Weg in den Abgrund führt,
12b denn es entbrennt bald sein Zorn.
12c Selig alle, die sich bergen in ihm!

Einführung

Meist wird der Psalm als vorexilischer Königspsalm gedeutet, den der König von Jerusalem zum Abschluß der Krönungsfeierlichkeiten oder zum Krönungsjahrestag selbst laut sprach (oder sang?), wenn er vom Tempelplatz zu seinem Thron im Palast zurückkehrte, um die Huldigung seiner Untertanen bzw. der Großen des Reiches entgegenzunehmen. Bei dieser Annahme bezeugt der Psalm das Amtsverständnis der Jerusalemer Könige zwischen 1000 und 587 v. Chr. Sie halten sich demnach für im letzten unüberwindlich, weil ihnen von JHWH der Auftrag und die Vollmacht übergeben sind, die Völkerwelt insgesamt zur Anerkennung der Gottesherrschaft JHWHs zu führen. Daß sich am Verhalten zum Volk JHWHs der Segen oder der Fluch für die Völkerwelt entscheidet, ist ja die dem Abraham „am Anfang" der Geschichte Israels gegebene Verheißung (vgl. Gen 12, 1–3). Daß diese Grundüberzeugung Israels in unserem Psalm so kriegerisch formuliert ist und daß der Anspruch auf Weltherrschaft im Munde eines Provinzkönigs angesichts der politischen Realitäten des Vorderen Orients reichlich selbstbewußt klingt, läßt sich immerhin dadurch erklären, daß dies typische Hofsprache altorientalischer Groß- und Kleinkönige war. Und außerdem war die Jerusalemer Tradition schon in ihrer jebusitisch-kanaanäischen Zeit von kosmisch-universalem Denken bestimmt, das von der JHWH-Religion übernommen wurde.

Um die vorexilische Herkunft unseres Psalms zu stützen, wird gerne auf die verwandten Psalmen 20; 21; 45; 72 und 110 verwiesen. Nun zeigt sich gerade beim Blick auf diese Psalmen, daß es offensichtlich zwei Gruppen von Königspsalmen gibt: in einer Gruppe (Ps 20; 21; 72) ist der König eher als Knecht JHWHs und als Musterisraelit gezeichnet, während die andere Gruppe (Ps 2; 45; 110) ihn als „Gott" (mit göttlicher Vollmacht ausgestattet bzw. als „Gottessohn") sieht. Diesen Unterschied möchte ich entstehungsgeschichtlich erklären. Da sprachliche und motivliche Eigenheiten von Ps 2 (besonders die Vorstellung von der Weltrevolution gegen JHWH und seinen Gesalbten) in die nachexilische Epoche verweisen und da Ps 2 den exilisch-nachexilischen Ps 89 voraussetzt (vgl. die Bezüge zwischen Ps 2, 6–7 und Ps 89, 27–28), halte ich Ps 2 (und die mit ihm verwandten Ps 45; 110) für nachexilisch. Da es in dieser Zeit aber kein historisches Königtum in Israel gibt, muß Ps 2 „messianisch" verstanden werden (vgl. auch unten unser Kapitel VII).

Der Psalm ist demnach Ausdruck der messianischen Hoffnung der bedrängten nachexilischen Gemeinde. Sein „Sitz im Leben" ist nicht das Gefühl triumphalistischer Überlegenheit, sondern die Sehnsucht nach einem neuen gottgeschenkten Königtum (vgl. Jes 9, 1–6; 11, 1–9), das in der Vollmacht des Weltherrschers JHWH alle chaotischen Mächte bändigt, damit die Gottesherrschaft endgültig und weltweit Wirklichkeit wird.

Der Psalm ist, insbesondere in V. 7–9, stark von der ägyptischen bzw. hellenistischen Königsvorstellung bzw. -propaganda geprägt. So legt sich die Vermutung nahe, daß der Psalm diese Bilder in polemischer Absicht aufgreift, um gegen den Herrscherkult jener Epoche (Alexanders des Großen bzw. seiner ptolemäischen Nachfolger) zu betonen: Nicht die sich für Götter halten und sich so von ihren Untertanen anbeten lassen, sondern JHWH allein und der von ihm beauftragte messianische König können der Völkerwelt jene Lebensordnung geben, die ein lebenförderliches Zusammenleben der Völker ermöglicht.

Der Psalm, der der im Neuen Testament meistzitierte

Psalm ist, verwendet Metaphern der Gewalt, die in der alten Welt weniger spektakulär waren als für uns Heutige. Zu ihrem sachgerechten Verständnis muß bedacht werden: Der Psalm ist nicht das Kriegsprogramm einer Großmacht, sondern die Hoffnungsvision einer unterdrückten Gemeinde. Sie legt den Psalm dem messianischen König in den Mund. Der Psalm ist getrieben von der alles entscheidenden Frage: Wem gehört die Geschichte? Wer ist der eigentliche Akteur der Geschichte? Wann und wie wird die Erde zu einem (Be-)Reich, in dem die Völker ohne Haß und Krieg zusammenleben? Darauf antwortet der Psalm mit der Hoffnung, daß am Ende „Gott alles in allem sei" – ein Hoffnungsangebot für alle, die sich bergen wollen in IHM (Ps 2, 12) und die sich SEINEM „Regierungsprogramm" der Tora, d. h. der (politisch verstandenen!) Brüderlichkeit und gegenseitigen Hilfe, unterwerfen.

Auslegung

V. 1–4 setzt die Weltherrschaft JHWHs und seines Gesalbten (hebräisch *maschíach* = griechisch *christos*) voraus, der die Völker zum Wohle aller unterworfen sind. In ägyptischen und mesopotamischen Texten und Bildern ist das unserem Psalm zugrunde liegende Bild reichlich belegt: Der Schöpfergott und der König als sein Stellvertreter halten die Völker und deren Repräsentanten an Seilen gebunden zusammen (vgl. V. 3), um so ein geordnetes Zusammenleben zu ermöglichen. Wo und solange diese Schöpfungsordnung funktioniert, herrscht Ordnung (Kosmos); wo sie gestört wird, bricht Chaos herein – und muß gebändigt werden, damit der Kosmos erhalten bleibt. Genau dies ist die Situation, die in V. 1–3 plastisch geschildert ist. V. 1 beginnt mit akustischen Phänomenen. Die Völker „tosen" heran wie das Brodeln und Rauschen chaotischer Meeresfluten (vgl. Ps 46, 4.7; Jes 17, 12). Sie „murmeln" nicht, wie Ps 1, 2 empfiehlt, „in der (lebensförderlichen) Weisung JHWHs", sondern „Eitles", d. h. was vergeblich und verderblich zugleich ist. V. 2 steigert mit visuellen Phänomenen. Aus der dumpf lärmenden Masse treten Einzelgestalten hervor. Die Könige „stellen sich hin" in Kriegspose (wie weiland Goliat: 1 Sam 17, 16; vgl. Jes 59, 3) und rotten sich zusammen in der Kumpanei der Revolution gegen die Gottesherrschaft (V. 3). Angesichts dieses wahnwitzigen Aufstandes (vgl. ähnlich Gen 11, 1–9) der Erdenkönige reagiert der himmlische Schöpfergott freilich mit Lachen und Spott (V. 4): Er läßt sich das Weltregiment nicht aus den Händen nehmen!

V. 6–9 erläutert, warum der Schöpfergott über das immer wieder in der Geschichte aufbrechende Chaos „lachen" und „spotten" kann. Inmitten des Chaos tritt eine messianische Gestalt auf, die als SEIN König vom Zion aus die Lebensordnung schützen und das Chaos vernichten soll. Dieser Messias (den unser Psalm erhofft) spricht von einer dreifachen Zusage Gottes: 1) Er ist „Gottes Sohn", von Gott „heute", d. h. im Augenblick seiner Beauftragung, „gezeugt". Der Akt der Amtseinsetzung dieses messianischen Königs wird als mystische Neuzeugung und Wiedergeburt verstanden, die diesen Gesalbten befähigt, wie Gott selbst die Weltordnung durchzusetzen. 2) Daß diesem „Gottessohn" die ganze Erde übereignet wird, ist die rechtliche Folge seiner „Gottessohnschaft" und die logische Konsequenz seines Auftrags. 3) Die Bilder, mit denen in V. 9 die Durchsetzung des Auftrags formuliert ist, entstammen voll der ägyptisch-hellenistischen Bildwelt. An Tempelwänden, auf Gedenksteinen, auf Siegeln und auf Amuletten findet sich häufig die Szene vom König, der über die Feinde die eiserne Keule schwingt – ein „quasi-sakramentales" Bild, welches das Dargestellte bewirken soll, nämlich das Chaos abwehren und den Kosmos schützen! Auch das Zerschmettern der Töpfergefäße ist ein rituelles Bild. Im ägyptischen Totenkult und im täglichen Tempelkult ist inschriftlich und ikonographisch der Ritus bezeugt, daß mit den Namen feindlicher Fürsten beschriebene Tonkrüge zerschmettert wurden, um so die von diesen Feinden ausgehende böse Bedrohung zu bannen.

V. 5.10–12 (diese Verse gehen wahrscheinlich erst auf die Bearbeitung zurück, die Ps 1 und Ps 2 als übergreifende Einheit las und beide Psalmen als „Doppelportal" dem Psalmenbuch vorangestellt hat) geben dem Psalm eine Endzeitperspektive (vgl. ähnlich Ps 1, 5). Angesichts der Macht des Gotteszorns (V. 5) und im Wissen um die Macht des Messias (V. 9) werden die Akteure der politischen Geschichte vor die Alternative gestellt, entweder JHWHs Weltregiment als dienstbereite Vasallen anzuerkennen (zum Fußkuß vgl. Jes 49, 22 f) oder im bald hereinbrechenden endzeitlichen Zorngericht unterzugehen. Sprachlich greift V. 11–12 auf die deuteronomische Predigt zurück (vgl. besonders Dtn 6, 13–18), mit der Israel die Tora als Lebensweg ans Herz gelegt wird. Von dieser Anspielung her wird die Beziehung zu Ps 1 verständlich: Wenn die Völker und ihre Könige (wie der einzelne Israelit von Ps 1!) die Tora der Gottesherrschaft zum Handlungsprinzip machen, wird „ihr Weg" gelingen; wenn sie dies nicht tun, wird er in den Abgrund führen.

Psalm 149

1a Hallelu-Jah!
1b Singt JHWH ein neues Lied,
1c seinen Lobpreis in der Gemeinde der Getreuen!
2a Es soll sich freuen Israel über seinen Schöpfer,
2b die Kinder Zions sollen jauchzen über ihren König!
3a Sie sollen preisen seinen Namen mit Tanz,
3b mit Handtrommel und mit Tragleier sollen sie IHM aufspielen!
4a Denn JHWH will begnaden sein Volk,
4b er schmückt die Armen mit Heil.
5a Es sollen jubeln die Getreuen in Herrlichkeit,
5b sie sollen frohlocken, wenn sie sich (zum Gebet) niederwerfen.
6a Ruhmgesang Gottes sei in ihrer Kehle –
6b (und) das sei ihr doppelschneidiges Schwert in der Hand,
7a um Vergeltung zu wirken an den Völkern,
7b Züchtigung an den Nationen,
8a um deren Könige zu binden mit Fesseln
8b und deren Fürsten mit eisernen Ketten,
9a um an ihnen Gericht zu wirken, wie geschrieben steht.
9b Glanz ist ER all seinen Getreuen.
9c Hallelu-Jah!

Einführung

Psalm 149 ist nicht selten mißverstanden oder mißbraucht worden. Wo militärische Siege als Zeiten besonderer Gottesnähe begriffen wurden und wo man meinte, im Namen Gottes gar Religions- und Glaubenskriege führen zu müssen, konnte unser Psalm gut und gern als Stütze und Verstärkung gesungen werden. Beispiele dafür ließen sich bis in die Neuzeit beibringen. Der Psalm war z. B. eines der Kampflieder sowohl der katholischen Fürsten wie der Soldaten Gustav Adolphs im 30jährigen Krieg. Und mit diesem Psalm feuerte Thomas Münzer den Bauernaufstand an.

Gewiß gab es auch im alttestamentlichen, insbesondere im vorexilischen Israel, die theologische Verbindung von Krieg und Gott. Israel war da ein Kind seiner Zeit und Umwelt, freilich nur teilweise, denn die Propheten bekämpften massiv diese Kriegstheologie.

Aber unser Psalm ist, was hier nicht näher erläutert werden kann, weder von seiner Entstehungssituation („schriftgelehrte Kreise" des 2. Jahrhunderts v.Chr.), noch von seiner Form (ein eschatologischer Hymnus, der nicht das Handeln von Menschen, sondern ausschließlich das Handeln Gottes preist!), noch von seinem literarischen Kontext (beachte den Zusammenhang Ps 146–150!), noch von seinem präzisen Wortlaut (in V. 6 muß die Konjunktion „und" als sogenanntes „und der Erläuterung" verstanden werden; so übrigens schon das Targum!) her ein militaristisches Lied!

Der Psalm besteht aus den zwei Satzgefügen V. 1–4 und V. 5–9; das ist auch seine Gliederung in zwei Teile bzw. zwei Strophen. Beide Teile, deren ungleiche Länge eher an das gotische als an das klassizistische Stilgefühl erinnert (H. Gunkel), weisen eine analoge Struktur auf: Beide setzen mit einer entfalteten Aufforderung zum

Lobpreis ein (V. 1–3 bzw. V. 5–6) und geben dann eine Motivation dafür an, wobei der erste Teil eine kausale (denn) und der zweite Teil eine finale (um zu) Motivation anführt. Die kausale Motivation V. 4 redet von einem Geschehen am Volk JHWHs, die finale Motivation V. 7–9 a hat ein Geschehen an der Völkerwelt im Blick.

Bei dieser Zweiteilung des Psalms ergeben sich mehrere semantische Strukturakzente. Zunächst einmal sind die letzten Zeilen der beiden Strophen parallelisiert. Die Aussage von V. 4 b: „er schmückt die Armen mit Heil" wird in V. 9 b aufgegriffen und theologisch enggeführt: „Glanz (Schmuck, Pracht) ist ER für all seine Getreuen"; das Heil, mit dem JHWH die Armen schmückt, ist letztlich ER selbst. Daß er sich ihnen rettend zuwendet, daß er für sie Partei ergreift, daß er sich auf ihre Seite stellt, daß er – neutestamentlich gesprochen – einer der Ihren wird, das ist ihr Heil *und* das ist ihre königliche Würde.

Die Metapher von JHWH als „Glanz" der Chassidim in V. 9 b bildet weiter zusammen mit dem Motiv der „Herrlichkeit" in V. 5 a eine semantische Klammer um die zweite Strophe des Psalms. Die Aufforderung in V. 5 a „Es sollen jubeln die Getreuen *in* Herrlichkeit" kann sowohl kausal (also wegen der ihnen gegebenen Herrlichkeit) als auch modal (also: im Zustand der ihnen gegebenen Herrlichkeit) verstanden werden.

Daß beide Elemente „Herrlichkeit" und „Glanz" aufeinander bezogen sind, deutet schließlich auch die in V. 5 a und V. 9 b wiederholte Nennung der „Getreuen" an, wobei die durch den Zusatz „alle" erweiterte Nennung in V. 9 b dem Psalm eine eschatologisch-universale Perspektive gibt.

Wie die zweite ist auch die erste Strophe des Psalms semantisch gerahmt. Das erste und das letzte Bikolon dieser Strophe sind durch zwei Elemente aufeinander hingeordnet: durch den Gottesnamen JHWH und durch die Gemeinschaftsbegriffe „Gemeinde" (V. 1) bzw. „Volk" (V. 4).

Die beiden Strophen stehen in wirkungsvollem thematischem Kontrast zueinander:

a) Strophe 1 besingt JHWHs Handeln am wahren Israel, während Strophe 2 auf ein Geschehen an der Völkerwelt blickt.

b) Strophe 1 feiert die befreiende Mächtigkeit des wahren Königs JHWH, während Strophe 2 die Entmachtung der Könige dieser Erde erhofft.

Auslegung

Die *erste Strophe* (V. 1–4) setzt mit einer breit entfalteten Aufforderung zum Lobpreis JHWHs ein. Der Lobpreis soll ein „neues Lied" sein, weil es von einem „neuen" Geschehen kündet. Wie der „neue" Bund und das „neue" Herz in der alttestamentlichen Tradition die Dimension des Neuen nicht als Abschaffung eines dann als „alt, veraltet" geltenden Zustandes meint, sondern „neu" als „erneuert" und „erneuernd" bedeutet, so auch dieses Lied. Das „neue" Lied singt von der Erfahrung, daß die verlorene und zerstört gewähnte Gottesnähe inmitten der Gemeinde der Getreuen erneut und endgültig aufgebrochen ist. Das „neue" Lied ist ein Lied, das die, die es singen, erneuern kann. Es ist ein Lied, das die Vision der eschatologischen Vollendung schon jetzt wirksam werden läßt. Die „neuen" Lieder wollen nicht Träume entwerfen, die aus der Gegenwart wegführen, sondern sie wollen zu jener Art von Mystik hinführen, aus der die Politik im Dienst der befreienden Gottesherrschaft entspringt. Adressat und Thema solcher befreiender Lieder sind nicht Menschen, sondern JHWH in der zweifach erfahrenen Zuwendung, die V. 2 nennt: JHWH ist der „Schöpfer" Israels, dem Israel also seinen Ursprung verdankt. Daß Israel in die Geschichte eintrat, ist nicht seine eigene Leistung, wie die Abrahamfigur und die Exodusgeschichte festhalten. Und daß Israel in der Geschichte nicht unterging, verdankt es JHWH als seinem „König", der sich Israel zum Volk erwählt hat. Dies soll Israel in einem Fest feiern, das an das große Befreiungsfest nach dem Exodus erinnert. Wie damals die zur „Handtrommel" den „Tanz" aufführenden Frauen um Mirjam (vgl. die Anklänge von V. 3 an Ex 15,20) den Lobpreis des Gottesnamens sangen (vgl. V. 1 mit Ex 15,1; V. 2 mit Ex 15,2), so nun das „neue" Israel – in jener Gestalt, die in V. 4 definiert wird. Dieser Vers vollzieht eine der spektakulärsten Identifikationen der Bibel und der Geschichte überhaupt: Er verkündet Gottes Option für die Armen. Er definiert die Armen als Gottes Volk. Das ist die einzig mögliche Interpretation, die sich aus der Parallelismusstruktur des Verses ergibt. Das ist mehr als nur die These, daß die Armen *auch* mit der Gnade des Gottesreiches rechnen dürfen. Es ist auch nicht bloß die Botschaft, daß die Armen in besonderer Weise mit der Fülle des Heils beschenkt werden. Nein, es ist die provozierend neue Aussage, daß die Gnade der Gottesherrschaft nur den Armen und vermittelt durch sie in diese Welt einbricht (vgl. unten unser Kapitel VIII). Der Vers greift Jes 61,1–3 auf, wie mehrere sprachliche Anklänge anzeigen, und sagt, daß das dort verheißene eschatologische Geschehen in der Gemeinde der Psalmen singenden Getreuen JHWHs in Erfüllung zu gehen beginnt.

Im Hintergrund der *zweiten Strophe* (V. 5–9) steht die Vorstellung von JHWH als dem (eschatologischen) „Rächer" der Geschichte (vgl. Jes 61,2; 63,4; Ez 25,14 und besonders Ps 10,12–18). Dies ist keine emotionale, sondern eine juristische Kategorie. Als „Rächer" offenbart sich JHWH als Gott des Rechts, der den Rechtlosen zu ihrem Recht verhilft, das ihnen die Mächtigen verwehren. Die „Rache" JHWHs zielt auf die Überwindung des Bösen durch SEINE Gottesherrschaft. „Gott will in seinem Gericht alles wieder ins Lot bringen, d.h. ins ‚Richtige' stellen" (A. Deissler). *Darauf* sollen, wie V. 5f betont, die unterdrückten und machtlosen Jahwefrommen des 2. Jahrhunderts v.Chr. (und aller Zeiten) frohlockend setzen: daß JHWH selbst die Mächte der Weltgeschichte, die sich seiner Lebensordnung widersetzen, entmachten wird (vgl. V. 8 mit Ps 2, 1–3.10–12). Deshalb dürfen sie auch hoffen, daß es ein eschatologisches Gericht geben wird, das den Opfern der Geschichte ihre Würde und ihr Recht zurückbringt – und das die Henker der Geschichte in jene Strafe taucht, die ihnen Gottes Gerechtigkeit und Barmherzigkeit bestimmt. Dieses Gericht ist und bleibt aber nach unserem Psalm Werk Gottes allein. Was den „Armen" in diesem Geschehen zukommt, ist der Lobpreis ihres Gottes: *das* ist ihr Schwert (V. 6)! Die „Armen" sollen und können mit ihrem Lobpreis bezeugen, daß JHWHs Gnade und Heil bereits in ihnen und für sie wirksam ist. Ihre Psalmen sind ihre Antwort auf die Zuwendung JHWHs, der sie allein als sein neues Volk erwählt hat.

V. 7–9a macht deutlich, daß Gottes Solidarität und Parteinahme mit den Armen keine Neutralität ist und zuläßt. Solange es Unterdrückte als Folge von Unterdrückern, Arme als Folge von Ausbeutern und Reichen, Verfolgte als Folge von Verfolgern gibt, gibt es keine Solidarität Gottes (und keine menschliche Solidarität), die diesen Tatbestand überspringen und verdecken darf. Solidarität angesichts dieser Realitäten kann nur entschiedene und einseitige Parteinahme bedeuten, d.h., sie „besteht zunächst einmal mit denen, die die Menschenrechte suchen, und nicht mit denen, die sie brechen"

(D. Mieth). Das in V. 7–9 a angedrohte Gericht Gottes über die Völker und ihre Könige ist die Konsequenz der entschiedenen Parteinahme Gottes *für* die Armen und *gegen* die Gruppen und Mächte, die diese Armut verursachen und von ihr profitieren.

Der laute und öffentliche Lobpreis JHWHs als des Herrn der Geschichte ist der Widerstand und die Würde der Unterdrückten und Armen zugleich. Daß JHWH bei und mit ihnen ist – mitleidend, richtend und rettend – das ist ihr Glanz und ihre Herrlichkeit, die ihnen niemand nehmen kann (V. 5 a.9 b). So ist ihr erstes und ihr letztes Wort: Hallelu-Jah, preiset JHWH!

Mit der Einladung zum Halleluja fordert der Psalm keineswegs dazu auf, den status quo von Ausbeutung und Unterdrückung hinzunehmen und den davon Betroffenen das Psalmensingen zu empfehlen. Er entwirft vielmehr die Vision, daß sich die Armen in einer „neuen Gesellschaft", in der „Gemeinde der Getreuen" (V. 1) zusammentun. Der Psalm hält daran fest, daß Gottes Geschichtsstrategie zur Überwindung von Machtgier und Habsucht über ein Kontrast-Volk läuft. Daß die Gottesherrschaft eine die politische Geschichte verändernde Wirklichkeit ist, kann an dieser „neuen Gemeinde" sichtbar werden, „die nicht nach den Prinzipien der Macht, sondern nach denen der Brüderlichkeit konstruiert" (N. Lohfink) ist. Die Gebete der neuen JHWH-Gemeinde halten daran fest, daß in der Unterdrückung von Menschen die Sache Gottes selbst auf dem Spiele steht. Die „Rühmungen Gottes" wollen deshalb diesen Gott daran erinnern, daß er als Schützer und Rächer der Armen zu ihren Gunsten eingreifen muß. Den Modus dieser Intervention läßt der Psalm offen, aber an ihrer Unaufschiebbarkeit läßt er keinen Zweifel.

Die Aufforderung unseres Psalms zum „Gebet"

schließt den „Kampf" der Armen nicht aus. Im Gegenteil: Die Mystik drängt zur Politik.

Psalm 150

1a *Hallelu-Jah!*

1b *Preiset Gott in seinem Heiligtum!*
1c *Preiset ihn im Firmament seiner Macht!*
2a *Preiset ihn in seinen Machterweisen!*
2b *Preiset ihn gemäß der Fülle seiner Größe!*

3a *Preiset ihn mit Blasen von Widderhorn!*
3b *Preiset ihn mit Standleier und Tragleier!*
4a *Preiset ihn mit Handtrommel und Tanz!*
4b *Preiset ihn mit Saitenspiel und Flötenspiel!*
5a *Preiset ihn mit Zimbelnklang!*
5b *Preiset ihn mit Zimbelngeschmetter!*

6a *Alles, in dem Atem ist, preise Jah!*
6b *Hallelu-Jah!*

Einführung

Unser Psalm, der in der neueren Musik großartige Ausgestaltungen erfahren hat (vgl. neben César Franck und Benjamin Britten besonders den Schlußsatz der 1930 von Igor Strawinsky für Chor und Orchester geschriebenen „Psalmen-Sinfonie"), ist der letzte der 5 Hallelujapsalmen 146–150. Er ist das zusammenfassende Finale des Psalmenbuchs. Wahrscheinlich ist der Psalm sogar eigens dafür gedichtet worden. Dafür sprechen die Stichwortbeziehungen zum vorangehenden Psalm 149 (Gott, Tragleier, Handtrommel, Tanz), als dessen Fortführung (vgl. die beide Psalmen rahmende Aufforderung „Hallelu-Jah"!) und Ausweitung (149,9: „alle seine Getreuen"; 150,6: „alles, in dem Atem ist") Psalm 150 zu sehen ist; die abschließende Aufforderung „alles ... preise Jah!" greift überdies rahmend zurück auf den Beginn von Psalm 149 „Singt ... seinen (Lob-)Preis!"

Zugleich ist unser Psalm im Zusammenhang der vier Doxologien („Lobpreisformeln") am Ende der Ps 41; 72; 89; 106, die das Psalmenbuch in fünf Teile gliedern, zu sehen. Er ist nicht nur deren abschließender Höhepunkt, sondern gibt dem Psalmenbuch die Gesamtdeutung: Wo und durch wen immer ein biblischer Psalm gesungen oder gebetet wird, geschieht dies als Teilhabe an jenem kosmischen Lobpreis, der als belebender Atem in „allem, was Atem hat", da ist und seinem Geber in der Gestalt von Lob und Dank zurückgegeben wird.

Der Psalm ist gerahmt von dem Refrain „Hallelu-Jah". Das Corpus besteht zunächst aus zehn gleichen imperativischen Sätzen, die zum Lobpreis aufrufen. Weder der Sprecher dieser Imperative noch die Adressaten, also die Subjekte, die den Lobpreis vollziehen sollen, werden genannt. Die Zehnerreihe ist in sich Symbol der Fülle. Es geht also um die Fülle des Gotteslobs. Die Zehnzahl deutet aber nicht nur die Fülle, sondern auch die geordnete Schönheit des Lebens an, die in und hinter der Schöpfung und der Geschichte verborgen gegenwärtig ist und deretwegen Gott gepriesen werden soll. Innerbiblisch ist die Zehnzahl der Hallelujarufe in Beziehung zu setzen mit den zehn Worten des Schöpfergottes in Gen 1 und mit den zehn Worten des Dekalogs, die der Exodusgott am Sinai verkündet. Auf die zehn Schöpfungsworte, die die Grundordnung des Kosmos ermöglichen und festlegen, und auf die zehn Gesetzesworte, die die Lebensordnung für das befreite Gottesvolk proklamieren, antworten hier zehn Worte des Lobrufs. Der Psalm unterstreicht hier also von seinem Aufbau her: die Psalmen sind die Antwort Israels auf das Heilshandeln seines Gottes in Schöpfung und Geschichte.

Die Zehnerreihe ist in zwei ungleiche Abschnitte gegliedert. Die ersten vier Glieder blicken auf Gottes Gegenwärtigkeit und Größe. Diese Glieder sind bestimmt von Ortsangaben (Heiligtum, Firmament) und Abstraktbildungen (Macht, Machterweise, Fülle, Größe). Nur in diesen vier Gliedern finden sich Possessivpronomina. Daß das vierte Glied eine Zäsur in der Zehnerreihe bilden soll, wird auch durch den Wechsel der Präposition angezeigt. Nach dem dreimaligen Gebrauch von „in" verwendet das vierte Glied die Präposition „gemäß" und unterbricht damit die Monotonie der Reihe. Sachlich bedeutet das vierte Glied eine deutende Zusammenfassung der drei vorangehenden Glieder, wie die Auslegung zeigen wird. Insgesamt vermittelt der Abschnitt „einen statischen, global orientierten Eindruck" (H. Schweizer) von Ordnung und Unerschütterlichkeit.

Von den ersten vier Gliedern, deren Bewegung in ihrem vierten Glied zu einem Ruhepunkt gelangt ist, setzt sich der zweite Abschnitt, die Glieder 5–10, deutlich ab. In ihnen begegnen nur Konkreta und Nomina actionis (Musikinstrumente bzw. deren Betätigung; Tanz). Der Abschnitt entwirft also ein plastisches, dynamisches Bild einer vielgestaltigen Fülle von Musik und Tanz. Das neunte und zehnte Glied nennen das gleiche Instrument, wenn auch mit jeweils unterschiedlicher Art des Spiels. Der schnelle Rhythmus der Imperativabfolge kommt durch diese Wiederholung zu einem Anhalten; das Zimbelgeschmetter ist auch – musikalisch gesprochen – das Fortissimo des Ganzen, das auf das Finale vorbereitet, das in V. 6a folgt. Auf V. 6a läuft die ganze Zehnerreihe der Hallelujarufe hin. Dieser Satz ist inhaltlich und formal Ziel- und Höhepunkt des Psalms. Er greift einerseits das Schlüsselwort der Zehnerreihe „preisen" auf; insofern gibt er sich als Fortführung der Reihe. Andererseits hebt sich der Satz in mehrfacher Hinsicht aus der Reihe der vorangehenden Sätze ab:

1) Das erste und einzige Mal wird als Adressat der Aufforderung ein Subjekt genannt: „alles, in dem Atem ist". Dieses Subjekt wird durch die Formulierung „aller Atem" als eine einzige Größe gesehen; ihr gemeinsames Tun macht sie zu einem einzigen großen Subjekt.

2) Das Verb eröffnet nicht den Satz, sondern steht erst an dritter Stelle. Wegen dieser Positionsverschiebung hat es auch eine andere Form. Während der Refrain und die Zehnerreihe immer mit dem Imperativ „preiset" beginnen, hat V. 6a den Jussiv „preise". Die Imperative sind ein Befehl an die Gemeinde (vgl. Ps 149,1), den Lobpreis so glaubwürdig zu vollziehen, daß dadurch „aller Atem" dazu bewogen wird, sich dem Lobpreis anzuschließen. Die Imperative sollen die im Jussiv angezielte Aktion ermöglichen und herbeiführen.

3) Abweichend von der ersten Aufforderung des Corpus, wo das Objekt des Lobpreises das Appellativ „Gott" ist, auf das in den folgenden Imperativen mit (enklitischem) Akkusativpersonalpronomen zurückgegriffen wird („preiset *ihn*"), verwendet V. 6a die Kurzform des Tetragramms (Jah), die im Refrain steht. Im Lobpreis JHWHs sollen alle Formen von Gotteserfahrung zusammenkommen. Was immer an Göttlichkeit in den Religionen erfahren wurde, soll „aufgehoben" werden im Bekenntnis zu dem einen JHWH!

Durch diese drei Abweichungen ist V. 6a herausgehoben und erweist sich als Klimax der Komposition.

Seiner Form nach ist der Psalm eine entfaltete Aufforderung zum Lobpreis, wie sie üblicherweise als Anfang und manchmal auch als Abschluß eines Hymnus begegnet. Abweichend vom Hymnus werden in Ps 150 weder

Anlaß noch Thema des Hymnus genannt. „Der Lobpreis ist völlig autonom dargestellt, er dient keinem anderen Anliegen. Er ist zweckfrei und ist anscheinend aus sich heraus zur Genüge begründet" (H. Schweizer). In diesem Psalm gibt es weder einen Zweck noch eine Bedingung, noch eine Einschränkung des Lobpreises. Was diesen Lobpreis auslöst und zusammenhält, ist durch die Struktur unumstößlich angegeben. In allen 13 Sätzen des Psalms ist als Auslöser und Adressat des Lobpreises Gott genannt, wobei die Verteilung von Gottesnamen und Personalpronomina nochmals strukturierend wirkt. Während in den Sätzen 3–10 das Pronomen „ihn" steht, steht in den beiden äußeren Sätzen am Anfang und Ende (also Sätze 1 + 2 bzw. 12 + 13) der Gottesname Jah bzw. das Appellativ „Gott". Dem Psalm geht es also darum, zur Haltung und zum Vollzug des Lobpreises Gottes zu bewegen. Der Psalm reduziert das Leben auf das Loben Gottes. Nach Meinung des Psalms ist dies Ziel und Vollendung des Lebens: Ja sagen zu Gottes Gegenwart und Mächtigkeit, nicht um etwas zu erhalten, sondern aus Staunen, Freude und Bewunderung.

Auslegung

Die ersten vier Imperative blicken auf Gottes machtvoll-gütige Gegenwart. Die Präpositionalangabe der ersten beiden Sätze „in seinem Heiligtum" und „im Firmament seiner Macht" bezeichnet nicht, wie manche Exegeten vorschlagen, die irdische und die himmlische Festgemeinde, die aufgerufen wird, in einer Synthese von irdischer und himmlischer Liturgie Gott zu lobpreisen. Nicht *wer* den Lobpreis vollziehen soll, wird hier formuliert, sondern *wem* er gelten soll: nämlich Gott, der gegenwärtig ist und wirkt „in seinem Heiligtum" und „im Firmament seiner Macht".

Das „Heiligtum" (V. 1 a) könnte, nimmt man einen synonymen Parallelismus an, der „Himmel" sein, in dem Gott thronend vorgestellt wird. Dies ließe sich von Ps 60,8 her begründen: „Gott hat in seinem Heiligtum gesprochen." Von Ps 20,3 her wäre es auch möglich, an den Jerusalemer Tempel zu denken, in dem JHWH als gegenwärtig gedacht wird. Von Ps 114,2 her kann „sein Heiligtum" aber auch JHWHs Gemeinde als sein lebendiges Heiligtum meinen. Ist, wie wir vorgeschlagen haben, Ps 150 im Horizont von Ps 149 zu deuten, legt sich dieses Verständnis am ehesten nahe. Der Lobpreis, zu dem im ersten Imperativ aufgerufen wird, gilt der Erfahrung, daß JHWH sich in der Gemeinde der Getreuen ein lebendiges Heiligtum geschaffen hat, durch das er seine heilende und heiligende Kraft erweisen will.

Das zweite Glied der Zehnerreihe (V. 1 b) blickt auf das Himmelsfirmament als Manifestation der Macht Gottes. Das Firmament wird nach Gen 1 errichtet, um die Chaoswasser zurückzuhalten. Die Menschen der alten Welt waren tief beeindruckt davon, daß das sich über die Erde wölbende Firmament oben blieb und nicht herunterstürzte. In dieser Festigkeit, in der das Gefüge von Himmel und Erde verharrte, sah Israel einen Machterweis JHWHs. Das Firmament ist gewissermaßen das Dach des Lebenshauses der Schöpfung; durch das Firmament wird die Erde durch JHWH vor dem Chaos geschützt. Unter dem Firmament sind die Lebewesen der Erde geborgen. Dieses Element evoziert demnach JHWHs Schöpferhandeln, durch das er den Kosmos fest gegründet hat und in Festigkeit erhält.

Das dritte Glied der Zehnerreihe (V. 2 a) blickt auf Gottes Machttaten in der Geschichte Israels, insbesondere auf die Machttat des Exodus, durch den JHWH sich mächtiger als die Götter Ägyptens und mächtiger als Pharao erwiesen hat. So betet Mose in Dtn 3,24: „Gott, mein Herr! Du hast angefangen, deinen Knecht deine Macht und deine starke Hand schauen zu lassen. Welcher Gott im Himmel oder auf der Erde hat etwas vollbracht, was deinen Werken und deinen Machttaten (Einheitsübersetzung: Siegen) vergleichbar wäre?" Der Plural „Machterweise" und die Verwendung des Motivs in der Psalmensprache (vgl. Ps 20,7; 71,16; 106,2; 145,4.11.12) legen freilich nahe, nicht an einzelne Heilstaten, sondern an JHWHs gesamtes Geschichtshandeln zu denken.

Die drei ersten Glieder der Zehnerreihe bilden eine Steigerung. Der Blick setzt bei der Gemeinde JHWHs an, weitet sich in der Ebene des Raums auf den Himmel als Metapher für die Schöpfung und weitet sich nochmals in der Ebene der Zeit auf die gesamte Geschichte aus. Zum Lobpreis Gottes, der in all diesen Dimensionen gegenwärtig ist und wirkt, fordert der Psalm auf.

Das Maß und der Grund dieses Lobpreises ist, wie das vierte Glied (V. 2b) dann zusammenfassend und rückblickend festhält, „die Fülle seiner Größe", die sich in all dem unvergleichbar und unbegrenzt erweist.

Zur Durchführung des Lobpreises wird im zweiten Abschnitt der Zehnerreihe zum Spiel aller Musikinstrumente aufgefordert, die Israel zu bieten hat.

Die Reihe der Instrumente setzt mit dem Widderhorn ein. Von der Blastechnik her ist es streng genommen kein Melodie-, sondern ein Signalinstrument. Anders als die metallenen Trompeten, die im nachexilischen Tempelkult eine wichtige Rolle spielten, ist das Widderhorn in der Spätzeit im Tempelgottesdienst nicht mehr verwendet worden; dieser Umstand hat andererseits bis heute zu seiner Verwendung in der synagogalen Liturgie geführt. Es ist aber ein altehrwürdiges Instrument, das in der vorstaatlichen und in der vorexilischen Epoche Israels sehr beliebt war. Mit dem Signalton des Widderhorns wurde zur Feier der großen Feste gerufen, es gab die Signale im Krieg, es war das Blasinstrument par excellence bei der Königskrönung (vgl. 2 Sam 15,10; 1 Kön 1,34. 39,41 f; 2 Kön 9,13), und es ist das Instrument, das das Anbrechen der Königsherrschaft JHWHs ankündigt (vgl. Ps 47,6; 98,6). Und insbesondere gibt es das Signal, welches das Erscheinen und Offenbarwerden Gottes ankündigt (vgl. Ex 19,16.19).

Nach dem Widderhorn als das Fest eröffnendem Signalinstrument wird zum Spiel mit den beiden Leierarten „Standleier" und „Tragleier" aufgefordert. Die Standleier, die größere, kostbarere und seltenere der beiden Leierarten, war eher im höfischen und gehobenen Milieu beheimatet, während die billigere und einfachere Trageleier ein eher volkstümliches Instrument war. Diese Unterschiede zählen bei *diesem* Fest, das zur Verherrlichung Gottes stattfinden soll, freilich nicht mehr.

Nach dem Saitenspiel bringt die Aufforderung zum Handtrommelspiel und zum Tanz Bewegung in die Festgemeinde. Beide Motive haben, wie wir bereits bei der Auslegung von Ps 149 gesehen haben, ihren ursprünglichen Sitz im Leben im festlichen Tanz der Frauen, die dabei den Rhythmus mit den kleinen Rahmentrommeln schlagen. Die Handtrommel ist ein gruppenbildendes Instrument, das den gemeinsamen Tanzrhythmus gibt; deshalb ist es auch, wie 1 Sam 10,5 zeigt, bei den Prophetengruppen beheimatet, die in ordensähnlicher Organisation zusammenleben und sich durch Tanz in Ekstase versetzen.

Daß zum Lobpreis Gottes alles aufgeboten werden soll, was Israel an festlicher und musikalischer Tradition kennt und hat, wird schließlich noch in den verbleibenden Gliedern V. 4–5 sichtbar, die nochmals eine Zusammenstellung von Saiten-, Blas- und Schlaginstrumenten anführen. Zwar ist die Bedeutung des in V. 4b an zweiter Stelle genannten Instrumentes umstritten, doch dürfte das verwendete hebräische Wort die einfache „Langflöte" meinen, im Unterschied zur „Doppelflöte". Die abschließende zweifache Erwähnung der Zimbeln markiert, wie wir schon oben sagten, das Fortissimo des Lobpreises. Nach dem Befund der Ausgrabungen waren die Zimbeln, die im Psalmenbuch nur in unserem Psalm begegnen, bereits im Kanaan der Spätbronzezeit und der frühen Eisenzeit weit verbreitet. Der Psalm nennt sehr wirkungsvoll zwei unterschiedliche Weisen, diese kleinen metallenen Becken aneinanderzuschlagen. Die erste Art „Zimbelnklang" meint das kontinuierliche Aneinanderreiben der Becken, die zweite Art meint das kräftige Aneinanderschlagen, das ein ganzes Orchester übertönt und den Schlußakkord markiert. In unserem Psalm leitet dieses musikalische Fortissimo den eigentlichen und überraschenden Höhepunkt des Psalms ein, der in V. 6a folgt – und der sich nun in geradezu feierlicher Stille anschließt. In diesem Kontrast zwischen der immens gesteigerten Rhythmik von V. 1–5 und der Einfachheit von V. 6a liegt die besondere Pointe des Psalms.

Auf dieses eine Sätzchen zielt die gewaltige Komposition von V. 1–5 hin. Alles ist gewissermaßen Einstimmung und Einübung für diese größte Sache des Menschenlebens: lobend Ja zu sagen zur Gegenwärtigkeit Gottes in seiner Gemeinde, in der Schöpfung und in der Geschichte. Dies ist angesichts der Erfahrung von so viel Verneinungswürdigem keineswegs selbstverständlich und leicht. Aber andererseits ist Leben nur lebbar, wenn es eine (bewußte oder unbewußt-faktische) grundlegende Zustimmung zum Leben, ein fundamentales Ja gibt. Und genau zu diesem fundamentalen Ja zum Leben und zum Gott des Lebens will der Psalm hinreißen und hinführen.

Der Psalm ruft zum großen „Schöpfungsfest" auf, in

dem die immer schon gelebte Gutheißung der Welt ausdrücklich vollzogen und gefeiert wird. Zu dieser festlichen Zustimmung zum Leben als einer allen gemeinsam und unteilbar gegebenen Gabe will der Psalm alle Lebewesen vereinen. Genau dies meint ja ein Fest feiern: „sich auf Gemeinsames hin versammeln" (J. Pieper). Nur dort, wo solch Gemeinsames bei einer Feier da ist und die Versammelten ergreift, ereignet sich ein Fest. Zur Feier der allen Lebewesen gemeinsamen Teilhabe am Atem Gottes ruft unser Psalm auf: ER, der so großzügig und bedingungslos *allen* Anteil gibt, soll gefeiert werden.

Psalm 150 gibt den vorangehenden Psalmen des Psalters eine Gesamtperspektive, die sich thesenhaft so festhalten läßt:

a) Die Psalmen sind Ausdruck der Freude an Gott, an seiner Gegenwart und an seinen Taten. Selbst in der Klage, die den Verlust der Gottesnähe beklagt, geht es letztlich um die froh machende Gewißheit, daß ER nahe ist. In den Psalmen realisiert sich die doxologische Grundstruktur der biblischen Rede von Gott.

b) Die Psalmen sind als Texte bzw. Lieder so etwas wie die „Hofmusik" für den König JHWH. Sie wollen ihn unterhalten und erfreuen. Sie sind Lebensäußerungen seines Volkes.

c) Die Psalmen sind Vorwegnahme und Einübung des eschatologischen Festes, auf das Schöpfung und Geschichte hin angelegt sind. Zwar haben viele einzelne Psalmen durchaus konkrete Zwecke und Anlässe. Als Teile des Psalmenbuchs aber zielen sie auf das große Schöpfungsfest hin, dessen Vision Ps 150 entwirft. In den Psalmen vollzieht sich eine Grenzüberschreitung, die Israel und die Völker, ja sogar alle Lebewesen des Kosmos, zusammenführen will in der Hoffnung darauf, daß „Gott alles in allem" sein wird.

IV. Klage und Dank

Menschliches Leben verwirklicht sich in der Spannung von „Glücken" und „Scheitern", von Mißlingen und Gelingen, von Heil und Unheil. Weil es für Israel menschliches Leben nur in der Gegenwart seines Gottes JHWH gibt, haben Glücken und Scheitern in Israel immer und fundamental mit diesem Gott zu tun. Daß und wenn Leben glück- und heilvoll erfahren wird, weiß der Israelit/die Israelitin dies als Gabe seines/ihres gütigen Gottes – und dankt ihm dafür. Und wenn Leben als gefährdet, gestört und unheilvoll erlitten wird, beklagt dies der Israelit/die Israelitin als Erfahrung von Gottverlassenheit und ruft um (erneute) Zuwendung des rettenden JHWH. Solches Danken und Klagen kann sich gewiß in spontanen Worten äußern. Aber auch in geprägten Sprachmustern wie den Klage- und Dankpsalmen, wie sie im Psalmenbuch stehen.

Die meisten „Klage- und Dankpsalmen des einzelnen" sind nicht als private, freie und spontane Gebete in konkreten Einzelsituationen entstanden, sondern sie sind als „Gebetsformulare" verfaßt und auch als solche verwendet worden. Der ursprüngliche „Sitz im Leben" beider Gattungen war die Familie bzw. Sippe, die sich zu einem Bitt- und Dankgottesdienst im Haus (am Lager des Schwerkranken) oder am örtlichen Heiligtum versammelte, um Rettung aus der Not zu erflehen bzw. um für die geschehene Rettung zu danken. Die Mitte dieser „Familiengottesdienste" bildete das im Ich des Kranken, Angeklagten, Verfolgten gestaltete Gebet, das für ihn oder von ihm aus dem Bestand der „Überlieferung" ausgewählt wurde. Solche Zeremonien, die demnach nicht mit dem offiziellen Kult, sondern mit der Familienfrömmigkeit in Verbindung standen, konnten sehr unterschiedliche Anlässe haben: Krankheit, schwere Verfehlung gegen die Gemeinschaft, juristisch nicht entscheidbare Anklage, weshalb ein „Gottesgericht" (Ordal) erfleht wurde, Tod eines Familienmitgliedes u. ä. In solchen Situationen stand nicht nur das Leben eines einzelnen in Gefahr, sondern das seiner „Primärgruppe", d. h. seiner Sippe. Sie versammelte sich deshalb, um unter der Leitung eines „Experten" (in der Regel Priester oder „Prophet" als Mitglied eines „Prophetenkonvents") die Zuwendung Gottes zu erflehen oder für erfahrene Rettung zu danken.

Der Aufbau des individuellen Klagepsalms spiegelt noch Ablauf und Ziel der Bittzeremonien wider. Er setzt mit der Klage ein, die die erfahrene Not letztlich als eine Störung der Beziehungen des Beters zu Gott und zu seinen Mitmenschen beschreibt. Darauf folgt die Bitte um Rettung aus dieser Not – und dann, für uns recht überraschend, eine Äußerung des Vertrauens, ja des Dankes für erfahrene Zuwendung. Gerade dieses dritte Element läßt sich am ehesten von der Herkunft der *Gattung* aus den genannten familiären „Bittgottesdiensten" erklären. Ihr Ziel war es ja gerade, inmitten der Angst und der Not die Zuversicht zu vermitteln, daß JHWH die Seinen nicht verläßt.

Manche Dankpsalmen lassen ihren ursprünglichen „Sitz im Leben" noch gut erkennen. Ps 66, 13–20 nennt den Tempel als Ort des Dankes, eine Opferdarbringung als begleitenden Ritus und die „Danksagungserzählung" vor der versammelten Gruppe bzw. „Gemeinde" als tragendes Element des Geschehens. Die beim „Dankgottesdienst" üblichen Opfer waren offensichtlich unterschiedlich. Ps 116, 13 läßt an einen „Libationsritus", ein Trankopfer, denken, bei dem Öl oder Wein als besonders kostbare Gaben an den Fuß des Altars gegossen wurden. Ps 22,27 legt nahe, daß der Dankgottesdienst mit einem Opfermahl abgeschlossen wurde. Dieser Ritus unterstrich besonders sinnenfällig die Rückkehr des Geretteten in die Gemeinschaft des Lebens. Manche Exegeten sind der Meinung, Ps 107 beweise, daß es am Jerusalemer Tempel (im Rahmen der großen Wallfahrtsfeste?) große Dankliturgien gab, in denen für die unterschiedlichen Anlässe von der versammelten „Großgemeinde" Danklieder gesungen wurden.

Die ursprünglich enge Bindung von Danklied und Dankopfer wird von mehreren Psalmen freilich relativiert, ja sogar kritisiert. Andere Psalmen lehnen das Dankopfer rundweg ab und legen den Akzent voll auf das Gebet und die Verkündigung als die einzige JHWH wohlgefällige Gestalt des Dankes: „Ich will den Namen Gottes preisen mit einem Lied, mit einem Danklied will ich ihn rühmen: das gefällt JHWH mehr als ein Opferstier, mehr als Rinder mit Hörnern und Klauen" (Ps 69,32f., vgl. auch 51,18-19). Diese Zurückhaltung, die gewiß auch auf Mißbräuche antwortet, atmet die Leidenschaft der prophetischen Kultkritik, die freilich keine grundsätzliche Opferablehnung war. Sie zielt auf die Rückgewinnung der Mitte des Kultes, um die es auch in den Dankliedern geht: daß JHWH Ursprung, Maß und Ziel allen Lebens ist.

Wir haben nun mehrfach vom „ursprünglichen" Sitz im Leben der beiden Gattungen gesprochen. Dies sehr bewußt deshalb, weil die meisten der uns vorliegenden Klage- und Dankpsalmen nicht mehr für derartige „Familiengottesdienste" gedichtet wurden, sondern – nachdem entsprechende Vorbilder da waren – als „freie Nachdichtungen" entstanden, als solche in den „Gebetsschatz" einzelner Gruppen eingingen und schließlich Aufnahme in ein „Psalmenbuch" fanden.

Psalm 13

2a Bis wann, JHWH, willst du mich so ganz vergessen?
2b Bis wann verbirgst du dein Angesicht vor mir?
3a Bis wann muß ich mit Gedanken quälen meine Seele,
3b mit (Todes-)Kummer mein Herz (sogar) am Tage?
3c Bis wann darf sich erheben mein Feind über mich?

4a Blicke her (auf mich), antworte mir, JHWH,
4b mein Gott, mache leuchtend meine Augen,
4c damit ich nicht entschlafe zum Tod,
5a damit mein Feind (dann) nicht sagen kann: Ich hab' ihn erledigt!

5b Mögen meine Widersacher jubeln, daß ich wanke,
6a so vertraue ich doch auf deine Güte.
6b Es soll jubeln mein Herz über dein Rettungshandeln,
6c ich will singen JHWH, denn er handelt an mir.

Einführung

„Muster eines ‚Klageliedes des Einzelnen'" hat Hermann Gunkel diesen Psalm genannt. An ihm wird eindrucksvoll erlebbar, was die Klage vom richtungslosen Jammern unterscheidet und wie Klage zum Gebet werden kann, in dem der Leidende die Kraft findet, die Herausforderung des Leids auf- und anzunehmen.

Der Psalm markiert in seinen drei vierzeiligen (V. 3b dürfte eine spätere Randglosse sein, die den schwierigen hebräischen Wortlaut von V. 3a erklären wollte) Strophen die typische Geschehensstruktur eines Klagepsalms: Klage (mit Notschilderung) – Bitte an JHWH um ein Ende der Not (mit Angabe von Gründen, die JHWH zum Eingreifen bewegen sollen) – Bekenntnis des Vertrauens auf JHWH (mit Ankündigung von Lobpreis, Dank usw.). Auf den helfenden Weg von der drängenden Klage zum Grund des Vertrauens will der Klagepsalm die Leidenden führen.

Der dreistrophige Aufbau läßt sich sowohl auf der Satzebene als auch auf der Wortebene erkennen. Der Psalm setzt mit vier asyndetisch (unverbunden) aneinandergereihten Fragesätzen ein, die eine erste Strophe bilden. Die ersten beiden Fragesätze thematisieren ein Verhalten JHWHs gegenüber dem Beter. Der dritte Fragesatz betrifft das Verhalten des betenden Ich zu sich selbst. Der vierte Fragesatz beklagt ein Verhalten eines Feindes, der durch das Personalpronomen („mein Feind") als Feind des Beters näher gekennzeichnet ist; diese Formulierung begegnet nochmals in V. 5a. Von dieser ersten Strophe setzen sich in V. 4 die drei an JHWH gerichteten Imperative als Anfang einer neuen Strophe ab. Von den Imperativen sind zwei finale Konjunktionen „damit nicht" abhängig. Mit V. 5b setzt dann die dritte Strophe ein, die nun in spiegelbildlicher Abfolge von einem Tun der Widersacher (V. 5b) und dann von einem Tun des Beters (V. 6a) redet. Die beiden letzten Zeilen beginnen zwar jeweils mit Aktionen des Beters, haben aber ihren inhaltlichen Schwerpunkt voll im Rettungshandeln JHWHs. Insofern entsprechen diese beiden Zeilen jeweils den ersten beiden Zeilen der Strophen 1 und 2.

Auf der Wortebene ergibt sich zwischen den drei Strophen folgendes Beziehungsgeflecht:

1) Der Gottesname JHWH steht in den ersten beiden Strophen jeweils in der 1. Zeile; in der dritten Strophe

steht er in der letzten Zeile. Er eröffnet und schließt also die entscheidenden Etappen des Sprechaktes.

2) Der Schluß von Strophe 1 und der Schluß von Strophe 3 sind im hebräischen Text durch die gleiche Präposition aufeinander bezogen („*über* mich" – „*an* mir").

3) Motivlich entsprechen sich die Zeilen 1 und 2 der Strophen 1 und 2 wie Negativ und Positiv.

4) Die erste und die dritte Zeile von Strophe 3 sind durch das Verbum „jubeln" kontrastierend aufeinander bezogen.

Auslegung

Die *erste Strophe* (V. 2a–3c) setzt mit der vierfach wiederholten vorwurfsvollen Frage „Bis wann?" ein. Die übrigen Vorkommen der Frage (Ex 16,28; Num 14,11; Jos 18,3 ; Jer 47,6; Hab 1,2; Ps 62,4; Ijob 18,2; 19,2) zeigen, daß sie stärker als die übliche „Wie lange noch"-Frage (dazu vgl. Ps 6,4; 74,10; 80,5; 82,2; 90,13; 94,3.8), die die Ungeduld betont, einen Vorwurf, ja eine Anklage bedeutet. Adressat der anklagenden Fragen ist JHWH selbst. In den vier Fragen kommen die unterschiedlichen Dimensionen von Leiderfahrung zur Sprache, in denen Leid als Störung, ja Vernichtung des Lebens empfunden wird.

Der Leidende protestiert gegen sein Leid aus theologischen Gründen zuallererst. Gesundheit und Glück erlebt der biblische Mensch als Zeichen der Nähe seines Gottes, als Erweis des Glaubens, daß denen, „die Gott lieben", alles zum Besten gereicht. Mit dem Geschenk solcher Gottesnähe nimmt er es gerne auf sich, die Wege Gottes zu gehen, seinen Weisungen und Lebensregeln zu folgen. Sich in Gebet und Lebenspraxis diesem Gott zu überlassen, war die Voraussetzung für glückliches, gelingendes Leben – das war das Grundaxiom Israels und des einzelnen Israeliten. Genau dieses Grundaxiom klagt V. 2 ein. Wenn es also das innerste Wesen des Gottes JHWH ausmachte, seinen Verehrern Glück und Lebensfülle zu gewähren, dann mußte jede Form von Leid eine Infragestellung JHWHs selbst sein, gegen die der Leidende protestiert. Am meisten bedrückt ihn, daß er sein Leid als eine Situation der Gottesferne und der Gottesfinsternis empfindet. Der Psalm greift hier traditionelle Topoi der heilsgeschichtlichen und kultischen Rede von JHWH auf und wendet sie ins Gegenteil. Hat JHWH sich in seinem tiefsten Wesen für Israel als der Gott erwiesen, der sich erinnert und gedenkt, d. h. der in Treue zu der einmal eingegangenen Beziehung steht und dem Leid der Leidenden ein Ende setzt, so wirft der Beter des Psalms JHWH vor, er habe ihn offensichtlich „vergessen" (vgl. Ps 10, 12). Und gilt andererseits, daß JHWH als der den Menschen zugewandte gütige Gott eben ein Gott ist, der ein Angesicht hat, mit dem er die Nöte seiner Verehrer wahrnimmt, weshalb die Wendung „Gottes Angesicht sehen" zum Synonym für „dem Heil begegnen" wurde, so bedeuten Unglück und Leid, daß JHWH sein Angesicht abgewandt hat. Wenn JHWH „sein Angesicht verbirgt", bewirkt dies beim Beter ein Mehrfaches: Es bedrückt ihn, daß sein Leid sich wie eine Mauer zwischen ihn und Gott gestellt hat. Er fürchtet, daß Gott ihm seine Liebe – ohne die er doch nicht leben kann – entzogen hat. Er empfindet sich wie ein Bittsteller, der das „Angesicht seines Königs" nicht sehen darf, d. h. nicht zur Audienz vorgelassen wird, oder wie ein Notleidender, der vergeblich gehofft hatte, daß der vorübergehende König seine Not wahrnimmt und ihm hilft.

Dies ist die Situation des Beters – aber mit ihr will er sich nicht abfinden. Deshalb wählt er die Form der vorwurfsvollen Frage: „Bis wann soll bzw. darf das denn noch dauern, daß ...?" In dieser Frage spricht sich zum einen die Ungeduld und die Erschöpfung des Leidenden aus, der am Ende seiner Kraft ist. Zum anderen freilich steckt in dieser Frage der lange Atem der Hartnäckigkeit und des Widerstandes, der überzeugt ist, daß es so nicht bleiben muß, wie es ist. Die Frage will Gott bewußt machen, daß er nicht mehr lange Zeit hat, sich als Gott des Leidenden zu erweisen. Sie will Gott unter Zeitdruck setzen, endlich aktiv zu werden und dem Leidenden zu seinem Recht auf Glück zu verhelfen.

Diese Fragen des Leidenden, die JHWH die Widersprüchlichkeit der Leidensexistenz vorhalten, kommen aus der geradezu trotzigen Entschlossenheit des Beters, in der er an JHWH festhalten will, auch wenn dieser ihn scheinbar im Augenblick nicht festhält. Mit diesem Festhalten, dessen tiefste Wurzel ein Urvertrauen ist, ohne das kein Mensch leben kann, will der Beter JHWH geradezu zwingen, sich ihm zuzuwenden. Das ist die tiefste Dynamik der biblischen Klage: sie hält an Gott fest, auch im Dunkel und im Rätsel der Gottverlassenheit. In der Klage wird der Leidende im Gegenüber Gottes zum Subjekt, das um sein Leben kämpft.

Die dritte und vierte Frage, die sich ebenfalls vorwurfsvoll an Gott wenden, artikulieren die psychische und soziale Dimension des Leids so, daß auch dies Gott zum Eingreifen bewegen soll. Das Leid, so schreit es V. 3a (und erweiternd V. 3b) heraus, zerstört „die Seele", d.h. das Ich des Menschen, das zum Leben und zur Zukunft ja sagen will. Statt dessen kreisen die Überlegungen, Pläne und Gedanken des Leidenden immerzu um die Fragen nach Ursache und Sinn des Leids, das über den Beter hereingebrochen ist. Diese Fragen lähmen die psychische Kraft und drücken den Leidenden in Apathie und Selbstaufgabe. Auch hier ist die vorwurfsvolle Frage „Bis wann, wie lange noch ...?" der Weg, diesen Verfall des eigenen Ich aufzuhalten. Der Schrei des Leidenden „Es ist genug jetzt!" ist der Protest gegen alle Ideologien, die das Leid zu schnell als schöpfungsgegeben oder als lebensnotwendig erklären und dabei den psychischen Schmerz und die körperlichen Qualen des Leidenden auf die Seite schieben wollen. Unser Psalm hält fest: Das Leid ist ein Angriff auf die Integrität und den Lebenswillen des Menschen: Diese dritte „Bis wann ...?"-Frage ist eine Absage an alle Formen von Masochismus und von frömmelnder Vereinnahmung der Leidenden für theologischen oder mild-pastoralen Schmalz.

Die vierte „Bis wann...?"-Frage deckt eine weitere Dimension des Leids auf: In irgendeiner Form hat das Leiden der Leidenden immer auch mit der Erfahrung zu tun, daß das Unglück, die Not, ja sogar die Krankheit als personifizierte böse Macht gefürchtet wird. Das mag die Erfahrung sein, daß das Leid real von feindlichen Menschen zugefügt wurde oder daß der Leidende von seinen Familienangehörigen und Freunden im Stich gelassen wird. Es mag auch die Erfahrung sein, daß der Leidende so sehr durch Ängste und Mißtrauen besetzt ist, daß er in allem und hinter allem feindliche Absicht sieht. Es mögen auch die eigenen Ängste sein, die er in personifizierte Projektionen kleidet. Daß Leiden immer als Störung der sozialen Beziehungen befürchtet und durchlitten wird, ist eine Erfahrung, die ein ägyptisches Sprichwort bündig so formuliert hat: „Am Tag des Unglücks hat ein Mensch keinen Freund."

Mit dieser Erfahrung hängt es gewiß zusammen, daß in den Klagepsalmen beinahe immer von Feinden die Rede ist. Es sind fast 100 unterschiedliche Bezeichnungen, in denen in den Psalmen die Feinde der Psalmenbeter auftreten. Im Anschluß an O. Keels Studie „Feinde und Gottesleugner. Studien zum Image der Widersacher in den Individualpsalmen" (SBM 7), Stuttgart 1965, lassen sie sich auf zwei Typen reduzieren. Der *erste* Typ der Bezeichnungen betont den Aspekt der Gegnerschaft, ohne das Tun selbst ethisch zu qualifizieren. Dieser Typ betont die Gefahr und die Bedrohung, die von dem (den) Feind(en) ausgeht. Zu diesem Typ gehören die beiden Bezeichnungen, die in unserem Psalm vorkommen: „Feind" und „Widersacher". Der *zweite* Typ, dessen wichtigstes Nomen *rāšā'* = „Gottloser, Verbrecher" ist, hebt mehr den ethischen Aspekt heraus: sie sind die gottfeindlichen Übel- und Gewalttäter, die häufig soziologisch mit den einflußreichen Kreisen der Oberschicht identifiziert werden; in nachexilischer Zeit werden zu diesem Typ der Feinde vor allem die Völker, die das kleine Israel unterdrücken, und generell alle Feinde der JHWH-Religion gerechnet.

Daß in unserem Psalm (ähnlich wie in anderen Psalmen) in V. 3c und 5a singularisch von „meinem Feind" und dann in V. 5b pluralisch von „meinen Widersachern" gesprochen wird, ist von den Auslegern recht unterschiedlich gedeutet worden: Oft wird gesagt, daß unter den vielen Feinden des Beters eben einer der Rädelsführer ist, einer, der durch seine Feindseligkeit und Gefährlichkeit besonders herausragt. Andere Autoren spielen den Unterschied mit dem Hinweis herab, daß im Hebräischen der Singular häufig zur Bezeichnung der Gattung dient, so daß der Wechsel als stilistische Variation betrachtet werden muß. Wahrscheinlicher ist schon die These: Der Wechsel von Plural und Singular bzw. von Gruppe und Individuum zeigt an, „daß keine bestimmte Person, dieser oder jener Feind, sondern die Feind-Macht, das ‚Feindliche' im Vordergrund steht. Das Subjekt, der Träger dieser feindseligen ‚Mächtigkeit', bleibt unbestimmt" (Keel 69).

In dieser Richtung ist der Wechsel von Singular und Plural auch in Ps 13 zu konkretisieren. Sosehr der Beter sich in seiner Umwelt einer Vielzahl von „Widersachern" (Menschen, von denen er abhängig ist, die ihn unterdrücken und ausnutzen, anfeinden und verleumden, verachten und verspotten; Krankheit und Unglück; Dämonen und Sünde usw.) ausgesetzt sieht, in seinem altorientalischen Denken ballt und bündelt sich dies alles zusammen zu einem einzigen großen Feind, der viele Gesichter hat. Das Unheil stürmt auf den Beter als „*der*" Feind ein, der „sich erhebt", d. h. schon zum Triumph anhebt, geradezu auf dem Beter steht – und es fehlt nicht mehr viel, daß er sagen kann: „*Ich* habe ihn erledigt!" Was immer dieser Feind konkret tut, der Beter erfährt seine Not als Manifestation des *einen* Feindes des Lebens, der in V. 4 c auch namentlich genannt wird: „der Tod", der als zerstörerische Macht mitten im Leben erfahren wird (und dessen „Bundesgenossen", die „Widersacher" des Beters in V. 5 b, jubeln).

Als „Feind" wird allerdings nicht so sehr jener Tod erlebt, der ein erfülltes Leben beendet, wenn man, wie die Texte sagen, „alt und lebenssatt" stirbt. Als „Feind" wird der Tod aber in den lebenszerstörerischen Ereignissen wie Krankheit, Unglück, Krieg, Sünde und Verzweiflung erfahren, die mitten im Leben aufbrechen, es bedrohen oder vorzeitig beenden. So klagen die Kranken, daß sie bereits an der Schwelle des Totenreichs sind. Wer vom Unglück überfallen wird, sieht sich in den feindlichen Krallen des Todes. Wer dagegen geheilt ist oder wieder dem Glück begegnet, kann sagen, er sei vom Tod oder aus dem Tod gerettet worden. Als chaotische Macht ist der Tod mitten im Leben demnach nicht nur der Feind der Menschen, sondern zugleich, ja mehr noch, der Feind Gottes. Die Frage „Bis wann darf eigentlich mein Feind triumphieren über mich?" ist deshalb zu Recht an Gott selbst gerichtet, denn der Angriff des Todes ist eine

Infragestellung der Wirkmächtigkeit Gottes, der doch „ein Liebhaber des Lebens" (Weish 11,26) ist.

In der *zweiten Strophe* (V. 4a–5a) bittet der Psalm um das Ende der Leiden.

Diese Bitte ist im Aufbau und in der Geschehensstruktur des Klagepsalms das tragende Element. In ihr wendet sich der Notleidende an den Gott, der ihm nahesteht, weil er überzeugt ist, daß dieser seine Not wenden kann und wird. Während das Element „Klage" stärker auf die Dimension der Gerechtigkeit pocht und die Leidsituation als einen Angriff auf die Gerechtigkeit herausschreit, den JHWH als Anwalt der Armen und Unterdrückten nicht hinnehmen könne, setzt das Element Bitte auf die Dimension der Liebe und der Treue JHWHs. Es fällt auf, daß sich die Bitte der Klagepsalmen fast ausschließlich an JHWH wendet. Das hängt einerseits gewiß mit der Gebetssituation als solcher zusammen. Andererseits muß der ursprüngliche Sitz im Leben der Klagepsalmen mitbedacht werden: Zumindest die beim Bittgottesdienst anwesende bzw. repräsentierte Primärgruppe ist ipso facto indirekt von der Bitte angesprochen, den in ihrer Kraft stehenden Beitrag zur Notwende zu leisten; ihre Bereitschaft zur Solidarität dokumentiert ja ohnedies die gemeinsame Bittzeremonie.

Wie in den meisten Klagepsalmen ist das Element der Bitte auch in Ps 13 wenig detailliert. Die Formulierungen sind wenig situationsspezifisch und sind deshalb offen für zahlreiche, vom jeweiligen Beter selbst vorzunehmende Konkretionen. Diese Eigenart ist eine Konsequenz des Formularcharakters des Psalms, der eben für viele Beter verwendbar sein sollte. Daß in dieser Strophe keine Flüche über den Feind fallen, auch keine Vernichtungswünsche an die Adresse des Feindes gehen, wie dies in anderen Klagepsalmen der Fall ist, stützt unsere Interpretation, „der Feind" sei hier der Tod.

Die drei Imperative sind eine fordernde, verlangende Bitte, die den in der Klage bereits herausgestellten Zeitdruck des Leids nochmals verschärft. Die Imperative halten sich nicht bei den Symptomen des Leids auf, sondern zielen in die Mitte der Leiderfahrungen, wie sie in den ersten beiden „Bis wann?"-Fragen der ersten Strophe (V. 2) sichtbar wurde.

„Die Not des Leidenden kann ... gewendet werden, wenn sich Gott ihm wieder gnädig zuwendet ... Alles kommt hierauf an ... Wenn Gott wieder hersieht und wieder herhört, dann kann alles gut werden" (C. Westermann). V. 4a hat die Funktion der einleitenden Bitte. Die beiden Imperative bitten um die Erfahrung der Zuwendung JHWHs als des Gottes, von dem der Leidende sich verstanden und angenommen glauben darf. Der dritte Imperativ, V. 4b, bringt die eigentliche Bitte um Hilfe und Rettung: „Mein Gott, mache leuchtend meine Augen!" Das ist nicht, wie manche Ausleger meinen, als Bitte um Heilung von einer Augenkrankheit zu deuten, auch nicht als Wegnahme einer metaphorisch gemeinten Blindheit des Herzens. Die Bitte muß auf dem Hintergrund der alttestamentlichen Rede von den matt, schwach, alt gewordenen Augen als Metapher für tödliche Krankheit, Verschwinden von Lebenskraft und Lebensmut verstanden werden. Beispiele für diese Metaphorik sind Ps 6,8; 38,11; Klgl 5,17:

„Darum ist krank unser Herz,
   darum sind trüb unsere Augen
über den Zionsberg, der verwüstet liegt;
   Füchse laufen dort umher" (Klgl 5,17f).
„Mein Herz pocht heftig, mich hat die Kraft verlassen,
   geschwunden ist mir das Licht der Augen!" (Ps 38,11)

Die entsprechend positive Metaphorik sagt dann, daß die Augen wieder hell, leuchtend werden, wenn die Lebenskraft und die Lebensfreude zurückkehren (so in 1 Sam 14,27.29 von Jonatan, dessen matt gewordene Augen wieder zu leuchten beginnen, als er Honig ißt). Oder von Mose sagt Dtn 34,7: „Mose war hundertzwanzig Jahre alt, als er starb. Sein Auge war noch nicht getrübt, seine Frische war noch nicht geschwunden." Und im Bußgebet des Esra heißt es über das Ende des babylonischen Exils: „Jetzt ... hat JHWH, unser Gott, uns Erbarmen gezeigt; er hat einen Rest gerettet und übriggelassen und uns einen Ruheplatz an seinem heiligen Ort gewährt. So ließ unser Gott unsere Augen aufleuchten, er ließ uns ein wenig aufleben in unserer Knechtschaft" (Esr 9,8). Die Bitte zielt also auf die Erneuerung von Lebenskraft und Lebenswillen. JHWH soll den Leidenden zurückholen in seine Machtsphäre des Lebens, wodurch ipso facto die zerstörerische Mächtigkeit des Todes entmachtet wird. So wie das Licht das Dunkel vertreibt, so muß der Tod weichen, wo JHWH als Licht und Quelle des Lebens wirkt.

Die beiden negierten Finalsätze V. 4c.5a, mit denen der Psalmbeter JHWH zum Eingreifen motivieren will, sollen JHWH bewußt machen: Im Schicksal des Beters geht es nicht nur um diesen, sondern JHWHs Wesen und Wirken steht mit auf dem Spiel. In diesen beiden Sätzen deutet sich bereits die Rückgewinnung von Lebenswillen und Lebensziel des Beters an. Es geht nicht primär um das punktuelle Ende seines Leidens, sondern darum, daß der Beter in der Kraftquelle des Lebens JHWHs selbst zur Lebensquelle werden will. Der Psalm führt dies nicht aus, aber es liegt in der Dynamik, mit der der Beter in der dritten Strophe in die Zukunft blickt.

In der institutionellen Vorgeschichte unseres Psalms, insofern er das Schema des familiären Bittgottesdienstes widerspiegelt, wäre an dieser Stelle der göttliche Zuspruch aus dem Munde des leitenden Liturgen (Prophet, Priester) fällig gewesen. Und auf diesen hin wiederum folgten, wie wir gesehen haben, Vertrauensbekenntnis und Dankgelübde. Diese Elemente liegen in der dritten Strophe vor.

Die *dritte Strophe* (V. 5 b–6 c) setzt mit einem Vertrauensbekenntnis ein, das im antithetischen Parallelismus gestaltet ist. Der Beter hat eine relative Unabhängigkeit von den Menschen gefunden, die er als seine Widersacher gefürchtet hat. Ob es reale oder nur in seiner Vorstellungswelt existierende Feinde sind, ist vom Text her nicht zu entscheiden. Deutlich ist jedenfalls: Sie sind die personifizierte Erfahrung der Isolation und des Unverstandenseins des Leidenden. Der Leidende wird ja von seiner Umwelt nur zu oft als Störenfried empfunden. Sein Leiden provoziert nicht Mitleiden, sondern das Aus-dem-Weg-gehen. Der „Jubel" über das Schicksal des Leidenden, von dem in V. 5 b die Rede ist, ist die überspitzte Formulierung des Verdachts, der in vielen Leidenden lebt, daß seine Gegner auf ihn gewiß in Schadenfreude schauen. Dahinter mag sich auch die Erfahrung verbergen, daß frühere Freunde plötzlich zu Feinden wurden oder daß die Leidenden und Kranken plötzlich nicht mehr zum alten Freundeskreis zählten oder daß Kranke die schnellen Besuche ihrer früheren Freunde und die guten Ratschläge als verdeckte Aggressivität erfuhren. Realität, Fantasie und Projektion mögen immer zusammenfließen, wenn Kranke und Notleidende sagen: „Meine Widersacher jubeln, daß ich wanke", d. h. daß ich bereits in der Macht des Chaos und des Todes bin. Der Psalm verdrängt diese Ängste und Projektionen nicht, sondern spricht sie aus – um den Leidenden aus diesen lähmenden Projektionen herauszuholen und ihn hinzuführen zu dem Bekenntnis, von dem her der Leidende neuen Lebensmut finden kann: Was immer die Menschen denken und sagen,"so vertraue ich doch auf deine Güte" (V. 6a).

Das Hebräische hat zwei Verben für „vertrauen": *ḥāsāh* und *bāṭaḥ*. Sie sind nicht einfach identisch, sondern haben unterschiedliche Konnotationen. Das Verbum *ḥāsāh* bezeichnet den Vorgang, durch den jemand Vertrauen zu gewinnen sucht; es beschreibt „das dramatische Fliehen ins Zutrauen", das eine Entscheidung voraussetzt, die nicht immer leicht fällt; man könnte es auch mit „Zuflucht suchen, sich bergen wollen" übersetzen. Das Verbum *bāṭaḥ,* das in V. 6a steht, drückt dagegen weniger den Vorgang als das Resultat aus; es meint das Festsein und Festbleiben im Vertrauen; es ist „Ausdruck eines Zustandes im Sinne eines Ausruhens, in dem man sich sicher fühlt, weil man sich auf sein Gegenüber verlassen kann" (K. Seybold); es drückt also auch den psychischen Aspekt der Gewißheit und der Unerschütterlichkeit aus und ist von daher das Gegenteil zu dem „Wanken", von dem in V. 5b die Rede war.

Der Raum, in dem der Leidende seine Gelassenheit gefunden hat, der Fels, der ihm inmitten des ihn umbrandenden Chaos seine Festigkeit gibt , ist JHWHs *ḥäsäd,* d. h. JHWHs Güte. *Ḥäsäd* kann sowohl von Menschen wie von Gott ausgesagt werden und kennzeichnet ein besonderes Verhalten. *Ḥäsäd* ist spontane Solidarität, die darauf aus ist, einem anderen das Leben zu retten, zu ermöglichen oder zu fördern – unter Einsatz der ganzen Menschlichkeit bzw. von Gott her gesehen unter Einsatz der ganzen Göttlichkeit. Daß JHWH in seinem innersten Wesen der helfende, rettende, belebende Gott ist, der eine einmal eingegangene Beziehung nie mehr aufgibt, das ist der Grund des Vertrauens, von dem aus der Beter von Ps 13 die Herausforderung seines Leidens annimmt.

Das Vertrauen auf den Gott, der dem Leidenden liebend nahe sein will, will dem Beter die Zuversicht geben, daß sein Leben nicht nur die Erfahrung seines Leidens ist. Vor allem ruft der Psalm zur Hoffnung auf, daß JHWH sich als Retter des Klagenden erweisen wird: „Es soll jubeln mein Herz über dein(e) Rettung(shandeln)". Das Nomen „Rettung" ist mit Blick auf V. 3c und V. 5a gewählt. Es bezeichnet JHWHs rettendes Eingreifen vor allem im Krieg (Rettung des Volkes) und im Gerichtsverfahren (Rettung des einzelnen). Im Kampf mit dem Tod bleibt JHWH der Sieger – das ist die feste Überzeugung unseres Psalms. Und die ganze Dynamik der Klage und der Bitte zielt eben darauf ab, daß JHWH doch endlich den Kampf mit dem Tod aufnehmen soll, damit der Leidende gerettet werde *und* damit er endlich in jenen Siegesjubel ausbrechen kann, der JHWH als dem Sieger über den Tod gilt.

Nachdem der Psalm in V. 6b zur Glaubensgewißheit durchgedrungen ist, daß JHWH im Kampf mit dem Tod den Sieg erringt, schließt er in V. 6c mit dem Lobgelübde ab, das den spannungsreichen Weg zusammenfaßt, der dem Beter im Klagepsalm zugemutet wird. Nun steht der Beter „nicht mehr da, wo er bei den ersten Worten stand. Der Psalm begann als Klage; ... der Psalm schließt mit zuversichtlichen, der Zukunft gewissen Worten ... Der sein Leid vor Gott Klagende bleibt nicht bei seiner Klage. Damit es aber dazu komme, muß das Leid erst zu Wort kommen, sich aussprechen können, und eben dies geschieht in der Klage, in der der Leidende vor Gott ‚sein Herz ausschüttet'" (C. Westermann). Wer freilich wie z. B. die „Einheitsübersetzung" das in V. 6c formulierte Versprechen, JHWH ein Danklied zu singen, durch die Übersetzung des verwendeten Verbums mit „weil er mir *Gutes* getan hat" wiedergibt, nimmt dem letzten Teil seine theologische Schwerkraft. Das Verbum ist nicht von vornherein auf „Gutes tun" festgelegt, sondern meint „vollbringen, vollenden, handeln". Der Akzent liegt nicht auf der *Wertung* des Tuns (gut oder böse), sondern auf dem Tun als einem vollendenden Handeln. Und genau darauf kommt es dem Beter an: daß JHWH die Macht *und* den Willen hat, alles zu vollenden. Oder um es mit dem Ijobbuch zu sagen: Es kommt darauf an, daß ER, der das Leben gibt, es auch ist, der es auf- und annimmt (vgl. Ijob 1,21). SEIN Wille geschehe, wie im Himmel so auf Erden – das ist die Lebensperspektive dieses Psalms.

Psalm 30

2a Ich will dir danken, JHWH , denn du zogst mich empor
2b und ließest nicht frohlocken meine Feinde über mich.
3a JHWH – mein Gott!
3b Ich schrie zu dir und du heiltest mich.
4a JHWH, du führtest mich herauf aus der Scheol,
4b du riefst mich ins Leben zurück aus jenen, die in die Grube hinabsteigen.

5a Singt JHWH, ihr seine Getreuen,
5b und dankt seinem heiligen Namen,
6a denn ein Augenblick – in seinem Zorn,
6b ein Leben lang – in seiner Huld,
6c am Abend – Weinen
6d und am Morgen – Jubel!
7a Ich aber – in meiner Sicherheit sagte ich:
7b „Nicht werde ich wanken in Ewigkeit!"
8a JHWH – in deiner Huld
8b hattest du mich auf schützende Berge gestellt,

8c dann verbargst du dein Angesicht,
8d da wurde ich verstört.

9a Zu dir, JHWH, rief ich
9b und zu (dir), meinem Gott, flehte ich um Gnade:
10a „Was für ein Gewinn ist an meinem Blut
10b (und) wenn ich hinabsteige in das Grab?
10c Kann denn Staub dir danken?
10d Kann er denn verkünden deine Treue?
11a Höre, JHWH, erweise mir Gnade!
11b JHWH, werde mir zum Helfer!"

12a Da wandeltest du meine Totenklage
12b für mich in festlichen Tanz,
12c du löstest meinen Trauer-Saq
12d und umgürtetest mich mit Freude,
13a damit dir singt mein Herz
13b und es nicht (mehr) stumm bleibt.

13c JHWH – mein Gott!
13d In Ewigkeit will ich dir danken.

Einführung

Der Psalm ist ein „Danklied des Einzelnen". Mit ihm dankt ein aus Todesnot Geretteter seinem Gott dafür, daß ihm das Leben, das schon im Machtbereich des Todes schien, wieder zurückgegeben wurde. Gefährdung und Rückgabe seines Lebens haben dem Beter eine neue Sicht des Lebens erschlossen. Vor allem aber wurde ihm dies zu einer intensiven Gotteserfahrung. Und dafür dankt er seinem Gott. Diesem Dank gibt er die Gestalt eines Gebets zu JHWH und eines Zeugnisses für ihn. Der letzte Vers des Psalms sieht in der Erfahrung von Not und Rettung sogar dies als tiefsten Sinn: daß JHWH darin und dadurch verherrlicht werde als der Gott, der sich als Quelle des Lebens erweist.

Der Psalm zeigt zunächst in V. 2–6 die üblichen Bauelemente des Danklieds: 1) Ankündigung des Dankes, oft verbunden mit einer zusammenfassenden Vorwegnahme der Danksagungserzählung (V. 2); 2) zurückblickende Danksagungserzählung, bestehend aus dem Bericht von der Not, von der Anrufung JHWHs und vom rettenden Eingreifen JHWHs (V. 3–4); 3) Einladung an die „Gemeinde", sich dem Gotteslob anzuschließen, und (meist weisheitlich formulierte) Schlußfolgerung aus der gemachten Erfahrung (V. 5–6).

In V. 7 setzt der Psalm abermals mit einer zurückblickenden Danksagungserzählung ein, in der die Bedeutsamkeit der Rettung noch einmal reflektiert wird. Während es im ersten Teil des Psalms stärker um den äußeren Vorgang der Rettung ging („der Tote darf wieder leben"), zielt dieser zweite Teil auf die innere Dimension des Geschehens. Der Gerettete hat dabei erfahren, daß Leben überhaupt verdanktes Leben ist. Auch diese Danksagungserzählung durchläuft die Elemente „Not" (V. 7–8), „Hilferuf" (V. 9–11) und „Rettung" (V. 12). Der Psalm endet mit der Erklärung des Geretteten, daß das Bekenntnis zu JHWH und die Verkündigung SEINER Lebenskraft hinfort Grundvollzüge seines Lebens sein sollen.

Auslegung

Der Beter setzt mit einer begründeten Selbstaufforderung zum Gotteslob ein (V. 2), in der wesentliche Momente des biblischen „Dankens" zum Ausdruck kommen. Strenggenommen bezeichnet das gewöhnlich mit „danken" übersetzte hebräische Verbum *hōdāh* (vgl.

V. 5.10.13), das immer nur mit Bezug auf Gott vorkommt, den Vorgang, der in V. 2a mit „erheben, rühmen, verkünden" ausgedrückt ist. Der „Dankende" blickt zuallererst voll Staunen und Bewunderung auf den Gott, dem er dankt. Er dankt nicht einfach für die Gabe, sondern er dankt dafür, daß er dem Geber der Gabe begegnen durfte. IHN will er preisen und bekennen. Was ihm in der Begegnung mit diesem Gott widerfahren ist, ist nicht einfach ein Ereignis der Vergangenheit, sondern eine Wirklichkeit, die weiterwirkt und sein ganzes Leben umgreift (V. 6b) und die er seiner Familie und seinen Bekannten, ja der ganzen Gemeinde mitteilen muß (V. 5). Der „Dankpsalm" ist deshalb nicht nur Gebet für eine einmalige Dankopferfeier, mit der „die Sache erledigt" ist, sondern er ist Einübung in eine Grundhaltung, in der das Leben insgesamt als „Wunder" angenommen wird (vgl. V. 13).

Die Situation, in der der Beter seinen Gott als JHWH, d. h. als den Gott, der Leben schenkt und in die Freiheit führt, erfahren hat, ist metaphorisch als Todesgefahr gekennzeichnet. Die Metaphern sind einerseits so konkret und plastisch, daß die ganze Dramatik von Angst und Ausweglosigkeit lebendig wird. Andererseits sind sie so offen und unbestimmt, daß sie für viele konkrete Situationen stehen, in denen Menschen sich der Macht des „Todes" ausgeliefert sehen. Was wir schon zu anderen Psalmen gesagt haben, gilt auch hier: wo und wie immer das Leben eines Menschen gestört und bedroht wird (durch Krankheit und Leid, Verleumdung und Verfolgung, Unterdrückung und Armut, aber auch durch Versagen und Schuld), ist die (chaotische) Macht des Todes am Werk und hat die Scheol (die Unterwelt) ihre Greifarme ausgestreckt. Wer keine Lebenskraft und keinen Lebensmut mehr hat, „ist" in der Sicht der Bibel „tot" – außer er wird vom Gott des Lebens wieder ins Leben zurückgerufen (V. 4b). Genau dies ist dem Beter widerfahren. Und zwar in zweifacher Hinsicht, wie die beiden Teile des Psalms erzählen und bekennen. Die erste Dimension faßt V. 2 zusammen: Wie einen Schöpfeimer aus dem tiefen Schacht des Grundwasserbrunnens hat JHWH den Beter aus seiner Todesnot „emporgezogen". Die Wasser des Todes standen ihm nicht nur bis zum Hals, er war mitten drin. In der Tiefe und Enge gab es für ihn keinen Lebensraum mehr. Sein Leben war vom Gelächter „der Feinde" umstellt. Die „Feinde" sind hier, wie meist in den Psalmen, Chiffre für die als feindlich empfundene Lebenswelt und für die eigenen Ängste des Beters; beiden ist er ausgeliefert – und auch von beiden hat ihn sein Gott befreit.

In der Danksagungserzählung (V. 3–4) „bekennt" er abermals in Metaphern, wie er JHWH als den ihm zugewandten Gott („mein Gott") erfahren hat: als den kompetenten und gütigen Arzt, der ihn heilte (V. 3b), d.h. der nicht nur die Todesbedrohung beendete, sondern ihn „heil" machte, indem er ihm neue Lebensmöglichkeiten erschloß; als den Gott des Exodus, der „heraufführt" (V. 4a) und aus der Sklaverei des Totenreiches, der Scheol, befreien kann; als den Schöpfergott, der Tote wieder lebendig machen kann, indem er sie aus der dunklen, gefängnishaften Todesgrube zurückruft (V. 4b), weil alles Leben SEINE Gabe ist.

Diesen Gott will der Beter öffentlich bekennen und preisen. Er fordert die „Getreuen JHWHs" auf, sich diesem Bekenntnis durch ihre Lieder anzuschließen und das Gedächtnis dieses Gottes („seinen Namen") weiterzugeben (V. 5). Was er erfahren hat, ist ein Lebenswissen, mit dem tödliche Bedrohungen bestanden werden können (V. 6): Menschliches Leben ist durchkreuztes Leben. Es gibt Schmerz und Tränen. Es gibt den Abend und die Nacht, d.h. Zeiten des Unglücks und der Angst.

Aber es gibt ebenso und zuletzt den Jubel über die erfahrene Nähe Gottes. Und es gibt den Morgen, der aufgeht wie die hell und warm machende Sonne. Der Zorn Gottes, seine Verborgenheit und sein Gericht sind nur „ein Augenblick" (kurz und nicht so gewichtig) im Vergleich zu SEINER Huld, die das ganze Leben umfaßt und verwandelt.

Noch einmal blickt der Beter zurück auf das, was ihm widerfahren ist. Mit einem Selbstzitat (V. 7 ab) ruft er die oberflächliche Selbstsicherheit in Erinnerung, mit der er die Zeiten der Gesundheit, des Erfolgs und des Glücks als Selbstverständlichkeit, ja sogar als eigene Leistung aus-gelebt hatte – bis jäh die Scheol ihre Hände nach ihm ausstreckte. Jetzt weiß und bekennt er: Die Zeiten des Glücks waren eine Gabe der Huld JHWHs; der hatte ihn auf schützende Berge gestellt (V. 8 ab), so daß die chaotischen Wasserfluten ihn nicht erreichten (vgl. zu diesem Bild besonders Ps 46). Und ebenso weiß und bekennt er: Das Unglück brach über ihn herein, weil JHWH sein Angesicht von ihm abwandte (V. 8 cd). Mit erschreckender Radikalität werden Leid und Not auf JHWH zurückgeführt (vgl. ähnlich Ps 104,29; aber auch Ijob 1,21). Das ist die Realität des Lebens, die er sich und seinen Zuhörern bzw. Mitbetern bewußt macht: Wenn JHWH den Menschen in seiner Huld hält, hat er Halt; wenn er ihm zürnt, gerät er ins Straucheln – hinab zur Grube.

Und noch mehr weiß und bekennt er: JHWH läßt sich seines Zorns gereuen (vgl. Hos 11,9); er läßt sich anrühren und erbitten, denn er ist „ein barmherziger und gnädiger Gott, langmütig, reich an Güte und Treue" (Ex 34,6). So aber ist JHWH nicht „an sich und in sich", sondern als solcher will er sich erweisen und offenbaren. Daran appellierte der Beter in seiner Not. Das war gewissermaßen das Argument, mit dem er JHWH selbst „schlug" (V. 9–11). Nicht die Toten, deren Blut zu pulsieren aufhört und die zu Staub zerfallen, können auf dieser Erde bezeugen, daß Gott die Quelle des Lebens ist, sondern die Lebendigen. Vor allem die, die real erfahren haben, daß das Leben ein Geschenk ist, weil es ihnen an der Schwelle des Todes wiedergegeben wurde.

Diese Erfahrung, die der Beter gemacht hat, wird in V. 12 in zwei Kontrastmetaphern zusammengefaßt. Die Totenklage, in die ihn sein Unglück gestürzt hatte, schlug jäh um in den festlichen Tanz, wie er nach der Ernte und nach einer gewonnenen Schlacht üblich war. JHWH selbst löste ihm den Gürtel, mit dem er den engen, härenen Buß-*Saq* am Leib trug, und legte ihm das Festgewand an, das er mit der Freude als strahlendem Gürtel schmückte. Das ist die Erfahrung, die mit ähnlichen Bildern in der Parabel vom barmherzigen Vater (vgl. Lk 15, 11–32) erzählt wird: Das Leben wird zum Fest, weil und wo Menschen vom Tod zum Leben zurückkehren. Wem dies aufgeht und wessen Herz davon voll ist, der kann nie mehr stumm bleiben: Er wird zum Zeugen für den Gott, der das Leben schenkt, Tag für Tag (V. 13).

Der Psalm wurde, wie seine später hinzugefügte Überschrift „Lied zum Fest der Tempelweihe" zeigt, zum Festpsalm beim jährlichen Gedenkfest an die 164 v. Chr. nach dem Makkabäeraufstand vollzogene „Tempelreinigung", dem sogenannten Chanukka-Fest. Das Ich des Psalms wird in diesem Verständnis das Volk Israel. Der Psalm wird nun, wie der Midrasch Tehillim belegt, zur Deutung der Geschichte Israels vom Exil bis zur Rettung aus der seleukidischen Unterdrückung im 2. Jahrhundert v. Chr.

Die frühe Kirche hat den Psalm für den Wortgottesdienst der Eucharistiefeier in der Osternacht ausgewählt. Für Jerusalem gibt es dazu Belege, die bis an den Anfang des 5. Jahrhunderts zurückreichen. Die zur nächtlichen

Liturgie versammelte Gemeinde vollzog dabei, was V. 6
formuliert: „am Abend – Weinen; am Morgen – Jubel!"
Und vor allem hörte sie in V. 4 Jesus selbst beten: „Ich
war tot – du hast mich in das Leben zurückgerufen."
Und sich selbst stellte sie dabei unter das Schlußwort des
Psalms: „In Ewigkeit will ich dir danken!"

Psalm 40

2a *Gehofft, ja gehofft habe ich auf JHWH.*

2b *Und er neigte sich zu mir,*
2c *und er hörte meinen Schrei,*
3a *und er führte mich herauf aus der Grube der Vernichtung,*
3b *aus schmutzig-stinkigem Schlamm,*
3c *und er stellte auf Felsgrund meine Füße,*
3d *gefestigt hat er meine Schritte.*
4a *Und er gab in meinen Mund ein neues Lied,*
4b *eine Preisung für unseren Gott.*

4c *Schauen werden es die Vielen und erschauern,*
4d *und sie werden vertrauen auf JHWH.*

5a *Selig der Mann, der JHWH zum Grund seines Vertrauens macht*
5b *und der sich nicht zuwendet trügerischen Mächten und Lügengötzendienern.*

6 *Zahlreich hast du gemacht, du JHWH, mein Gott, deine Wunder und deine Gedanken für uns.*
Niemand ist dir zu vergleichen! Wollte ich künden und reden davon, zu viele sind es, sie aufzuzählen.
7 *Schlacht- und Speiseopfer begehrtest du nicht,*

*doch Ohren grubst du mir. Brand- und Sündopfer
fordertest du nicht.*

8 *Da sprach ich: „Siehe, ich selbst bin gekommen.
Auf dieser Schriftrolle steht alles über mich!*

9 *Zu tun, was dir gefällt, mein Gott, begehre ich,
und deine Weisung ist in meinem Innersten.*

10 *Ich will in öffentlicher Versammlung deinen
Heilswillen verkünden. Siehe, meine Lippen halte
ich nicht verschlossen."*

11 *JHWH Du, Du weißt es: Deine Heilstat verbarg
ich nicht in meinem Herzen(skämmerlein).
Dein verläßliches und rettendes Handeln
bezeugte ich, nicht verhehlte ich deine Güte und
deine Treue der öffentlichen Versammlung.*

12 *Du, JHWH, wirst nicht verschließen dein
Erbarmen vor mir.
Deine Güte und deine Treue werden mich
allezeit beschützen.*

13 *Denn Unheilschläge ohne Zahl umfangen mich,
meine Sünden packen mich, ich kann nicht mehr
aufschauen,
mehr als Haare auf meinem Kopf sind es, meine
Kraft ist weg.*

14 *Laß dir's gefallen, JHWH, mich herauszureißen!
JHWH, zu meiner Hilfe eile doch!*

15 *Sich schämen und zuschanden werden sollen
allesamt, die mein Leben suchen [es wegzuraffen];
zurückweichen und mit Schimpf bedeckt werden
sollen, die mein Unheil begehren;*

16 *erstaunen sollen ob ihrer Beschämung, die zu mir
sprechen: „Ha, Ha!"*

17 *Frohlocken und jubeln sollen in dir alle, die dich
suchen,
sprechen sollen allezeit „Groß ist JHWH!", die
dein rettendes Handeln lieben.*

*18 Ich aber bin ein Unterdrückter und Armer, mein
    Herr wird (gewiß) an mich denken.
    Meine Hilfe und mein Befreier bist Du, mein
    Gott, säume nicht!*

Einführung

Dank für die Rettung aus tödlicher Bedrohung, Bekenntnis des Vertrauens auf JHWH als Halt und Horizont des ganzen Lebens, Klage über die Last von Unglück und Schuldverstrickung, Bitte um unverzügliches Eingreifen des Befreiergottes – die ganze Dramatik eines Menschenlebens ist im 40. Psalm verdichtet. Strenggenommen ist der Psalm in seiner Letztgestalt eine „Psalmenkomposition", d.h. in ihm sind zwei ehedem selbständige Psalmen „verarbeitet". Daß sich die Psalmendichter, vor allem in der Spätzeit des Alten Testaments, von vorliegenden Psalmen anregen ließen, wird uns nicht verwundern, wenn wir an die Entstehung bzw. Bearbeitung (z. B. Erweiterung durch neue Strophen) unserer Kirchenlieder denken. Manchmal sind einzelne Zeilen wörtlich oder leicht abgewandelt übernommen (vgl. Ps 115; 135; 136 untereinander), manchmal ist der „neue" Psalm eine bloße Textcollage (Ps 108 ist zusammengesetzt aus Ps 57, 8–12 und Ps 60, 7–14).

Der 40. Psalm zeigt eine besonders eindrucksvolle Kompositionstechnik. Ein ehedem selbständiger kurzer Dankpsalm 40, 2–3.4 cd.5, der sich analytisch herauslösen läßt, ist zu einem „neuen Loblied" erweitert worden (durch Einfügung von V. 4 ab und Anfügung von V. 6–12). Und dieses Loblied wurde schließlich „fortgeschrieben" zu einem Klage- bzw. Bittpsalm, und zwar mit einem einfachen Mittel. Der als eigenständiger Text überlieferte Ps 70 wurde (als 40, 14–18) an 40, 2–12 angehängt. Allerdings wurde die „Vorlage" Ps 70 = 40, 14–18 ganz geringfügig im Wortlaut so abgeändert, daß nun durch Stichwortrückbezüge der innere Zusammenhang zwischen 40, 6–12 und 40, 14–18, soweit möglich, verstärkt wird.

Diese (hier nur angedeutete) Wachstumsgeschichte unseres Psalms bezeugt die Vitalität des biblischen Gottesgedankens: Die Rettung eines einzelnen (Dankpsalm: V. 2–3.4 c–5) wird so in die Rettungsgeschichte Israels eingeordnet, daß neue Dimensionen der Gottesunmittelbarkeit (Relativierung des Opferkults; die „Weisung" = Tora im Inneren) aufbrechen (40, 6–12). Das öffentliche Bekenntnis, daß JHWH das Leben des einzelnen und die Geschichte des Volkes in Güte und Treue umfängt und hält, führt seinerseits wieder in der Erfahrung von Leid und Schuld zu der Gewißheit, daß die Dinge nicht so bleiben dürfen, wie sie sind – weder für den einzelnen noch für die Gemeinschaft (40, 14–18): weil der biblische Gott seine grundsätzliche Option für die Unterdrückten und Armen geoffenbart hat. Daß der Psalm mit der Abfolge Dank – Bekenntnis – Klage und Bitte das übliche Schema Klage–Dank (vgl. Ps 22) umkehrt, macht ihn für den betenden Nachvollzug besonders kostbar, weil so deutlich wird: Jede Bitte an Gott wurzelt in der immer schon vorgängig und grundlegend geschenkten Zuwendung Gottes. Fachtheologisch gesprochen: Die Gnade umgreift immer schon das Leben des Menschen, und jeder Schritt des Menschen auf Gott zu ist das Ergreifen SEINER Hand, die uns immer schon hält und führt.

Sprache und Theologie des Psalms weisen in die exilische und nachexilische Zeit. Der kleine Dankpsalm V. 2–5 inspiriert sich an der prophetischen „Biographie" Jeremias und der Theologie des vierten Gottesknechtslieds Jes 52,13 – 53,12 und lädt mit seiner abschließenden „Seligpreisung" (V. 5) dazu ein, gerade angesichts der Katastrophe von 587 v. Chr. und ihrer Folgen den notwendigen und erhofften Neuanfang nicht in „neuen" Göttern, Götzen und Mächten zu suchen, sondern von JHWH her. Die Ausgestaltung zum „neuen" Lied durch Anfügung von V. 6–12 atmet voll die Leidenschaft der Verheißung des „neuen" Bundes Jer 31,31–34 (vgl. auch Ez 36,16–28). Nun hebt der Psalm mit seiner Rede von der „Herzenstora" die Gottesunmittelbarkeit gegenüber dem Tempel und gegenüber der schriftlichen Tora heraus. In dieser Gestalt ist der Psalm gut als Gebet von lokalen Kultgemeinden im Lande bzw. in der Diaspora vorstellbar, die ihre Gottesdienste ohne Opferkult abhielten. Man könnte ihn sich auch als Gebet von Gruppierungen vorstellen, die zunehmend (aus theologischen und aus politischen Gründen) in Opposition zur „Tempelkirche" traten. In diese Richtung weist zumindest die abermalige Erweiterung des Psalms durch die Anfügung von V. 14–18, die den Psalm als Bittgebet eines „Unterdrückten und Armen" (V. 18) kennzeichnen. Das dürfte, zumal V. 14–18 ja ein gezielt aufgenommener Text (Ps 70!) ist, nicht als biographische Einzelaussage, sondern als „Gruppenbewußtsein" zu verstehen sein. In dieser Gestalt wurde der Psalm zum Gebet der „kleinen Leute" das spätalttestamentlichen Israel, die um das baldige rettende Eingreifen JHWHs bitten – getreu der großen Tradition: daß JHWH um die Leiden derer weiß, die SEIN Volk sind (vgl. Ex 3,7).

V. 13 weist uns schließlich auf eine weitere „Verwendung" von Ps 40 hin. Dieser (zuletzt) eingefügte Vers greift Formulierungen auf, die in Ps 38,5.11 stehen. Wie sich zeigen ließe, gibt es zwischen den Psalmen 38–41 mehrere, teilweise sekundär hergestellte Stichwortverbindungen, die am ehesten für die damaligen (und heutigen) Beter erkennbar sind, wenn man diese vier Psalmen nacheinander liest und als thematische Einheit begreift.

Auslegung

V. 2–6 ist ohne V. 4ab (gegenüber dem sonst verwendeten Gottesnamen JHWH und der Beziehung JHWH – einzelner Beter überrascht „für unseren Gott"; der enge Zusammenhang V. 2–3 mit V. 4cd wird durch V. 4ab unterbrochen. V. 4ab weist auf V. 6!) ein in sich geschlossener Text. Er lehnt sich an das Aufbauschema eines Dankpsalms an. Im Zentrum steht die „Danksagungserzählung" (V. 2b–3d). Auf sie folgt ein Ausblick in die Zukunft; das Rettungshandeln JHWHs am Beter wird in seiner Dynamik „die Vielen" ergreifen (V. 4cd). So endet der ursprüngliche Psalm mit einer Seligpreisung, die dazu einlädt, sich JHWH als Gefolgsmann anzuschließen (zu dieser Funktion der Seligpreisung vgl. Ps 1!). Eigenwillig ist der Anfang des Psalms. Er setzt nicht mit einer Ankündigung des Dankespsalms (vgl. Ps 30,2) oder mit einer Aufforderung an die an der Dankopferfeier teilnehmenden Angehörigen und Bekannten (vgl. Ps 30,5) ein, sondern mit dem betont vorangestellten Bekenntnis der Hoffnung auf JHWH (V. 2a). Damit wird die Absicht dieses kleinen Psalms herausgestellt: Er will Zeugnis ablegen von der rettenden Kraft der Hoffnung auf JHWH, um dadurch andere zu eben dieser Hoffnung anzustiften. Das ist auch der Spannungsbogen, der Anfang und Ende dieses kleinen Psalms zusammenbindet.

Die Not, aus der JHWH den Beter gerettet hat, wird – wie oft – mit plastischen Metaphern angegeben, die für unterschiedlichste konkrete Situationen stehen können, denen freilich dies gemeinsam ist, daß sie als Augenblicke und Orte tödlicher Bedrohung erfahren werden.

Die Grube mit schmutzig-stinkigem Schlamm spielt auf die Verwendung von leeren (Regenwasser-)Zisternen als Kerkern an, wie dies z. B. bei der im Jeremiabuch erzählten Inhaftierung des politischen Oppositionellen Jeremia vorausgesetzt ist. Um den unbequemen Propheten mundtot zu machen, läßt ihn die Regierung von Jerusalem einfach in die Zisterne des Wachhofes im Königspalast werfen: „In der Grube aber war kein Wasser, sondern nur Schlamm, und Jeremia sank in den Schlamm" (Jer 38,6). Wie brutal diese inneralttestamentlich mehrfach belegte Inhaftierungs- bzw. Foltermethode (vgl. Ex 12,29; Jes 44,22; Sach 9,11; Klgl 3,53) war, geht einem auf, wenn man sich diese Zisternen konkret vorstellt. Sie haben zunächst einmal die Form eines Höhlengrabs, unterscheiden sich aber andererseits dadurch von diesem, daß sie keinen seitlichen Zugang, sondern nur eine relativ kleine Öffnung von oben her haben. Wer in eine solche Zisterne hineingestürzt ist oder hineingeworfen wurde, kann sich nicht mehr selbst befreien. Er ist wie in einer großen bauchigen Flasche, die zwar oben offen ist, aber an deren Innenwandung bzw. Innenwölbung man nicht hochklettern kann. Besonders schlimm ist nun, daß der Boden solcher Zisternen, wenn sie nicht gereinigt werden, mit Schmutz und Schlamm angefüllt ist, aber auch, daß der Gefangene seinem eigenen Kot ausgesetzt wird. Das ist, wie die in den KZs praktizierte sogenannte exkrementale Tortur erschreckend belegt, der systematische Angriff auf die Würde und den Lebenswillen eines Menschen.

Dieser zerstörerischen Macht des Todes hat sich der Beter gegenübergesehen. Und aus ihr wurde er gerettet – von JHWH, an dem er unerschütterlich festgehalten und der ihm durch diese Rettung das Leben neu geschenkt hat. Der Psalm greift hier die Sprache der Exodusüberlieferung auf: Aus der Grube der Vernichtung (der Schoah!)

„führte JHWH ihn herauf", d. h. er befreite ihn wie seinerzeit das Volk Israel aus Ägypten. Was ihm dabei widerfuhr, sagt der Beter in V. 3 cd mit Metaphern, die als Kontrast zu V. 3 ab gestaltet sind: Nun hat er festen Boden unter den Beinen, einen Weg, auf dem er gehen kann, ohne zu versinken oder zu straucheln.

Hier ist in Bildern das Tiefste gesagt, was einem Menschen widerfährt, der sich hoffend und schreiend dem Gott Israels entgegenstreckt: Er wird befreit aus allen Formen von Entfremdung und befähigt zum aufrechten Gang in Würde und Freiheit. Er wird zum Subjekt seines Lebens vor und mit Gott!

Diese befreiende Erfahrung bezeugt unser kleiner Psalm in der Überzeugung, daß das Erzählen von geschenkter Befreiung ansteckt: „die Vielen" in der Umgebung des Beters, ja vielleicht über Israel hinaus (vgl. die Anspielung auf „die Vielen" des vierten Gottesknechtslieds Jes 52, 13 – 53, 12).

Von 40, 2–5 unterscheidet sich 40, 6–12 sprachlich, stilistisch und vorstellungsmäßig in mehrfacher Hinsicht. Der Abschnitt soll, wie V. 7 ab angibt, das „neue Lied" singen und erläutern, das JHWH dem Beter durch sein Rettungshandeln eingab. Nicht ein stummes Schicksal, sondern der die Menschen anredende Gott ist ihm begegnet – und hat ihm den Mund geöffnet wie einem Propheten (vgl. die Formulierung „ich gebe meine Worte in seinen/deinen Mund": Dtn 18,18; Jer 1,9). So bezeugt er nicht nur, daß er das Rettungshandeln Gottes an ihm als Teilgeschehen jenes unvergleichbaren Handelns begreift, mit dem JHWH Israel von dessen Anfängen an mit Wundertaten und Gedanken des Heils überschüttet hat (V. 6). Er bezeugt vor allem, daß dies aus freier Güte JHWHs geschehen ist, für Israel wie für den Beter selbst – ohne Vorleistung. Keinerlei menschliches Tun ist der Grund für Gottes Heilshandeln. Auch

der aufwendigste und schönste Opferkult (die vier in
V. 7 aufgezählten Opferarten sollen den ganzen Opferkult repräsentieren!) ist nichts, was JHWH „braucht"
oder „haben will". Das ist dem Beter aufgegangen – bei
seiner eigenen Rettung *und* im Bedenken der Anfänge
der Geschichte seines Volks. Das ist auch die wichtigste
Erkenntnis aus dem Bedenken der Rettung Israels aus
der Katastrophe des Exils: Die erneute Zuwendung
JHWHs wurde da nicht mit dem Jerusalemer Tempelkult „eropfert", sondern geschah aus Erbarmen, Güte
und Treue JHWHs (vgl. V. 12). Diese Erkenntnis gilt
dem Psalm wie eine Offenbarung, die JHWH selbst
„durch das Aufgraben des Ohrs" (V. 7) eingab. JHWH
will keine stellvertretenden Opfer, sondern er befreit
dazu, *sich selbst* in seinen Dienst zu stellen. Statt der Opfer bringt der Beter eine Votiv-Schriftrolle („ex voto"),
auf der er JHWHs Handeln bezeugt – *und* seine Bereitschaft, die ihm ins Herz gelegte Weisung des erneuerten
Bundes zu befolgen.

Die ihn rettende Gottesbegegnung hat sein Leben verändert. Er hat dieses „neue Lied" öffentlich „gesungen".
Deshalb setzt er voll darauf, daß ihn die so bezeugte
Güte JHWHs alle Zeit seines Lebens behüten werde
(V. 12). An diese Überzeugung wird, wie in der Einführung kurz erläutert wurde, das Bittgebet 40, 14–18 = Ps
70 „angebunden". Mehrere kleine Abänderungen der
Vorlage stellen Bezüge zu V. 6–12 her. Der diese Bitte eröffnende Imperativ „laß dir's gefallen" (V. 14) greift auf
die Bereitschaftserklärung V. 9 zurück. Die Vertrauensäußerung „mein Herr wird an mich denken" (V. 18)
nimmt „die Gedanken" JHWHs für Israel aus dem
„neuen Lied" auf (vgl. V. 6). Das in der Vorlage stehende
hebräische Wort für „rettendes Handeln" (jeschu'a) wird
durch das bedeutungsgleiche teschu'a ersetzt, weil genau
dieses Wort in V. 11 steht. Durch V. 14–18 wird der

Psalm insgesamt zu einem Gebet, mit dem die Armen und Unterdrückten sich dem Spott und der Verachtung der Mächtigen (vgl. das Zitat in V. 16) widersetzen und JHWH daran erinnern, daß er sein Gottsein doch an ihr Schicksal gebunden habe (vgl. das Zitat in V. 17).

Vom Hebräerbrief (10, 5–10) wird 40, 7–10 in der Fassung der Septuaginta (statt „Ohren grubst du mir" heißt es da: „einen Leib bereitetest du mir") als Gebet des Christus bei seinem Kommen in die Welt zitiert. Dadurch wird Jesu Leben und Tod als in Gehorsam vollzogene Selbsthingabe gedeutet, aber auch die im Psalm verkündete Relativierung des Opferkults christologisch vertieft.

V. Volk Gottes

Gerade das Psalmenbuch bietet Zeugnisse einer innigen, persönlichen Gottesbeziehung alttestamentlicher Menschen, vor denen die Dümmlichkeit des, wie es scheint, unausrottbaren christlichen Klischees, der Gott des Alten Testaments sei ein Gott der Rache, wohingegen der Gott des Neuen Testaments der Gott der Liebe sei, beleidigend und schmerzlich zugleich ist (vgl. zu solchen Psalmen unser Kapitel X). Aber nicht nur der einzelne Israelit/die einzelne Israelitin, auch das ganze Volk sah sich in einem Liebes- und Ehebund mit seinem Gott (vgl. vor allem die Predigt des Propheten Hosea). JHWH als liebender Vater und als liebende Mutter Israels sind uralttestamentliche Kategorien. Das „Vater unser" Jesu ist gut alttestamentlich!

Israel hat darum gewußt und es sich immer wieder gesagt, daß es seine Existenz und seine Eigenart , seinen Ursprung und seine Vollendung seinem Gott JHWH verdankt. Das ist zuallererst eine historische Aussage. Was die verschiedenen Gruppen und Stämme im 13. und 12. Jahrhundert v. Chr. als „Israel" zusammenführte und zusammenhielt, war ihr Bewußtsein, „Volk JHWHs" zu sein, d. h. Verwandtschaft, Familie des Exodusgottes JHWH; nicht ein König à la Pharao stand an ihrer „Spitze", nicht eine kanaanäische Feudalgesellschaft mit wenigen Reichen und sehr vielen ausgebeuteten Kleinbauern und Handwerkern war ihr gesellschaftliches Reglement, nein, sie wollten und lebten eine egalitäre Gesellschaftsordnung unter der Herrschaft ihres Gottes

JHWH. Das war ein religionsgeschichtliches und politisches Novum im Vorderen Orient: Ein Gott, der sich ein *Volk* schuf, das wie ein großer Familienverband zusammenleben sollte. Sie sollten weder eine pyramidale Monarchie noch eine klerikale Theokratie, sondern ein „einig Volk von Brüdern" sein, in dem jeder gutes Auskommen *und* Ansehen hatte – von JHWHs Gnaden her! Dieser Gott band sein Gottsein geradezu an das Volksein Israels. So jedenfalls hat es die deuteronomische Theologie für das Bundesritual formuliert: „Ich will euer Gott werden *und* ihr sollt mein Volk werden" (als Beispiel für viele Textbelege: Dtn 26,17f).

Als Israel aus verschiedenen Gründen dann doch ein Staat nach dem Muster der anderen Staaten jener Zeit wurde und in Jerusalem ein Regierungs- und Kultzentrum entstand, wurde die Beziehung JHWH–Israel auch begrifflich verändert und erweitert. JHWH, der mit seinem Volk lebende Gott, wurde nun auch als ein Gott begriffen, der sich besondere Orte erwählt, um an ihnen und von ihnen aus gegenwärtig zu sein. Die Theologen griffen dabei Vorstellungen auf, die eigentlich kanaanäisch, ägyptisch oder mesopotamisch waren und integrierten diese, sie teilweise abändernd, in die JHWH-Religion. JHWH wurde nun „König der Götter", „König der ganzen Erde", er residierte als Großkönig in seiner „Gottesstadt", der kleine Tempelberg galt als „Schöpfungs- und Weltberg", von dem aus die paradiesischen Flüsse des Schalom die Erde und die Menschen beglücken. An der Stadt des „Königs JHWH", der „der Höchste" und „der Schöpfer Himmels und der Erde" ist, scheitern – so wird nun gesagt – alle mythischen Mächte des Chaos, an seinem Götterberg zerschellen alle Angriffe feindlicher Heere. In dieser Theologie, die wegen ihres Haftpunktes und wegen der in ihr besonders beliebten Ortsbezeichnung „Zion" verkürzt „Zionstheologie" genannt werden kann, spielt „das Volk" keine besondere Rolle. Im Vordergrund stehen hier der Jerusalemer König als Vertreter des Königs JHWH und der Tempel als Wohnort des (unsichtbaren) Gottes JHWH. Daß dabei JHWH-Tempel und Königspalast auch baulich in Jerusalem nebeneinanderstehen (wobei die Größenverhältnisse so sind, daß der Tempel sich wie eine kleine „Palastkapelle" ausnimmt), macht die theologische Sicht- und Gewichtsveränderung greifbar, die die Zionstheologie gegenüber der „Volkstheologie" bedeutete.

Aber die beiden theologischen Ansätze wurden auch öfter, vor allem in der exilischen Theologie, miteinander in Verbindung gebracht. Der „Zion" konnte dabei zum privilegierten Ort werden, an dem „das Volk" seine Volksgeschichte in den vorgetragenen Erzählungen erinnerte, kultisch darstellte und in der Tora-Unterweisung erlernte. Der Zion wurde dann bisweilen sogar als Ort der exemplarischen Brüderlichkeit nicht nur für Israel, sondern für die Völker geschaut (vgl. Jes 2, 1–5): eben als „die Stadt auf dem Berge", deren *gelebte* Gerechtigkeit als Licht in der Finsternis der Ungerechtigkeit aufstrahlt (vgl. auch Mt 5).

Die drei Psalmen, die wir im folgenden auslegen, repräsentieren, nicht zuletzt in ihrer jeweils kurz angedeuteten Wachstumsgeschichte, das Bemühen Israels, sich als „Gottesvolk" von beiden Ansätzen her zu begreifen – und daraus die rechten, d. h. die für *alle* förderlichen und gerechten Lebenswege zu finden.

Psalm 47

1 Für den Chorleiter. Von den Korachiten. Ein Psalm.
2a All ihr Völker klatscht in die Hände,
2b jauchzt Gott zu mit Jubelschall.
3a Denn JHWH ist der Höchste, der Furchterregende,
3b Großkönig ist er über die ganze Erde.
4a Er unterwirft uns Völker
4b und Nationen unter unsere Füße.
5a Er erwählt für uns unseren Erbbesitz,
5b den Stolz Jakobs, den er liebt.
6a Hoch zog Gott hinauf unter Jauchzen,
6b JHWH unter dem Schall des Schofarhorns.

7a Spielt auf für Gott, spielt auf!
7b Spielt auf für unseren König, spielt auf!
8a Denn König der ganzen Erde ist Gott.
8b Spielt auf ein „Weisheitslied"!
9a Die Königsherrschaft übernahm Gott über die Völker,
9b Gott nahm Platz auf dem Thron seiner Heiligkeit.
10a Die Notabeln der Völker sind versammelt worden
10b mit dem (als?) Volk des Gottes Abrahams.
10c Denn Gott gehören die Schilde der Erde,
10d hoch erhaben ist er.

Einführung

Die (sekundäre) Überschrift bringt den Psalm mit den "Korachiten" in Verbindung. Sie waren eine einflußreiche Sippe, die das wichtige "Schlüsselamt" (1 Chr 9, 19: "Türhüter") für das gesamte Tempelareal innehatte (vielleicht ist "Korachiten" auch Bezeichnung eines "Berufsverbandes" gewesen?). Wie die Erzählung Num 16 (der Aufstand der "Rotte Korach" gegen Mose und Aaron) dokumentiert, strebten die Korachiten vergeblich die Priesterwürde an – und eroberten stattdessen, wie die Redaktion des Psalmenbuchs anzeigt, die führende Position in der Jerusalemer "Kirchenmusik".

Unter der Jerusalemer Tempelsängerschaft gab es offensichtlich zwei miteinander konkurrierende "Chor- und Orchestergemeinschaften": "die Söhne Korachs" und "die Söhne Asafs". Beiden Gruppierungen ("Söhne" meint dabei "Mitglieder") schreibt die Psalmenbuchredaktion eine Reihe von Psalmen zu, die im Psalter sogar als "Liedblock" beieinander stehen. Als "Korachitenpsalmen" werden die Psalmen 42–49 und 84–85.87–88 überliefert. Von den "Asafiten" werden die Psalmen 50 und 73–83 hergeleitet. Beide Psalmengruppen haben ihr je spezifisches theologisches "Gruppenprofil" (die Korachitenpsalmen stärker als die Asafitenpsalmen), aber sie stimmen auch vielfach so überein, daß ihre Herleitung aus einer gemeinsamen theologisch-kultischen Tradition plausibel ist. Sie stimmen vor allem in zwei Perspektiven überein: 1) Sie besingen den Tempel von Jerusalem als Wohnsitz JHWHs und als Ort großer Feste; sie feiern den Zion als Götterberg und als Ort, an dem JHWH seine rettende und richtende Mächtigkeit offenbart; sie sehen den Zion als Ort besonderer Gottesoffenbarung und Gotteserkenntnis sowohl für Israel wie für die Völkerwelt. 2) Sie haben vorwiegend kollektiven Charakter,

d. h. es sind „Wir-Lieder", und selbst dort, wo ein „Ich" redet (z. B. Ps 42/43.84), liegt ein Lied/Gebet vor, das die individuelle Sehnsucht ausdrückt, am Heiligtum das Geschenk der „Wir-Gemeinschaft" zu erfahren.

Auf der Ebene der Psalmenbuchredaktion (vgl. dazu das Kapitel II) legen sich die beiden Psalmengruppen wie zwei Schalen um den „Davidpsalter" Ps 51–71(72) als Kern. Dies zeigt (was hier nicht näher begründet werden kann) ein mehrfaches Wachstum des Blocks 42–85 an. Der „Davidpsalter" Ps 51–71(72) wurde zuerst von den „Asafiten" dadurch zu *ihrem* Gesangbuch gemacht, daß als programmatischer Eröffnungspsalm der „Asafpsalm" Ps 50 an die Spitze gestellt wurde, während Ps 73–83 den „krönenden Abschluß" bildeten (vgl. die thematischen und theologischen Bezüge zwischen Ps 50 und Ps 83!). Dieser „Asafpsalter" wurde dann von den „Korachiten" übernommen und entsprechend mit „Korachpsalmen" gerahmt: Ps 42–49 und Ps 84–85. Auch hier besteht wieder zwischen den „Eckpsalmen" ein großartiges thematisch-theologisches Beziehungsgeflecht. Ps 42/43 (*ein* Psalm) korrespondiert Ps 84, und ähnlich wollen Ps 44 und Ps 85 als gemeinsamer Horizont des „Korachitenpsalters" (der *nun* also Davidpsalmen, Asafpsalmen und Korachpsalmen umfaßt) begriffen werden. Daß die Korachpsalmen den äußeren Rahmen der nachexilischen Teilsammlung Ps 42–85 abgeben, stützt die oben geäußerte Vermutung, die Korachiten hätten in der Jerusalemer „Tempelmusikszene" die führende Rolle übernommen.

Ehe diese Korachitenpsalmen zum programmatischen „Hauptrepertoire" der nachexilischen korachitischen Chor- und Orchestergemeinschaft wurden, waren die meisten von ihnen bzw. deren „Urfassung" schon in vorexilischer Zeit im Jerusalemer Kult beheimatet. Dies gilt auch von unserem Psalm, in dem sich eine vorexilische „Erstfassung" (zwei fünfzeilige Strophen: V. 2–3 a.6 und

V. 7–8 a. 9) und eine nachexilische Erweiterung (der jetzt vorliegende Psalm; ebenfalls zwei Strophen: V. 2–6 und V. 7–10) unterscheiden lassen.

Die zwei Strophen des vorexilischen Psalms sind gleich gebaut: Auf die (imperativischen) Aufforderungen zum Lobpreis folgt die mit „denn" eingeleitete Begründung im Nominalsatz (3. Zeile: Mitte!); die im Nominalsatz gegebene Aussage wird dann in zwei weiteren Zeilen mit Verbalsätzen, die im Tempus der Vergangenheit gestaltet sind, so entfaltet, daß das Verbum zugleich eine Anspielung auf den Aussagesatz bringt (V. 3a: der Höchste ↗ V. 6a: hoch zog...; V. 8a König ↗ V. 9a: die Königsherrschaft übernahm ...). Gattungsmäßig entsprechen die beiden Strophen dem „imperativischen Hymnus".

Er wurde, worauf besonders die Terminologie hinweist, vermutlich im Rahmen des Jerusalemer Herbstfestes (vor-)gesungen, nachdem im Zusammenhang einer Ladeprozession die Lade wiederum im Innern des Heiligtums niedergestellt wurde – als Zeichen der (Neu-)Inthronisation JHWHs als König des Kosmos. Der Hymnus begleitete und deutete demnach die geradezu sinnenhaft-mythisch nachvollzogene geschichtliche Erwählung des Zion durch JHWH, der hier inmitten Israels *und* inmitten der Völkerwelt seine rettend-richtende Königsherrschaft ausüben wollte.

Während der vorexilische JHWH-Königs-Hymnus konsequent die Mächtigkeit JHWHs selbst im Blick hat („unser König übt das Weltkönigtum aus!"), reflektiert die nachexilische Bearbeitung zusätzlich das Thema „Israel und die Völkerwelt". Dadurch erhält der Psalm, falls man V. 10ab im Horizont von Gen 12, 1–3 und Jes 19, 24–25 interpretieren darf (vgl. die Auslegung), eine Aussagespitze, die „Gottesvolk" als eine universale Kategorie andeutet, die auch für das nachbiblische Verhältnis Israel – Kirche theologisch-politisch hochaktuell ist.

Auslegung

Die beiden Imperative von V. 2, mit denen die *erste Strophe* beginnt, fordern die Völkerwelt zur Königshuldigung auf. Sowohl „Händeklatschen" wie „Jubelschall" sind Fachbegriffe im Zusammenhang des Jerusalemer Inthronisationsrituals (vgl. 1 Kön 1, 40; 2 Kön 11, 12). Hier werden sie auf den Ritus der Inthronisation des „Gottkönigs" JHWH übertragen. Die immer wieder gegebene Erklärung, diese Aufforderung richte sich konkret an die am Jerusalemer Hof „akkreditierten Diplomaten" der Nachbarvölker, die an der Ladeprozession teilnahmen (bzw. teilnehmen mußten), ist viel zu vordergründig (und auch durch den Text nicht gedeckt). Die Aufforderung ist mythisch-rituell gemeint: Weil JHWH als König auf dem Zion „der Höchste" und „der Furchterregende" (V. 3a: beides sind typische Formulierungen der Jerusalemer Tradition, vgl. z. B. Gen 14, 18–20; Ps 46, 5; 76, 8.13; 83, 19; 97, 3; 99, 3) gar nicht anders gedacht werden kann denn zugleich als König über alle Götter und deren Völker (V. 3b), muß die Huldigungsaufforderung mythisch-rituell an den ganzen Erdkreis gerichtet werden. Soweit ist der Psalm noch gut „gemeinorientalisch". Aber was dann folgt, ist ebensogut jahwistisch bzw. israelitisch. Während die altorientalischen „Götterkönige" ihr göttliches Königtum im Kampf mit anderen Göttern und chaotischen Mächten erringen, ist der Akt der „Amtsübernahme" JHWHs eine friedliche Ladeprozession (V. 6). Diese signalisiert nicht, daß JHWH sich erst die Würde der Königsherrschaft erkämpfen mußte. Sie signalisiert „nur" den *Ort,* von dem aus er seine universale Königsherrschaft ausüben will. Und mehr noch: Dieser göttliche Ort wird nach Ps 47 nicht einem irdischen König als Stellvertreter des himmlischen Königs übergeben, sondern er ist – Israels Erbland. Die Stätte, an der JHWH sein Königtum ausübt, ist das Land, auf dem Israel als Volk unter seinem König JHWH (V. 7 b: „unser König") glücklich („Stolz Jakobs") leben darf, weil JHWH Jakob/Israel liebt (V. 5). Israel wird hier als „königliches Volk" gezeichnet (vgl. die Thronmetaphern in V. 4), wobei von V. 10 her die ihm so zugesprochene „messianische Würde" (die analogen Metaphern begegnen in der Vision des messianischen „Gottessohns" von Ps 2, aber auch in der Anthropologie von Ps 8; zu beiden Psalmen vgl. unsere jeweiligen Auslegungen) nicht imperialistisch-triumphalistisch mißdeutet werden darf.

Die *zweite Strophe* setzt, rhetorisch durch die mehrfache Wiederholung des gleichen Imperativs gesteigert, abermals mit einer Aufforderung ein. Diesmal ist kein Adressat genannt. Vom inneren Kontext (V. 7 b: „für *unseren* König"; V. 8 a: „König der ganzen Erde"), aber auch vom Ritual her dürfte nun die feiernde Kultgemeinde der Adressat sein. Sie wird aufgefordert „aufzuspielen"; man könnte auch übersetzen: „Psalmen unter Musikbegleitung zu singen!" Es ist also die Aufforderung an Israel, JHWH mit „Hofmusik" zu ehren und zu erfreuen. Es ist die Aufforderung, das JHWH-Königs-Fest gebührend zu feiern (V. 8 a). Was dies bedeutet, expliziert zunächst V. 9 unter Anspielung auf die aus Jes 6 bekannte Vorstellung von JHWH, der im Tempel (auf/über den Keruben) als der „Heilige" thront: als Richter und Retter! Mit dieser Anspielung stimmt die in V. 6 angesprochene Vorstellung zusammen, daß JHWHs Lade als sein Thronsockel/-schemel den Zionsberg „hinaufzieht" und die Inthronisation quasi-sakramental darstellt.

Am Thron JHWHs schaut unser Psalm in V. 10 nicht nur Israel, sondern zusammen mit ihm und friedlich vereint mit ihm „die Notabeln der Völker" und „die Schilde (d. h. die Mächtigen) der Erde". Der überlieferte hebräische Text ließe sogar die Übersetzung zu, daß die

Repräsentanten der Völker „als Volk des Gottes Abrahams" sich am Zion versammelt haben. Nach beiden Lesarten liegt eine Aufnahme der Abrahamtradition vor, die erstmals in Gen 12,3 formuliert war: Abraham (= Israel) ist von JHWH erwählt und gesegnet, damit in der Dynamik dieser Segensgeschichte „alle Sippen des Erdbodens Segen erlangen." Diese Aufnahme, auf die u. a. auch in Jer 3, 14–18; 4, 2; Sach 8, 13 angespielt wird, konkretisiert und modifiziert die am Zion haftende „Segenstheologie" (vgl. unsere Auslegung von Psalm 126) als theologisch-politische Utopie, die ähnlich in Jes 19, 24–25 formuliert ist: „An jenem Tage wird Israel als drittes dem Bund von Ägypten und Assur beitreten, zum Segen für die ganze Erde. Denn JHWH Zebaot wird sie segnen und sagen: ‚Gesegnet ist Ägypten, mein Volk, und Assur, das Werk meiner Hände, und Israel, mein Erbbesitz'" (vgl. die Formulierung „Erbbesitz" in unserem Psalm in V. 5). Die traditionellen Ehrentitel Israels „mein Volk" und „Werk meiner Hände" werden hier von JHWH selbst den Erzfeinden Israels zugesprochen. Wenn und wo sie mit Israel verbunden (V. 24) sind, sind die Völker gesegnet. Daß Israel dabei die Rolle des Segensmittlers hat, ist nicht gesagt. Der Segen geht von JHWH direkt aus. Es genügt – das ist freilich ungeheuer viel – daß die Völker friedlich mit Israel am Thron JHWHs versammelt sind.

Wem kommt da nicht die großartige Vision von Jes 2, 1–5 in den Sinn? In der Tat: Der Zion als internationale „Friedensschule" für alle Völker, die dadurch „Gottesvolk" werden – wenn dies geschieht, dann geht in Erfüllung, was der Psalm in seiner kultischen Vorwegnahme (im sogenannten Perfectum propheticum) besingt: JHWH übernahm die Königsherrschaft über die ganze Erde und über alle Völker!

Ob die Kirche, die diesen Psalm am Fest „Christi Himmelfahrt" zu Recht so begeistert als Zeugnis ihrer Hoffnung(!) singt, den Vers 10 wenigstens nach Auschwitz zu begreifen beginnt?

Psalm 15

1a JHWH, wer findet Schutz in deinem Zelt,
1b wer findet Wohnung auf deinem heiligen Berg?

2a Der in Ganzheit wandelt
2b und der Gerechtigkeit wirkt
2c und der Wahrhaftigkeit redet in seinem Herzen.

3a Nicht hat er Verleumdung auf seiner Zunge,
3b nicht tut er seinem Nächsten Böses an
3c und Schmach lädt er nicht auf seinen Nachbarn.
4a Verächtlich ist in seinen Augen der Verworfene,
4b aber die JHWH-Fürchtigen ehrt er.
4c Hat er zu seinem Schaden geschworen, er ändert's nicht.
5a Sein Geld gibt er nicht gegen Zinsen
5b und Bestechung gegen Unschuldige nimmt er nicht an.

5c Der solches tut, wankt niemals.

Einführung

Dieser Psalm versetzt uns in den Tempelbezirk nach Jerusalem, möglicherweise in die spätvorexilische (ausgehendes 7. Jahrhundert), wahrscheinlicher in die frühnachexilische Zeit (beginnendes 5. Jahrhundert). Der Tempelbezirk im engeren Sinn, dessen wichtigstes Gebäude das Tempelhaus mit dem vor seinem Eingang errichteten Brandopferaltar ist, war damals von einer Mauer umgeben, die somit einen Tempelhof bildete, der wie das Tempelhaus selbst ebenfalls rechteckig war. Strenggenommen muß man von zwei Vorhöfen reden (auch die Psalmen reden davon in der Mehrzahl: z. B. Ps 65, 5; 84, 3.11; 100, 4), denn auf der Seite, wo der Brandopferaltar stand (also im Osten), lief noch eine Mauer quer und trennte den Vorhofbereich in zwei Teile. Wer also von Osten (vom Kidrontal) her den eigentlichen Tempelbezirk betrat, durchschritt zuerst die Toranlage der äußeren Umfassungsmauer und gelangte in den äußeren Vorhofbereich. Um zum Brandopferaltar und an den Eingang des eigentlichen Tempelhauses (das freilich nur die Priester betreten durften!) zu gelangen, mußte man noch ein weiteres Tor durchschreiten, das in eben jener Mauer war, die den inneren Vorhof abgrenzte. Diese Toranlage zum inneren Vorhof ist wahrscheinlich „das Tor der Gerechtigkeit", von dem in Ps 118, 19f die Rede ist. Es hieß vielleicht so, weil von diesem Tor aus vor der versammelten liturgischen Gemeinde verkündet wurde, worin „die Gerechtigkeit" konkret besteht, die JHWH seiner Gemeinde schenkt und die er in ihrem alltäglichen Zusammenleben fordert. Man kann sich durchaus vorstellen, daß unser Psalm bei dieser Gelegenheit seine Verwendung fand. Der Psalm wäre dann „ein kunstvoll prägnantes Verkündigungsstück mit lehrhaften und paränetischen Zügen, vereinfacht gesagt und ungefähr, eine kurze Predigt" (W. Beyerlin).

Man kann auch an einen etwas anderen „Sitz im Leben" des Psalms denken. Er könnte auch die Textvorlage einer sogenannten priesterlichen „Einzugstora" am Tor zum Tempelareal überhaupt wiedergeben, wie manche Ausleger mit Blick auf 2 Chr 23, 19 meinen, wo gesagt wird, der Oberpriester Jojada habe Wächter an die Tore des Tempels gestellt, damit kein „Unreiner" (z.B. mit Aussatz Behafteter) eintrete. Für solche priesterliche „Tempelwächter" gibt es eine breite altorientalische und besonders ägyptische Tradition; ihre Aufgabe war es nicht zuletzt, die Tempelbesucher auf die Liturgie vorzubereiten. Tempeleinlaßbedingungen wurden in Ägypten darüber hinaus auch an die Tempeltore (Pfosten und Rahmen) geschrieben; auch vom herodianischen Tempel wissen wir von Inschriften auf Säulen im Tempelbezirk, die Reinheitsvorschriften teils in griechischer, teils in lateinischer Sprache verkündeten.

Auslegung

Daß am Torhaus zum Tempelareal oder am Eingangstor zum Hofbereich, in dem Altar und Tempelhaus stehen, das von JHWH geforderte Ethos verkündet wird, ist in unserem Psalm in einen bedeutsamen Zusammenhang eingebunden. Der Psalm setzt in V. 1 mit der an JHWH gerichteten Frage ein, welche Voraussetzungen jemand erfüllen müsse, damit sein Tempelbesuch zu einer schützenden, heiligenden, Heimat gebenden Begegnung mit dem Gott Israels werden könne (vgl. ähnlich Ps 24,3–6).

Auf diese Frage ergeht in V. 2–5b eine mehrfach gegliederte Antwort, die als solche vermutlich sukzessiv angereichert wurde: V. 2 gibt eine dreigliedrige, allgemein gehaltene und mit Partizipien gebildete Antwort, geradezu eine Summe beispielhaften Sozialverhaltens. Sie ist durch die fünf ähnlich geformten (verneinte Perfecta zur Bezeichnung eines Zustandes, der durch eine in der Vergangenheit vollzogene Handlung/Entscheidung herbeigeführt wurde) Sätze V. 3.5 ab erweitert worden, die Einzelhandlungen herausgreifen, welche die gemeinschaftsgemäße Gerechtigkeit im Zusammenleben des Alltags in besonderer Weise gefährden: Freundschaft und Nachbarschaft werden ja oft Opfer des Umgangs mit Geld und mit der eigenen Zunge; die Nächstenliebe bleibt auf der Strecke, wo es um den eigenen finanziellen Vorteil geht (sei es durch Zinsforderung, sei es durch Schmier- und Bestechungsgelder; beides widerspricht dem JHWH-Ethos bzw. dem Auftrag, „Gottesvolk im gesellschaftlichen Alltag" zu sein; zum Zinsverbot vgl. Ex 22,24; Lev 25,35–38; Dtn 23,20; zum Bestechungsverbot vgl. Ex 23,8; Dtn 16,19); die Zunge ist ein schreckliches Mordinstrument (vgl. Ps 12,5; 57,5), „wenn die Richtigen beisammen sind". Schließlich gibt V. 4 eine weitere Antwort, die in V. 4ab (etwas unsympathisch!) die Welt in „Verworfene" und „JHWH-Fürchtige" trennt. Der Wortlaut von V. 4c ist im Urtext unklar; nach unserer Übersetzung zeigt diese Antwort einen Menschen, der sogar zu seinem Nachteil hält, was er versprochen bzw. geschworen hat. Der Psalm schließt in V. 5c mit einer Verheißung, die wie V. 2 mit Partizip gebildet ist. Das legt die Vermutung nahe, unserem Psalm liege als „Urfassung" die kurze „Tempeleinlaßliturgie" V. 1.2.5c zugrunde, die in ihrer ethischen Tendenz stark an Mi 6,6–8 erinnert.

Wie Mi 6,6–8 legt auch unser Psalm (in all seinen Wachstumsphasen) keinen Akzent auf kultische Reinheitsvorschriften, sondern auf das lebensförderliche und treue Verhalten zum Nächsten und zum Nachbarn. So kann man fragen, ob hier wirklich eine offizielle priesterliche Einzugstora vorliegt, die über Zulassung oder Ausschluß von der Teilnahme an der Liturgie entschied. Stärker als von priesterlicher Tradition ist Ps 15 von der prophetisch-weisheitlichen Tradition bestimmt, der wir auch in den „Nachbarpsalmen" Ps 12 und 14 begegnen: Schutz und Heimat, Glück und Lebensfülle in der Liturgie findet nur, wer solches im Alltag seinen Nächsten nicht verweigert. Und vor allem: wer mit seiner Zunge und mit seinem Geld so umgeht, wie es das Ethos der Nächstenliebe fordert.

Der Psalm ist eine prophetisch-kritische Herausforderung für jede Gemeinde, die sich zur gemeinsamen Liturgie versammelt!

Psalm 133

1a *Ein Wallfahrtslied. Von David*
1b *Seht, wie gut und wie wundervoll ist es doch,*
1c *wenn Brüder wirklich gemeinsam leben!*

2a *Wie bestes Öl auf dem Haupt,*
2b *das herabströmt auf den Bart*
2c *– den Bart Aarons, der herabströmt weit über das (übliche) Maß –.*

3a *Wie Tau des Hermon,*
3b *der herabströmt auf die Berge Zions (Ijjons).*

3c *Ja, dorthin hat JHWH den Segen befohlen:*
3d *Leben für immer!*

Einführung

Für Johann Gottfried Herder ist unser Psalm ein Text, „der wie eine liebliche Rose duftet". Wie hoch die altkirchliche Tradition diesen Psalm schätzte, bezeugt Augustinus: „Der Psalm ist kurz, aber wohl bekannt und oft genannt: So süß klingt er an das Ohr, daß selbst, die den Psalter nicht kennen, ihn gerne singen. Er ist süß wie die

Liebe, welche Brüder zusammenführt. Dieser süße Klang, diese auch dem Herzen so liebliche Melodie hat die Ordensstätten geboren. Diesem Rufe folgten die Brüder, welche beisammenzuwohnen begehrten. Der Psalm war die Trompete, die sie zusammenrief. Sie erscholl über den Erdkreis und, die getrennt waren, wurden vereinigt." Uns Heutigen ist der unmittelbare Zugang, so scheint es, verschlossen – selbst wenn der Anfang des Psalms als hebräischer Kanon wieder in vieler Munde ist. H. Gunkel meint sogar in seinem Psalmenkommentar: „Für uns sind eben diese Vergleiche wegen ihrer eigentümlich-orientalischen Färbung nicht leicht zu verstehen, so daß die Geschichte der Erklärung gerade dieses Spruches eine Leidensgeschichte gewesen" ist. Diese „Leidensgeschichte" können wir hier nicht skizzieren. Und vor allem hoffe ich nicht, sie durch diese Auslegung noch zu vermehren. Von der Psalmenbuchredaktion her wird der Psalm als „Wallfahrtslied" gekennzeichnet, d. h. als Lied jenes „Zionpilgerbüchleins", dessen Eigenart wir im nächsten Kapitel bei der Auslegung von Ps 126 kurz skizzieren werden. Was dort allgemein gesagt wird, gilt auch von Ps 133. Ein kleines Lied, das das Ideal des gesellschaftlichen Alltags einfacher oder auch wohlhabender Leute besingt (V. 1 bc.2 ab.3 ab), wurde zum „Zionslied" umgestaltet und erweitert (typisch für diese Zionsredaktion: sie lehnt sich in V. 2 c an vorgegebene Formulierungen an, arbeitet mit Prosasprache, führt das Zion-Theologumenon „Segen" ein – und ändert die ursprüngliche Ortsangabe „Berge Ijjons" in V. 3 b in „Berge Zions"; dazu vgl. die Auslegung).

Der Aufbau des ursprünglichen Lieds ist sehr einfach: eine Art Weisheitsspruch, der eine Erfahrung preist und so für sie wirbt (V. 1 bc), wird durch die zwei parallel gebauten Vergleiche (V. 2 ab und V. 3 ab) veranschaulicht. Das erweiterte Zionswallfahrtslied transponiert die Erfahrung der alltäglichen Brüderlichkeit durch V. 2c (vgl. die Auslegung) und vor allem durch die betonte (deiktisches ki = ja) theologische Schlußformel in den kultischen Bereich. „Gottesvolk" als gesellschaftlich-politische Realität und als kultische Gemeinde/Gemeinschaft werden so ineinander verschmolzen. Solange beide dabei ihre je eigene Identität behalten und sich gegenseitig befruchten, ist dies gewiß ein authentisches „Kirchenlied" auch für eine christliche Gemeinde.

Auslegung

Der Psalm setzt in V. 1b mit der Aufmerksamkeit heischenden Interjektion „seht" ein und verstärkt die appellative Sprechsituation durch die fortführende Frage „Wie gut und wie wundervoll ist es doch," d.h. vom Wortgebrauch her: „wie lebensförderlich, schön anzuschauen und schön zu erleben..." ist es doch, wenn...? Das ist die Redeform der werbenden Weisheit, die überzeugen und einladen will. Wofür aber wirbt unser Psalm? Die Antwort muß doppelt ausfallen. Auf der Ebene der „Erstfassung" wirbt der Psalm um Brüderlichkeit im gesellschaftlichen Zusammenleben. Auf der Ebene der „Zionsredaktion" preist er die Erfahrung brüderlicher Gemeinschaft beim großen Festgottesdienst auf dem Zion.

Nach der hier vorgeschlagenen Deutung wirbt der ursprüngliche Psalm um jenes Ethos der sozial engagierten Brüderlichkeit, das vor allem im Buch Deuteronomium ein unverzichtbares Merkmal des Gottesvolkes (also: eine Nota ecclesiae!) ist. Das ist eine sehr konkrete Bruderethik, die sich in *Taten* der Brüderlichkeit erweisen muß. Sie fordert dazu auf, im Namen der Brüderlichkeit jedem und jederzeit *umsonst* zu helfen, wo einer Hilfe braucht. Wenn er hungert, wenn er Kleidung braucht, wenn er seine Steuerlasten nicht aufbringen kann, wenn er bei einem Prozeß benachteiligt wird, wenn sich sein Vieh verläuft, wenn er nicht genügend Saatgetreide hat, wenn eines seiner Felder von Wildschweinen verwüstet wird – all dies sind Situationen, in denen konkrete Brüderlichkeit gefordert ist. Nicht nur unter leiblichen Brüdern, sondern unter allen, die sich als Glieder des „Gottesvolks" betrachten. Nach der Definition des Deuteronomiums sind *alle* in Israel „Brüder". Auch die Frauen gehören dazu, wie Dtn 15, 12 zeigt. Und auch die persönlichen Feinde bleiben „Brüder", denen „um der Brüderlichkeit willen" geholfen werden muß, wenn sie in Not sind (vgl. Dtn 22, 1–4 mit Ex 23, 4 f). Das ist also keine bloße Brüderlichkeit der Gesinnung oder der Sympathie, sondern eine sozialpolitische Option (vgl. auch Neh 5).

Um ein Leben in und nach dieser Brüderlichkeit wirbt unser Psalm, indem er ihre Wirklichkeit und ihre Wirkweise mit zwei wunderschönen Vergleichen veranschaulicht.

Da ist zunächst das Bild vom herabströmenden Tau. Warum das Herabsteigen des Taus ausdrücklich betont wird, kann ein kurzer Blick auf Hos 6, 4; 13, 3 klären. In einer Antwort auf ein Vertrauenslied des Volkes beginnt JHWH in Hos 6, 4 seine Antwort so:

„Was soll ich mit dir tun, Efraim?
Was soll ich mit dir tun, Juda?
Eure Liebe ist wie eine Wolke am Morgen
und wie der Tau, der bald vergeht."

Und ähnlich wird der Vergleich in dem Gerichtswort Hos 13, 3 verwendet:

„Darum sollen sie werden wie die Wolken am Morgen
und wie der Tau, der bald vergeht,
wie die Spreu, die aus der Tenne stiebt,
und wie Rauch, der aus der Luke zieht."

In beiden Texten ist der Tau, der von der Morgensonne aufgeleckt wird, ein Bild für Unbeständigkeit, Wertlosigkeit, Untergang, schnelles Ende. Dieser Tau, der schnell vergeht, ist das Kontrastbild zu dem Tau, der herabsteigt, befeuchtet und Wachstum und Leben ermöglicht.

Das Bild vom herabsteigenden Tau in unserem Psalm ist auf dem Hintergrund der alttestamentlichen Tradition also nur so zu verstehen: Wenn alle, die Brüder sind, sich wirklich brüderlich verhalten, sind sie wie der lebenspendende Tau: sie ermöglichen und fördern das Leben anderer; sie sind Tau für ihre Umgebung!

Im überlieferten hebräischen Text ist aber nun schwer verständlich, wie der Tau des weit im Norden gelegenen Hermon auf die Berge Zions herabströmen soll. Die zahlreichen Lösungsvorschläge der Exegeten zu diesem Problem sind ein Teil jener Leidensgeschichte des Psalms, von der oben die Rede war. Ohne dies breiter diskutieren zu können, möchte ich eine von A. Jirku und H. Gunkel gegebene „Lösung" übernehmen. Letzterer schreibt in seinem Psalmenkommentar: „Der hochragende Hermon, von Wolken umzogen, mit reichem Tau gesegnet, behält das edle Naß nicht für sich selbst; sondern seine Bäche ergießen es auf die niedriger gelegenen Höhen, die ihm vorgelagert sind. Es ist klar, daß die Berge, die den Hermonstau empfangen, nicht die von Jerusalem sein können; aus dem Zusammenhange geht ja deutlich hervor, daß es sich um Erhebungen handeln muß, die dem Hermon ebenso benachbart sind und unter ihm liegen, wie der Bart unter und neben dem Haupte ... Man hat also ... anzunehmen, daß hier ein anderer Name gestanden hat. Der Dichter hatte hier nordisraelitische Berge genannt, die dann von einem Abschreiber durch einen gewöhnlichen Namen ersetzt worden sind. Das vermißte Wort lautete nach A. Jirkus vortrefflicher Vermutung (brieflich) 'Ijjōn. 'Ijjōn I Reg 15,20; II 15,29; II Chron 16,4 lag südwestlich am Fuß des Hermon; der Name ist noch in merǵ 'ajūn erhalten, einer fruchtbaren, vulkanischen Landschaft." Das Gebiet gehört heute zum Staat Libanon. Ich halte diesen Vorschlag Gunkels auch deshalb für plausibel, weil von meiner Hypothese, der Psalm sei insgesamt im Geiste der „Zionstheologie" bearbeitet worden, auch erklärt werden kann, wie es gezielt zu dieser Textänderung „Berge Ijjons"/ „Berge Zions" kam.

Von der gegebenen Deutung des herabströmenden Taus als Bild der belebenden Wirkung der Brüderlichkeit her erschließt sich nun konsequent das Bild vom Öl auf dem Haupt, das in den Bart herabsteigt. Daß das Öl hier Bild für Gesegnetsein sein soll, wie oft gesagt wird, läßt sich nicht einfach damit begründen, daß Priester und Könige mit Öl übergossen werden; der Sinn dieser Salbung ist uns ohnehin immer noch verborgen (Rechtsakt? Kultische Machtübertragung?). Zwei Beobachtungen sprechen sogar dagegen, in unserem Psalm überhaupt an Segen bzw. an den Ritus der Weihe Aarons und der Aaroniden zu denken. Zum einen gebraucht unser Psalm die Formulierung „bestes Öl": das ist nach Ausweis *aller* Belegstellen (2 Kön 20,13 = Jes 39,2; Koh 7,1; vgl. Jer 6,20) ein besonders kostbares Öl bzw. Parfüm, während das kultisch verwendete Öl entweder ausdrücklich „Salbungsöl" (z. B. Ex 29,7; 40,9), „heiliges Öl" bzw. „Öl meiner Heiligkeit" (Ps 89,21) oder einfach „Öl" genannt wird. Zum anderen ist Öl auf dem Haupt, soweit ich sehe, nirgends Bild für Segen, sondern gehört zum Sprachspiel des Festes und der Freude, was ja auch die außerkultische Verwendung des Öls belegt. Ägyptische Bilder bezeugen die Sitte, bei festlichen Mählern den

Gästen parfümierte Fette und Öle in sogenannten Salbkegeln (z. T. mit Blumen geschmückt!) auf den Kopf zu setzen, die dann im Laufe des Mahles auf den erhitzten Häuptern zerflossen, den Kopf herunterliefen und einen betörenden Wohlgeruch verbreiteten. Auf diese Sitte spielt offenkundig Ps 23,5 an (vgl. unsere Auslegung in Kapitel X). In Ps 45,8; Jes 61,3 wird das Öl ausdrücklich „Öl der Freude, des Jubels" genannt. Im Hohenlied schließlich wird als lyrisches Bild gerade der Wohlgeruch des (parfümierten) Öls gebraucht (vgl. Hld 1,3; 4,10). Vor diesem kulturgeschichtlichen und literarischen Hintergrund sollte nun aber die Deutung von V. 2 ab keinen Zweifel lassen: Das brüderliche Zusammenleben wird in seiner Ausstrahlung verglichen mit der wohltätigen, ja berauschenden Wirkung des parfümierten Öls, das zu vorgerückter Stunde während eines Festmahls von den Häuptern der männlichen Festteilnehmer in deren Bärte herabfließt.

Beiden Bildern unseres Psalms, dem vom Öl und vom Tau, ist also gemeinsam, daß sie eine *Wirkung* meinen, die von ihnen ausgeht – und genau aus diesem Sprachspiel fällt der „Bart Aarons" heraus und unterbricht das parallele Doppelbild. Auch dies stützt unsere Hypothese, Ps 133 sei in V. 2 c zionitisch erweitert. Was aber ist das Besondere an diesem „Bart Aarons", das die Jerusalemer Priesterschaft so faszinierte und zugleich für die Zionpilger theologischen Symbolwert hatte? Die Antwort ist einfach: „Aaron" meint hier den Träger des hohepriesterlichen Amtes. Und eines der Zeichen seiner hohepriesterlichen Würde war der übermäßig lange Bart. Während der „Durchschnittsisraelit" einen kurzen Kinnbart trug (wie z. B. auch eine bemalte Tonscherbe, die bei Jerusalem gefunden wurde, belegt), trug der Hohepriester den im Perserreich für die hohen Regierungsbeamten typischen Vollbart. Mit diesem Motiv evoziert die zionitische Redaktion – für unseren Geschmack freilich recht gekünstelt – das Amt des Hohenpriesters just in jenem Augenblick, in dem dieser sich mit seinem Gesicht der Kultgemeinde zuwendet und sie am Schluß der Festfeier segnet (vgl. auch den anschließenden Ps 134!). Diese Bearbeitung führt so die in V. 1 anvisierte Brüderlichkeit im gesellschaftlich-politischen Alltag auf eine einzige Situation eng: auf die brüderliche Gemeinschaft im Kult, die sich auf dem Zion um die Gestalt des segnenden (!) aaronitischen Hohenpriesters schart. Wie in Momentaufnahme schiebt sich nun die würdige Gestalt des Hohenpriesters, der die versammelte Gemeinde segnet, in den Vordergrund. Die mit dem Festöl und dem Tau verglichene Wirkung und Ausstrahlung brüderlichen Zusammenlebens sieht diese Bearbeitung nun voll verwirklicht in der Zionsliturgie, die ihren Höhepunkt und Abschluß zugleich in dem festlichen Segen hat, der vom Zion aus Segen, d. h. Lebensschutz, Lebenskraft und Lebensfreude, vermitteln soll (vgl. V. 3 cd).

Daß die Bearbeitung sich vom Bild des segnenden Hohenpriesters inspirieren läßt (und nicht, wie meist angenommen, vom Ritus der Salbung bei der aaronitischen Priesterweihe), legen noch zwei Beobachtungen nahe:

1) Immerhin zeigt ein Text wie Sir 50, 1–21 (besonders 50, 20 f), daß die Gestalt des Hohenpriesters als ganze und nicht ein Einzelelement wie sein Bart Thema hymnisch-lyrischer Dichtung ist, wobei der segnende Hohepriester der Höhepunkt des Textes ist; ähnlich gehört auch in Lev 8–9 die Segensnotiz Lev 9, 22 zum Abschluß der Erzählung von Aarons Priesterweihe.

2) Die ebenfalls auf die zionitische Erweiterung zurückgehende emphatische Zusammenfassung des Psalms V. 3 cd wird man kaum auf den über den Hohenpriester und über seine priesterlichen Brüder durch die Weihe herabsteigenden Segen hin deuten können, sondern im

Sinne der zionitischen Segenstheologie zu verstehen haben, wie sie knapp in Ps 134,3 zusammengefaßt ist: „Es segne dich JHWH von Zion aus." Der Zion ist der Ort, von dem aus Leben, Heil und Freude in das Land, ja in die Welt insgesamt, als deren mythischer Mittelpunkt der Zion gilt, verströmen soll.

Damit der Zion und die Kirche solcher Tau und solches Festöl für die Welt sein können, müssen *beide* im Psalm 133 enthaltenen Dimensionen der Brüderlichkeit in ihnen lebendig sein: die kultische *und* die soziale. Wo eine von ihnen fehlt oder zu kurz kommt, verliert die „Brüderlichkeit" – mag sie noch so lautstark verkündet werden – ihr menschliches Gesicht und ihre Dynamik, in der sie Leben fördert, entfaltet und glücken läßt (V. 3d).

VI. Leben in der Geschichte des Volkes

Das Alte Testament schärft ein Verständnis von Glück und Heil ein, das den Zusammenhang mit sichtbaren, erfahrbaren Veränderungen in der geschichtlichen, gesellschaftlichen und politischen Wirklichkeit zur unverzichtbaren Voraussetzung hat. Die Botschaft vom Kommen des Gottesreichs läßt sich alttestamentlich weder auf den inneren Seelenfrieden noch auf eine nur im Glauben wahrnehmbare Realität reduzieren. Der Pentateuch (die Tora) erzählt davon, daß und wie die Erlösung Israels aus den Sklavenlagern des Pharao ein geschichtliches, politisches Ereignis war. Und Israel wird nicht müde, sein Land und seine Freiheit als jenen Lebensraum zu feiern, den ihm der Gott JHWH als Manifestation seines Gottseins gegeben hat.

Auch im Psalmenbuch meditiert und aktualisiert Israel diese theologische Dimension seiner Geschichte. Das Vergessen der Geschichte führt in die Katastrophe, die Erinnerung an sie aber bedeutet Erlösung – das ist auch die Perspektive, welche die „Geschichtspsalmen" durchzieht, wie wir nun kurz auslegen wollen.

Psalm 114

? *Hallelu-Jah!*
1a *Als auszog Israel aus Ägypten,*
1b *das Haus Jakobs aus wirr redendem Volk,*
2a *da wurde Juda zu seinem Heiligtum,*
2b *Israel sein Königreich.*

3a *Das Meer, es sah und floh,*
3b *der Jordan kehrte sich rückwärts,*
4a *die Berge hüpften wie Widder,*
4b *die Hügel wie junge Lämmer.*

5a *Was geschieht dir, Meer, daß du fliehst,*
5b *dir, Jordan, daß du dich rückwärts kehrst,*
6a *ihr Berge, daß ihr hüpft wie Widder,*
6b *ihr Hügel wie junge Lämmer?*

7a *Vor dem Angesicht (deines) Herrschers erbebe, du Erde,*
7b *vor dem Angesicht des Gottes Jakobs,*
8a *der wandelt Fels in Wasserteich,*
8b *Felsplatte in Wasserquelle!*

Einführung

Im Psalmenbuch gehört der Psalm zum sogenannten großen Hallel der Hymnensammlung Ps 113–118, die durch das ihnen jeweils vorangestellte „Hallelu-Jah" als kleine Sammlung ausgewiesen sind. Diese Sammlung wurde in spätalttestamentlicher Zeit bei der häuslichen Feier des Pesachmahles gesungen. Wenn es bei Mk 14,26; Mt 26,30 heißt: „und nachdem sie den Lobgesang gesungen hatten, gingen sie hinaus zum Ölberg", ist damit wahrscheinlich auf das Singen eben dieses Hallel, also der Psalmen 113–118, angespielt; dieses Hallel wird auch heute noch in der jüdischen Pesachnacht gesungen. In den griechisch-lateinischen Psalmenübersetzungen wird Ps 114 mit dem folgenden Ps 115 als ein einziger Psalm verstanden. Das dürfte kaum ursprünglich so gewesen sein. Zwar gibt es zwischen beiden Psalmen durchaus einen theologischen Zusammenhang, insofern der in Ps 114 besungene Exodus Israels aus Ägypten zugleich den in Ps 115 entfalteten Weg Israels zur JHWH-Alleinverehrung und Israels Abkehr von den Götzen der Völker bedeutete. Beiden Psalmen ist auch die Grundthese gemeinsam, daß der Exodusgott zugleich der Schöpfer von Himmel und Erde ist. Wahrscheinlich ist durch die redaktionelle Nebeneinanderstellung von Ps 114 und Ps 115 auch ein Bezug zwischen Ps 114,1b und Ps 115,2 intendiert: Die Frage der Völker von Ps 115,2 „Wo ist denn ihr Gott?" wäre so Konkretion und Explikation der allgemeineren und schwer verständlichen Formulierung von Ps 114,1b, wonach Ägypten ein „wirr redendes Volk" gewesen sei. Auch die Betonung „der Erde" als des von JHWH den Menschen übergebenen Lebensraums (Ps 115,15f) schließt sich sprachlich an Ps 114,8 an. Dennoch sind beide Psalmen sowohl formal als auch in ihrer Aussageabsicht derart eigenständige und in sich abgerundete Größen, daß sie nicht als ein ursprünglich zusammengehöriger Psalm verstanden werden können. Für Ps 114 zeigt dies die folgende Beschreibung der Form.

Das Corpus des Psalms läßt sich in vier Abschnitte bzw. Strophen gliedern:

1) V. 1–2 ist ein einziges Satzgefüge mit dem viermal gleichen Subjekt Israel (bzw. Synonyma). Der Abschnitt ist gebildet mit dem Erzähltempus der Vergangenheit.

2) V. 3–4 setzt sich durch vier neue Subjekte ab; die

parataktisch nebeneinander stehenden Verbalsätze gebrauchen ebenfalls Vergangenheitstempus. Strophe 1 + 2 haben demnach gleiche Erzählperspektive.

3) V. 5–6 ist durch die Fragepartikel deutlich abgehoben; die Frage bezieht sich auf ein Geschehen der Gegenwart; sie ist nicht mehr im Erzählstil, sondern in direkter Anrede gestaltet.

4) V. 7–8 ist ebenfalls direkte Anrede; diesmal aber im Imperativ und mit dem neuen Adressaten „Erde".

Die vier Strophen sind chiastisch angeordnet: Die beiden inneren beziehen sich semantisch sehr eng aufeinander. Die beiden äußeren sind durch die Stichworte „Haus Jakobs" und „Gott Jakobs" aufeinanderbezogen.

Die erste Strophe besingt das grundlegende Heilsereignis der Geschichte Israels. Sie nennt Anfang und Ziel des Exodus. Der Exodus war ein Geschehen, das Israel aufs engste mit IHM (der Gottesname wird nicht genannt; erst in V. 7 wird ausdrücklich gesagt, wer mit dem Personalpronomen gemeint ist) in Verbindung gebracht hat. Die zweite Strophe blickt auf den langen Weg des Exodus und kennzeichnet ihn durch mythische Bilder als Offenbarung des Schöpfergottes. Die dritte Strophe wandelt die zweite Strophe in eine staunende Frage um, die das Besondere, Unerwartete und Neuartige dieses Geschehens bewußt machen soll, das darin besteht, daß es in der Gegenwart weiterwirkt. Die vierte Strophe wendet sich mit einer Aufforderung an die ganze Erde. Sie greift einerseits motivlich auf die beiden vorangehenden Strophen zurück, weitet andererseits aber den Horizont eschatologisch aus, vor allem durch das Partizip in V. 8 („der wandelnd ist ...").

Der besondere poetische (und theologische) Reiz des Psalms liegt in der Dynamik, die sich von der ersten zur vierten Strophe hin steigert. Der Psalm beginnt damit, daß er das beobachtbare Ereignis des Exodus vergegenwärtigt. Die erste Strophe zeigt das ausziehende Israel. Von Israel ist dann explizit nicht mehr die Rede. Vor allem nicht mehr in der vierten Strophe, in der das Bild des Gottes Israels übermächtig nahegebracht wird. Die vierte Strophe zeichnet gewissermaßen die Tiefendimension und das Weiterwirken des in der ersten Strophe besungenen Exodus. Das ist die Bewegung des Psalms: Er lenkt den Blick auf das erlöste Israel, um damit der ganzen Erde die belebende, neuschaffende Wirkmächtigkeit des Gottes Israels sichtbar und bewußt zu machen. Daß der Exodus Israels ein Geschehen ist, in dem und durch das JHWH an der Erde insgesamt gehandelt hat, wird sukzessiv in den beiden Mittelstrophen, kunstvoll andeutend, entfaltet. Die zweite Strophe beschreibt nur Phänomene. So wird nur gesagt: „Das Meer, es sah ..." Von der vierten Strophe her ist dann klar, daß das Meer den Schöpfer- und Erlösergott selbst am Wirken sah. Das wird in der Frage der dritten Strophe schon deutlicher. Diese Frage, die als solche keine ausdrückliche Antwort erhält, läßt in ihrer Formulierung anklingen, daß Meer, Jordan, Berg und Hügel durch den Exodus Israels definitiv verändert wurden. Inwiefern dies so ist, klärt dann die abschließende vierte Strophe, jedoch so, daß diese Betroffenheit als eine bleibende Reaktion gefordert wird.

Der Text wird zwar meist als Hymnus bezeichnet, doch fehlen – abgesehen vom Imperativ Hallelu-Jah – alle den Hymnus kennzeichnenden Elemente.

Er läßt sich keinem üblichen Strukturschema unterordnen. Am ehesten könnte man ihn noch als JHWH-Königs-Lied bezeichnen:

V. 1–4: JHWHs Antritt der Königsherrschaft
V. 5–8: Weiterwirken seines Königtums.

Als „lyrischer" Sprecher des Psalms ist die Gemeinde zu denken, die sich der Wirkmächtigkeit des Exodus vergewissert. Dem Psalm liegt unausgesprochen die Position des kultischen „Heute" zugrunde, in dem sich die Erinnerung der Geschichte als befreiendes Gedächtnis erweist.

Sprache und Vorstellungswelt des Psalms weisen in die nachexilische Zeit: 1) Der Psalm greift Vorstellungen und theologische Leitideen aus Jes 40–55 auf. 2) Die in V. 3 vollzogene Parallelisierung von Meerwunder und Jordandurchquerung ist erst in nachexilischer Theologie vollzogen (Jos 3–4). 3) Die Vorstellung vom Exodus als Erweis der Königsherrschaft JHWHs liegt auf der Linie der späten Texte Ex 15,1–18 und Ex 19,6.4) V. 8 inspiriert sich an Dtn 8,15; 32,13.

Auslegung

Die *erste Strophe* (V. 1–2) setzt mit der vergegenwärtigenden Erinnerung des Exodus ein. Er wird mit dem vor allem in der priesterlichen Theologie zum Fachterminus gewordenen Verbum „hinausgehen, ausziehen" (vgl. P^G: Ex 12,41; 16,1; 19,1; dtr: Ex 13,8) in vierfacher Weise gekennzeichnet. Zum einen wird der Exodus damit als ein Verlassen Ägyptens herausgestellt: Israel löst sich aus der bisherigen Lebenswelt, läßt diese hinter sich, macht seiner Ägyptenexistenz ein Ende. Mindestens ebenso bedeutsam ist aber die zweite Konnotation (Nuance) des Verbums, die das Hinausgehen als „entkommen aus Not und Gefahr", als „frei werden" qualifiziert (vgl. Ri 16,20; 1 Sam 14,41; 2 Kön 13,5; Ez 15,7 sowie besonders Ex 21,2–11; Lev 28,28 ff; 27,21; Jes 49,9). Sodann schwingt in dem Verbum als dritte Komponente die Idee des Aufbrechens, der Initiative zu einem Unternehmen, zu einem Vorhaben, zu einem Abenteuer (Ri 2,15; 2 Kön 18,7 u. ö.) mit. Der Exodus ist so der Aufbruch zu etwas

Neuem, das erst noch geschehen wird. Noch eine vierte Konnotation ist, nicht zuletzt mit Blick auf die zweite und dritte Strophe des Psalms, hervorzuheben: das Verbum bezeichnet häufiger das Ausziehen zu Kampf und Krieg (vgl. Ex 12,41; Num 1,3.20ff; Dtn 20,1; 23,1). Alle vier Dimensionen (Abkehr, Freiwerden, Aufbruch, Kampf), die in den Erzählungen des Exodusbuches im einzelnen breit entfaltet werden, sind pointiert im hebräischen Wortlaut des Psalms durch die Anfangsstellung des Verbs (im Hebräischen steht Infinitiv: „Durch das Ausziehen Israels ...") hervorgehoben. Der Psalm will demnach besingen, was sich ereignete (V. 2–6), als Israel den (ersten) Exodus seiner Geschichte wagte, und was immer noch wirksam ist (V. 7–8).

V. 1b erläutert zunächst noch, wovon Israel sich durch den Exodus befreite: „es zog aus wirr redendem Volk aus". Das hier verwendete Verbum ist Hapaxlegomenon und deshalb nicht mit Eindeutigkeit zu fassen. Die Formulierung dürfte aber von jenen Texten her zu verstehen sein, in denen die Begegnung mit einem Volk, dessen Sprache man nicht versteht und mit dem man sich also nicht authentisch verständigen kann, als Unheilsituation und als Gericht JHWHs gedeutet wird. Und umgekehrt zeichnet Jes 33,19 die Rettung Jerusalems als Befreiung von dem Volk, dessen Sprache es nicht versteht. „Das trotzige Volk wirst du nicht mehr erblicken, das Volk, dessen Rede dunkel und unverständlich, die Sprache stammelnd, nicht verstehbar." Analog lautet das Gerichtswort Jes 5,15: „Seht, ich lasse über euch herfallen, Haus Israel, ein Volk aus der Ferne – Spruch JHWHs. Ein unüberwindliches Volk ist es, ein uraltes Volk, ein Volk, dessen Sprache du nicht kennst und dessen Rede du nicht verstehst ..." (vgl. ähnlich Dtn 28,49). Die Fremdsprachigkeit ist hier Symptom von Fremdartigkeit, Feindseligkeit und Lebensbedrohung überhaupt. So also hat Israel das übermächtige Ägypten nach unserem Psalm empfunden: als ein Volk, mit dem es keine Kommunikation gab, als eine Zivilisation, die es nicht verstand – und vor allem, als eine Religion, deren Götternamen, Gebete und Lehren ihm unverständlich und wirr vorkamen. „Israel in Ägypten" ist in unserem Psalm demnach zugleich Metapher für Heimat- und Hilflosigkeit, Isolation und Pariaexistenz, kulturelle und religiöse Destabilisierung. Aus dieser Situation bricht Israel aus – und dieser Ausbruch ist der Aufbruch in eine neue, Israels eigentliche Existenz.

Weil und seit Israel aus Ägypten ausgezogen ist, geschah das unerwartete Widerfahrnis, das Israels „ägyptische" Beziehungslosigkeit beendet und ihm eine wundervolle Beziehung gestiftet hat: „es *wurde* zu SEINEM Heiligtum und es *wurde* SEIN Königreich" (V. 2). Das ist eine Aussage nicht nur über Israel, sondern noch mehr über den Gott Israels. Auf dem Weg des Exodus ereignete es sich, daß Israels Existenz kultisch und politisch verwandelt wurde. Israel hat sich diese neue Existenz nicht selbst geschaffen. Aber es hat durch den Exodus die Voraussetzungen und die Bedingungen dafür erbracht. Es wurde zu JHWHs Heiligtum, zum lebendigen Ort seiner Gegenwart. Während die Götter der Völker Bilder, Statuen und Tempel als Offenbarungsmedien haben, offenbart sich der Gott Israels im Exodus seines Volkes. Das befreite Israel ist der lebendige Tempel JHWHs: wenn und wo es sich in Freiheit versammelt, um JHWH als seinen Befreier zu preisen und ihm zu danken, wo es Feste der Freiheit feiert und wo es sich von ihm in Dienst nehmen läßt, um die Freiheit weiterzugeben, da vollzieht es den priesterlichen Dienst, zu dem er es sich erwählt hat.

Israel soll freilich nicht JHWHs Heiligtum für sich selbst sein, sondern für die Völker. In und von seinem

Heiligtum Israel aus fängt JHWH an, die ganze Welt zu verwandeln. Diesen Aspekt konkretisiert der Satz: „Durch den Exodus wurde Israel SEIN Königreich." Dieser Satz betont die politische Dimension des Exodus. JHWH hat am Sinai Israel unter sein Königsgesetz gestellt, damit es als die ideale Gesellschaft mit den Grundwerten Leben, Freiheit und Brüderlichkeit lebt. An Israel soll sichtbar werden, daß die Bejahung der Gottesherrschaft die Voraussetzung und die Ermöglichung von humaner und sozialer Gesellschaft ist. Daß JHWH Israels König sein will, bedeutet gewiß, daß JHWH Israel unter seine Fürsorge und seinen Schutz stellt. An Israel als seinem Königsvolk will er zeigen, daß er das Heil schon jetzt in dieser Welt und in dieser Geschichte zu wirken beginnt. Es bedeutet aber noch mehr, daß er sein eigenes Königsein an dieses Volk gebunden hat. Das unterscheidet sein Königtum vom Königtum der Götter der Völker: während deren Götterkönige eben jeweils als Herrscher über ein Götterpantheon regieren, erweist JHWH seine königliche Vollmacht in seiner fürsorgenden Herrschaft über Israel. An Israel sollte sichtbar werden, *daß* und *wie* JHWH König ist.

Als Subjekte des Exodus nennt diese Strophe Israel, Haus Jakobs und Juda (V. 1–2). Diese unterschiedlichen Bezeichnungen sind in den Überlieferungen einerseits mit unterschiedlichen Größen verbunden. „Haus Jakobs" ist unstrittig auf die Gesamtgröße des JHWH-Volks als aus unterschiedlichen Stämmen bestehende Einheit zu beziehen. „Juda" und „Israel" kann einerseits die beiden getrennten Reiche anzielen; dafür könnte besonders die Verbindung von „Juda" mit der Prärogative „Heiligtum" sprechen, vor allem wenn – was ich freilich nicht für wahrscheinlich halte – damit das Zentralheiligtum von Jerusalem gemeint wäre. „Juda" kann andererseits aber auch, vor allem in nachexilischer Zeit, ebenso wie „Israel" nicht eine Teilgröße, sondern die Gesamtgröße „Israel" anzielen. Die Begriffe verlieren, wie der verwandte Text Ex 19,3–5 zeigt, ihre Schärfe und werden austauschbar. Positiv gewendet bedeutet dies: Der Psalm hebt hervor, daß beim Exodus die spätere Trennung noch nicht gegeben war. Nicht (zwei) miteinander rivalisierende Reiche oder Kirchen können JHWHs Heiligtum und Königreich sein. Der Exodus zielte auf EIN Israel (gewiß in sozialer Vielgestaltigkeit!). Das hebt die erste Strophe stilistisch dadurch hervor, daß das zweimal gesetzte Nomen „Israel" eine Rahmung bildet.

Die *zweite Strophe* (V. 3–4) beschreibt die Bühne und die Szenerie des in der ersten Strophe besungenen Geschehens. Daß Israel durch seinen Exodus aus Ägypten zum heiligen Königsvolk JHWHs wurde, war ein Geschehen, das sich in der politischen Geschichte ereignete und die Strukturen dieser Geschichte veränderte. Durch die verwendeten Formulierungen, durch die damit verbundenen Assoziationen mit anderen Traditionen sowie durch die eingesetzten Vergleiche deutet die zweite Strophe *drei Dimensionen* an, in denen der Exodus Israels die Geschichte verändert und bestimmt hat.

Die *erste Dimension* des Geschehens betrifft den Exodus als historisches Ursprungsereignis Israels, also jene Ereigniskette, die in den Büchern Exodus bis Josua erzählt wird: Auszug aus Ägypten, Wüstenwanderung und Landnahme.

Auf den Auszug und die Landnahme spielt zunächst V. 3 an; er nennt „das Meer" und „den Jordan" als die zwei entscheidenden politischen und geographischen Hindernisse, die sich Israels Befreiung in den Weg stellten. „Das Meer" war die Grenze Ägyptens, die Israel überwinden mußte, um Ägypten zu entkommen. Die vielschichtigen Erzählungen vom Meerwunder (vgl. Ex 14–15) haben dies gemeinsam: Am Meer endet für das Israel des Exodus die tödliche Macht Ägyptens; für Ägypten, das sich der Befreiung Israels widersetzt, wird „das Meer" zum Ort der Entmachtung und des Untergangs, für Israel aber zum Tor in die Freiheit. Die zweite Grenze, die sich Israel nach dem kanonischen Schema seiner Ursprungsgeschichte entgegenstellte, war „der Jordan", wieder also eine „Wassergrenze". Aber auch diese „Grenze" öffnete sich für das Exodus-Israel auf wunderbare Weise, wie eine späte Ausgestaltung von Jos 3–4 betont: „JHWH euer Gott hat das Wasser des Jordan vor euren Augen austrocknen lassen, bis ihr hindurchgezogen wart, genauso wie es JHWH euer Gott, mit dem Schilfmeer machte, das er vor unseren Augen austrocknen ließ, bis wir hindurchgezogen waren. Daran sollen alle Völker der Erde erkennen, daß die Hand JHWHs stark ist, und ihr sollt allezeit JHWH, euren Gott, fürchten" (Jos 4,23f). Dieser Text führt ausdrücklich die Parallelsetzung von „Meerwunder" und „Jordanwunder" durch, wie dies auch unser Psalm tut. Die Formulierungen unseres Psalms inspirieren sich allerdings nicht an Ex 14–15 und Jos 3–4, auch wenn der Sache nach beide Wasserhindernisse für das Exodus-Israel dadurch verschwinden, daß Meer und Jordan Israel einen gangbaren, eben trockenen Weg frei geben. Das geschieht dadurch, daß das Meer „flieht", d.h. eilig und angstvoll zurückweicht, und daß der Jordan seinen Lauf rückwärts wendet, also in Gegenrichtung, quellaufwärts fließt und so sein trockenes Flußbett freigibt.

Den Weg der Wüstenwanderung zwischen „Meer" und „Jordan" nimmt V. 4 in den Blick. Nach der kanonischen Pentateuchüberlieferung führte dieser Weg durch die Bergwelt der südlichen Sinaihalbinsel, vor allem zum Sinaiberg als dem Berg der JHWH-Theophanie, und durch die Gebirgslandschaft östlich der Araba und des Toten Meers bis an den Jordan gegenüber von Jericho.

Von diesen Bergen wird nun in V. 4 gesagt, daß sie hüpften und sprangen. Das wird von nicht wenigen Exegeten als Anspielung auf die Gotteserscheinung am bzw. auf dem Berg Sinai gedeutet. In dieser Engführung scheint mir dieses Verständnis nicht möglich zu sein. Denn in Ex 19 ist nicht von einem Beben des Berges, sondern nur von einem Beben des Volkes die Rede; das ist m. E. die ursprüngliche Leseart in Ex 19, 18: „das ganze Volk zitterte gewaltig". Andererseits gehört das Beben der Berge durchaus zur Tradition vom Offenbarwerden des Sinaigottes, wie Ps 68, 8 f; Ri 5, 4 f belegt. Allerdings sagt diese Tradition, daß überall dort, wo der Sinaigott an der Spitze seines Volkes schreitet, die Berge erzittern und beben:

JHWH, als du auszogst vor deinem Volk,
 einherschrittest in der Wüste,
da bebte die Erde, die Himmel troffen,
 vor JHWH, dem vom Sinai,
 vor JHWH, dem Gott Israels (Ps 68, 8 f).

Von daher darf V. 4 nicht zu eng auf die Sinaitradition von Ex 19–34 bezogen werden, sondern muß als metaphorische Beschreibung des ganzen Weges vom „Meer" bis zum „Jordan" gedeutet werden. Am „Springen" und „Hüpfen" der Berge und Hügel ist also ablesbar, daß Israels Weg in die Freiheit von JHWH selbst geführt und gebahnt wird. Auch wenn der Text selbst es noch nicht ausdrücklich sagt, ist an den sichtbaren Phänomenen deutlich: Wo solches geschieht, was in V. 4 genannt wird, ist JHWH selbst im Kommen, wie dann ja die vierte Strophe zusammenfaßt.

Die genaueren Nuancen der Metapher werden von den einzelnen Exegeten unterschiedlich gesehen. Weniger wahrscheinlich erscheint mir der Vorschlag, das Hüpfen als „Tanzen in feiernder Freude" (A. Deissler) zu präzisieren, weil für diesen Vergleich die jungen Lämmer und Widder weniger geeignet sind. Daß die Berge und Hügel wie Widder und Lämmer hüpfen, wird deshalb meist als angstvolles Springen angesichts des sich im Exodus Israels offenbarenden Gottes verstanden; es drücke gewissermaßen den irritierenden Aspekt des Gegenwärtigwerdens der Gottheit aus. Für diese Deutung spricht der Vers 3, wo die „Flucht" des Meeres ebenfalls durch das Erschrecken vor der Macht JHWHs ausgelöst sei. Ebenso ist auf Ps 29,6 zu verweisen, wo mit dem gleichen Verbum und beinahe der gleichen Tiermetapher die Reaktion der Gebirgsmassive des Libanon und des Sirjon auf die Erscheinung des Gewittergottes JHWH (Baal) beschrieben wird:

Er läßt den Libanon hüpfen wie ein Kalb,
und den Sirjon wie einen jungen Wildstier.

Möglicherweise ist Ps 29,6 zwar in seinem jetzigen Kontext sekundär, aber der Vers fügt sich insgesamt dem Kontext Ps 29,3–9a ein, der die Bewegung eines vom Mittelmeer her über das Libanongebiet aufziehenden Gewitters als mythische Metapher für die Erscheinung JHWHs (Baals) als des königlichen Bringers von Leben für sein Volk (Ps 29,12–13) verwendet. Während in Ps 29,6 das angstvolle Hüpfen von Kalb und jungem Wildstier den vom Meer herkommenden Gewittergott anzeigt, verwendet unser Psalm die Metapher vom Hüpfen der Widder und der jungen Lämmer. Die Wahl der anderen Tiere mag einerseits mit der anderen Region zusammenhängen, die unser Psalm im Blick hat. Andererseits dürfte aber zugleich eine gegenüber Ps 29 andere Nuance des Bildes anvisiert sein. Das Hüpfen dieser jungen Tiere dürfte hier eher meinen: Die Berge springen auf die Seite wie junge Lämmer und Widder, wenn man auf sie zugeht. Wie Meer und Jordan eiligst ihre Wasser zurückziehen, um JHWH und seinem Volk den Weg freizugeben, so springen die Berge und Hügel wie junge Lämmer weg, um ebenen, bequemen und geraden Weg zu ermöglichen. Diese Deutung legt sich auch nahe, wenn wir nun die zweite Dimension des Geschehens betrachten, auf die der Text durch seinen Wortlaut anspielt.

Die *zweite Dimension* ist der Verweischarakter auf den zweiten großen Exodus Israels als Ende der mit dem Zusammenbruch des Staates Juda 587 v. Chr. ausgelösten Katastrophe der Deportation nach Babylon. Daß die Deportierten wieder in das Land der Väter zurückkehren würden, um dort ihren Auftrag als JHWHs Offenbarungsvolk weiter erfüllen zu können – wenn auch unter veränderten äußeren und inneren Bedingungen – das war ja die große Heilsvision, die die sogen. deuterojesajanische Theologie Jes 40–55 in der Zeit des Exils verkündete. Der Exodus des Ursprungs Israels gilt nun als jene große Heilstat, die er um seiner eigenen Identität willen und aus Treue zu seinem abermals versklavten Volk nun erneut wirken müsse. Im ersten Exodus aus Ägypten hat JHWH sozusagen auch diesen zweiten Exodus aus Babylon als Realität für Israel mitgesetzt. Der neue Exodus aus Babylon ist die Aktualisierung des ersten Exodus aus Ägypten. In der Sicht von Jes 40–55 hat die Wüste zwischen Babylon und Jerusalem vor allem zwei Hindernisse: Sie ist unwegsam und wasserlos. Schon Jes 40, 3–5 entwirft deshalb die Vision von einem Wegebau, der vor allem die Berge und Hügel einebnet und die Täler anhebt, damit eine ebene, bequeme Straße entsteht (vgl. ähnlich Jes 42, 16 b; 49, 11).

Unser Psalm greift diese Vorstellung auf, gibt ihr aber seine eigene Prägung. Hier braucht JHWH gar nicht eigens einzugreifen, um Berge und Hügel einzuebnen. Sie springen von selbst auf die Seite, um ihm und seinem Volk den Weg frei, eben und bequem zu machen.

Mit der Verschmelzung von erstem und zweitem Exodus stößt unser Psalm aber noch zu einer *dritten Dimension* des Geschehens vor, die für die Aussageabsicht des Psalms sogar die entscheidende Dimension ist. An der Wirklichkeit des ersten und zweiten Exodus wurde nämlich offenbar, daß JHWH als der König Israels der Herr aller Mächte und Gewalten ist, dem sich letztlich keine Macht widersetzen kann, wenn es um die Vollendung der von JHWH mit und durch Israel begonnenen Befreiungsgeschichte geht. Im ersten und zweiten Exodus hat sich nämlich JHWHs mythische Mächtigkeit erwiesen, d. h. eine Mächtigkeit, die das mythische Chaos und dessen historisch-politische Repräsentanten bändigt und letztendlich entmachtet. Der Sieg JHWHs über den Pharao ist nicht eine einmalige, sondern eine das Wesen JHWHs immerfort bestimmende Qualität. Auf diese mythische Dimension des Exodus, die JHWH demnach auch in Zukunft und vor allem in der eschatologischen Zeit offenbaren kann, spielt der Psalm V. 3 an, wenn „das Meer flieht" und „der Jordan sich rückwärts hebt". Das ist nicht allgemeine Kriegsterminologie, sondern gezielte Anspielung auf den altorientalischen Mythos vom Chaoskampf, wonach der Schöpfergott seine Schöpfermacht mit der Tötung bzw. Vertreibung des personifiziert gedachten Chaoswassers erweist und damit den Schöpfungsakt eröffnet. Meist ist dabei auch alttestamentlich davon die Rede, daß JHWH den Urwasserdrachen tötet, erschlägt und spaltet, um dann die Erde als Lebensraum zu gestalten und zu schützen. Als Beispiele aus dem Psalmenbuch können Ps 74, 12–13 und Ps 89, 6–15 (besonders V. 11) dienen; aus dem Buch Ijob ist auf 26, 5–14 und 40 f (Nilpferd und Krokodil bzw. Behemoth und Leviathan) zu verweisen. Während in diesen Texten von einem Kampf die Rede ist, ist in Ps 104, 7 die Vorstellung dahingehend gesteigert, daß JHWH gar nicht Hand anlegen muß, sondern schreit – und die Chaoswasser fliehen bzw. laufen davon. Genau auf diese Ausprägung des Chaoskampfmythos spielt V. 3 an.

Daß der historische Exodus als Aktualisierung der mythischen Macht JHWHs über das Chaos gedeutet wird, impliziert eine Aussage über JHWHs Transzendenz. So sehr JHWH im Exodushandeln gegenwärtig war, so ist in dieses doch nicht die ganze Fülle seines Gottseins eingegangen. Und dies wiederum eröffnet die Möglichkeit, daß sich diese mythische Mächtigkeit JHWHs erneut und neu erweist. Weil es zu JHWHs mystischer Identität gehört, das Chaos zu bändigen, und weil Israels Geschichte beim Exodus mit der Offenbarung begann, daß JHWH diese seine lebensstiftende Identität gerade an Israel erweist, darf das nachexilische Israel, das diesen Psalm singt, voll Zuversicht darauf setzen, daß JHWH erneut kommen wird, um seine Israel rettende Mächtigkeit zu erweisen.

Das ist die eigentliche Sinnspitze der Mythisierung in Ps 114: Die Deutung des Exodus als Offenbarung der mythischen Mächtigkeit JHWHs für Israel will bewußt machen, daß dieses Ursprungsereignis Israels auch in der Gegenwart und in der Zukunft wirksam ist, ja daß dieses Kommen JHWHs seinem Volk Dimensionen aufschloß, die alles bis dato Dagewesene überbieten und vollenden können. Dieses neue Kommen JHWHs ist eben als „*Jahwes* Zukunft ... nicht auf die Mediokrität des Immer-schon-da-Gewesenen festgeschrieben; vielmehr bricht sie den ontischen Bestand des bekannten Daseins eschatologisch auf" (H. P. Müller). Genau diese Dimensionen des Exodus werden in den beiden folgenden Strophen des Psalms weiter entfaltet.

Die *dritte Strophe* (V. 5–6) führt die mythische Dimension in zweifacher Weise weiter. Einerseits werden Meer und Jordan, Berge und Hügel nun als personifizierte Mächte in direkter Rede angesprochen. Und andererseits ist die Frage im Tempus der Gleichzeitigkeit formuliert. Der Fragende stellt seine Frage sozusagen als unmittelbarer Zeuge des Geschehens: „Was geschieht denn da gerade mit dir, daß du fliehst ...?" Diese Frage, die nicht ironisch gemeint ist, sondern die Außergewöhnlichkeit des beobachteten Geschehens unterstreicht, ist m. E. nun nicht so zu verstehen, daß der Fragende sich vorstellungsmäßig in die Urzeit bzw. in die Zeit des Exodus zurückversetzt. Die Frage blickt vielmehr auf ein dem Fragenden gegenwärtiges Geschehen. Daß Meer und Jordan fliehen und Berge sich wegheben, vollzieht sich für die im Psalm angesprochenen Beter (vgl. die eröffnende Hallelujah-Aufforderung) vor ihren Augen. Das in den beiden ersten Strophen besungene Exodusgeschehen wirkt in der Gegenwart weiter. Und es ist diese gegenwärtige Erfahrung, die nach Grund, Ziel und Sinn des Geschehens fragen läßt.

Die Antwort gibt die *vierte Strophe* (V. 7-8) mit einer Aufforderung, in der die Erde insgesamt im Imperativ der direkten Rede angesprochen wird, wobei die in V. 8 zur Näherbestimmung Gottes verwendeten partizipialen Appositionen zugleich die Zukunftsdimension offen halten. Beide Teile des Parallelismus in V. 7 werden betont mit der Präpositionalangabe „vor dem Angesicht ..." eingeleitet, womit das Erscheinen, das Kommen, das Handeln „des Herrn der Erde", der zugleich „der Gott Jakobs" ist, gemeint ist (vgl. besonders Ps 68,3.9; 96,13; 97,5; 98,9). Das in der dritten Strophe beobachtete Geschehen zeigt das viel umfassendere Geschehen der Theophanie an. Das Beben der Natur, insbesondere das Erschrecken der Wasser und der Berge, ist gemeinorientalisches Bildrepertoire, wenn das Kommen von Göttern, insbesondere in kriegerischem Kontext, aber auch im Zusammenhang eines Gewitters erzählt oder dargestellt wird. Diese Bildwelt wird dann entsprechend auch auf kriegerische Interventionen der Könige übertragen.

Diese gemeinorientalische Überlieferung ist auch alttestamentlich breit und vielfältig belegt, um JHWHs machtvolles Kommen und Wirken zu schildern. Sowohl die Vorstellung als ganze, daß JHWHs Theophanie die Natur erschüttert, insbesondere das Meer und die Berge, als auch Einzelzüge und Einzelbilder begegnen vor allem in der prophetischen Literatur und in den Psalmen, um JHWHs Königsherrschaft und insbesondere die eschatologische und universale Durchsetzung dieser Königsherrschaft zu verkünden. Plastische Beispiele solcher alttestamentlicher Theophanieschilderung sind u. a. Nah 1,2–8, ein Hymnus über die Macht JHWHs, die sich im Gericht über Ninive so erweist, daß darin das eschatologische Endgericht transparent wird, die Psalmenabschnitte Ps 29,3–9; 77,17–19; 97,2–5, die JHWHs Offenbarwerden als König von Kosmos und Geschichte besingen, und die prophetisch-apokalyptischen Visionen Jes 24,18b–23; Ez 38,17–23, in denen die eschatologische Vollendung der Geschichte durch JHWHs kriegerisch-strafendes Gericht angekündigt wird. Dieser Bild- und Vorstellungszusammenhang muß mitgehört werden, wenn unser Psalm in V. 7 die Erde auffordert zu erbeben. Es ist die Aufforderung, sich bereit zu machen für die eschatologische Theophanie, in der sich der „Herrscher der Erde" (vgl. dazu Ps 97,5; Sach 4,14) als der „Gott Jakobs" offenbaren wird: freilich nun gerade nicht, wie V. 8 entfaltet, in einer Kriegs- oder Gerichtstheophanie, sondern als der gute, fürsorgliche König der ganzen Erde.

Das eschatologische Handeln des Gottes Jakobs, vor dem die Erde „erbeben soll", wird in V. 8 mit einer partizipialen Apposition umschrieben. Sachlich inspiriert sich die Näherbestimmung an der Überlieferung vom ersten Exodus, spielt zugleich auf die Bilder des zweiten Exodus an und formuliert dann so, daß die erzählte und die erhoffte Gottesgabe des ersten und des zweiten Exodus nochmals überboten wird. Aus den verschiedenen Erweisen des sein Volk in der Wüste rettenden JHWH wählt der Psalm die wunderbare Gabe des Wassers aus dem Felsen aus (vgl. Ex 17,1–7; Num 20,1–13; Dtn 8,15). Dies liegt einerseits voll im Horizont der Bildwelt von V. 3–6, wo ja die Macht JHWHs an der Reaktion der Wasser des Schilfmeers und des Jordan sowie der Berge und Hügel geschildert wird. Andererseits ist die Wassergabe vor allem in der deuterojesajanischen Vision des zweiten Exodus so gesteigert, daß sie dort geradezu zur Metapher für die Verwandlung der Wüste als eines Ortes des Todes in einen Ort üppigen Lebens wird.

Genau dies ist die Botschaft von V. 8 unseres Psalms: Wenn und wo JHWH seine eschatologische Königsherrschaft erweist, offenbart er sich als Geber von Wasser in der Wüste. Die Wassergabe von damals ist Modell und Metapher. „Aus Felsgestein Wasser hervorspringen zu lassen ist ein Thatbeweis der unbeschränkten Allmacht und der den Tod in Leben umschaffenden Gnade. Möge denn die Erde vor dem Herrn, dem Gotte Jakobs zittern. Vor ihm hat sie gezittert und vor ihm möge sie zittern. Denn der er gewesen, ist er noch immer, und wie er vormals gekommen, kommt er wieder" (P. Delitzsch).

Blicken wir von V. 8 auf die kanonischen Exoduserzählungen, ist eine wichtige theologische Differenz hervorzuheben. Nicht mehr die Vernichtung des Pharao wird herausgestellt, sondern die wunderbare Wassergabe. Nicht mehr das Gericht, sondern die Güte des Exodusgottes wird als Leitthema über die Geschichte gestellt. Unser Psalm setzt nicht auf die Vision des im Chaoswasser umkommenden Pharao, sondern darauf, daß JHWH sich als Geber von Leben (in der Metapher des Wassers) für die ganze Erde erweist. Er setzt darauf, daß die Dynamik des ersten Exodus sich friedlich Bahn bricht in einer Metamorphose der Erde: vermittelt durch sein königliches Volk als der idealen Kontrastgesellschaft einer neuen, der eschatologischen Zeit.

Psalm 126

1a *Ein Wallfahrtslied*

1b *Wenn JHWH den Zion wiederherstellt*
1c *– wir sind wie Träumende –,*
2a *dann füllt sich unser Mund mit Lachen*
2b *und unsere Zunge mit Jubel,*
2c *dann sagt man unter den Völkern:*
2d *„Groß erweist sich JHWH, so an ihnen zu tun!"*
3a *Groß erweist sich JHWH, so an uns zu tun:*
3b *Wir sind voll der Freude!*

4a *Stelle du, JHWH, uns wieder her,*
4b *so wie die Wadis im Negev!*
5a *Die (jetzt) säen in Tränen,*
5b *in Jubel werden sie ernten.*
6a *Der da hingeht und weint*
6b *(und) dabei die Keimlinge trägt,*
6c *der kommt wieder in Jubel*
6d *(und) trägt dabei seine Garben.*

Einführung

Die Überschrift kennzeichnet den Psalm als „Wallfahrtslied" (so wohl richtiger als andere in der Exegese vertretene Deutungen: „Stufenweglied", „Lied der Erhebung"

„Heimkehrlied", nämlich der Rückkehrer aus dem Exil). Als solches gehört es im vorliegenden Psalmenbuch zu der kleinen Teilsammlung Ps 120–134, die vermutlich im 4. Jahrhundert v. Chr. von der Jerusalemer Priesterschaft als „Wallfahrtsbüchlein" für die Zionspilger(gruppen) zusammengestellt wurde. Die „Lieder" sind in ihrem Grundbestand älter und wurden bei ihrer Aufnahme in den „Zionswallfahrtspsalter" überarbeitet. Zwei dieser „Wallfahrtslieder", nach Ps 132 und Ps 134, dürften dagegen erst für dieses Büchlein verfaßt worden sein, das umfangmäßig auf eine kleine Papyrusrolle paßte (die 15 Psalmen sind insgesamt nur dreimal so lang wie z. B. Ps 22!) und deshalb auch „finanziell" erschwinglich war. In ihrer „Urfassung" spiegeln diese Psalmen besonders eindrucksvoll die Lebenswelt der einfachen Leute wider, insbesondere die der Kleinbauern und Handwerker vom Lande. Die Bilder dieser Psalmen sind prägnant und erfahrungsintensiv, insbesondere jene, die der bäuerlichen Welt entstammen. Da wird menschliches Leiden mit einem Feld verglichen, das durch Pflügen umgebrochen und zerfurcht wird (Ps 129,3). Da wird der Segen des Gottesfürchtigen, der in seinen Kindern und Kindeskindern weiterleben und weiterwirken wird, mit dem plastischen Bild des alternden Ölbaums gezeichnet, dessen Stamm man abhaut, so daß aus ihm und um ihn herum nun junge Wurzelschößlinge herauswachsen (Ps 128,3). Der harte Alltag dieser Leute, der sozialgeschichtlich durch die Abhängigkeit von der Verwaltung (Steuern an die persische bzw. ptolemäische Zentralregierung!), von Großgrundbesitzern und von Kapitalverleihern bedingt ist, kontrastiert mit ihrer Sehnsucht nach Geborgenheit und Schutz durch JHWH, den „Gott der kleinen Leute". Auch ihre Hoffnungen auf Glück drücken diese „Psalmdichter" mit Bildern aus, die ihrer Lebenswelt entstammen. Es sind vor allem Bilder einer reichen Ernte oder Bilder der Befreiung aus tödlicher Gefahr (z. B. Ps 124, 7: das Netz des Vogelfängers zerreißt und der gefangene Vogel entkommt; Ps 130, 6: Anbruch des Morgens, der die Nacht als Zeit der Räuber und Mörder beendet; diese Erfahrung der Gefährlichkeit der Nacht ist besonders in Dörfern oder Kleinstädten ohne Stadtmauern, deren Tore abends geschlossen werden können, gegeben). Auch unser Psalm lebt von der Erfahrung des bäuerlichen Lebens, wie die Auslegung erläutern wird.

Als diese „Alltagslieder" zu einem „Zionspsalter" zusammengestellt wurden, wurden sie im Geiste einer Zionstheologie überarbeitet, die – abweichend von der Zionstheologie der Korachiten (vgl. unsere Auslegung von Psalm 47), die den Zion als machtvollen Mittelpunkt des Kosmos feierte – stark von der theologischen Vorstellung des von Zion ausgehenden Segens für Israel bestimmt war. Eine Zusammenfassung dieser Segenstheologie bietet Ps 134, der Schlußpsalm des „Pilgerbüchleins", der die Wallfahrer in ihren gesellschaftlichen und familiären Alltag mit dem Wunsch „aussendet": „Es segne dich JHWH vom Zion her, er, der Himmel und Erde gemacht hat" (Ps 134, 3). Der am Zion als Ort brüderlich-kultischer Gemeinschaft (vgl. unsere Auslegung von Psalm 133) erlangte Segen soll die Wallfahrer begleiten, wenn sie in die pro-fane Welt zurückkehren. Der Segen des Schöpfergottes, der die Welt als „Lebenshaus" geschaffen hat, soll „vom Zion her" seine Fruchtbarkeit gerade „fern von Zion" bewähren und entfalten. Das ist auch die Perspektive unseres Psalms, freilich in besonders pointierter Herausarbeitung.

Unser Psalm sieht den Zion einerseits als einen Ort, der noch nicht bzw. nicht mehr jene Vollgestalt hat, die er von JHWH her und für Israel, ja für die Völkerwelt haben sollte. Deshalb wird die zweite Strophe des Psalms

(V. 4–6) mit einer Bitte eröffnet, die die als notvoll erlittene Gegenwart beenden soll. Andererseits beginnt der Psalm in seiner ersten Strophe (V. 1–3) mit der Gewißheit, daß JHWH den Zion vollendet, ja, diese Strophe schaut bereits die Vollendung in ihrer Auswirkung auf Israel und auf die Völkerwelt. Der Psalm beginnt nicht, wie viele Übersetzungen (auch die „Einheitsübersetzung") meinen, mit einem Blick in die Vergangenheit, sondern mit einem „Zukunftstraum", der der Realität glaubend und hoffend entgegengestellt wird. Und daß dieser „Traum" sich erfüllen wird, ist für den Psalm so gewiß, wie für ihn gewiß ist, daß JHWH JHWH ist, d. h. eben jener Gott, der sich in der Geschichte seines Volkes als Gott des Lebens und der Freiheit, als Gott des Segens und der überreich austeilenden Güte erwiesen hat: zumal am Zion! Die einmal am Zion begonnene Segensgeschichte wird und muß weitergehen – um JHWHs willen, der sich selbst treu bleibt. Das ist die geschichtstheologische Leidenschaft, die unser Psalm den „Zionspilgern" vermitteln will, damals und heute!.

Wie die „Urfassung" unseres Psalms vor seiner Aufnahme in den „Wallfahrtspsalter" aussah, kann hier nicht diskutiert werden. Zwei Möglichkeiten bieten sich an: Entweder war V. 4–6 ein vorgegebenes „Bittlied", das in Zeiten der Not, insbesondere bei Hungersnöten und Mißernten gesungen wurde. Oder (weniger wahrscheinlich) der ursprüngliche Psalm war bereits geschichtstheologisch angelegt, dann könnte ich mir als „Urpsalm" die Versfolge 4.2 (2 d ohne „so an ihnen zu tun").5–6 vorstellen.

Ob unser Psalm in seiner Endgestalt einen bevorzugten Ort bei der Zionswallfahrt hatte, ist schwer zu entscheiden. Die Entscheidung hängt verständlicherweise von der Gesamtdeutung der Wallfahrtsliedersammlung ab. Je nachdem, ob man diese als Liedfolge für die sukzessiven Etappen der Wallfahrt (Aufbruch im Dorf, Stationen unterwegs, Blick auf Jerusalem, Durchschreiten des/der Stadttore(s), Betreten des Tempelbezirks, Teilnahme am großen Gottesdienst mit abschließendem Entlaßsegen) oder ob man sie als lockere „Angebotssammlung" zur freien Auswahl der Pilger(gruppen) betrachtet, wird auch der „Verwendungsort" unseres Psalms unterschiedlich gesehen werden müssen.

Auslegung

In seiner *ersten Strophe* (V. 1–3) entwirft der Psalm die Vision einer großen Heilswende für den Zion, die bei den Betern des Psalms eine geradezu überschäumende Festfreude (das Wortfeld „Lachen – Jubel – Freude" bestimmt die Bewegung dieser Strophe; vgl. auch das zweimalige Vorkommen von „Jubel" in der zweiten Strophe!) und bei den Völkern ein Bekenntnis zu JHWH als dem Gott, der Großes für SEIN Volk wirkt, auslöst. Das Wortfeld „Jubel" hat einen dreifachen Haftpunkt in der alttestamentlichen Überlieferung.

1) Mit „Jubel" wird der Amtsantritt eines neuen Königs gefeiert. Er ist Ausdruck der Huldigung und der Anerkennung seiner Herrschaft. So begegnet das Wortfeld auch, um JHWHs Königsherrschaft zu feiern (vgl. Ps 47,2).

2) Die Zeit der Ernte, in der die Vorräte für das kommende Jahr gesammelt und die neuen Früchte, der neue Wein, das frischgeröstete Korn usw. mit besonderen Festen (vgl. analog das Brauchtum in unserem Kulturkreis) eingebracht bzw. genossen werden, gilt als die schönste Zeit des Jahres, als eine wahre „Fest-Zeit". Der „Ernte-Jubel" konnte so zur Metapher überschäumender Gemeinschaftsfreude(!) werden, wie Jes 9,1f belegt, wo die Geburt des messianischen Königs (sein Amtsantritt; vgl.

das eben Gesagte), die der Leidensnacht des Volkes ein Ende setzt, so beschrieben wird:

Das Volk, das im Dunkel lebt,
sieht ein helles Licht;
über denen, die im Land der Finsternis wohnen,
strahlt ein Licht auf.
Du (scil. JHWH) erregst lauten Jubel
und schenkst große Freude.
Man freut sich in deiner Nähe,
wie man sich freut bei der Ernte ...

3) Vor allem in Jes 40–55, aber auch im „Trostbüchlein" Jer 30–31 begegnet das Wortfeld „Jubel" immer wieder bei der Ankündigung jener großen Heilswende, die das Ende des Exils, die Erlösung Israels aus der Gefangenschaft, die Sammlung der Verstreuten, die Wiederherstellung des Zion, die Rückkehr JHWHs selbst zum Zion und die staunende Anerkennung dieses Herrschaftserweises JHWHs durch die Völkerwelt bringen wird.

Alle drei Nuancen schwingen in der ersten Strophe des Psalms mit. Was mit der „Wiederherstellung des Zion" konkret gemeint ist, sagt der Text – so scheint es vordergründig – nicht. Aber er sagt es mit seiner Bildsprache und mit der Anspielung auf die Zionstheologie, die den „Zionspsalter" Ps 120–134 ingesamt prägt: Der Zion soll zum Ort werden, von dem her die Fülle des Segens JHWHs auf Israel und die Völkerwelt hin verströmt, weil JHWH den Zion zum Sitz seiner Gottesherrschaft erwählt und in Besitz genommen hat. Das wird zum einen durch die zweimal gebrauchte Wendung „groß erweist sich JHWH" angezeigt. Die Aussage „JHWH ist groß" gehört zu den Formeln der Zionstradition (vgl.z.B. Ps 47,3; 48,2; 96,4; 86,10) und betont JHWHs Einzigartigkeit gegenüber anderen Göttern (vgl. besonders Ps 95,3; 96,4) und seine universale Weltherrschaft, auch über die Völker (vgl.Ps 47; 86,9f; 99,2). Zum anderen aber spricht die Erntemetaphorik, die in der ersten Strophe nur angedeutet, in der zweiten Strophe aber voll entfaltet wird, dem Zion die Bestimmung zu, Quelle des Segens zu werden, so wie dies Ps 132,13–16 zusammenfaßt:

Ja, JHWH hat den Zion erwählt,
ihn als seinen Wohnsitz begehrt:
„Das soll für immer der Ort meiner Ruhe sein,
hier throne ich, weil ich ihn begehrt.
Ich segne, segne ihre Speise,
ich mache seine Armen satt mit Brot,
und seine Priester kleide ich in Heil
und seine Frommen sollen jauchzend jubeln!"

Die Zuversicht, daß der Zion *so* zum Ort und Quell des Segens wird, bestimmt die erste Strophe – freilich „nur" im Traum. Noch sieht die Realität anders aus, noch ist die Fülle nur im Fragment da. Aber sie ist schon *so* da, daß die Zionpilger von ihr her leben. Die „Wiederherstellung", jene eschatologische Vollendung des Zion, die in den vielen Heilsentwürfen der Prophetenbuchredaktionen als Völkerwallfahrt, Völkerhuldigung und Völkerbekehrung am Zion (vgl. exemplarisch: Jes 2,1–5) „geschaut" und erhofft wird, ist vorerst nur für „Träumende" da, wie V. 1c formuliert.

Das ist eine durch und durch altorientalische und alttestamentliche Vorstellung, die wir uns nicht durch falsche Assoziationen („Träume sind Schäume") verstellen dürfen. Der Traum gilt in der alten Welt als Medium der Offenbarung und insofern als eine von den Göttern ermöglichte (Vorweg-)Schau der Zukunft. Das ist im übrigen eine Sicht des Traumes, die uns durch die moderne Psychologie wieder näher gebracht wurde, wonach Träume oft mehr die Realität „schauen", als dies in der

Hektik oder Oberflächlichkeit des Alltags möglich ist. Das breite Spektrum des alttestamentlich bezeugten Umgangs mit „gottgegebenen" Träumen kann hier nicht aufgefächert werden. Nur einige Hinweise sind möglich. Für Gideon ist der Traum eines Midianiters, der ein midianitisches Zelt zusammenstürzen sieht, unzweifelhafter Beweis dafür, daß die Niederlage der Midianiter bei JHWH fest beschlossene Sache ist, deren Verwirklichung schon im Vollzuge ist (vgl.Ri 7,9–15). Und wenn es in der eschatologischen Prophetie des Joelbuches heißt: „Danach werde ich meinen Geist ausgießen über alle Menschen. Eure Söhne und Töchter werden Propheten sein, eure Alten werden Träume haben, und eure jungen Männer haben Visionen" (Joel 3,1), dann unterstreicht die Parallelisierung Prophetie, Träume und Visionen nachdrücklich, daß Traum in alttestamentlicher Sprechweise eine gottgeschenkte Vorwegerfahrung der Zukunft ist. Vor allem in der Apokalyptik „lebt" dieses Medium von Wirklichkeitswahrnehmung. Besonders eindrucksvoll ist schließlich, wie eine Redaktion des Jeremiabuchs durch die gezielt eingesetzte Notiz Jer 31,26 die gesamte Heilsprophetie des „Trostbüchleins" Jer 30–31 als „gottgegebenen Traum" kennzeichnet – eben als Traum, der *so* Hoffnung auf die Zukunft gibt, daß er die Gegenwart nicht nur ertragen, sondern verändern hilft.

Um solche Veränderung bittet die *zweite Strophe*. Gewiß ist diese Bitte noch nicht die Veränderung selbst, aber sie ist der Widerstand gegen alle Versuchung, den status quo als unabdingbare, „ewige" Realität zu akzeptieren. Nur wer Träume hat und sich um ihre Verwirklichung von Gott her einsetzt, wie dies V. 4 tut, bereitet der Gottesherrschaft den Weg. Denn V. 4 bittet nicht um die Wiederherstellung des Zion, sondern um die „Wiederherstellung" der Zionsgemeinde, der Zionpilger:

„Stelle *uns* wieder her!" Das ist nicht nur die Bitte um glückliches Leben in Wohlstand, Freiheit und Frieden, sondern um ein exemplarisches Leben als Gemeinde JHWHs, d. h. es ist Bitte um jene Erneuerung und Vollendung, die das bereits mehrfach genannte „Trostbüchlein" Jer 30–31 als „neuen Bund" bezeichnet. Es ist die Bitte um jene „Totenerweckung" Israels, die Ez 37, 1–14 schaut. Wer darum bittet, muß bereit sein, ja ist bereit, sich selbst zu ändern und sich ändern zu lassen – urplötzlich und mit jener Macht, mit der die Wadis im Negev so mit Wasser gefüllt werden, daß sie diese Steppe in ein blühendes, frucht- und getreidetragendes Paradies verwandeln. Die Bitte zielt, besonders verstehbar nach den leidvollen Erfahrungen Israels mit der politischen Macht des eigenen Staates *und* der Besatzungsmächte, nicht auf äußeren Glanz und politische Macht, sondern zuallererst darauf, daß die betende Gemeinde ganz und heil werden möge in dem, was ihre Berufung ist: Ort des Lebens und darin anziehender Brennpunkt der sie umgebenden Völker zu sein. Die Gemeinde schreit um diese Gabe innerer Verwandlung und spektakulärer Umkehr, weil sie um ihre eigene Schwäche und ihre begrenzten Möglichkeiten weiß. Aber sie weiß zugleich: Von ihrem Gott her kann sie neu werden – wie die Wadis im Negev.

Wer die ausgetrockneten, zerfurchten und staubigen Wadis auf der Linie Beerseba-Arad und südlich davon in der glühenden Sommerhitze durchwandert und dieselbe Gegend nach einem regenreichen Winter üppig blühend, mit hohem saftig grünem Gras bestanden und Getreidefeldern durchsetzt wieder antrifft, oder wer die Plantagen und die Felder sieht, die die israelischen Kibbuzim heute im Negev angelegt haben, der wird das Bild, das der Psalm gebraucht, emotional ermessen: Es ist wie eine urplötzliche und faszinierende Verwandlung

(„Wiederherstellung") der Wüste in ein Paradies. Schon ein einmaliger kräftiger Regen kann genügen, um bei Einsatz der schon in alttestamentlicher Zeit im Negev entwickelten Sturzwasserlandwirtschaft (Terrassen und Kanäle!) aus den trockenen Wadis gute Anbaugebiete für eine ganze Ernte zu machen. Möglicherweise schwingt in dem Bild auch noch ein anderer Ton mit. Für kurze Zeit verwandeln sich einige Wadis nach starken Regengüssen in reißende Sturzbäche, die alles mitschwemmen, was ihnen im Wege ist; selbst asphaltierte Straßen samt metertiefem Unterbau werden auch heute weggespült wie ein Holzbalken! Vor diesem Bildhintergrund hat die Bitte der Ziongemeinde „Stelle uns wieder her!" eine Radikalität und eine Leidenschaft, die uns Heutige erschrecken kann, weil wir mit solchen Schocktherapien Gottes nicht gerne rechnen. Unser Tempo ist eher auf das Auf-der-Stelle-Treten der Wohlanständigkeit und der Kontinuität: „Stelle uns wieder her, aber nicht schon gleich jetzt oder morgen, nein schön langsam, damit es nicht schmerzt ...!"

Auf die Bitte (V. 4) folgt in einem Bild aus der bäuerlichen Lebenswelt die Kontrastierung von Gegenwart und Zukunft. *Jetzt* ist die Zeit, in der „mit Tränen" gesät und unter „Weinen" die kleinen Keimlinge (der hebräische Wortlaut ist hier schwer verständlich; die meisten Übersetzungen lesen: „Saatbeutel") gepflanzt werden – aber *einmal* kommt die Zeit, nein sie bricht schon an, da man „mit Jubel" die überreiche Ernte feiert und wo man übergroße Garben einfährt, wie in der messianischen Hochzeit. Alle Spekulationen über ein rituelles Weinen bei der Aussat oder über die verborgenen religionsgeschichtlichen Wurzeln dieser Vorstellung im Osirismythos/Osirisritual erübrigen sich, wenn dieser Kontrast Gegenwart – Zukunft begriffen wird. Aussaat „unter Tränen" ist ein Realmetapher für die gegenwärtige Not, in der der Zion noch nicht seine Bestimmung voll erfüllt. Es ist eine Kontrastmetapher zum Bild des Erntejubels. Unser Psalm steht hier übrigens wieder in einer reichen alttestamentlichen Traditionsgeschichte. Der Kontrast „Mißernte" – „Erntejubel" prägt beispielsweise die theologische Grundstruktur des Joelbuches, wobei die „Heilswende" in Joel 2,21 mit eben der Formulierung „Groß erweist sich JHWH" gekennzeichnet wird, die unser Psalm verwendet. Besonders plastisch ist der Kontrast im Haggaibuch geschildert:

Ihr habt viel gesät,
aber wenig eingebracht.
Ihr eßt,
aber es ist kein Sattwerden.
Ihr trinkt,
aber es ist kein Durstlöschen ...
Gewiß, noch ist die Saat in der Korngrube,
noch tragen der Weinstock, der Feigenbaum und der
  Granatapfelbaum und der Ölbaum nicht.
Aber vom heutigen Tage an werde ich segnen (1,6; 2,19).

Auch das bereits mehrfach genannte „Trostbüchlein" Jer 30–31 zeichnet die „Heilswende" (Jer 31,23 gebraucht die in Ps 126,1b.4a stehende Formel von der „Wiederherstellung"; vgl. auch u.a. Dtn 30,3; Am 9,14; Zef 3,20 sowie Ps 14,7; 53,7; 85,2) im Bild der üppigen Ernte und des Erntejubels (vgl. besonders Jer 31,23–25!). Ja, man könnte die zweite Strophe unseres Psalms geradezu als Bitte um die Erfüllung jener Heilsvision sehen, mit der eine nachexilische (Zions-)Redaktion das Amosbuch abschließt.

Dann stelle ich mein Volk Israel wieder her.
Sie bauen die verwüsteten Städte wieder auf und wohnen
  darin;
sie pflanzen Weinberge und trinken den Wein,
sie legen Gärten an und essen die Früchte.

Und ich pflanze sie ein in ihrem Land,
und nie mehr werden sie ausgerissen
aus ihrem Land, das ich ihnen gegeben habe,
spricht JHWH dein Gott (Am 9,14f).

Ist es verwunderlich, daß dieser Psalm von dem Dichter Max Brod als „das Volkslied der Juden" bezeichnet wurde und daß er in der Hausliturgie der jüdischen Familie und Gemeinschaft, vor allem bei der Feier des Pessach und am Sabbat, einen besonderen Platz einnimmt?

Und welcher Christ muß nicht an die Gottesreichgleichnisse Jesu denken, wenn er diesen Psalm betet und singt?

Mit diesem Psalm haben alle, die ihn beten, Anteil am Leben jener Segensgeschichte, die JHWH mit Abraham begonnen hat: „Sei ein Segen und in dir sollen Segen erlangen alle Sippen des Erdbodens!" (Gen 12,3).

VII. Von der Verantwortung des Staates

In Israels Umwelt gehörte das Königtum in die Mitte von Geschichte und Religion. Zumindest in den Großreichen Ägyptens und Mesopotamiens galt das Amt des Königs als das wichtigste Instrument, durch das die Götter in ihrer Schöpfung „erschienen" und wirkten. Vor allen menschlichen Königen haben Götter auf Erden als Könige geherrscht. Ihre „Erben" sind die historischen Könige, denen die Götter Anteil an ihrer Göttlichkeit geben. Ihre wichtigste Aufgabe ist es, die „Rolle" der Götter zu spielen. Deshalb heißen sie auch „Gott" oder „Gottessohn", ja sogar „vollkommener Gott". Natürlich wußten die Ägypter, Assyrer und Babylonier, Hethiter und Perser um die allzumenschlichen Seiten ihrer Könige, aber ein königloser Staat war für sie undenkbar. Bis in das Privatleben des einzelnen hinein und bis hin zur Fruchtbarkeit der Felder und der Tiere hingen Glück und Heil von diesem Amt ab. Aufgabe des Königs war es, das ihm zugewiesene Territorium als „Lebensreich der Schöpfung" gegen äußere Feinde zu verteidigen, die von den Göttern gesetzte Rechtsordnung zu verkünden und durchzusetzen (Schutz des Schwachen vor dem Starken und Bestrafung der Rechtsbrecher) sowie den Kult der Götter zu ermöglichen und zu leiten (Tempelbau, Opfer usw.).

Kein Wunder, daß das Königtum selbst mit zahlreichen Festen und Riten verbunden war. Die Inthronisation des Königs und ihre Jahrestage, die Hochzeit, die Geburt des Thronfolgers, der Auszug in eine Schlacht oder zu einer Expedition waren Ereignisse, die kultisch-rituell begangen und für das Heil des Staates „geöffnet" werden mußten. Auch der Ablauf des landwirtschaftlichen Jahres war an Riten gebunden, bei denen sich der König als Heilsmittler bewähren mußte. In Mythen und Hymnen, aber auch in Darstellungen auf Tempelfassaden und in Gräbern, auf Steinmonumenten und Gebrauchsgegenständen des Königshofs wurde die Lehre vom göttlichen Ursprung und von der Unverzichtbarkeit des Königtums festgehalten und propagiert.

Israel hatte zur Institution des Königtums eine zwiespältige Haltung. In Israel gab es von Anfang an eine lebendige Opposition gegen die Könige. Dies hing mit den teilweise schlechten Erfahrungen zusammen, die Israel mit seinen Königen machte. Diese sind in 1 Sam 8, 11–17 als eine (fiktive) Rede, mit der Samuel Israel vor der Einführung des Königtums warnt, zusammengefaßt: Für seine eigene Hofhaltung und für seine militärische Macht beutet der König das Volk aus. Die Propheten gehen in ihrer Kritik noch tiefer: Justizterror, Machtmißbrauch, Kriegsbesessenheit, Verführung des Volkes zu Kulten fremder Götter. Solche Erfahrungen haben aber alle Völker mit ihren Königen und Machthabern gemacht. Sie waren nicht die eigentlichen Wurzeln der Opposition. Die Vorbehalte, ja die Ablehnung hatte in Israel eine historische und eine theologisch-politische Wurzel.

Von seinen Anfängen her war Israel als eine anti-königliche Stämmegesellschaft in das Licht der Geschichte getreten. Nicht nur war das Glaubensbekenntnis zu JHWH als dem Gott des Exodus zugleich eine Absage an die Machtansprüche eines Staates à la Pharao. Auch die Kleinbauern und Halbnomaden, die sich von den kanaanäischen Stadtkönigtümern lossagten und sich dem neu entstehenden Stämmebund anschlossen, brachten ihre grundsätzliche Aversion gegen die Königsideologie der kanaanäischen Städte mit. Als die Stämmegesellschaft im ausgehenden 11. Jahrhundert sich dann doch zur Einführung des Königtums gezwungen sah (äußerer Druck: Philisterabwehr; innerer Druck: übergreifende Autorität zur Lösung innerer Konfikte), lebte die Opposition im politischen Untergrund weiter, artikulierte sich aber immer wieder so deutlich, daß Stimmen ihres Widerspruchs in die biblische Literatur eingingen. Am eindrucksvollsten unter ihnen ist die sogenannte Jotamfabel Ri 9,7-15. Die theologische Quintessenz dieses Widerspruches wird in 1 Sam 8,7 sogar JHWH selbst in den Mund gelegt, als er Samuel, der sich über den Schrei des Volkes nach einen König beklagt, antwortet: „Sie haben nicht dich, sondern mich verworfen, daß ich nicht mehr König über sie sei".

Aber es gab auch historische und theologische Argumente für das Königtum in Israel (vgl. 2 Sam 7). Vor allem die Hoftheologie versuchte eine Synthese zwischen den aus der Umwelt übernommenen Königsvorstellungen und der eigenen JHWH-Überlieferung. Ein Feld, auf dem diese Synthese auch das Volk erreichen konnte, waren die Feste, die mit dem öffentlichen Auftreten und Wirken der Könige zusammenhingen. Die Psalmen, die wir in diesem Kapitel meditieren, sind solche königsfreundlichen Dokumente. Als liturgische Texte, die im „Rituale" des Jerusalemer Tempelkults beheimatet waren, sind sie insofern eine historische Kostbarkeit, als sie aus der vorexilischen Zeit stammen, was wir nicht von vielen überlieferten Psalmen sagen können.

Die Hoffnungen, die sich in Israel mit dem historischen Königtum verbanden, lebten in der nachexilischen Zeit in erneuerter Gestalt als Sehnsucht nach einem „neuen" messianischen König(tum) wieder auf (vgl. die Auslegung von Psalm 2, oben Kapitel III). Anders als das vorexilische Königtum wird das messianische Königtum nicht mehr auf Gewalt und Krieg setzen, um die eigene Macht zu mehren, sondern die Könige der messianischen Zeit werden „mit Worten (der Überzeugung) Frieden stiften unter den Völkern" (vgl. Sach 9,9f).

Für uns, die wir im Zeitalter der Demokratien leben, klingen die alttestamentlichen Texte über JHWH als König und über die Könige Israels als Heilsmittler für ihr Volk nicht nur archaisch, sondern fremd und unverständlich. Diese Texte gewinnen aber an Aktualität, wenn wir bei dem Wort „König" unseren Begriff „Staat" assoziieren. Das ist angesichts der Zeitdifferenz gewiß nicht unproblematisch, aber deswegen doch legitim, weil wir mit „Staat" genau jenes politische Bezugsfeld bezeichnen, das in der Zeit der Bibel die Worte „König", „Königreich" angaben. Wo es im alten Orient oder in Ägypten einen „Staat" gab, war dies ein Reich, an dessen Spitze ein König stand. Und wenn Israel in der nachexilischen Zeit, in der es als Provinz eines von Fremdkönigen (Perser, Ptolemäer, Seleukiden, Römer) regierten Staates existierte, auf Unabhängigkeit und Freiheit hoffte, dann hoffte es in der Regel darauf, daß es unter einem „neuen" (d. h. gegenüber dem vorexilischen Königtum erneuerten) Königtum zu einer neuen Staatlichkeit finden würde, die ohne Kriege, ohne Ausbeutung und ohne Machtmißbrauch ein für allemal Frieden, Gerechtigkeit und Wohlstand garantieren könnte.

Von diesem Verstehensansatz her gewinnen die Psalmen, die wir im folgenden auslegen, höchste politische Aktualität, denn sie reden von der Verantwortung, die unsere Regierenden und unsere Administration heute für die von ihnen regierten Völker haben.

Psalm 20

2a Es erhöre dich JHWH am Tage der Bedrängnis,
2b es schütze dich der Name des Gottes Jakobs.
3a Er sende dir Hilfe vom Heiligtum her
3b und vom Zion her stütze er dich.
4a Er gedenke all deiner Opfergaben
4b und dein Brandopfer erkläre er für fett.
5a Er gebe dir gemäß deinem Herzen
5b und all dein Planen erfülle er.
6a (So) wollen wir jauchzen über dich als Retter
6b und im Namen unseres Gottes Banner erheben!
6c Es erfülle JHWH all deine Bitten!

7a Nun habe ich erkannt:
7b JHWH rettet seinen Gesalbten,
7c er erhört ihn von seinem heiligen Himmel her
7d mit rettenden Machttaten seiner Rechten.

8a Diese (setzen) auf Wagen und jene auf Rosse,
8b wir aber rufen an den Namen unseres Gottes!
9a Sie stürzen hin und bleiben liegen,
9b wir aber stehen und bleiben aufrecht!
10a JHWH rette du den König
10b und erhöre uns am Tage, da wir rufen!

Einführung

Von der Sprechsituation her gliedert sich der Psalm in die drei Abschnitte V. 2–6 (Sprecher: wir; angeredet ist ein Du: vom Zusammenhang her „der König", der schließlich in V. 10a genannt wird; JHWH ist als handelndes Subjekt in der 3. Person vorausgesetzt: „er ..."), V. 7 (Sprecher: ich; vom König ist nun in der 3. Person

die Rede, ebenso von JHWH) und V. 8–10 (Sprecher: wir; Adressat: JHWH ist als „du" angeredet). Dieser Aufbau zeigt einen liturgischen Ablauf an, der sich auch aus 2 Chr 20 erhärten läßt (vgl. auch 1 Sam 13,9–12; 1 Kön 8,44f; 2 Chr 14,10).
Angesichts akuter Bedrohung (vgl.V. 2a.10b) durch eine heranrückende feindliche Armee haben sich der König, seine führenden Militärs und Vertreter des Volkes am Tempelplatz zu einem Bittgottesdienst versammelt. Nach der eingangs von der liturgischen Gemeinde vorgetragenen Fürbitte für den König (V. 2–6) folgt das Heilsorakel eines Kultpropheten (V. 7), wobei die üblicherweise zu erwartende Redeform im Ich JHWHs (vgl. Ps 12,6) nicht gegeben ist. Auf die Verkündigung der Rettungszusage antwortet die liturgische Versammlung mit dem „Credo" (V. 8–9) und einer abschließenden Bitte (V. 10), die einerseits auf das Orakel zurückgreift (vgl. V. 10a mit V. 7c) und andererseits die am Anfang genannte Situationsangabe wiederholt (vgl. V. 10b mit V. 2a).

Auslegung

Daß man, wie viele Ausleger meinen, aus V. 4 folgern kann, die Fürbitte V. 2–6 sei von der Versammlung bzw. von einem Tempelchor gesungen worden, während der König selbst als oberster Priester die Opferzeremonie leitete, scheint mir wenig wahrscheinlich; der Vers redet wohl allgemein von den Opfern, die der König in der Erfüllung seines Amtes für JHWH täglich darbringen ließ. Nur spekulieren kann man auch, wie der Kultprophet zu seiner in V. 7 so plötzlich sich einstellenden Erkenntnis gelangte. Manche Exegeten denken an die Einholung eines Gotteszeichens durch Orakelkunst (z. B. Opferschau,

Loswerfen), andere an ein besonderes Charisma bzw. an den Geist JHWHs, der über den Propheten hereinbricht (vgl. 2 Chr 20,14). Wie immer dieses „Nun habe ich erkannt" zustandekam, noch wichtiger ist die theologische Aussage, daß „JHWH seinen Gesalbten rettet". Hier wird das königliche Amt in doppelter Weise gedeutet. Einerseits steht der König als „der Gesalbte" (hebräisch *maschíach* = griechisch *christos*) unter dem besonderen Schutz JHWHs; er ist ein Instrument, durch das JHWH die Geschichte seines Volkes wesentlich gestalten will. Andererseits kann der König Israels nur zum Retter seines Volkes werden, wenn er zuallererst selbst JHWHs rettende Hilfe erfährt.

Das ist Rückgriff auf genuine JHWH-Theologie (Not–Rettung), die auch in V. 2–7 und V. 8–10 bestimmend ist. Ansatz des Gebets ist die Notsituation, in der es um die Existenz Israels geht. Dabei ruft der Psalm die Israel gegebenen Rettungsmöglichkeiten in Erinnerung: König, Heiligtum, Kult, die Gemeinschaft – und vor allem das Festhalten an JHWH. Gerade letzteres soll, wie V. 8f bekennt, zu einer Relativierung der militärischen Macht (vgl. ähnlich Ps 33,16f; 44,6–9; 147,10f) führen und noch mehr zur Bereitschaft, das im Namen JHWH ausgesprochene Programm der solidarischen Freiheit zu leben.

Um die Rettung der Freiheit geht es letztlich in diesem Psalm. Dabei kommt dem König eine wichtige Aufgabe zu. Daß er sich dabei von JHWH inspirieren und stützen läßt, daß er sich dabei als messianische Gestalt erweist, darum betet dieser Psalm. Das muß festgehalten werden, damit der Psalm keine „Kriegsliturgie" wird. Das war in alttestamentlicher Zeit schon problematisch; heute wäre es verbrecherisch.

Psalm 21

2a JHWH, in deiner Kraft freut sich der König
2b und über deine Rettung – wie jubelt er laut!
3a Den Wunsch seines Herzens hast du ihm gegeben
3b und das Begehren seiner Lippen ihm nicht verweigert.
4a Ja, du kamst ihm entgegen mit Segnungen von Glück,
4b du setztest auf sein Haupt eine Krone von Feingold.
5a Leben erbat er von dir, du hast es ihm gegeben,
5b Länge der Tage für ewig und immer.
6a Groß war seine Herrlichkeit durch deine Rettung,
6b Hoheit und Pracht legtest du auf ihn.
7a Ja, du setztest ihn ein als Segen für immer,
7b du erquicktest ihn mit Freude vor deinem Angesicht.

8a Ja, der König, der auf JHWH vertraut
8b und auf die Güte des Höchsten, wankt niemals.

9a Erreichen soll deine Hand alle deine Feinde,
9b deine Rechte soll erreichen deine Hasser!
10a Du sollst sie packen wie ein feuriger Ofen,
10b [wenn dein Angesicht, JHWH, erscheint, in seinem Zorn]
10c er verschlinge sie und es fresse sie das Feuer!
11a Ihre Frucht sollst du von der Erde vernichten
11b und ihren Samen aus den Menschenkindern!
12a Wenn sie Böses auf dich wenden wollen,
12b Ränke schmieden, nichts sollen sie ausrichten!
13a Ja, du sollst sie an der Schulter packen,
13b mit deinen Stricken sollst du sie festbinden an ihren Gesichtern!

14a   Erhebe dich, JHWH, in deiner Kraft,
14b   wir wollen singen und aufspielen deinen
      Machttaten.

Einführung

Zumindest die Sammler der Psalmen haben Ps 20 und 21 als eine übergreifende Einheit begriffen und sie wie Bitte und Dank hintereinandergestellt. Möglicherweise standen sie auch im „Rituale" des Jerusalemer Tempels schon nebeneinander. Immerhin gibt es zwischen beiden Psalmen wichtige Stichwortbezüge. Daß der König zum Retter seines Volkes nur werden kann, wenn JHWH selbst mit seinem Rettungshandeln (20,6.7.10; 21,2.7) und mit seiner Machttat (20,7; 21,14) eingreift, ist die theologische Grundaussage beider Psalmen. Beiden gemeinsam ist auch das Königsprivileg, JHWH die Bitten für eine glückliche Regierungszeit und für langes Leben vorzutragen (20,5.6; 21,3.5), und daß JHWH dies dem König „gibt" (20,5; 21,3.5; zu diesem Privileg vgl. besonders 1 Kön 3).

Allerdings sind die Bezüge nicht so eng, daß man Ps 21 nun als Text einer Dankliturgie nach gewonnenem Krieg deuten müßte. Zwar könnte man die zweite Hälfte als einen pathetischen Blick in die Zukunft verstehen, in der der König sich auch weiterhin (wie in der vorangegangenen Schlacht) als Sieger über die Feinde erweisen solle, doch fehlen vor allem in der ersten Hälfte des Psalms Anspielungen auf eine kriegerische Auseinandersetzung. Deshalb dürfte der Psalm eher ein Formular sein, das bei den Krönungsfeierlichkeiten (vgl. V. 4) bzw. beim Jahrestag der Krönung verwendet wurde. Allerdings ist dies kein Hymnus auf den König, sondern ein

Lobpreis JHWHs: Was der König vollbringt, als Segensmittler für sein Volk (V. 3–7) oder in der Abwehr der Feinde (V. 9–13), vermag er nur, weil und wenn JHWH mit ihm ist.

Der Psalm ist kunstvoll komponiert. Die drei Parallelismen V. 2.8.14, in denen der Gottesname JHWH steht, bilden die „Säulen" der Struktur (Anfang, Mitte, Schluß). Zwischen sie sind je fünf Parallelismen (V. 10b ist Zufügung: der Abschnitt wird nun auf JHWH bezogen; das Motiv stellt eine Klammer zu Ps 18 her) eingefügt, die den König als den von JHWH Gesegneten (V. 3–7: angeredet ist JHWH) und als Vernichter der Feinde (V. 9–13: angeredet ist der König) zeichnen. Diese Dialektik von Segen und Fluch als Aufgabe des Königs steht unter der durch V. 2.8.14 angegebenen theologischen Bewegung: Sie stellt sich nur ein (V. 2), wenn der König sich JHWH unterstellt (V. 8) und wenn er von der fürbittenden Zustimmung seines Volkes (V. 14: „wir ...") getragen ist.

Auslegung

Die Vernichtungsbilder in V. 9–13, die uns recht drastisch aufstoßen, gehören zur Königsideologie der Welt, in der Israels Könige lebten und samt ihrem Volk überleben wollten. Die Formulierungen ließen sich bis ins einzelne durch Bilder und Texte aus der Umwelt belegen (zu V. 9 und 13 vgl. unsere Auslegung von Psalm 2). Um sie nicht vorschnell auf die Seite zu schieben, muß die hinter V. 9–13 stehende Realität bedacht werden: Es ist die Hoffnung, daß das kleine, politisch machtlose Israel nicht von den Weltmächten aufgefressen wird; deshalb setzt es darauf, daß die Feinde am König als einem Instrument der rettenden Mächtigkeit und Gerechtigkeit(!) JHWHs ihre Grenze erfahren. Daß dies in einer emotionalen, bilderreichen Sprache formuliert wird, ist Hofstil und Poesie zugleich.

Wir werden den theologischen Akzent gewiß stärker auf die Segensbilder V. 3–7 setzen. Was hier vom König gesagt ist, zeichnet ihn als Abbild JHWHs inmitten seines Volkes (vgl. V. 6 mit Ps 96, 6; 104, 1). Daß sich solche festlichen Töne freilich im politischen Alltag bewähren müssen, hält der „Königspsalm" Ps 101 fest, der geradezu als Antwort des Königs auf Ps 20 und 21 gelesen werden muß.

Psalm 101

1a *Güte und Recht will ich besingen,*
1b *dir JHWH will ich aufspielen.*
2a *Ich möchte weise werden auf dem Weg der Vollkommenheit.*
2b *Wann kommst du zu mir?*

2c *Ich will gehen in Vollkommenheit meines Herzens*
2d *inmitten meines Hauses.*
3a *Nicht will ich nehmen vor meine Augen*
3b *eine Sache des Unheils.*
3c *Verkehrtes Tun hasse ich,*
3d *es soll nicht an mir kleben.*
4a *Ein verdrehendes Herz sei mir fern,*
4b *Böses will ich nicht kennen.*

5a *Wer seinen Nächsten heimlich verleumdet,*
5b *den vernichte ich.*
5c *Wer stolze Augen und ein hochmütiges Herz hat,*
5d *den ertrage ich nicht.*
6a *Meine Augen suchen die Treuen im Lande,*
6b *daß sie mit mir wohnen.*

6c Wer auf dem Weg der Vollkommenheit geht,
6d der soll mein Diener sein.
7a Nicht soll wohnen inmitten meines Hauses,
7b wer Betrug verübt.
7c Wer Lügen redet, soll nicht stehen
7d vor meinen Augen.

8a Morgen für Morgen will ich vernichten
8b alle Gottlosen im Lande,
8c um auszurotten aus der Stadt JHWHs
8d alle Übeltäter.

Einführung

„Inthronisationsgelübde", „Regentenspiegel", „Thronrede", „Thronbesteigungs-Proklamation" – so oder ähnlich hat man diesen Psalm genannt. Allerdings eignet sich unser Psalm aus zwei Gründen nicht als „Thronrede": 1) Der Psalm ist ein an JHWH gerichtetes Gebet (vgl. V. 1b.2b). 2) Die Programmatik zielt nicht nur auf den Rechtsbereich, sondern auch auf die Moral. So wird man den Psalm eher als öffentliches Bittgebet des Königs um eine gute Amtsführung aus Anlaß der Regierungsübernahme verstehen, analog der Erzählung 1 Kön 3, in der JHWH dem Salomo bei Regierungsantritt erscheint und ihm die Gabe der „salomonischen Urteile" gewährt, damit dieser sein Volk in Recht und Gerechtigkeit führen könne. Daß JHWH zu ihm kommt und ihn den Weg der Weisheit und der Vollkommenheit lehrt, darum bittet der König in diesem Psalm.

Der Text läßt sich in vier Abschnitte gliedern.
V. 1a–2b ist die Gebetseröffnung. Sie vereinigt Lobpreis und Bitte und nennt in V. 2a das Thema des Gebetes. V. 2c–4b formuliert das persönliche und politische

Ethos, dem sich der König verpflichtet weiß. V. 5 a–7 d lenkt den Blick auf den Regierungsapparat am Hof und auf die Beamten im Lande; dieser Abschnitt ist auffallend breit, offensichtlich haben sich hier besonders viele Negativerfahrungen angesammelt – und der „Regierungswechsel" wird vom König mit der Absicht vollzogen, Sumpf und Filz zu beseitigen. Der vierte Abschnitt V. 8 faßt die Aufgabe des Königs zusammen, die Unmoral und das Verbrechertum konsequent und kontinuierlich zu bekämpfen.

Auslegung

Die Gebetseröffnung (V. 1 a–2 b) nennt programmatisch Fundament und Zielsetzung des von JHWH gegebenen Königtums: Praxis von Güte (Einsatz für die Schwachen) und Recht (Durchsetzung der Ordnungen des Zusammenlebens) sowie Gehorsam gegenüber der Tora (vgl. V. 2 a mit Ps 119, 1). Nicht machtpolitische Ambitionen sollen den König bewegen; er soll vielmehr das Abbild JHWHs und darin zuallererst ein „Musterisraelit" sein (vgl. Mi 6,8; Hos 12,7). Dazu erbittet er in V. 2 b die Hilfe seines Gottes.

Das Ethos, dem er sich in V. 2 c–4 b unterwirft, soll Vorbild für den Königshof sein: „Vollkommenheit des Herzens" (nach 1 Kön 9, 4 die Idealtugend des guten Königs) meint die Lauterkeit und Geradheit der Gesinnung, die das Recht „Recht" und das Unrecht „Unrecht" nennt und entsprechend handelt; wer anders handelt, hat „ein verdrehendes Herz" (V. 4 a vgl. Mi 3,9) und liebt „krumme" Wege (vgl. Spr 10,9). Das Böse (V. 4 b) soll weder im Planen (V. 3 a b) noch im Tun (V. 3 c d) Platz haben.

Damit ein solches Ethos zur konkreten Politik wird,

muß es auch den Regierungsapparat auszeichnen. Die Auswahl der Minister, Provinzgouverneure, Garnisonschefs, Justizbeamten, Offiziere, Tempelangestellten, Krongutverwalter, Leiter der staatlichen Arbeitsdienste, Abgabenbehörden usw. war deshalb eine entscheidende Weichenstellung. Der Abschnitt V. 5b–7d formuliert in seiner Mitte (V. 6) die positiven Voraussetzungen („Treue" und „Vollkommenheit": Königstugenden!) und in den beiden Randteilen V. 5 und V. 7 die Krebsübel jeder Verwaltung, die der König rigoros bekämpfen will: Verleumdung, Intrigen, Arroganz, Karrieresucht, Amtsanmaßung, Verachtung der einfachen Leute sowie Korruption, Selbstbereicherung, Lüge, Meineide, Vertragsbruch. Abschreckende Beispiele für die Perversion des Apparates finden sich bei den Propheten (vgl. Jes 1,23; 5,8.20.23; 10,1–2; 22,15–19; Mi 3,9–11), aber auch in den Königsbüchern (vgl. 1 Kön 21).

V. 8 spielt auf die Praxis an, daß der königliche Gerichtshof allmorgendlich tagte (vgl. 2 Sam 15,2–6), um Beschwerden gegen die Verwaltung, Konflikte im Zusammenhang mit Abgaben und Dienstleistungsregelungen (z.B. Einsatz bei „Königsprojekten" wie Mauer-, Straßen- und Palastbauten) zu klären, vor allem aber, um Problemfälle, die von der lokalen Justiz nicht geklärt wurden, nach „Königsrecht" zu entscheiden, d.h. „in Güte und nach Gottesrecht": So spricht JHWH: Haltet jeden Morgen gerechtes Gericht: Rettet den Ausgebeuteten aus der Hand des Ausbeuters!" (Jer 21,12).

VIII. Option für die Armen

Die Hoffnung auf „den neuen Himmel und die neue Erde" gehört zur Mitte der biblischen Botschaft (vgl. Jes 65,17; 66,22). Doch will diese Botschaft weder vertrösten noch beruhigen durch die Verheißung eines ausgleichenden „Jenseits". Und schon gar nicht will sie aufrufen, „alles beim alten" zu belassen, weil man letztlich doch nichts machen könne. Im Gegenteil: Diese Hoffnung ruft dazu auf, sich selbst, als Gottesvolk und als einzelnes Mitglied des Gottesvolks, von den Gesetzen „des neuen Himmels und der neuen Erde" schon jetzt bestimmen zu lassen – auf daß die Verheißungen sich erfüllen mögen! „Mögen auch die Völker noch handeln und wandeln im Namen ihrer Götter, so wollen und müssen wir jetzt schon handeln und wandeln im Namen JHWHs, unseres Gottes, immer und ewig" (Mi 4,5). Das muß die Devise in Israel sein. Es soll als Volk JHWHs leben: nach innen und nach außen. Im Verzicht auf Gewalt und Haß. In konkreter Brüderlichkeit. In Verwirklichung von Gerechtigkeit gerade für die Menschengruppen, die bei den „Völkern der Welt" als Abschaum und Störenfriede, als „Arbeitstiere" und nützliches „Menschenmaterial" oder als Opfer ihrer eigenen Unfähigkeit und Faulheit betrachtet wurden bzw. werden. Daß Israel „Gottesvolk" ist, soll an seinem Verhalten gegenüber den Tagelöhnern und den Kleinbauern, aber auch den Pechvögeln des gesellschaftlichen Alltags sichtbar werden. Die ohnedies „Schwachen" sollen nicht noch weiter ausgepreßt werden, selbst wenn dies nach dem Buchstaben des Gesetzes sogar „gerecht" wäre. Einem armen Kleinbauern, der nach einer (von ihm ja keineswegs verschuldeten) Mißernte seinen hohen Pachtzins nicht bezahlen kann, die Kinder wegzunehmen, um billige Arbeitskräfte zu haben oder sie gar an die persischen Beamten als Haussklaven gegen gutes Geld zu verkaufen, das mochte zwar juristisch einwandfrei erscheinen, aber es widersprach dem Programm des „neuen Himmels und der neuen Erde", das JHWH exemplarisch mit Israel verwirklichen wollte. Mehr noch: Es widersprach JHWH selbst, sozusagen seinem Wesen, das er beim Exodus geoffenbart hatte, wonach er der ist, der um die Not der Armen und Ausgebeuteten weiß und eingreift, um ihnen Leben in Würde und in Freiheit zu geben. Auch die Propheten Israels, von Amos bis Jesus von Nazareth, verkünden JHWHs Option für die Armen und kämpfen deshalb dafür, daß die Armen und Ausgebeuteten „mit-leben" können.

Die Menschenrechte sind „im neuen Himmel und auf der neuen Erde" für *alle* da, weil sie Gottesrecht jenes Gottes sind, der der Gott *aller* ist (vgl. die Konkretion „des neuen Himmels und der neuen Erde" in Jes 66, 2!).

Das ist auch die Leidenschaft, die aus jenen Psalmen spricht, die JHWH als den Gott der Entrechteten und Wehrlosen anrufen. Sie fordern SEINE rettende Parteinahme für die Schwachen und sind so zugleich Aufforderung an die Mächtigen, im Namen JHWHs zu handeln. Das kann konkret sehr vieles meinen: auf einen Rechtsanspruch verzichten, von Gewalt und Bedrohung ablassen, sich an einer Umverteilung von Grundbesitz und Geld beteiligen, eine „neue Gesellschaft" mitbauen, um die Ursachen von Armut und Ausbeutung zu beseitigen ... Daß in den Psalmen so oft von der Not der „Armen" und „Kleinen" und so viel von der Brutalität von „Frevlern" und „Verbrechern" die Rede ist, darf nicht, wie dies oft geschieht, als Zeugnis der „Armenfrömmigkeit" verharmlost werden. Hier sind reale gesellschaftliche Verhältnisse gemeint, die es – gewiß jahwewidrig! – in Israel gab, so wie es sie heute in christlichen Ländern, in Europa nicht weniger als in Lateinamerika, gibt. Die „Armen" sind nicht nur der arme Lazarus, der um ein Stück Brot bettelnd von Tür zu Tür geht, das ihm die Reichen und Mächtigen sogar geben, sogar im Namen JHWHs. Die „Armen" der Psalmen sind nicht nur jene Armen, die es „immer gibt". Es sind jene Gruppen, Schichten, ja Klassen, die vom System arm gemacht werden, d. h. die „Marginalisierten", die vom Profit des wirtschaftlichen und von den Privilegien des gesellschaftlichen Systems bewußt ausgeschlossen werden, damit die Mächtigen ihre Macht und die Reichen ihren Reichtum behalten, ja noch steigern können. Zur Zeit des Amos im 8. Jahrhundert (vgl. Am 8,4–7) und zur Zeit des Nehemia im 5. Jahrhundert (vgl. Neh 5), aber auch zur Zeit des Kohelet im 3. Jahrhundert (vgl. Koh 4,1; 5,7) waren dies die Kleinbauern, die Tagelöhner und besonders die „Schuldsklaven", d. h. Leute, die ihre Kinder, ihre Äcker oder sich selbst verpfänden und verkaufen mußten, um so eine Schuld zu begleichen oder um in Hungersnöten Getreide fürs Überleben zu bekommen. Sie waren „Arme", weil sie vom System arm gemacht und gezielt arm gehalten wurden. Und daneben gab es die Gruppe der „Elenden", die unter das Existenzminimum absank, weil die althergebrachten sozialen Netze nicht mehr griffen *und* weil die Gesellschaft verlernt hatte, sie in ihrer Würde als Glieder des „Gottesvolks" zu achten. Zu dieser Gruppe gehörten die „Waisen und Witwen", die „Schutzbürger" (politische Flüchtlinge aus den Nachbarstaaten), die Alten (das Dekaloggebot der „Elternehrung" zielte zuallererst darauf, alte hilf- und „nutzlos" gewordene Eltern menschenwürdig zu versorgen) und die Kranken, die es in der alten Welt mit ihrer medizinischen Begrenztheit scharenweise gab. Daß die Blinden, die Lahmen, die Aussätzigen und die Gebrechlichen in den Heilsutopien der Prophetenbücher, aber auch noch bei den Wundern Jesu eine so zentrale Rolle einnehmen, hängt damit zusammen, daß die Kranken damals nicht ein familiäres „Einzelproblem" waren, sondern eine Gruppe, ja „Klasse" bildeten, deren Lebenswürde eine gesellschaftliche Herausforderung ersten Ranges darstellte.

Wie die Propheten und die ihren Geist atmenden Psalmen belegen, hat die Gesellschaft damals (und heute?) in ihrem Auftrag, die Armut strukturell zu überwinden, weitgehend versagt. Gerade die Sozialkritik der Propheten und die mit ihr verbundene Ankündigung des Gerichts machen deutlich, daß die Propheten eine bloße Kurskorrektur oder eine individuelle Hilfsbereitschaft für nicht mehr ausreichend hielten. Eine „Lebenswende" für die wirtschaftlichen und sozialen Opfer der herrschenden gesellschaftlichen Verhältnisse konnte es nur geben, wenn Israel zum Ethos der sozialen Brüderlichkeit, das der Exodusgott forderte, zurückkehrte. Deshalb setzten die Propheten und die prophetischen Psalmen auf die im Exodus offenbar gewordene Option JHWHs für die Armen.

Die Exodusgeschichten erläutern eindrucksvoll, was diese Option bedeutete. Wo Verhältnisse wie im pharaonischen Ägypten herrschen, sind weder durch Verhandlungen (vgl. Ex 5) noch durch Klassenkampf (vgl. Ex 1,11–14), ja nicht einmal durch spektakuläre Wunder (vgl. Ex 7–11) die von JHWH gewollten Menschenrechte zu erreichen, sondern nur durch einen gesamtgesellschaftlichen Neuanfang. Deshalb führt JHWH Israel aus Ägypten heraus, damit es die neue Gesellschaft – unter seiner Herrschaft – errichten und ausbauen kann.

Um diesen Auftrag geht es auch in den „prophetischen Psalmen", die JHWH als den Gott der Armen beschwören. Anders als die „Königspsalmen", die wir im vorangehenden Kapitel betrachtet haben, haben diese Psalmen den Glauben an den Staat und seinen administrativen Apparat verloren. Gegen ihn und gegen die „Klasse" der Reichen rufen diese Psalmen den Gott der Armen zu Hilfe – als Rächer und Retter. Von IHM erhoffen sie, daß er die Mächtigen und die Ausbeuter zur gesellschaftlichen Umkehr bewege, eben zur Rückkehr zum „alten" Ethos der praktizierten Brüderlichkeit.

Psalm 12

2a *Wirke Heil, JHWH, denn zu Ende ist's mit dem Frommen,*
2b *denn verschwunden sind die Treuen unter den Menschen,*
3a *Trug reden sie, einer mit dem anderen,*
3b *mit glatter Lippe, mit zweierlei Herzen reden sie.*
4a *Ausrotten soll JHWH alle glatten Lippen,*
4b *die großrednerische Zunge,*
5a *sie, die da sagen: „Mit unserer Zunge setzen wir uns durch,*
5b *unsere Lippen sind mit uns, wer ist da Herr über uns?"*

6a *„Wegen der Vergewaltigung der Unterdrückten, wegen des Stöhnens der Armen,*
6b *stehe ich jetzt auf", spricht JHWH,*
6c *„ich setze den ins Heil, gegen den man schnaubt!"*

7a *Worte JHWHs sind lautere Worte,*
7b *geläutertes Silber, (geschmolzen im Ofen), siebenmal gereinigt.*

8a Du, JHWH, wirst ihn beschützen,
8b du wirst ihn bewahren vor diesem Geschlecht da für immer,
9a (mögen auch) ringsherum Gottlose wandeln,
9b (mag auch) Gemeinheit obenan stehen bei den Menschen.

Einführung

Gespenstisch und chaotisch ist die Welt, die dieser Psalm beklagt und aus der er Rettung nur noch von JHWH erhofft. Auf eine zweimal ansetzende Bitte, die nach Beendigung dieses Zustandes ruft (V. 2–5), ergeht eine Antwort in direkter Gottesrede (V. 6), die das den Psalm eröffnende Stichwort „Heil" aufgreift. Die im Gottesspruch gegebene Heilszusage wird dann in V. 7–9 vertrauensvoll angenommen: das Wort JHWHs verdient und ermöglicht Vertrauen, mögen Gewalt und Gemeinheit der Gesellschaft noch so groß sein. Das von JHWH zugesagte Heil wird Wirklichkeit werden. Es fällt auf, daß weder in der Situationsschilderung V. 2–5 noch in der Vertrauensäußerung V. 7–9 ein leidendes Ich oder Wir sichtbar wird. Auch das Gotteswort V. 6 hat keinen direkten Adressaten. Das gibt dem Psalm einen allgemeinen, lehrhaften Charakter. Andererseits ist die sprachliche und theologische Verwandtschaft des Psalms mit der prophetischen Gesellschaftskritik nicht zu übersehen. Auch die Form des Gottesspruchs ist typisch prophetische Redeweise. Da die Propheten Israels nicht nur Übermittler von Gottesworten waren, sondern sich auch als Fürsprecher und Anwalt der Armen vor JHWH verstanden, legt es sich nahe, unseren Psalm von der prophetischen Fürbitte her zu verstehen. Dabei könnte man an eine sogenannte prophetische Klageliturgie denken, wie sie in Hab 1 greifbar wird. Wegen der Schärfe des Protestes, der in V. 2–5 die totale Verderbnis des gesellschaftlichen Lebens anprangert, ist mir ein solcher Text aber kaum in einer offiziellen Liturgie vorstellbar. Höchstens als provozierender Text eines Außenseiters, der die Gottesdienstteilnehmer schockieren will – so wie Amos das in Bet-El tat, als er sich neben die Priester stellte und den Willkommensgruß, den diese den ankommenden Wallfahrern entboten, durch seine parodierenden Zwischenrufe störte (vgl. Am 4,4f). So ähnlich stelle ich mir den ursprünglichen (und gedachten) prophetischen Sprecher dieses Psalms vor: Er protestiert mit seinem Hilfeschrei gegen die zutiefst korrupte Gesellschaft. Er kündet das rettend-richtende Eingreifen JHWHs an, dem es nun endgültig zu viel ist, was da an Rechtsbeugung und Menschenvernichtung geschieht. Und er besteht darauf, daß das Gotteswort in Erfüllung gehen wird, auch wenn die Gesellschaft dies für bloßes Gerede hält. Durch die Aufnahme in das Psalmenbuch wurde der prophetische Protestpsalm zum stellvertretenden Fürbittgebet im Namen der Unterdrückten und zur selbstkritischen Anklage gegen die Unterdrücker und ihre Mechanismen, die im Zeitalter der bürgerlichen Religion solche „Gesellschaftsanalysen" im Namen Gottes am liebsten aus der Liturgie verdrängen möchten.

Auslegung

Die Klage des Psalms (V. 2–5) erinnert an Mi 7, 1–7. Weit und breit gibt es keinen „Frommen" (ḥasid) mehr. Menschen, die ḥäsäd praktizieren, d.h. selbstlos helfen und lieben, aus brüderlicher Solidarität anderen umsonst einen Teil ihrer Lebenskraft und ihres Besitzes schenken, sind ausgestorben. Vor allem fehlen mit dem Verschwinden der „Frommen" jene Menschen, welche die durch JHWH selbst gestiftete *ḥäsäd*-Beziehung verwirklichen. Aber auch die zweite große Eigenschaft JHWHs, die sich im Handeln seines Volkes widerspiegeln soll, ist unter den Menschen verlorengegangen: seine Treue (*'ämät*). Auf niemandes Wort kann man sich mehr verlassen. Sie reden miteinander, als wären sie ein Herz und eine Seele und denken und planen Schlechtes. Sie schmeicheln und verleumden „mit glatter Lippe". Und vor allem: In Rechtsverfahren und bei Verträgen setzen sie sich rücksichtslos durch. Sie versprechen alles und halten nichts. Sie inszenieren Prozesse, die sie durch Falschaussagen und Meineid für sich entscheiden. Wer ihnen im Wege ist, den räumen sie auf die Seite, weil sie die Macht und die „richtigen Beziehungen" haben. Und weil ihnen scheinbar alles gelingt, halten sie sich für das Maß aller Dinge: „Wer ist Herr über uns?"

Wo solches geschieht, stehen Wahrheit und Treue des Exodusgottes auf dem Spiel. Wo Menschenrechte verletzt werden, wird SEIN Recht verletzt. Weil er beim Exodus seine Parteinahme für die Schwachen, Unterdrückten und Armen geoffenbart hat, kann er diese Perversion menschlichen Zusammenlebens nicht hinnehmen. Nicht erst im Jenseits, sondern schon jetzt – so sagt V. 6 – erhebt er sich, um den Armen ihr Recht zu verschaffen. ER ergreift die Initiative und lädt ein, bei der geschichtlichen Verwirklichung dieser Initiative mitzuhelfen.

Nicht die Worte der „Gottlosen" (vgl. dazu unsere Auslegung von Ps 11), sondern die Worte JHWHs von seiner aktiven Solidarität mit den Unterdrückten und kleinen Leuten sind das A und O der Geschichte. Auf sie darf bauen, „gegen wen man schnaubt" (V. 6). Im Schmutz und im Geprahle der Mächtigen dieser Erde sind sie das kostbare Silber, das den Entrechteten Kraft und Hoffnung gibt. Daß es keine „bloßen" Worte bleiben, hängt auch davon ab, ob sich Beter dieses Psalms finden, die Gottes Sache zu ihrer Sache machen. Dann wird der Psalm erst eigentlich zum prophetischen Psalm.

Psalm 14

1a *Es sagt der Tor in seinem Herzen:*
1b *„Gott ist nicht da!"*
1c *Verderbt, abscheulich handeln sie,*
1d *einer, der Gutes täte, ist nicht da.*
2a *JHWH schaut vom Himmel herab*
2b *über die Menschen hin,*
2c *um zu sehen, ob ein Verständiger da sei,*
2d *einer, der nach Gott fragt.*

3a *Sind denn alle abtrünnig, insgesamt verkommen?*
3b *Ist denn nicht einer da, der Gutes täte,*
3c *ist denn nicht einmal ein einziger da?*
4a *Haben denn keine Erkenntnis die Übeltäter,*
4b *die ihr Brot essen, dadurch daß sie mein Volk fressen,*
4c *JHWH aber nicht anrufen?*

5a *Plötzlich trifft sie grausamer Schrecken,*
5b *denn Gott ist mit den Gerechten.*
6a *Am Anschlag wider den Armen werdet ihr zuschanden,*
6b *denn JHWH ist seine Zuflucht.*

7a *Ach, daß doch aus Zion Rettung für Israel käme!*
7b *Wenn JHWH sein Volk wiederherstellt,*
7c *wird jubeln Jakob, wird sich freuen Israel.*

Einführung

Dieser Psalm war offensichtlich in Israel sehr beliebt. Er ist als Psalm 53 noch ein zweites Mal überliefert. Die Textunterschiede zwischen Ps 14 und Ps 53 lassen sich so erklären, daß Ps 53 eine nochmals überarbeitete Fassung des Psalms darstellt. Aber auch der Text von Ps 14 dürfte nicht die Urfassung des Psalms sein. Deutlich abgesetzt von der (prophetischen) Zusage in V. 6, daß JHWH als der „Gott" der Armen die Rotte der Ausbeuter und Gewalttätigen vernichten werde, ist die Bitte in V. 7, die den Psalm zu einem Volksklagelied macht. In V. 1–6 überlagern sich Sprache und Theologie der weisheitlichen bzw. der prophetischen Überlieferung. Weisheitlich ist die Überzeugung, daß „der Tor", der sich in seinem Leben „keinen Pfennig" um Gott schert und deshalb rücksichtslos macht, was er will, und es dabei offensichtlich zu Reichtum, Ansehen und Glück bringt, schließlich doch scheitert und „ein böses Ende nimmt". Das ist die altüberlieferte Weisheitsmaxime vom „Tun-Ergehen-Zusammenhang".

Typisch prophetisch ist dagegen, daß JHWH in seiner Parteinahme für die Armen als „sein Volk" eingreifen wird. Auch die Schärfe der Anklage in V. 4, in der der Sprecher im Namen JHWHs Partei für „sein Volk" ergreift, kommt aus prophetischer Solidarität, wie sie vor allem bei Micha bezeugt wird (vgl. besonders Mi 3,3). So ist anzunehmen, daß die „Urfassung" des Psalms eine weisheitliche Lehre darüber war, daß Gott es, allem versucherischen Anschein zum Trotz, doch mit der „Generation der Gerechten" hält. Diese „Urfassung" wurde zum „prophetischen Protestpsalm" (vgl. dazu unsere Auslegung von Psalm 12) erweitert, der die Reichen und Mächtigen nicht nur als faktische Atheisten (V. 1) brandmarkt, sondern als Verbrecher an der „Familie"

JHWHs (V. 4). Was immer diese Leute sonst an Schlechtem oder Gutem tun, ihr Angriff gegen die Armen macht das Maß voll und fordert das Gericht JHWHs heraus! Nicht nur die göttliche Weltordnung ist betroffen, sondern das Leben JHWHs selbst ist bedroht!

Auslegung

V. 1-2 gibt eine nüchterne Analyse: Wer in seinem Herzen sagt bzw. denkt: „Gott ist nicht da!" (er geht mich nichts an; er kümmert sich doch nicht um diese Kleinigkeiten; er ist mir noch nie begegnet; selbst ist der Mann ...), ist ein „Tor", der „Torheit" redet *und* tut. Eine Skizze dieser selbstherrlichen, brutalen Menschenart gibt Jes 32,6–7: wer so verächtlich von Gott denkt, handelt verächtlich am Menschen. Der „Tor" ist gewalttätig, vor allem gegen Schwache und gegen Frauen (vgl. Gen 34,7; Dtn 22,21; Ri 19,23f; 2 Sam 13,12f), er ist unsensibel gegenüber Notleidenden (Jes 32,5f; Spr 17,7), er kümmert sich weder um Recht noch um Sitte. Was den Sprecher des Psalms aber besonders belastet, ist, daß der „Tor" keine Ausnahme, sondern die Regel im Leben ist. Sogar JHWH, der seinen Blick über die Menschen streifen läßt, muß das entsetzt feststellen!

V. 3–4 steigert sich zur verzweifelt fragenden Anklage, die ein vernichtendes Urteil über die gesellschaftlichen Zustände ist. Die, die das Leben genießen, tun dies auf Kosten der anderen. Es ist eine „menschenfresserische" Gesellschaft – und sie ist es, weil sie nicht begreift, was der ihr doch gegebene Gottesname JHWH für ihr gesellschaftliches Leben bedeuten müßte. Daß JHWH als Geber von Leben und Freiheit sich durch gegenseitige Lebensgabe erweisen will, das ist doch die Erkenntnis, auf die es letztlich ankommt. Der Mord an den Armen ist ein Angriff auf JHWH selbst!

V. 5–6 gibt die visionär geschaute Antwort Gottes auf die Klage von V. 3–4. Diese Antwort will den Armen Hoffnung und den Gerechten Stärke geben. Das Glück der „Toren" wird zerspringen. Die Pläne der „Menschenfresser" werden scheitern. In dieser nun in direkter Anrede formulierten Gerichtsankündigung erreicht der prophetische Protest seinen Höhepunkt.

V. 7 lenkt den (vermutlich noch vorexilischen!) prophetischen Protest zur Bitte um Wiederherstellung und Erneuerung Israels hin. Hier spricht sich die Sehnsucht der nachexilischen Gemeinde aus, die sich als „kleine Herde" von den Weltmächten, die sich als „Toren" aufspielen, bedroht fühlt. Aber auch in ihrer eigenen Mitte gibt es viele „Toren", denen Gott nichts bedeutet und die deshalb machen, was sie wollen. „Darum leben sie ganz ihrem ‚Ich'. So wenig wie das ‚Du' Gottes ist ihnen das ‚Du' des Nächsten heilig" (A. Deissler). Weil dies so ist, ist Israels Existenz zutiefst bedroht. V. 7 bittet aber nicht um Vernichtung dieser „Toren", sondern um die Gabe der Erneuerung. Die erneuerte Gemeinde des Zion ist die wirksamste Gegenkraft gegen die „Torheit" des Unglaubens.

Psalm 11

1a An JHWH habe ich mich geborgen!
1b Wie könnt ihr zu mir sagen:
1c „Flieg euren Berg hinauf – Vogel!
2a Denn, siehe die Gottlosen da:
2b sie spannen den Bogen,
2c sie machen fest ihren Pfeil auf der Sehne
2d um im Dunkel zu schießen auf die mit lauterem Sinn.
3a Denn: wenn die Fundamente geschleift werden,
3b was kann da der Gerechte noch wirken?"
4a JHWH, in seinem heiligen Tempel ist er,
4b JHWH, im Himmel ist sein Thron,
4c seine Augen schauen umher,
4d seine Wimpern prüfen die einzelnen Menschen.
5a JHWH, den Gerechten prüft er und den Gottlosen,
5b und wer Gewalt liebt, den haßt er.
6a Er läßt auf die Gottlosen regnen feurige Kohlen und Schwefel
6b und Glutwind ist der Anteil ihres Bechers.
7a Denn gerecht ist JHWH,
7b gerechte Taten liebt er.
7c Die mit lauterem (Sinn) schauen sein Angesicht.

Einführung

„Vertrauenspsalm" nennt die Exegese viel- und nichtssagend zugleich diesen Text. Ob er lebendiges Vertrauen bezeugt oder ob er Vertrauen, das brüchig geworden ist, zurückgewinnen will, ist damit noch nicht gesagt. Im Leben liegt beides meist eng beieinander. Die Situation, die sich im Text widerspiegelt, ist die schleichende oder offene Versuchung zur Resignation und zum Fatalismus: Die Verhältnisse sind eben so ..., der einzelne kann da doch nichts machen ..., Ideale sind gut und schön, aber die Wirklichkeit ist ganz anders ..., wer überleben will, muß an sich selbst denken: Rette sich, wer kann – und nach mir (dir) die Sintflut!

Nach Meinung vieler Ausleger ist der Beter des Psalms ein von Feinden verfolgter Frommer, der im Tempel Asyl sucht und dort dem wohlmeinenden Rat von Freunden sein Vertrauensbekenntnis entgegensetzt, auch mit dem Ziel, deren Kleinglauben zu entlarven und ihnen mit seiner Haltung ein Beispiel zu geben. Diese Position setzt voraus, daß der Psalm in einer konkreten Einzelsituation entstanden ist, was angesichts der allgemeinen Notschilderung von V. 2–3 und der grundsätzlichen Reflexion über JHWH als Gott des Rechts in V. 4–7 b wenig wahrscheinlich ist. Unser Psalm ist als Formular und „Gebrauchstext" entstanden, dessen „Sitz im Leben" nicht der Tempel, sondern der harte gesellschaftliche Alltag ist, in dem es nur zu oft um die Bewährung des Gottesglaubens geht.

Der Psalm, der als ganzer vom „lyrischen Ich" des Beters gesprochen ist, besteht aus zwei Hauptteilen. In V. 1 b–3 weist der Beter in Frageform den versucherischen Rat von Freunden (vielleicht ist dies zugleich eine literarische Fiktion: auch er selbst denkt in einem Winkel seines Herzens so!) zurück. Den theologischen Grund dafür entfalten V. 4–7 b. Beide Hauptteile sind durch einen Stichwortbezug aufeinander bezogen, der zugleich die Hauptaussage enthält. Auf die Frage von V. 3 b „Was kann da der (einzelne) Gerechte noch wirken" antwortet V. 7 a b: „Denn gerecht ist JHWH, gerechte Taten liebt er." Wer wirklich glaubt, daß Gottes

Gerechtigkeit der Sinn der Geschichte ist und daß ER sich durchsetzt und nicht die Barbarei der Gottlosen, der kann folgern, daß es nicht sinnlos ist, sich der Barbarei zu widersetzen. Um diese beiden Hauptteile legt sich ein kurzer Rahmen, der die Grundaussage des Psalms festhält: Zuflucht vor der Rotte der Gewalttätigen bietet JHWH (V. 1 a); wer lauter ist und die krummen Wege verabscheut, der darf JHWHs froh machendes Angesicht sehen – jetzt und immerdar (V. 7 c).

Auslegung

Der erste Hauptteil (V. 1 b–3) schildert metaphorisch die Brutalität des Lebens. Da ist die große Masse „der Gottlosen, der Frevler". Das ist die übliche Chiffre für Mörder (vgl. Ex 2, 13; Num 35, 31), Ausbeuter (Jes 3, 11), Rechtsverdreher (Hab 1, 4), Leute vom Zuschnitt des Pharao, der Israel versklavt und umbringt (Ex 9, 27). Es sind Leute, die auf andere Jagd machen, sie für vogelfrei erklären, im Dunkel auflauern – aus Habgier, Lust an der Gewalt oder im rätselhaften Bann des Bösen. Die Fundamente des Zusammenlebens werden „geschleift": sie kümmern sich weder um Recht noch um Moral und schon gar nicht um Gott. Wenn und weil die Lage so ist, ist der versucherische Rat an den, der sich JHWH und seiner Gerechtigkeit verpflichtet weiß, verständlich: Guter Freund, das ist nicht die Stunde der Frommen, zieh dich zurück in das Ghetto deiner Innerlichkeit: „Vöglein, flieg in die schützenden Berge" (vgl. Ps 55, 7; 124, 7; Ri 6, 2; 1 Sam 24; 1 Makk 2, 28; Mt 24, 16).

Im zweiten Hauptteil (V. 4–7 b) setzt der Beter der „realistischen" Gesellschaftsanalyse seiner Freunde die Vision entgegen, daß es außer der Mörderbande des Bösen auch noch, ja viel mehr IHN gibt, der die Gewalt haßt und der selbst „der Gerechte im Himmel" ist und dessen Abbild der einzelne Gerechte auf Erden ist und sein soll. ER, „der Gerechte im Himmel", widersetzt sich dem Bösen, wie der Beter mit Anspielung auf das Gericht der Sintflut (vgl. V. 5b mit Gen 6,9), auf die Vernichtung von Sodom und Gomorra (vgl. V. 6a mit Gen 19) und auf die prophetische Gerichtstheologie (vgl. V. 6b mit Hos 13,15; Jer 4,11) beschwört. Weil und wo ER wirkt, kann der einzelne Zaddik doch etwas wirken.

Das ist die „Lehre wider die Resignation", die der Psalm vermitteln will: Daß ER, der im Himmel ist, zugleich auf Erden da ist, „ist für dich der Grund, daß du eben nicht euren Berg hinaufflatterst. Denn, was sich durchsetzt in dieser Welt, das ist eben nicht der chamas, die Barbarei, sondern SEINE Wahrhaftigkeit" (T. Veerkamp).

IX. Des Herrn ist die Erde und die auf ihr leben

Wem gehört die Erde? Die Antwort scheint uns Heutigen einfach: Sie ist öffentliches und privates Eigentum. Sie gehört den Staaten und den Kommunen, den Bauern und der Industrie, den Militärs und den Kleingärtnern ... Sie gehört denen, die auf ihr leben. Und vielfach gehört sie Leuten und Institutionen, denen sie eigentlich nicht gehört.

Wem gehört die Erde? Da gibt es Gruppen und einzelne, die die Erde als Lebenshaus pflegen und schützen. Da gibt es andere, die sie gedanken- oder rücksichtslos plündern und zerstören. Da gibt es Menschen, die nicht zu Unrecht befürchten, daß die Menschheit dieser Erde den großen Kollaps bringen wird. Und da gibt es Menschen, die sich für die bedrohte Erde einsetzen: damit sie jenes Lebenshaus bleiben kann, als das sie der gute Schöpfergott will und liebt.

Wem gehört die Erde? Die Menschen der Bibel geben darauf mit Ps 24,1 die Antwort: „JHWH gehört die Erde!" Sie gehört weder dem Baal noch dem Pharao, weder den Priestern noch dem Volk, weder der Administration noch den Großgrundbesitzern. Mit dem Bekenntnis, daß JHWH die Erde gehört, unterstreicht Israel, daß JHWH sie den Menschen nur mit bestimmten Auflagen und Aufgaben übergeben hat. Deren wichtigste ist zugleich das Geheimnis der Erde: Von JHWH her soll sie Ort des Lebens für möglichst viele Lebewesen, Mensch *und* Tier, sein. Nach der Sicht der alttestamentlichen Tradition, die sich auch in den Psalmen immer wieder ausspricht, muß die Erde nicht erst durch die Menschen zum Biotop gemacht werden. Insofern sie „die Erde des Herrn" ist, ist sie schon ein Lebenshaus. Und es kommt zuallererst darauf an, das in ihr und auf ihr gegenwärtige „Lebenspotential" und die sie prägende „Lebensordnung" wahrzunehmen und anzunehmen.

Die Psalmen lassen keinen Zweifel daran: Der Schöpfergott JHWH liebt SEINE Erde. Und er hat sie in Liebe dem Menschen übergeben, in der Hoffnung, daß auch dieser sie liebt und so auf ihr lebt, daß sie JHWHs liebenswürdige Schöpfung bleibt!

Psalm 19

2a *Die Himmel erzählen die Herrlichkeit Gottes,*
2b *und das Wirken seiner Hände verkündet das Firmament.*
3a *Tag sprudelt dem Tag Rede weiter,*
3b *und Nacht kündet der Nacht Wissen,*
4a *Nicht ist es Rede und nicht sind es Worte,*
4b *ihr Klang ist nicht zu hören.*
5a *Über die ganze Erde hin ist ausgegangen ihr Klang*
5b *und bis an das Ende des Erdkreises ihr Gesprochenes.*
5c *Dem Sonnenball hat er an ihnen ein Zelt angewiesen,*
6a *und der kommt heraus wie ein Bräutigam aus seiner Kammer,*
6b *er jauchzt wie ein Held, zu laufen die Bahn,*
7a *vom Ende der Himmel ist sein Herauskommen,*
7b *und sein Wendepunkt liegt an ihren Enden,*
7c *und nichts bleibt seiner Glut verborgen.*

8a   Die Weisung JHWHs ist vollkommen –
8b   die Lebenskraft erneuernd.
8c   Das Zeugnis JHWHs ist bewährt –
8d   den Toren weise machend.
9a   Die Befehle JHWHs sind lauter –
9b   das Herz erfreuend.
9c   Das Gebot JHWHs ist hell –
9d   die Augen erleuchtend.
10a   Das Wort JHWHs ist rein –
10b   bestehend für immer.
10c   Die Rechtssatzungen JHWHs sind Wahrheit –
10d   gerecht sind sie allesamt.
11a   Begehrenswerter sind sie als Gold
11b   und als Feingold in Menge,
11c   und süßer schmeckend sind sie als Honig
11d   und als Honigwabenseim.

12a   Auch dein Knecht läßt sich durch sie warnen,
12b   sie zu bewahren, bringt großen Lohn.
13a   Versehen – wer kann sie erkennen?
13b   Von verborgenen Sünden sprich mich frei!
14a   Auch vor Gottvergessenen schütze deinen Knecht,
14b   nicht sollen sie herrschen über mich.
14c   Dann bin ich vollkommen,
14d   und ich bin frei von großen Vergehen.

15a   Es seien zum Wohlgefallen die Worte meines Mundes,
15b   und das Sinnen meines Herzens gelange vor dein Angesicht:
15c   JHWH, mein Fels und mein Erlöser.

Einführung

Eine tiefsinnige Meditation über die Existenz von Menschen, die sich als „Knechte" (bzw. „Mägde") JHWHs begreifen, bietet dieser Psalm. Er ist durchgängig von weisheitlicher Sprache bestimmt, die – ebenso wie seine Thematik – in die spätalttestamentliche Zeit verweist. Ob der Psalm eine ursprüngliche Einheit darstellt oder ob hier nicht eigentlich zwei Psalmen, ein „Schöpfungs- bzw. Naturpsalm" (V. 2–7) und ein „Torapsalm" (Gesetzespsalm: V. 8–15), nebeneinandergestellt sind, oder ob hier ein kürzerer Psalm, der die Tora als Sonne des Lebens feierte (V. 2–11), durch mehrere Nachträge (ähnlich wie z. B. Ps 104) zu einem Gebet bzw. zu einer Opfergabe für JHWH erweitert wurde (was mir am wahrscheinlichsten erscheint), kann hier nicht weiter erörtert werden.

Der Psalm, der in V. 15 mit einer „Weiheformel" schließt, hat drei „Hauptteile" (V. 2–7.8–11.12–14). Diese werden jeweils mit dem entscheidenden „Themawort" eingeleitet, um das es dann jeweils geht (V. 2: Herrlichkeit = herrscherliches Wirken Gottes in seiner Schöpfung; V. 7: Tora = Weisung des Gottes Israels; V. 12: „dein Knecht" = Leben unter der Weisung des herrscherlichen Gottes JHWH). Der Abschnitt V. 2–7 entfaltet die (Königs-)Herrlichkeit des Schöpfergottes, der seiner Schöpfung eine universale Lebensordnung eingestiftet hat. Diese Ordnung, die sich im Rhythmus von Tag und Nacht und im Sonnenlauf offenbart, ist ein die Menschen anredendes und beglückendes Geschehen, in dem Gott selbst auf sie zugeht – wie der Abschnitt V. 8–11 erläutert. Die Tora, die JHWH seinem Volk gegeben hat, wird durch den Zusammenhang von V. 2–7 und V. 8–11 in zweifacher Weise gekennzeichnet. Zum einen wird unterstrichen, daß die vielen und vielfältigen

Worte der Tora nicht von der Schöpfung wegführen, sondern dazu helfen und drängen wollen, schöpfungsgemäß zu leben: „es gibt kein Heil an der Schöpfung vorbei" (N. Lohfink)! Und zum anderen wird deutlich, daß die Tora eine Grundordnung der Schöpfung selbst ist: Es gibt kein Heil an der Tora vorbei!

Im Abschnitt V. 12–14 bekennt der Beter seine Bereitschaft, sich den Lebensordnungen der Tora als dem Lebensprinzip der Schöpfung insgesamt zu unterstellen. Er bekennt, daß er sich dabei als „simul iustus et peccator" (als zugleich Gerechter und Sünder) erlebt. Er erfährt, daß das Leben in und nach diesen Ordnungen in der Tat „großen Lohn", d. h. Lebensglück für die anderen und für sich, bringt. Aber er weiß zugleich, daß die eigene Schwäche (V. 13) und die Verstricktheit in eine böse, ursündliche Gottvergessenheit der menschlichen Gesellschaft den Weg im Lebenshorizont der Tora immer wieder verstellt, ja an den Rand des Abgrundes führt – wäre der Geber der Tora eben nicht, wie V. 2–11 entfaltet haben, ein „Liebhaber des Lebens" (Weish 11,26), der als der vergebende Gott Amnestie gewährt (V. 13–14).

Auslegung

Im Abschnitt V. 2–7 geht es nicht, wie oft gesagt wird, um den Lobpreis, den Himmel und Sonne ihrem Schöpfergott singen (vgl. dazu Ps 148,1–5). Es geht vielmehr um ein „Wissen", das sie weitergeben, und um ein Zeugnis, das sie fortwährend ablegen – sozusagen vor und für sich selbst, insbesondere aber für die Menschen, die unter den Himmeln und „unter der Sonne" (Lieblingsausdruck des Kohelet) leben. Den Inhalt ihrer Botschaft könnte man mit Ps 148,6 formulieren: „Er (Gott) gab ihnen (dem Firmament und der Sonne) ein Gesetz, das sie nicht übertreten." Es ist die Ordnung der Lebenszeiten, die schöpfungskonstitutiv ist, wie Gen 8,22 zusammenfaßt: „Solange die Erde besteht, sollen nicht aufhören Aussaat und Ernte, Kälte und Hitze, Sommer und Winter, Tag und Nacht." Mit dieser grundlegenden Ordnung ist gemäß Jer 31,35f die Existenz Israels zutiefst verwoben: „Nur wenn jemals diese Ordnungen vor meinen Augen ins Wanken gerieten – Spruch JHWHs –, dann hörten auch Israels Nachkommen auf, für alle Zeiten vor meinen Augen ein Volk zu sein." Unser Psalm nun sieht in den durch den täglichen Lauf des „Sonnenballs" gesetzten und für den ganzen Erdkreis unaufhaltsam wirkenden (V. 5ab) Zeitordnungen eine Offenbarung der „Herrlichkeit Gottes". An der Sonne wird offenbar, daß und wie der Schöpfergott in seiner Schöpfung und insbesondere für die Menschen „unter der Sonne" wirkmächtig da ist (V. 2b).

Wie der Schöpfergott seine herrscherliche Mächtigkeit über die ganze Erde hin erweist, wird in V. 5c–7c im Rückgriff auf die auch in der Umwelt Israels breit belegte Vorstellungs- und Bildüberlieferung von der Sonne als Quelle des Lebens bzw. vom Sonnengott als Gott der Gerechtigkeit, der Recht und Gesetz gibt und über ihre Befolgung wacht, erläutert. Natürlich ist der Sonnenball für Israel keine Gottheit mehr, sondern hat den Anweisungen des Schöpfergottes zu folgen, sowohl was sein Verschwinden in der Nacht (V. 5c.7b) betrifft als auch was sein Wirken am Tage (V. 6.7c) angeht. Der Psalm ist von drei Dingen besonders beeindruckt: 1) von der strahlenden Schönheit und jugendlichen Frische, mit der die Sonne jeden Tag neu über der Erde und für sie aufgeht, wie ein junger, glücklicher Bräutigam, der seiner Braut entgegenzieht, um ihr seine Liebe zu schenken; 2) von ihrer heldengleichen Mächtigkeit, mit der sie das Dunkel vertreibt und der Finsternis als der Zeit von Angst und Chaos ein Ende setzt; 3) von der Reichweite ihrer Strahlen, die überall hin dringen und alles – das Gute und das Böse – zum Vorschein bringen.

Daß die so geschaute Sonne zum Bild für den Leben gebenden und erhaltenden Schöpfergott wurde, leuchtet unmittelbar ein. Und daß der Sonnengott in Mesopotamien und in Ägypten als Geber und Schützer von Recht und Gerechtigkeit (als Gesetzgeber, Richter, Retter, Rächer) verehrt wurde, ist ebenfalls einsichtig. So ist es nur konsequent, wenn Israel die ihm von seinem Gott JHWH für alle Bereiche des Lebens gegebenen Weisungen mit der Gabe der Sonne in Verbindung brachte, ja die Tora als seine eigentliche Sonne betrachtete. Alles, was in V. 2–7 über die Sonne gesagt ist, gilt – so ist der Psalm zu verstehen – von der Tora. Sie ist Israels liebender und belebender Bräutigam, siegreicher Kämpfer gegen das Böse und alles aufdeckender Richter. Der Abschnitt V. 8–11 führt diese Erfahrung Israels mit der Tora so aus, daß in sechs Sätzen zunächst immer ein Wesenszug der Tora (vollkommen, bewährt, lauter, hell, rein, wahr) und anschließend eine Wirkung genannt wird. Ein abschließender Parallelismus (7. Element der Reihe: Steigerung und Zusammenfassung!) hebt hervor: die Tora ist kostbarer als alles, worauf die Sehnsucht eines altorientalischen Menschen geht (Gold ist der Reichtum der Könige; Honig ist die Speise der Götter und das Dessert eines Festmahls; vgl. auch den Traum vom Land, „in dem Milch und Honig fließt").

Unter dieser Sonne der Tora JHWHs und im Vertrauen auf seine vergebende Güte im Falle von Toraverletzungen aus menschlicher Schwäche oder Begrenztheit kann das Leben der JHWH-Knechte und -Mägde wie eine vollkommene Opfergabe (V. 14 c) werden.

Die abschließende „Widmung" V. 15 ist eine Art „Weiheformel". Sie greift Formulierungen aus der Opfertheologie auf („Wohlgefallen"; „vor dein Angesicht gelangen") und deutet das Rezitieren des Psalms als eine dankende und bittende Opfergabe, die der Beter/die Beterin seinem/ihrem Gott darbringt, der sich als „Fels" (inmitten des schöpfungswidrigen Chaos) und als „Erlöser" (inmitten der versklavenden Geschichtsmächte) erwiesen hat und als solcher weiterhin erweisen wird.

Psalm 33

1a *Jubelt ihr Gerechten über JHWH,*
1b *den Lauteren ziemt Preisung,*
2a *danket JHWH auf der Tragleier,*
2b *auf der zehnsaitigen Standleier spielt ihm auf,*
3a *singt ihm ein neues Lied,*
3b *macht schöne Musik mit Jubelklang!*

4a *Denn lauter ist JHWHs Wort,*
4b *und alles, was er macht, geschieht in Treue,*
5a *er liebt Gerechtigkeit und Recht,*
5b *von der Güte JHWHs ist angefüllt die Erde.*

6a *Durch JHWHs Wort sind die Himmel gemacht*
6b *und durch den Hauch seines Mundes ihr ganzes Heer.*
7a *Er faßt wie mit einem Wall die Wasser des Meeres,*
7b *er füllt in Vorratskammern die Urfluten.*
8a *Es fürchtet sich vor JHWH die ganze Erde,*
8b *vor ihm erzittern alle, die wohnen auf dem Erdkreis.*
9a *Denn er ist es, der spricht, und es geschieht;*
9b *er ist es, der befiehlt, und es steht da.*
10a *JHWH zerbricht den Plan der Nationen,*
10b *er macht zunichte die Gedanken der Völker,*

11a der Plan JHWHs (dagegen) steht da auf ewig,
11b die Gedanken seines Herzens von Geschlecht zu Geschlecht.
12a Selig die Nation, deren Gott (dieser) JHWH ist,
12b das Volk, das er sich als Erbteil auswählte.

13a Vom Himmel blickt JHWH hernieder,
13b er sieht auf alle Menschenkinder,
14a vom Ort seines Wohnens schaut er aus
14b auf alle, die wohnen auf der Erde,
15a er, der ihr Herz gebildet hat allzumal,
15b der wahrnimmt alles, was sie machen.
16a Nicht wird der König gerettet durch die Größe seiner Macht,
16b ein Held wird nicht befreit durch die Größe seiner Kraft.
17a Trug ist das Roß für die Rettung
17b und durch die Größe seiner Macht befreit es niemand.
18a Siehe, JHWHs Auge ist auf denen, die ihn fürchten,
18b auf denen, die sich ausstrecken nach seiner Güte,
19a daß er ihr Leben aus dem Tod befreie
19b und daß er sie lebendig mache im Hunger.

20a Unser Leben hofft auf JHWH,
20b unsere Hilfe und unser Rundschild ist ER.
21a Ja, über ihn freut sich unser Herz,
21b ja, in seinem heiligen Namen bergen wir uns.
22a Es sei deine Güte, JHWH, über uns,
22b denn wir strecken uns aus nach dir!

Einführung

In Aufbau und Absicht ist dies das Musterbeispiel eines Hymnus. Er wird in V. 1–3 eröffnet mit einer (imperativischen) Aufforderung zum Lobpreis JHWHs. Das Thema des Hymnus, d. h. Anlaß und Inhalt des Gotteslobs, wird, eingeleitet mit „denn" (man könnte auch übersetzen: „ja, fürwahr, gewiß"), in V. 4–5 angegeben. Das Thema wird anschließend zweifach entfaltet. V. 6–12 preist JHWH als Schöpfer des Kosmos und Herrn der Geschichte, der sich Israel in Liebe als Erbteil ausgewählt hat. V. 13–19 preist JHWH als den König und Schöpfer aller Menschenkinder, der sich rettend denen zuwendet, die nicht auf eigene Macht setzen, sondern sich nach SEINER Güte ausstrecken. Beide Abschnitte stellen sprachlich dar, was sie vermitteln wollen: Sie setzen jeweils mit dem Motiv von JHWH als dem, der den Himmel schafft bzw. im Himmel thront an, und beschreiben dann eine Bewegung herab zur Erde, auf Israel bzw. auf die vom Tod bedrohten Menschen zu. V. 12 und V. 18 f, die auch durch ihre Form (Seligpreisung; Aufmerksamkeitsruf „siehe", Finalsätze!) als Höhepunkte herausgehoben sind, fassen zusammen, was dieser Hymnus in den Betern auslösen will, nämlich das unerschütterliche Vertrauen darauf, daß JHWH der seinem Volk in Güte zugewandte Gott ist und bleibt. Mit dem abschließenden „Abgesang" V. 20–22 bezeugt die Gemeinde im „Wir"-Stil, daß sie das Thema des Lobpreises zur Basis ihres Lebens machen will.

Die Gattung des Hymnus hat ihren „Sitz im Leben" im offiziellen Kult. Seine Themen sind deshalb nicht die Lebenssituationen des einzelnen, denen wir im Klage- und Dankpsalm des einzelnen (vgl. z. B. Ps 13; 30) begegnet sind, sondern JHWH als der Herr des Kosmos, als Gott der Geschichte, als Gott eines Volkes. Im Hymnus bekennt die versammelte Festgemeinde deshalb die Grunderfahrung Israels: daß JHWH seine Göttlichkeit dadurch erweisen will, daß er inmitten eines Volkes da sein will. Der Hymnus besingt deshalb streng genommen nicht eine Einzeltat JHWHs (auch nicht in dem kurzen Hymnus Ex 15,21: „Singet JHWH, denn hoch erhoben ist ER: Roß und Reiter warf er ins Meer!"), sondern IHN selbst, in seinem Wirken und Sein, IHN, wie er sich als gegenwärtig erfahren läßt. Der Hymnus ist ein Hineintauchen in diese Lebenswirklichkeit, der Israel seine Existenz verdankt. Deshalb ist der Hymnus immer das Gebet oder das Lied einer Gemeinschaft.

Man kann sich die „Aufführung" unseres Hymnus so vorstellen: V. 1–3 wird von einem Vorsänger/Liturgen gesungen, der die Gemeinde zum Gotteslob auffordert. Das Thema V. 4–5 wird vom Volk oder von einem Chor angegeben und dann in V. 6–12.13–19 von zwei Solisten (im Kantilenestil und mit Leierbegleitung!) entfaltet. V. 20–22 wird wieder vom Volk gesungen. (Diese „Rollenaufteilung" wäre auch für einen heutigen Wortgottesdienst sinnvoll!)

Der Psalm, dessen 22 Parallelismen die 22 Buchstaben des hebräischen Alphabets nachahmen, stammt aus nachexilischer Zeit. Es ist theologisch besonders von Gen 1 und Jes 40–55 inspiriert. In einer Epoche, in der Israel von der Angst der Gottesverlassenheit gequält wird, will der Psalm mit dem Lobpreis der Treue und der Güte JHWHs Israel hineinziehen in die Gegenwart seines rettenden Gottes.

Auslegung

Die Aufforderung zum Hymnus (V. 1–3) ist eine sich in fünf Imperativen steigernde Einladung an die versammelte Festgemeinde, JHWH ein mit Leiern begleitetes Loblied zu singen. Es soll ein „neues Lied" sein. Damit werden in Ps 96,1; 98,1 Hymnen gekennzeichnet, die die endzeitliche und endgültige Vollendung der Gottesherrschaft preisen. Dieser Aspekt ist in unserem Hymnus nicht hervorgehoben. Das „neue" Lied zielt hier eher auf die nach der im Exil gemachten Erfahrung der Gottverlassenheit von JHWH seinem Volk erneut zugesagte Verheißung des „neuen" Bundes (vgl. Jer 31,31–34). Das „neue" Lied ist die Anerkennung und die Antwort des Volkes, daß JHWH in seiner Treue und Güte (V. 4–5) die Erwählung Israels „erneuert" hat. Das „neue" Lied feiert die Erneuerung der Beziehung JHWH-Israel, und zwar „mit Jubelklang", d. h. mit jenem Fortissimo von Jubelrufen und Musikinstrumenten, mit dem der Sieg gegen die Feinde erkämpft und gefeiert (vgl. Jos 6,5.20; 1 Sam 4,5f), dem Königtum JHWHs gehuldigt (vgl. Num 23,21; Ps 47,6) und ein großes Fest in Israel herausgehoben (vgl. 2 Chr 15,14; Esr 3,12f) wurde. Der „erneuerten" Gemeinde „ziemt" der Lobpreis (V. 1b), insofern sie der Widerschein der Gerechtigkeit und der Lauterkeit ist, die JHWHs Wirken bestimmen; das deutet der Psalm durch die Stichwortbezüge zwischen V. 1 und V. 4–5 an.

Als Thema des Hymnus wird in V. 4–5 JHWHs Wirken in seinem Schöpferwort und in seinem Geschichtshandeln genannt – allerdings unter den qualitativen Aspekten von Lauterkeit und Treue. Er hat seiner Schöpfung eine Lebensordnung eingestiftet, über die er wacht, weil er sie liebt. Und mehr noch: Er verströmt seine Güte über die Erde. Die Aussage von V. 5b ist eine grandiose Neuinterpretation von Jes 6,3. Nicht mehr Allmacht und Größe JHWHs erfüllen die Erde, sondern die Güte des mächtigen Schöpfergottes ist das Lebensprinzip, dem vor allem Israel auch nach der Katastrophe von 587 v. Chr. seine „neue" Existenz verdankt.

Was dies für Israel als Gottesvolk bedeutet angesichts der weltpolitischen Erschütterung, der es im Exil und in den kleinen Anfängen seiner nachexilischen Existenz als unbedeutende Unterprovinz im persischen Weltreich ausgesetzt war und ist, wird in einer ersten Reflexion in V. 6–12 entfaltet. Israels Existenz ist in jenes uranfängliche Wortgeschehen, auf das die Trias Himmel – Meer – Erde zurückgeht, hineinverwoben. Der ganze Kosmos und die Geschichte der Völker gehören und gehorchen JHWH. „Wie eine disziplinierte Armee, die durch ein einziges Befehlswort oder ein Trompetensignal in Trab gesetzt wird..., so – empfindet man – gehorcht die Welt dem Wort des unsichtbaren Gottes" (O. Keel). Darauf kann Israel setzen, gerade im Angesicht drohender Katastrophen (vgl. die Zusagen des Schöpfergottes nach der Sintflut: Gen 8,20–22; 9,8–15). Weil der Schöpfergott willens und mächtig ist, die einmal von ihm gesetzte Lebensordnung, „seinen Plan und seine Gedanken" (V. 11), gegenüber allen zuwiderlaufenden Aktionen der Völkerwelt (V. 10) zu verwirklichen, ist Israel in der Tat selig zu preisen, weil JHWH es sich aus allen Völkern erwählt hat: „als sein Erbteil", d. h. als Gebiet seiner Königsherrschaft, an dem er hängt und das sein Krongut, ja Kronjuwel ist (vgl. Ex 19,6).

Daß und wie der Schöpfergott JHWH Israel als sein Erbteil liebt, wird in V. 13–19 hymnisch geschildert. Wieder setzt das Bild im Himmel an, wo JHWH als König des Kosmos von seinem Thronsitz aus alles und alle überblickt. Nichts bleibt ihm, dem Schöpfergott, verborgen. Weil er alles geschaffen hat und alles erhält, kennt er alle Ecken und Fasern des Lebens (vgl. Ps 94,9–11;

139, 13–16). Das Auge JHWHs bleibt aber nun nicht an den Mächtigen und Reichen dieser Erde hängen. Ihn faszinieren nicht die Könige und ihre Königsattribute. Sein Wohlgefallen finden nicht die, die auf militärische Macht setzen und diese vergötzen (vgl. ähnlich Ps 20, 8 f; 44, 7 f; 147, 10), sondern jene, die zwar machtpolitisch irrelevant, aber lebensmächtig sind, weil sie sich ausstrekken nach der wahren Quelle des Lebens: JHWH. Wer JHWH „ansieht" und wen er „ansieht", der gewinnt „das Anssehen", auf das es in tödlicher Bedrohung ankommt (V. 19). Das ist in der Tat ein „neues" Lied vom Exodusgott, der Roß und Reiter ins Meer wirft (Ex 15, 21), um die Schwachen und Ausgebeuteten vor diesen Todesmächten zu retten, weil er sich für Israel als sein Erbteil entschieden hat.

Im „Abgesang" (V. 20–22) schwingt sich die Festversammlung existentiell in die im Hymnus besungene Wirklichkeit ein. Sie stellt sich unter den Schutz dieses mächtig-gütigen Gottes – in Freude und in Gelassenheit, aber auch im Widerstand gegen die Resignation und den Zweifel, die durch ihre politische Not ausgelöst sind.

Psalm 8

2a *JHWH, unser Herrscher,*
2b *wie gewaltig ist dein Name auf der ganzen Erde,*
2c *welcher deinen himmlischen Glanz widerspiegelt.*

3a *Aus dem Munde von Kindern und Säuglingen*
3b *hast du eine Festung errichtet*
3c *um deiner Widersacher willen,*
3d *um zum Aufhören zu zwingen Feinde und Rachgierige.*

4a	*Sooft ich schaue deinen Himmel, Werke deiner Finger,*
4b	*Mond und Sterne, die du an ihrem Platz festgemacht hast –*
5a	*was ist es um das Menschlein, daß du seiner gedenkst,*
5b	*und um den Adamsohn, daß du (so) für ihn sorgst,*
6a	*und daß du ihn wenig geringer machst als ein Gottwesen*
6b	*und daß du ihn mit Herrlichkeit und mit Pracht krönst?*
7a	*Du setztest ihn als König ein über die Werke deiner Hände,*
7b	*alles legtest du unter seine Füße:*
8a	*die Schafe und die Rinder insgesamt*
8b	*und sogar die wilden Tiere des unbewohnten Landes,*
9a	*die Vögel des Himmels und die Fische des Meeres,*
9b	*die Wanderer auf den Wegen der Meere.*
10a	*JHWH, unser Herrscher,*
10b	*wie gewaltig ist dein Name auf der ganzen Erde.*

Einführung

Für diesen Psalm bricht die Frage nach dem Wesen des Menschen nicht in der Krise oder Sinnlosigkeit auf. Es ist nicht ein Fragen, das Halt und Hilfe sucht inmitten einer haltlos gewordenen Gesellschaft. Die Frage ist vielmehr der staunend-dankbare Ausruf eines Einzelnen (Psalmcorpus), der von der Gesamtgemeinde (V. 2.10) übernommen wird, angesichts der Erfahrung, daß das

Geheimnis des Menschen im Geheimnis Gottes gründet. Das Nachdenken des Menschen über sich selbst geschieht deshalb in diesem Psalm nicht in der Form philosophischer Reflexion, sondern in der Gestalt des JHWH anredenden Hymnus. Wenn der biblische Mensch über sich selbst redet, muß er zuallererst und zutiefst über das reden, was Gott an ihm gewirkt hat und immerfort wirkt.

Leider ist der hebräische Text in V. 2–3, worauf auch die Einheitsübersetzung in einer Fußnote hinweist, verderbt überliefert. Das hat eine Flut von Hypothesen ausgelöst, die hier nicht im einzelnen vorgestellt werden können. Die Schwierigkeit des überlieferten Textes besteht darin, daß in einem Relativsatz ein Imperativ steht („... auf der ganzen Erde, welcher/welche gib doch deinen Glanz..."), was auch im Hebräischen nicht möglich ist.

Um einen sinnvollen Text zu erhalten, muß hier etwas geändert werden. Die Vorschläge lassen sich auf zwei Grundtypen zurückführen. Die eine Gruppe ändert sowohl die Relativpartikel „welcher" als auch den Imperativ „gib doch". Das ergibt dann z. B. die Übersetzung: „... auf der Erde. Singen will ich deiner sich über den Himmel erstreckenden Majestät mit dem Munde der Säuglinge und Kinder" (N. Füglister). Die andere Gruppe liest nur den Imperativ anders. Zu dieser Gruppe gehört auch unsere oben wiedergegebene Übersetzung. Die Einheitsübersetzung „... auf der Erde; über den Himmel breitest du deine Hoheit aus" ist ebenfalls zu diesem Typ zu zählen, allerdings macht sie es sich noch leichter, indem sie die Relativpartikel einfach übergeht.

Der Psalm liegt nun in zweifach bearbeiteter Gestalt vor. Der ursprüngliche Psalm bestand aus V. 2 ab.4–10. Sein Corpus ist bestimmt von einem Frage-Antwort-Schema. Die eigentliche Frage setzt in V. 5 mit der Fragepartikel „was" ein. V. 4 gibt in einem temporalen Vordersatz den Auslöser dieser Frage an. Dieser Vordersatz ist streng genommen ein elliptischer Satz (also ein unvollständiger Satz), der vollständig ungefähr lauten müßte: „Sooft ich schaue..., kommt mir die Frage: Was ist es..." Ich habe diese elliptische Gestalt von V. 4 in der Übersetzung durch den Gedankenstrich angedeutet. Schwerer zu entscheiden ist, wie weit die Frage reicht und wo die Antwort beginnt. Meist wird angenommen, daß die Antwort mit V. 6 einsetzt. So z. B. die „Einheitsübersetzung" und die „Bibel in heutigem Deutsch". In dieser Sicht ergibt sich eine kunstvoll gestaltete Form. Die in V. 6–9 gegebene Antwort auf die in V. 4–5 gestellte Frage ist dann doppelt so lang. Die Frage besteht aus einer vierzeiligen Strophe, die Antwort aus zwei je vierzeiligen Strophen, wobei die erste Antwortstrophe durch vier aufeinanderfolgende Verbalsätze, die zweite Antwortstrophe durch eine mehrgliedrige Nominalreihe gebildet wird.

Gegenüber dieser Sicht möchte ich einen anderen Aufbau des Psalms herausstellen, der zumindest dem überlieferten masoretischen Text mehr entspricht. Während nämlich V. 6a mit Narrativ eingeleitet und V. 6b syndetisch mit „und" fortgeführt wird, setzt V. 7a asyndetisch (unverbunden) ein; ebenso wird V. 7b asyndetisch neben V. 7a gestellt. Auf der Ebene der Syntax ist also V. 6 nach vorne zu ziehen, während zwischen V. 6 und V. 7 eine Zäsur anzunehmen ist. Daß V. 6 als Fortführung der Frage V. 5 zu lesen ist, wird durch Ps 144,3 nahegelegt, wo unzweifelhaft die Was-Frage mit Narrativ entfaltet ist.

Dieses Verständnis von V. 6, das unserer Übersetzung zugrundeliegt, ergibt nun aber die Gliederung des Psalms in die zwei Teile: V. 4–6 (Frage) und V. 7–9 (Antwort). Diese Zweiteilung wird auch durch ein semantisches

Struktursignal unterstrichen. Beide Abschnitte werden eingeführt mit dem Begriff „Werke deiner Finger"/„Werke deiner Hände".

Das Corpus ist gerahmt durch einen wortgleichen Refrain, der eine Inclusio bildet (V. 2 a b und V. 10 a b).

Als „geistige Heimat" des „Erstpsalms" kommen priesterlich-weisheitliche Kreise in Frage, vermutlich der frühen nachexilischen Zeit. Darauf weist die theologische Nähe des Psalms zur priesterschriftlichen Schöpfungserzählung Gen 1 und die Aufnahme von Ps 8 im Buch Ijob (vgl. Ijob 7, 17 f). Als weisheitliches Meditationsgebet, das im theologischen Unterricht und in der „Hausliturgie" beheimatet sein konnte, von seinem Refrain her aber auch den Bogen auf die Gesamtgemeinde hin auszieht, zielt der Psalm nicht auf Belehrung, sondern auf dankende Vergewisserung.

Der Grundtext wurde, wie die Auslegung erläutern wird, zweimal erweitert. Zunächst wurde durch V. 3 die Situation der leidenden und verfolgten Gemeinde in den Psalm eingefügt: das Gotteslob (V. 2 a b) der von den Gottesfeinden verfolgten und verspotteten „Kinder und Säuglinge" (= Israel) ist ein Machterweis JHWHs „auf der ganzen Erde". Und schließlich wurde durch V. 2 c die frühjüdische Theologie von der Herrlichkeit des Gottesnamens eingetragen.

Auslegung

Im Mittelpunkt des Psalms steht die Frage nach dem Geheimnis des Menschseins. Sie bricht hier in einem Menschen auf, der um seine Vergänglichkeit („Menschlein") und um sein fortwährendes Schuldigwerden („Adamsohn") weiß. Sie bricht aber vor allem angesichts einer polaren Gotteserfahrung auf, die in V. 4–5 angesprochen ist. Der erste Pol ist die Größe und Herrlichkeit des Schöpfergottes, der sich in der Pracht, in der Festigkeit und in der Weite des Himmelsgewölbes und dessen nächtlichem Lichterglanz kundtut. Nicht in einem gefährlichen Götterkampf (vgl. altorientalische Vorstellungen), sondern geradezu spielerisch hat JHWH mit seinen Fingern den Himmel als Ordnungsmacht geschaffen und dem Mond und den Sternen ihren Platz und ihre Aufgabe darauf angewiesen. Als lyrisches Bild spielt das Motiv „Mond und Sterne am nächtlichen Himmel" auch auf die gemeinaltorientalische Vorstellung vom Himmel als königlichem Mantel bzw. Schmuck einer Himmelsgottheit (vgl. Ps 104,1 f) an. Angesichts des Bewußtwerdens der unvorstellbaren Weite des „Himmels", die sich auch für uns moderne Zeitgenossen nur plakativ mit Vokabeln wie Millionen von Lichtjahren, Milliarden von Sternen allein in unserem Milchstraßensystem andeuten läßt, relativiert sich das individuelle und kollektive Ich zu einer unbedeutenden quantité négligeable: „die Völker zusammen sind vor Gott wie ein Nichts ... Sie sind wie ein Tropfen am Eimer. Sie gelten soviel wie ein Stäubchen auf der Waage, ganze Inseln wiegen nicht mehr als ein Sandkorn" (Jes 40,17.15). Der Mensch als unbedeutende, störende Requisite im „Welttheater" Gottes – das ist freilich nur der eine Pol von Selbsterfahrung, die Ps 8 artikuliert. Der andere Pol steht ebenso dicht und fest daneben: daß der majestätische Gott um jeden einzelnen Menschen weiß, jedem einzelnen seine besondere Zuwendung und die Würde der Gottähnlichkeit schenkt.

Die Antwort, die der Psalm in V. 7–9 auf die staunende Frage gibt, bringt das Geheimnis des Menschseins auf den Punkt: Daß Gott den Menschen fürsorglich hält und als kostbaren Schatz (V. 6!) liebt, hängt mit der Aufgabe zusammen, die der Schöpfergott den Menschen zutraut und anvertraut. Dies wird mit einem Bild entfaltet, das auf den ersten Blick leicht verständlich zu sein scheint. Der Mensch ist danach der König (oder wie wir gern sagen: die Krone) der Schöpfung. Doch genau besehen sagt das Bild, daß der Mensch zum König über die Tiere eingesetzt ist. Der Horizont der dem Menschen als Herrschaftsbereich übergebenen Tierwelt wird in der Nominalreihe von V. 8-9 kunstvoll entfaltet. Er wird, vom Standort des Sprechers aus gesehen, in konzentrischen Kreisen immer weiter und ferner. Den unmittelbaren Lebens- und Wohnbereich vertreten die Schafe und Rinder, die durch den Zusatz „insgesamt" auf die Lebenswelt des Hirten und des Bauern hinweisen. Durch „sogar" abgesetzt und als Steigerung ausgewiesen folgen die „wilden Tiere" des unbewohnten Landes, die die Lebens- und Wohnbereiche bedrohen; dann kommen, entsprechend dem dreigeteilten Weltbild Erde – Himmel – Meer, „die Vögel unter dem Himmel" (also über der Erdscheibe/den Menschen), „die Fische im Meer" (also: im Wasser, das die Erdscheibe an den Rändern umspült) und schließlich „der Wanderer bzw. die Wanderer (Partizip!) auf den Wegen der Meere", d. h. die großen furchterregenden See- und Meeresungeheuer, die im Mythos die chaotischen Mächte des Bösen und des Todes (vgl. besonders Leviathan und Behemoth in Ijob 40,15-41,26, Tannin und Rahab in Jes 51,9 sowie das Meeresungeheuer in Jona 2,1-11) repräsentieren.

Der Mensch als Hirte und Bändiger der Tiere – das soll die gottgleichmachende Würde des Menschen sein, die Gottes Zuwendung begründet? Unser Zweifel und unser Unverstehen lassen sich beheben, wenn wir in der Bild- und Sprachwelt des Alten Orients und Ägyptens, aber auch des Alten Testaments (vgl. besonders Gen 1,26-28; Ijob 40,15-41,26; Jer 27,6; 28,14) sehen, daß die Fürsorge der Schöpfergottheiten und ihre Mächtigkeit, die

Feinde der Lebensordnung abzuwehren, ja zu töten so dargestellt und erzählt wird, wie sie als die „guten Hirten" ihre Geschöpfe weiden und schützen und wie sie als Helden die wilden Tiere und den Chaosdrachen bekämpfen und besiegen. Und das Amt der Könige wird als Teilhabe am göttlichen Weltkönigtum mit ebendiesen Bildern festgelegt. Von diesem Hintergrund her ist die Antwort unseres Psalms zu verstehen: Das Geheimnis des Menschen gründet darin, daß der biblische Schöpfergott allen (!) Menschen die Fähigkeit und die Aufgabe zutraut, wie Gott und wie ein guter König die Erde als Lebensraum zu schützen und als Ort heilvollen Zusammenlebens zu gestalten. Dem Mond und den Sternen hat Gott ihren festen Platz gegeben, dem Menschen aber eine Aufgabe. Um es mit der rabbinischen Tradition zu sagen: „Alle Dinge hat Gott fertig geschaffen. Den Mensch aber schuf er auf Hoffnung hin."

Vers 3, der sich vom Psalmcorpus V. 4–9 sowohl durch das Fehlen eines Parallelismus als auch durch die militärisch-politische Bildwelt abhebt, ist eine Erweiterung, die sich eng an den Anfangsrefrain anschließt: Daß und wie gewaltig der Name JHWH auf der ganzen Erde ist, erweist sich, so wird nun erläutert, an dem Bollwerk, das JHWH „aus dem Munde von Kindern und Säuglingen errichtet hat". Es ist ein Bollwerk, das einerseits „die Kinder und Säuglinge" schützt und andererseits „die Widersacher Gottes" scheitern läßt. Der Vers ist nicht leicht verständlich, was teilweise mit den Problemen der hebräischen Textüberlieferung zusammenhängt. Auch unsere hier vorgelegte Erklärung ist nur ein Versuch, der neben anderen möglichen Deutungen steht.

Unsere Deutung geht davon aus, daß hier metaphorische Redeweise vorliegt. Die „Kinder und Säuglinge" sind keine schreienden oder betenden Kleinkinder („Kindermund tut Gottes Allmacht kund"), auch nicht die Babies im Kreißsaal, deren erster Urschrei das Geheimnis des Leben gebenden Schöpfergottes verkündet. Das Oppositionspaar „Kinder" – „Feinde" legt vielmehr nahe, in den „Kindern und Säuglingen" eine Metapher für das leidende, verspottete und bedrängte Gottesvolk zu sehen. Die textliche Begründung für diesen Vorschlag liefern vor allem die Klagelieder. In ihnen wird Zion-Jerusalem als eine Mutter gezeichnet (vgl. dazu auch Jes 49, 20–23; 54, 1–6.13; 66, 8–11; Ps 81), die um ihre ermordeten und verschleppten Kinder trauert und klagt (Klgl 1, 16). Wenn es heißt, daß die Kinder der Mutter Zion deportiert werden, daß die Kinder Zions verstört sind (Klgl 1, 15 f) oder daß die Söhne der Mutter Zion wie wertloses Geschirr verachtet und behandelt werden (Klgl 4, 2), dann drückt die Metapher Kind das Ausgeliefertsein, die Wehrlosigkeit und die umfassende Leidenssituation des zum Spielball der politischen Mächte, die als „rachgierige Feinde" auftreten und erfahren werden (vgl. Klgl 1, 15 f; 2, 16–19; 3, 60), gewordenen Gottesvolks aus.

Das Staunens- und Rühmenswerte dieser Situation sieht V. 3 aber nun darin, daß JHWH selbst dem bedrängten Israel einen festen Zufluchtsturm geschaffen hat: durch den Namen JHWH, den er selbst ihnen in dieser Situation als Hilfe- und Vertrauensschrei in den Mund gelegt hat. Aus V. 3 spricht die Erfahrung, die Spr 18, 10 so formuliert: „Ein fester Turm ist der Name JHWH, dorthin eilt der Gerechte und ist geborgen". Der Name JHWH ist nach Ps 20, 8 ein Schild, der den von den Feinden umtobten König schützt und rettet: „Die einen sind stark durch die Streitwagen, die anderen durch Kriegsrosse, wir aber sind stark durch den Namen unseres Gottes JHWH" (vgl. ähnlich Ps 118, 10–14). Wo der Name JHWH angerufen wird, da müssen die Feinde zurückweichen (Ps 56, 10).

Im Sinne unseres Psalmes ist aber festzuhalten: Der

Gottesname ist hier auf den Lippen der klagenden und verzweifelten Kinder der bedrängten Mutter Zion. Das ist die veränderte Dimension der exilischen und nachexilischen JHWH-Erfahrung: Anders als zur Zeit Davids und der realpolitischen Machtentfaltung des vorexilischen Königtums, als JHWH für Erfolg, Wohlstand und Israels Gloria einzustehen schien, zeigt sich nun, daß – um mit Martin Buber zu reden – der Name dieses Gottes eben nicht zuallererst „Erfolg" ist, sondern Solidarität mit denen, die verlassen und vereinsamt sind. Daß die Leidenden und Verstoßenen in JHWH ihren Bundesgenossen anrufen, daß sie zu ihm schreien, ihn anklagen oder sich von ihm halten lassen wollen wie Ijob – das ist der paradoxe Erweis, wie mächtig und gewaltig der Name „JHWH" auf Erden sein kann. Daß die Leidenden ihre Identität in JHWH festhalten, einklagen und finden, ist das Bollwerk, das ihnen nicht einmal der Tod nehmen kann. Das Gebet, die Klage oder gar der Lobpreis der Leidenden ist ein JHWH-Erweis, der Zeugnis davon gibt, daß JHWH das Menschlein und den Adamssohn halten und tragen will. Weil es in der Hölle des Leids immer wieder „Kinder und Säuglinge" gibt, die den Namen ihres Gottes auf ihre Lippen nehmen, dürfen auch Nicht-Leidende es wagen, angesichts von Leid, Schuld und Tod zu diesem Gott zu beten: „JHWH, wie gewaltig ist dein Name auf der ganzen Erde!"

Die Glossierung in V. 2c ist ausgelöst durch die veränderte Theologie des Gottesnamens im Frühjudentum. Der Gottesname wurde nun zu einer Hypostase JHWHs mit eigener geheimnisvoller göttlicher Wesenheit. Die frühjüdische Theologie betonte einerseits außerordentlich stark die Transzendenz und Verborgenheit Gottes, wodurch sie andererseits gezwungen wurde, eine Reihe von Mittlerinstanzen einzuführen, wenn es überhaupt noch getreu der genuin alttestamentlichen Tradition an einem Handeln JHWHs an der Welt, in der Geschichte und im Kult festhalten wollte. Solche Mittlerinstanzen waren Personifizierungen verschiedener Aspekte des Handelns JHWHs, die immer stärker eine gewisse Selbständigkeit erhielten und schließlich zu einer Art Hypostase oder zu selbständigen Gestalten wurden. Dieser Entwicklung entstammen nicht nur die verschiedenen Engel (sozusagen mit jeweils unterschiedlichen Ressorts), sondern auch die Hypostasen „Weisheit" (als Schöpfungsmittlerin oder gar als Schöpferin selbst) und der „Gottesname", dem zunehmend eigenständige Wirkmächtigkeit zugeschrieben wurde.

Das ist der theologische Horizont, in dem unsere Glosse V. 2 c zu sehen ist. Sie bekennt den Glauben und die Hoffnung, daß der Gottesname in sich selbst, als Hypostase, unabhängig davon und vorgängig dazu, daß er angerufen wird, göttliche Wirkmacht in sich birgt. Nun gilt: „Gewaltig ist dieser Name auf Erden", weil er die wirkmächtige Mittlerinstanz des himmlischen Gottes ist.

Diese Glosse könnte auch den Einstiegspunkt dafür bieten, unseren Psalm christologisch zu interpretieren und zu beten (vgl. Mt 21,15f; 1 Kor 15,27; Eph 1,22; Hebr 2,6–9).

X. Gottesmystik

„Gott ist der Schatten des Menschen" – diese Hauptthese des Chassidismus kommentierte Baal-Schem, der Gründer der Bewegung, folgendermaßen (nach E. Wiesel): „Genauso, wie der Schatten den Gesten und Bewegungen des Körpers folgt, folgt Gott den Regungen der Seele. Wenn der Mensch barmherzig ist, wird Gott es auch sein. Das Geheimnis des Menschen heißt Gott, und Gottes Geheimnis hat keinen anderen Namen als den vom Menschen dafür erfundenen: Liebe. Wer liebt, liebt Gott. ... Und was ist denn die Liebe, wenn nicht ein schöpferischer Akt, bei dem zwei Wesen verschmelzen in einem tausendmal zerrissenen, tausendmal vernarbten Bewußtsein? Das Geheimnis der Liebe liegt im Einssein, das Mysterium Gottes ebenfalls ... Gott steht nicht im Gegensatz zum Menschlichen; und der Mensch, obwohl verwundbar und kurzlebig, kann die Unsterblichkeit erlangen im vergänglichen Augenblick."

Das Psalmenbuch birgt besonders kostbare Zeugnisse solcher Gottesmystik, die vom Einswerden Gottes und des Menschen künden – und zu ihm bereiten wollen. In bewegenden Bildern spricht sich darin die biblische Grunderfahrung aus: JHWH ist das Licht, in dem der Mensch sich selbst und seine Welt erst eigentlich zu sehen beginnt. JHWH ist das lebendige Wasser, das dem menschlichen Leben Fruchtbarkeit und Schönheit bringt. JHWH ist der Fels, auf dem der Mensch im Chaos seiner Ängste und Gefahren einen rettenden Ort findet. JHWH ist der Atem, der belebt und begeistert. JHWH ist im Menschenleben da – wo und wenn man ihn nur dasein läßt.

Die Psalmen konfrontieren uns zweifelnde Zeitgenossen mit dem Wissen um eine Gottesgegenwart im Menschen, die weder durch spektakuläre Ereignisse der Geschichte noch durch Menschen als „Boten" Gottes vermittelt ist. Es gibt, so bezeugen sie, eine Gottesunmittelbarkeit, die in jenem Geheimnis wurzelt, das Ps 139,5 mit dem Bild von der Mutter zusammenfaßt, die ihre Arme um ihr Kind legt, um diesem Geborgenheit und Schutz, Vertrauen und Liebe zu geben – nicht um es kleinzuhalten, sondern um es zu stärken für die Lebenswege, die es gehen muß!

Psalm 16

1 *Schütze mich, Gott, denn ich habe mich geborgen in dir!*
2a *Ich habe gesagt: „JHWH, mein Herr bist du.*
2b *Mein Glück bist du allein."*
3a *Den Heiligen, die im Lande da sind,*
3b *und den Schrecklichen, an denen aller Gefallen ist:*
4a *– mehren sollen sich die Schmerzen derer, die einem anderen Gott nachlaufen –*
4b *nicht will ich ausgießen ihre Trankopfer aus Blut,*
4c *und nicht will ich nehmen ihre Namen auf meine Lippen!*

5a *JHWH, du meines Anteils und meines Bechers Gabe,*
5b *du bist für immer mein Los.*
6a *Die Meßstricke fielen mir auf beglückendes Land,*
6b *ja mein Erbteil entzückt mich.*

7a Ich will preisen JHWH, der mich beraten hat,
7b ja, in den Nächten mahnte er mein Inneres.
8a Ich habe JHWH zu meinem ständigen Gegenüber gemacht:
8b wenn er mir zur Rechten ist, wanke ich nicht.
9a Darob freute sich mein Herz und jubelte meine Seele,
9b ja, mein Leib kann wohnen in Sicherheit,
10a denn nicht überläßt du mich der Scheol,
10b nicht gibst du deinen Getreuen hin, daß er die Grube schaut.

11a Du läßt mich erkennen den Weg des Lebens,
11b Sättigung mit Freuden ist bei deinem Angesicht,
11c Beglückung ist in deiner Rechten immerdar.

Einführung

Zwei Eigenheiten faszinieren an diesem Psalm besonders. Er ist zum einen prall gefüllt mit Wörtern, die ein glückliches Leben hier auf dieser Erde bezeichnen. Da ist die Rede von geradezu paradiesischem Grundbesitz (V. 6), von strotzender Gesundheit (V. 9), vom Sattsein und von Freude in Überfülle (V. 5.11); da genießt einer das Leben so in vollen Zügen, daß der Tod keine bedrohende Realität ist (V. 10). Doch all dies, was den Psalmbeter beglückt, ist nicht „von dieser Welt": sein Land, sein Essen und Trinken, seine Gesundheit und sein Erfolg – JHWH heißt und ist dies alles!

Und zum anderen überrascht an dem Psalm, daß dieses geradezu mystische „JHWH mein ‚ein und alles'!" eine mühsam erkämpfte und gefährdete Gewißheit ist. Schon die Bitte V. 1, mit der der Psalm einsetzt, läßt die Bedrohung anklingen, unter der der „Lebensweg" steht, der allein durch JHWHs Weggemeinschaft zu einem „Weg des Lebens", d. h. zu einem mit Leben gefüllten und nicht von den Mächten des Todes (Zerbrechen an Krankheit, Versagen und Schuld; Verfolgung und Verleumdung durch „Feinde"; Unglück, soziale Benachteiligung, Verachtung usw.) vorzeitig und unzeitig zerstörten Weg, werden kann. Aber auch aus V. 3-4 spricht die Auseinandersetzung mit anderen, von der Mehrheit bevorzugten Wegen, das Glück zu suchen. Hinter diesen Versen, die eine Erweiterung des ursprünglichen Psalms sein dürften (manche Ausleger wollen aus diesen Versen herauslesen, daß der Beter des Psalms ein „Konvertit" sei), wird die versucherische Macht deutlich, die die Fremdreligionen der Völker auch in der nachexilischen Epoche, besonders im Zeitalter des Hellenismus, auf breite Bevölkerungskreise ausgeübt haben. Schließlich zeigen auch die Verse 7-8, daß der Beter zu seinem mystischen Ja zu JHWH erst in inneren Kämpfen gelangt ist. Ob man diese Verse, wie bisweilen vorgeschlagen wird, auf schwere Krankheit, akute Todesgefahr oder massive Existenzkrise hin so deuten darf, daß hier JHWH als „Lehrer im Leiden" aufscheint, ist wegen der auch sonst belegten Vorstellung, daß die nächtliche Stille und Ruhe Zeit für Gotteserfahrung ist (vgl. Ps 63,7), eher auszuschließen.

Der Psalm ist (ähnlich auch Ps 49; 73) so sehr von der belebenden Erfahrung der Gottesgegenwart durchdrungen, daß er zu Formulierungen vorstößt, die JHWH als Quelle des Lebens auch über den Tod des einzelnen hinaus aufscheinen lassen. Zwar bittet der Psalm zunächst „nur" darum, von der Macht des Todes nicht „vorzeitig" bzw. „unzeitig" zerstört zu werden. Aber er erbittet dies als Schutz JHWHs: Wo ER ist, ist der Tod keine Macht, die das Leben vernichten kann. Wer in der Gottesgemeinschaft lebt, lebt „in Sicherheit". Mit diesem Bekenntnis ist das Tor zur unzerstörbaren Lebensgemeinschaft mit Gott, d. h. zu einem „ewigen" Leben, aufgestoßen!

Die griechische Bibelübersetzung (Septuaginta) hat den Psalm eindeutig als Dokument der Hoffnung auf die Auferstehung sogar des Leibes verstanden und entsprechend übersetzt. An zwei Stellen des griechischen Textes ist dies besonders abzulesen: „mein Fleisch (d. h. der vergängliche Teil des Menschen) wird in Hoffnung (nämlich auf die Auferstehung) ruhen" (V. 9 a); „nicht läßt du deinen Frommen schauen die Verwesung/Vernichtung" (V. 10 b).

In diesem Verständnis der griechischen Bibel wurde Ps 16 in der Apostelgeschichte zum theologischen Argument für die Auferweckung Jesu. Sowohl Petrus (Apg 2, 25–28.31) als auch Paulus (Apg 13, 35) verkünden die Auferweckung Jesu als eine Tat Gottes, die genau jener Lebensmächtigkeit Gottes entspricht, die Ps 16 bezeugt.

Der Aufbau des Psalms ist am ehesten an der Parallelismusstruktur abzulesen. Sie bestimmt den ganzen Psalm, mit Ausnahme von V. 1.4 a.11 a. Während V. 4 a als späte Randglosse verstanden werden kann (sie unterbricht den Satzzusammenhang V. 3 und V. 4 b c), sind die „Einzelzeiler" V. 1 und V. 11 a geradezu thematische Säulen des Psalms. Sie leiten die begründete Anfangsbitte (V. 1–2) und die zusammenfassende Vertrauensäußerung (V. 11 a–c) ein und markieren so eine jeweils dreizeilige Anfangs- und Schlußstrophe.

Der verbleibende Textbestand läßt sich auf Grund von Beobachtungen zum Satzbau (V. 3–4 und V. 9–10 sind jeweils eine einzige Satzperiode; V. 7 bringt mit dem Kohortativ „ich will ..." einen Neueinsatz; V. 7–8 heben sich von V. 5–6 und V. 9–10 dadurch ab, daß JHWH nicht in der Du-Form angeredet, sondern daß von ihm in der dritten Person gesprochen wird), zur Thematik (V. 3–4 geht es über das Verhältnis des Beters zu Göttern/Götzen; V. 5–10 über das Verhältnis des Beters zu JHWH) und vor allem zur jeweils prägenden Bildwelt (V. 5–6: Landverteilung; V. 7–8: JHWH als Berater und Anwalt; V. 9–10: Erfahrung von Lebensfreude und Lebensfülle) in weitere vier Strophen von je vier Zeilen gliedern. Die Strophe V. 3–4 dürfte eine spätere Erweiterung darstellen (sie unterbricht den engen Zusammenhang zwischen V. 2 und V. 5–6; die hier zur Sprache kommende kultische Dimension fehlt im übrigen Psalm).

Der ursprüngliche Psalm weist damit folgende innere Struktur auf: Auf die vertrauensvolle Bitte um Schutz (V. 1–2) folgt die Schilderung einer zweifachen Gotteserfahrung, nämlich der von JHWH als Lebensraum (V. 5–6) und als Lebensnorm (V. 7–8). Daß aus solcher Gotteserfahrung Kraft und Zuversicht für alle Situationen des Lebens, ja für das Leben insgesamt erwachsen, bezeugt V. 9–10. Die letzte, dreizeilige Strophe formuliert die Quintessenz: In der Gottesgemeinschaft gelingt das, was wir erfülltes Leben nennen.

Die drei vierzeiligen Strophen markieren die grundlegende Struktur der Existenz des biblischen Menschen: 1) JHWH gibt das Leben als SEINE Gabe; es fällt dem Menschen einfach zu. Das Leben ist Gnade. 2) Der Mensch hat die Chance und die Aufgabe, das Leben zu gestalten. Dabei läßt JHWH den Menschen nicht allein, sondern bietet ihm seine Weisung und seine Kraft an. Leben bedeutet: Leben nach dem Gesetz. 3) Dies hinwiederum weckt im Menschen jene Zuversicht und jenen Lebensmut, die Voraussetzung dafür sind, daß der Mensch – trotz bzw. angesichts vielfältiger Todesbedrohung – die Gestaltung seines Lebens aktiv in die Hand nimmt. Leben bedeutet Vollzug von Hoffnung.

Dieser Dreiklang von Leben als Gnade, Leben nach dem Gesetz und Leben aus Hoffnung ruht auf den beiden Grundakkorden, die die beiden dreizeiligen Strophen am Anfang (V. 1–2) und am Ende (V. 11 a–c) anschlagen: JHWH bietet sich als Quelle des Glücks und als Weg des Lebens an.

Der Psalm setzt mit einer Bitte ein. Dann folgen bis zum Schluß Bekenntnisse des Vertrauens. Er wird deshalb übereinstimmend als „individuelles Vertrauenslied", als „Vertrauenspsalm" gekennzeichnet. Er erhält von den Kommentatoren höchste theologische Noten.

So lesen wir bei H. Gunkel: „Ein schöner Vertrauenspsalm ... aus kindlich frohem, in Gott vergnügtem Herzen ... Der Sänger, der Jahwe als sein einziges Gut betrachtet, wird mit irdischen Schätzen nicht gesegnet gewesen sein und fühlt sich trotzdem in seinem Glauben reich und glücklich. So ist der Psalm ein reiner Ausdruck einer edleren, geistigeren Religion, als sie sonst meistens in den Psalmen laut wird; eine ähnliche Stimmung in Ps 4 und tiefer in Ps 73."

Oder bei H. Schmidt: „In außerordentlich feiner und tiefer Beobachtung wird ... die Eigenart des Gotteserlebens der israelitischen Religion herausgehoben: Sie ist die Religion des heiligen ‚Du sollst', des sittlichen Gebots. Das aber empfindet der Betende nicht etwa mit allem Schauder vor der Angst des quälenden Gewissens, sondern als ein wunderbares Glück ... mehrere Wendungen im Eingang und am Schluß ... erinnern an Klagegebete ... Aber unser Gedicht ist von diesen Kultusgebeten doch verschieden: Wir hören hier nichts von der zeternden Angst, von dem lauten Geschrei, das jenen eigen ist. Im Gegenteil: Hier ist alles Ruhe, leuchtende Freude, tiefe Gewißheit. Man wird also sagen müssen, daß wir hier ein Gebet haben, das nicht an irgendeinen heiligen Ort oder an ein heiliges Handeln gebunden, sondern das ein ganz persönliches und inneres Gebet ist."

Beide Urteile über den Psalm sehen ihn m. E. zu pietistisch und zu idyllisch. Sie übersehen, daß der Psalm auch eine politische Dimension hat. Und sie vergessen, daß Vertrauenspsalmen ihren Sitz im Leben – bis heute – meist in der Stunde der Anfechtung und der Auseinandersetzung haben: eben in der Ambivalenz des Alltags, in dem die Hoffnung immer durch Zweifel und die Zuversicht durch Schwachheit und das Vertrauen durch Ängste gefährdet sind. Das ist die Stunde der Vertrauenspsalmen: sie verklären nicht die Zuversicht, sondern sie kämpfen um sie.

Was wir bisher beschrieben haben, spricht nun dafür, daß der Text – anders als Ps 13 – nicht als Gebetsformular, sondern als biographisches Gebetsdokument zu kennzeichnen ist. Welchen Kreisen gehört sein Verfasser an? Ist dieser Psalm in seiner Gottesmystik als Gebet eines Durchschnittsisraeliten vorstellbar? Kann man so nur reden und leben, wenn man dem Streß und den Sorgen des Alltags enthoben ist, z.B. als Angehöriger der Tempelpriesterschaft oder als Mitglied levitischer Kreise, die sehr real und buchstäblich „von JHWH" (d.h. von den Abgaben der Gemeinde und der Tempelbesucher) leben? Ist der Psalm als Gebetsformular in der Leviten- und Priesterausbildung am Jerusalemer Tempel entstanden? Ist er das Zeugnis einer mystisch-charismatischen Bewegung, die man nicht auf bestimmte soziale oder levitische Kreise beschränken darf? Mir scheint letzteres am ehesten der Fall zu sein. Eine Bindung des Psalms an Tempelkreise, wie immer wieder gesagt wird, scheint mir wegen der im Psalm verwendeten Bilder wenig wahrscheinlich. Eher atmet der Psalm die Atmosphäre der weisheitlichen Überlieferung.

Dafür spricht vor allem V. 11a: „Du läßt mich erkennen den Weg des Lebens", d.h. nicht einen Weg, der einmal und dereinst nach diesem Leben *zum* ewigen Leben führt, sondern einen Weg, der *in* der Lebenswelt verläuft und nicht plötzlich in die Unterwelt, in den Tod abdriftet. Die nächste Parallele zu dem in V. 11a verwendeten Begriff „Weg des Lebens" bietet die Sentenz Spr 15,24, die in wörtlicher Übersetzung lautet: „Der ‚Weg des Lebens' (nach oben) ist für den Einsichtigen da, damit er abbiegt von der Scheol (drunten)." Diese Sentenz macht, wie auch die vergleichbaren Texte Spr 2,18f; 5,5f; 15,10 deutlich, „daß der ‚Weg des Lebens' so etwas wie eine Lebenslehre sein konnte, ein ‚Viatikum', das den Einsichtigen befähigt, den Weg zur Unterwelt zu meiden" (K. Seybold). „Weg des Lebens" ist ein Fachterminus der weisheitlichen „Lebenslehre", der weisheitlichen Pädagogik. Allerdings erwartet unser Psalm das ethischpädagogische Konzept nicht von der Weisheitsschule, sondern von JHWH. Der Psalm gehört also in jene weisheitliche Strömung der nachexilischen Epoche, welche die Lebensweisheit als Gottesgabe, als Belehrung durch JHWH – eben als Tora sucht und erbittet.

Auslegung

Die *erste Strophe* (V. 1–2) setzt mit der einzigen Bitte (V. 1) ein, die der Psalm enthält. Sie zielt nicht auf einzelne Lebensgüter, sondern auf jene grundlegende Du-Ich-Beziehung, deren Lebensförderlichkeit und Glück der ganze Psalm in immer neuen Bildern besingt. Es ist die Bitte, JHWH möge den Beter in jener mystischen Gemeinschaft erhalten, die dieser als schützende Geborgenheit gesucht und erfahren hat. Der Beter hat die Kraft jenes Du-Glaubens erfahren, der nicht auf einzelnen Glaubensinhalten, sondern in einem Vertrauen gründet, dessen dialektische Gestalt V. 2 entfaltet. Er hat sich einerseits in Gottesgehorsam JHWH unterworfen. Er hat sich zum Knecht der Gottesherrschaft gemacht. Genau dies hat er andererseits als Glück und als Lebenserfüllung erfahren. Wer sich diesem Gott als Du aussetzt, wird darin zum Ich. Wer JHWH dient, erfährt darin Befreiung.

Die *zweite Strophe* des ursprünglichen Psalms (V. 5–6) bietet ein Ensemble von Vorgängen und Vorstellungen, die aus der Praxis der jährlichen Landzuweisung in agrarischen Stammegesellschaften stammen, wo das zu bebauende Land nicht den einzelnen, sondern dem Stamm bzw. der Sippe gehört. Dabei gab es unterschiedliche Losverfahren, „die Teile", d. h. die Parzellen, aufzuteilen: Unser Psalm spielt in V. 5a auf ein Becherordal an. In V. 5b ist ein anderes, nicht näher erläutertes Losverfahren anvisiert. Daß Landverteilung im Losverfahren vorgenommen wurde, ist auch das grundlegende Modell, nach dem in Jos 13–21 die Zuweisung des Gelobten Landes an die einzelnen Stämme erzählt und gedeutet wird. In Jos 18 ist dabei offensichtlich eine Praxis vorausgesetzt, in der das Land schriftlich aufgenommen und dann über die einzelnen Urkunden das Los geworfen wird. Das könnte in V. 5b gemeint sein. Zuerst wird also das Land durch Los zugewiesen (V. 5), und danach setzt, was in V. 6 anvisiert ist, der Vorgang der entsprechenden Landvermessung ein, und zwar durch das Auswerfen der Meßstricke. Diese Prozedur ist ikonographisch aus Ägypten belegt. Der Vorgang der Landverlosung ist angesichts der recht unterschiedlichen Bodenqualität im Judäischen Bergland gewiß ein von allen Beteiligten mit Spannung verfolgter Vorgang. Wer da eine Ackerbreite mit wenig Steinen, womöglich gar mit einer Quelle in der Nähe erhält, der kann in der Tat sagen: „Mein Erbteil entzückt mich!" Ich habe diesmal einen Volltreffer gelandet.

Diesen Volltreffer, so bekennt der Beter in V. 5–6, hat er mit JHWH gezogen. In dieser Strophe bekennt er ein

Doppeltes. Zum einen ist JHWH ihm buchstäblich „zugeteilt" worden, d. h. JHWH hat sich ihm mitgeteilt. Nicht er hat JHWH erwählt, sondern JHWH hat sich ihm geschenkt. Und zum anderen variieren die Bilder, was JHWH für den Beter ist und wirkt: Lebensgrundlage (mein Anteil = mein Landanteil), Lebensschicksal (mein Becher, mein Los), Lebensreichtum (beglückendes Land) und Lebenswürde (das „Erbteil" gibt das volle Bürgerrecht). Kurz: Erfüllung aller Sehnsüchte – das ist dem Beter die gewährte JHWH-Beziehung!

Möglicherweise spielt der Dichter aber nicht nur allgemein auf die Landverteilung an, sondern auf das besondere Los, das den Leviten zufiel. Sie erhielten kein Land zur Bebauung, sondern über sie heißt es in Num 18,20: „Im Lande sollst du keinen Erbbesitz erhalten und du sollst von ihm keinen Anteil erhalten. Ich bin dein Anteil und Erbbesitz unter den Israeliten." Das bedeutete zunächst sicher konkret: Die Leviten sollen von den Opfern und Abgaben leben, die die Israeliten dafür geben, daß die Leviten den kultischen Dienst an den Heiligtümern und den Predigtdienst bei den Versammlungen verrichten. Sie leben von den Anteilen der Mahlopfer, vom Fleisch und von den übrigen Speiseopfern, aber auch vom Wein, eben von dem Anteil, den ihnen ihr JHWH-Dienst einbringt.

Diese Praxis ist in unserem Psalm ein Bild für die mystische JHWH-Gemeinschaft des Beters. JHWH selbst ist dem Beter das Brot, das Fleisch und der Wein, die sein Leben nähren, stärken und erfreuen. Der Beter unseres Psalms hat die Einladung von Ps 34,9 angenommen und kann sie bestätigen: „Kostet und seht, wie lebensförderlich JHWH ist."

Die *dritte Strophe* (V. 7–8) macht deutlich, daß echte JHWH-Gemeinschaft immer einen Praxisbezug hat. Der biblische Gott ermutigt zu Taten und fordert Lebensentscheidungen, die SEINEM Reich die Wege bereiten. Wer „von JHWH" lebt (V. 5–6), muß „für JHWH" leben. Wer sich auf ihn einläßt, wird ihn als oft störenden, unbequemen Mahner und Ratgeber erfahren, als ein Gegenüber (V. 8 a), das beunruhigt – aber zugleich Orientierung und Schutz gewährt, wie ein hilfreicher Anwalt zur Rechten des Angeklagten oder wie ein Schildträger an der Rechten eines Kämpfers (V. 8 b).

Die *vierte Strophe* (V. 9–10) betont das „neue" Leben, das dem geschenkt wird, der sich den Weg des Lebens von seinem Gott geben läßt. Wer die belebende und belehrende Kraft dieser Gottesgemeinschaft erfahren hat, für den verlieren die vielen alltäglichen Gesichter des Todes und des Grabes ihre lähmende, schreckende Mächtigkeit (V. 9–10). Die Scheol (Ort des Todes), die durch Krankheit, Unglück, Schuld, Haß, Krieg usw. das Leben zum Tod machen kann, muß vor dem lebendigen Gott „ins zweite Glied" zurücktreten. Wer sich von JHWH leiten und halten läßt, fällt nicht in die „Fallgruben", die das Leben gefährden. Für den JHWH-Frommen erweist sich die ihm geschenkte Liebe seines Gottes als Kraft gegen die Todesangst – ja gegen den Tod selbst als Zerstörer des gelebten und geliebten Lebens.

Die abschließende *fünfte Strophe* (V. 11) faßt den Psalm zusammen. Der Vers greift mehrere vorher gebrauchte Wörter auf („Freude": V. 9; „Beglückung": V. 6; „in deiner Rechten": V. 8) bzw. formuliert im Kontrast („Weg des Lebens": V. 11 a; vgl. „Scheol" und „Grube": V. 10). In vertrauensvoller Du-Anrede bezeugt der Vers den heilvoll zugewandten Gott: Er wendet SEIN gütiges Angesicht dem Frommen zu und hält ihm SEINE Rechte entgegen, die übervoll ist mit Leben und Beglückung. JHWH selbst ist der vor dem Sturz in die Todesgrube bewahrende Weg des Lebens (vgl. Spr 15, 24), den der Psalm feiert und zu dem er einlädt – und um dessen Gabe er in V. 1 bittet.

Wie oben kurz begründet wurde, hat eine erweiternde Hand durch die Einfügung von V. 3–4 die Option für JHWH präzisiert und verschärft, nämlich als Absage an alle Riten und Praktiken der Fremdreligionen. Die „Heiligen" und die „Schrecklichen" sind, wie z. B. Ex 15,11; Ps 89,6.8; 1 Sam 4,8 nahelegen, Bezeichnungen für Götter und Gottwesen, im Kontext der Überlieferung unseres Psalms wohl Göttinnen und Götter der hellenistischen Welt, deren Kulte auch vielen Mitgliedern der JHWH-Religion im 3. Jahrhundert v. Chr. attraktiv erschienen. Man braucht hier nicht an einen bewußten Abfall vom überlieferten Glauben der Väter zu denken, sondern an die Faszination des Neuen, Modernen, die auf „Anpassung" und „Ergänzung" des JHWH-Glaubens drängte (ein Dilemma, vor dem Religionen ja allezeit stehen!). Zwei Greuel der „neuen" Mischreligion greift V. 3–4 heraus: das Blut, das als Lebensträger in besonderer Weise JHWH, dem Geber allen Lebens, heilig ist (vgl. Lev. 17), wird für Trankopfer (oder ist gar an Menschenopfer gedacht?) zu Ehren anderer Gottheiten verwendet (vgl. Jes 66,3); andere Götter (ihre Namen) werden in bestimmten Notsituationen angerufen, obwohl Israel doch der Name JHWH als alleiniger Lebensgrund gewährt wurde (vgl. Ex 3,14f; 23,13). In heiligem Zorn hat ein Abschreiber noch in biblischer Zeit dies mit V. 4a kommentiert: Wer solchen „unnützen" Göttern (vgl. Jer 2,8.11) oder, wie Ezechiel noch schärfer formulierte, solchen „Scheißgöttern" nachläuft, soll am eigenen Leib erfahren, daß sie das Gegenteil von all dem sind und bringen, was unser Psalm von JHWH bezeugt.

Psalm 23

1b JHWH ist mein Hirt, so fehlt mir nichts.
2a Auf grünen Weiden läßt er mich lagern.
2b Zur Ruhe an Wassern führt er mich.
3a Meine Lebenskraft läßt er zurückkehren.
3b Er geleitet mich auf Wegen des Heils
3c um seines Namens willen.

4a Auch wenn ich gehen muß
4b durchs Tal der Finsternis,
4c fürchte ich nicht Unglück,
4d denn du bist mit mir,
4e deine Keule und dein Stab,
4f die geben mir Mut.

5a Du rüstest vor mir ein Mahl
5b im Angesicht meiner Widersacher.
5c Du salbst mit Öl mein Haupt,
5d mein Becher ist übervoll.

6a Fürwahr, Glück und Güte werden mich verfolgen
6b alle Tage meines Lebens,
6c und ich werde zurückkehren ins Haus JHWHs,
6d solange mir Tage geschenkt werden.

Einführung

„Wenn ich den Psalm lese, reißt mich der Jubel hoch, begeistern mich die einfachen, immerwährenden Bilder Hirt, Herde, Wasser, das gefährlich enge, dunkle Tal, das die Behutsamkeit des Hirten fordert. Wenn ich den Psalm lese, erschreckt mich aber auch der Trost, ein einfacher, vielleicht ein billiger Trost?, und ich muß an das Kirchenlied aus dem 19. Jahrhundert ‚So nimm denn meine Hände und führe mich ...' denken, das uns heute in seiner Demut fast unerträglich ist, weil es die Verantwortung und die Frage danach ausläßt, ein ganzes Zeitalter des Denkens und der Erfahrungen ausspart ... Der 23. Psalm, eines der schönsten Jubellieder – denen ich nur Paul Gerhardts ‚Geh aus mein Herz, und suche Freud' zur Seite stellen mag ... Daß ich mich gegen den Psalm, den ich liebe, wehre ...? Vielleicht hat er zuviel Gefügigkeit provoziert – unsere jüngste Geschichte ist voll davon" (Ingeborg Drewitz).

Wie viele Menschen haben in und an diesem Psalm nicht schon Trost und Kraft gefunden! Im Judentum wird er mit Vorliebe bei Beerdigungen gesprochen. In der frühen Christenheit haben ihn in der Osternacht die Neugetauften zur Vorbereitung auf das eucharistische Mahl gebetet. Uns ist seine Bildwelt vertraut aus der Nachdichtung, die wir als Kirchenlied singen: „Mein Hirt ist Gott der Herr ..." Was an diesem Psalm fasziniert, sind gewiß seine archaischen Bilder, auf die die Sehnsucht unserer Herzen anspricht. Grüne Auen, klare Wasser, guter Weg, gedeckter Tisch, übervoller Becher, festliche Stimmung, ein Haus voller Glück und Freundlichkeit – und all dies als Gabe eines zugewandten Gottes: Wer möchte dies nicht? Und daß dies geschenkt wird inmitten einer Welt, in der es Finsternis, Unheil und Feinde gibt, wie der Psalm realistisch herausstellt, zieht uns gewiß nicht weniger an, denn so ist die Welt, in der wir leben.

Es ist offensichtlich die Balance des Psalms zwischen Sehnsucht und Wirklichkeit, seine Einwurzelung in unserer Erfahrung und das Aufbrechen dieser Erfahrung auf Gottes Gegenwart hin, was diesen Psalm so kostbar macht: „Alle Bücher, die ich gelesen habe, haben mir diesen Trost nicht gegeben, den mir dies Wort der Bibel gab" (Immanuel Kant). Er ist einerseits so persönlich, daß er zu einem echten ‚Herzensgebet' werden kann; aber andererseits ist er zugleich so allgemein, daß er von vielen mit unterschiedlichen Erfahrungen und in den unterschiedlichsten Situationen gebetet und ‚er-lebt' werden kann.

So verwundert es auch nicht, daß die wissenschaftliche Auslegung des Psalms teilweise weit auseinanderführende Wege gegangen ist. So wird diskutiert, wie viele Bilder (Metaphern) im Psalm vorliegen. Das ist keine nebensächliche Frage, sondern entscheidet über das genauere Verständnis der einzelnen Formulierungen, ja sogar des Psalms als Ganzen. Vor allem geht die Diskussion darum, ob neben dem Bild von JHWH als dem Hirten noch das Bild von JHWH als dem Gastgeber begegnet („der gute Hirte und der milde Wirt"). Andere sehen sogar die drei Bilder „Hirt" (V. 1–3), „Wegbegleiter" (V. 4) und „Wirt" (V. 5). Viele Ausleger sind der Meinung, daß nur V. 1–4 im Bild des Hirten die Fürsorge und den Schutz JHWHs besingen, während in V. 5–6 „real" von einem Dankopfermahl am Tempel die Rede ist, in dessen Verlauf der Beter eben unseren Psalm als Dankespsalm anstimmt. Und den Anlaß des Danks formuliert er, so wird gesagt, in der Metapher vom Hirten. Dieser Anlaß wird dann mit Blick auf V. 3 (in der Deutung: „er führte mich auf den Wegen der Rechtschaffenheit") als Freispruch in einem Gottesgericht am Tempel oder mit Blick auf V. 4 (in der Deutung „Finsternis" = „Todesschatten") als Rettung aus schwerer Krankheit oder mit Blick auf V. 5–6 („im Angesicht meiner Feinde"; „ich werde bleiben im Haus JHWHs mein Leben lang") als Erlangung von Asylrecht im Tempel vor der Blutrache oder vor Schuldsklaverei erklärt.

Unsere Auslegung schließt sich dieser „Danklied"-Theorie beim Opfermahl nicht an, sondern interpretiert den Psalm als Vertrauenspsalm, der durchgängig durch die Metapher von JHWH als dem guten König bestimmt ist.

Auslegung

Der *erste Teil* des Psalms besteht aus zwei Abschnitten, die formal voneinander abgehoben sind: V. 1 b–3 c redet von JHWH in der 3. Person, in V. 4 wird er als Du angesprochen; während der Beter im ersten Abschnitt (auch grammatisch) Objekt des Handelns JHWHs ist, ist er im zweiten Abschnitt Subjekt („ich gehe"; „ich fürchte nicht"); die Umstandsangabe in V. 4a „auch wenn, selbst wenn..." markiert die Zäsur. Die Abschnitte bilden eine spannungsvolle Einheit: Weil JHWH *der* Hirte ist, dessen Wirken V. 1 b–3 c bekennt, findet der Beter den Mut, seinen Lebensweg so zu gehen, wie V. 4 festhält. Schon von dieser Struktur her verbietet sich das Mißverständnis, der Psalm zeichne den Menschen als „Schaf", das blindlings und als Herdentier getrieben wird. Das Vertrauen darauf, daß ein erfahrener, starker und guter Hirte da ist, ermöglicht vielmehr, daß der Beter sogar vor dem Tal der Finsternis nicht ausweicht, sondern geht und geht ... mit den Worten des Psalms im Herzen, der die Gewißheit beschwört: ER ist da und geht mit.

Daß, wie und *warum* ER da ist, entfaltet V. 1 b–3 c. Den Grund geben der Anfang und der Schluß des Abschnitts an: JHWH – um seines Namens willen. Es ist sein innerstes Wesen, so da zu sein. Weil er Hirte ist, teilt er sein Leben mit seiner Herde, tags und nachts, draußen und unterwegs: beinahe als „primus inter pares"! Die Metapher selbst „speist sich" aus zwei Erfahrungsbereichen, einmal aus der Lebenswelt des Halbnomaden, der mit seiner Herde (und mit seiner ganzen Familie) auf der Suche nach neuen Weideplätzen unterwegs ist, und zum anderen aus der Geschichte Israels, in der es von JHWH in das den Vätern verheißene Land geführt wurde.

Die Einzelzüge der Metapher zeichnen keine Hirtenidylle, sondern lassen den oft dramatischen Kampf ums Überleben des Halbnomaden und seiner Herde durchscheinen. Wo es keine saftigen Wiesen oder grünen Berghänge als Weideland gibt und wo die abgeernteten Felder von den Bauern für die eigenen Schafherden reserviert bleiben, muß „der Hirte" kundig und geschickt sein, wenn er überleben will. Der, von dem in unserem Psalm die Rede ist, bietet seiner Herde alles, was sie braucht: Weideplätze, auf denen gerade frisches Grün aus dem Boden sproßt, Wasserstellen mit Wasser in Fülle (Plural!) – und vor allem Lager- und Ruheplätze, an denen die Herde vor wilden Tieren, aber auch vor feindlichen Konkurrenten oder Räubern sicher ist. Diese Herde kann in Ruhe die Weide und das Wasser, aber auch die Nacht so „genießen", daß die Lebenskraft immer neu zurückkehrt, selbst wenn weite Wegstrecken zurückzulegen sind. Und die Wege, die dieser Hirte führt, sind gangbar – ohne tödlichen Absturz, nicht zuletzt deshalb, weil er mit seinem Hirtenstab an schwierigen Stellen leitet und stützt. Die beiden in V. 4c genannten „Werkzeuge" fassen dies zusammen: mit der umhängenden Keule wehrt er die wilden Tiere ab (vgl. 1 Sam 17,34f), und mit dem langen Stab führt und stützt er gefährdete oder schwache Tiere bei schwierigen Stellen des Weges.

Die Formulierungen dieser Einzelzüge spielen aber zugleich auf Israels Ursprungsgeschichte an. Das in V. 2a gebrauchte Wort „Weide" bezeichnet mehrfach das Land, das JHWH Israel als Lebensraum gibt (Ex 15,13; Jer 23,3; 25,30; 31,23; Ez 34,14). Die „Ruhe" (V. 2b) ist jener Zustand von Friede und Heil, der das Leben im Lande JHWHs auszeichnet (vgl. Dtn 12,9; 1 Kön 8,56; Jes 32,18). Der Weg des Exodus war ein „Weg durch die Finsternis", der in eine üppige Oase führte (Jer 2,6). Das war die Erfahrung, die Israel die vierzig Jahre seiner Wüstenwanderung gemacht hat: „JHWH, dein Gott, war mit dir: nichts hat dir gefehlt!" (Dtn 2,7).

Gegenüber der Überlieferung von JHWH als dem Hirten seines Volkes oder der ganzen Schöpfung stößt unser Psalm zu einer neuen Gewißheit durch: der Hirte sorgt sich um die einzelnen (vgl. auch Gen 48,15). Er „behandelt" seine Herde nicht als Masse, sondern kennt und liebt sie in ihrer Individualität. Er weiß, was jede(r) braucht – und läßt es sie/ihn finden. Dazu gibt ER Mut und Zuversicht.

Auch der *zweite Teil* des Psalms ist von der Sprechsituation her zweigegliedert: V. 5 bekennt in der Du-Anrede ein Wirken JHWHs, während V. 6 wieder wie V. 4 den Lebensweg des Beters überblickt, wobei das Ich (das Subjektsein!) hervortritt. Angesichts der in V. 5 geschilderten JHWH-Erfahrung kann der Beter sein Leben wagen – auch wenn „die Widersacher" daraus nicht verschwinden. Die in V. 4 genannte „Finsternis" ist hier personifiziert. Das ist die Realität des gesellschaftlichen Alltags, die der Psalm bewältigen will. Wer dem Psalm vorwirft: „Es ist schade, daß selbst in diesem Idyll die Anspielung auf die Feinde nicht ausbleibt" (B. Duhm), hat zwei Dinge übersehen: 1) Das Leben ist keine Idylle. 2) Die „Widersacher" sind eine Chiffre nicht nur für böse Nachbarn, sondern für alle Widerwärtigkeiten des Lebens (vgl. unsere Auslegung von Psalm 13). Nicht ein Leben ohne solche „Widersacher" verheißt der Psalm, sondern er weist einen Weg, mit dieser Realität zu leben – eben in der Annahme jener Einladung zur Gottesgemeinschaft, die V. 5 im Bild des (königlichen) Festmahls zeichnet.

Aus zwei Gründen scheint mir die Auffassung, in V. 5 sei auf das Dankopfermahl am Jerusalemer Tempel angespielt, nicht möglich zu sein. Beim Dankopfer geht die Initiative zum Mahl vom Menschen aus; in V. 5 kommt aber alles (!) von Gott her. Der in V. 5c angezielte „Salbungsbrauch" hat mit dem Opfermahl nichts zu tun. Der Vers ist vielmehr davon fasziniert, daß JHWH den Beter, der von seinen Widersachern verachtet, verfolgt oder mißhandelt wurde, zu einem Festmahl einlädt, das JHWH ihm zu Ehren veranstaltet. Das ist die größte Auszeichnung, die es gibt: Tischgenosse des Königs zu sein (noch heute der Traum vieler Zeitgenossen!). Zwei Einzelzüge aus einem solchen Festessen werden herausgenommen, um die Freude und die Üppigkeit, den Glanz und die beglückende Atmosphäre anzudeuten. Ägyptische Bilder bezeugen die Sitte, bei festlichen Mählern den Gästen parfümierte Fette und Öle in sogenannten Salbkegeln (teilweise noch mit Blumen geschmückt) auf den Kopf zu binden, die dann im Laufe des Mahls auf den erhitzten Häuptern zerflossen, den Kopf heruntertäufelten und einen betörenden Wohlgeruch verbreiteten. Und daß der Becher mit Wein „übervoll" ist, hebt die Großzügigkeit des Gastgebers hervor, der sich nicht „lumpen" läßt.

Auch diese Metapher spielt zugleich auf die Ursprungsgeschichte Israels an. Das Bekenntnis „Du rüstest vor mir ein Mahl" ist ein gezielter Kontrast zu dem Zweifel, den Israel in der Wüste äußert: „Sie redeten gegen Gott; sie fragten: Kann uns denn Gott ein Mahl rüsten in der Wüste? Zwar hat er an den Felsen geschlagen, so daß Wasser floß und Bäche strömten. Kann er uns aber auch Brot verschaffen und sein Volk mit Fleisch versorgen?" (Ps 78, 19 f).

Mit der Gewißheit, daß Gott den Verfolgten, Angefeindeten und Armen zu seinem Tischgenossen macht und die Verfolger dabei leer ausgehen läßt (vgl. „Magnificat" Lk 1,53), kehrt der Beter in das harte Leben zurück – zugleich aber mit der Absicht, die Einladung, in JHWHs Haus Zuflucht, Ruhe und Stärkung zu finden, immer wieder anzunehmen: solange er lebt (und darüber hinaus!). Er kann den Lebensweg antreten, weil JHWH ihm zwei königliche Wegbegleiter mitgibt, die ihn „verfolgen": „Glück" (das Wissen, von JHWH anerkannt und geliebt zu sein!) und „Güte" (die Erfahrung, daß JHWH alles teilt!).

Wenn wir den ganzen Psalm überblicken, ergibt sich für die ihn prägende Bildwelt nun doch *eine* Metapher: JHWH ist der fürsorgliche und großzügige König des Beters. Auch das Bild vom Hirten ist ja ein Königsbild, sowohl in der Umwelt Israels wie in Israel selbst. So geht es letztlich dem Psalm darum, den Beter die Gottesherrschaft erfahren zu lassen. Er will nicht einen Lehrsatz einschärfen, sondern im sprechenden Vollzug des Psalms soll die Wirklichkeit den Beter ergreifen: daß der Hirte da ist, mitgeht und Mahl bereitet hat.

Das ist Trost für Menschen, die auf Wegen der Finsternis wandern müssen. Und es ist eine Herausforderung, dem Hirten und Gastgeber bei seiner Arbeit und bei seinen Festen zu helfen.

Die Gottesmystik befreit zur Theopolitik.

XI. Ein Lebensbuch

1. Verdichtetes Leben

„Schon oft habe ich gedacht: Wenn ich je ins Gefängnis komme, wenn ich je Hunger, Schmerz, Folter oder Demütigung erleiden sollte, dann hoffe und bete ich, daß man mir die Psalmen läßt. Die Psalmen werden meinen Geist lebendig halten, die Psalmen werden mir die Kraft geben, andere zu trösten, die Psalmen werden sich als die stärkste, ja revolutionärste Waffe gegen die Bedrücker und Peiniger erweisen. Wie glücklich sind jene, die keine Bücher mehr brauchen, sondern die Psalmen im Herzen tragen, wo immer sie gehen und stehen. Vielleicht sollte ich anfangen, die Psalmen auswendig zu lernen, damit sie mir niemand mehr wegnehmen kann. Dann könnte ich immer wieder sagen:

‚Ihr Mächtigen, wie lange noch schmäht ihr meine Ehre,
warum liebt ihr den Schein und sinnt auf Lügen?
Erkennt doch: Wunderbar handelt der Herr an den
    Frommen,
der Herr erhört mich, wenn ich zu ihm rufe' (Ps 4)."

So hat der in Amerika lebende holländische Theologe und Psychologe Henri J. M. Nouwen, als er sich für sieben Monate in ein Trappistenkloster zurückgezogen hatte, seine Erfahrungen mit den Psalmen der Bibel zusammengefaßt. Gebete voller Kraft und Trost, Gebete der Hoffnung und des Widerstands, begeisterte Lieder bei Volksfesten und bei den Gottesdiensten am Tempel,

Schreie der Verzweiflung und inständige Bitten, Protest gegen brutale Gewalt der Herrschenden und mystische Gotteslyrik – all dies ist im Buch der Psalmen gesammelt.

Was von der Bibel insgesamt gilt, gilt auch vom Psalmenbuch. Es hat *einerseits* eine sehr komplexe Entstehungsgeschichte. Die hier gesammelten Lieder und Gebete haben sehr unterschiedliche Verfasser: charismatische Männer und Frauen (Ps 131 stammt von einer Mutter!) aus dem „einfachen" Volk, hochgelehrte Priester und Weisheitslehrer, Kultpropheten und oppositionelle Einzelpropheten, Hofdichter und Leiter von Chorgemeinschaften, Gesunde und Kranke, Alte und Junge. Manche Psalmen sind als „Auftragsarbeit" zu besonderen Anlässen entstanden, andere – vor allem die Klagepsalmen – sind „in der Arena" des Leids gewachsen. Andere sind überarbeitete Volkslieder. Da gibt es Psalmen, die von Anfang an als Formulare zur Wiederverwendung gedichtet und weitergegeben wurden. Aber da sind auch Psalmen, in denen sich höchst individuelle Lebens- und Leidenserfahrungen niedergeschlagen haben. Da gibt es Psalmen, die stammen aus der Stadtkultur, und da gibt es Psalmen, die voll ihre bäuerliche Herkunft atmen. Es gibt Psalmen, die zum Auswendiglernen für die Schule gedichtet worden sind, und es gibt Psalmen, die ihre Gestalt beim betenden Meditieren in „Gebetszirkeln" gefunden haben. Manche Psalmen haben ihre „Erstfassung" bewahrt. Andere sind mehrfach erweitert und fortgeschrieben worden.

Wo, wie und wann immer (die allermeisten Psalmen des Psalmenbuchs stammen übrigens aus der nachexilischen Zeit!) die einzelnen Psalmen entstanden sind – nun sind sie in einem einzigen biblischen Buch versammelt. Und darin gleichen die Psalmen *andererseits* der Bibel insgesamt, daß sie als zusammenhängendes Buch gelesen und meditiert werden wollen. *Dazu* sind sie zusammengestellt worden, höchst plan- und kunstvoll. Die Exegese der letzten Jahrzehnte hat dies (beinahe) vergessen. Gewiß, jeder Psalm hat sein eigenes Profil, das erfaßt und aufgenommen werden will. Aber die Redaktoren des Psalmenbuchs haben die einzelnen Psalmen so nebeneinandergestellt und teilweise durch kleine Bearbeitungen so miteinander verklammert, daß programmatische Kompositionen entstanden sind. Das Psalmenbuch ist so zu einem geistlichen Lesebuch geworden, das im Zusammenhang gelernt, rezitiert und meditiert wurde.

Im Judentum zur Zeit Jesu war das Psalmenbuch für weite Kreise das Gebets- und Betrachtungsbuch par excellence. Im Psalter fanden jene Gruppen, die in Opposition zur sadduzäischen Führung standen, und insbesondere das einfache Volk ihr „Lebensbuch". Sie fanden sich als „die Armen" und „die Elenden" mit ihren Nöten „im Psalter an- und ausgesprochen, der damit zu ihrem persönlichen ‚Betrachtungsbuch' geworden ist. Hier finden sie ‚Erbauung', Ermunterung und Trost. Hier wird ihnen jene eschatologisch-messianische Hoffnung zugesprochen, die der politisch-anpasserischen Jerusalemer Oberschicht begreiflicherweise fernliegen mußte" (N. Füglister). Das erklärt auch, wieso gerade der Psalter nach Ausweis der Zitate im Neuen Testament das Lieblingsbuch des entstehenden Christentums war. Gut ein Drittel aller alttestamentlichen Zitate im Neuen Testament stammt aus dem Psalmenbuch. Mit keinem anderen Teil des Ersten Testaments, der Bibel Jesu, waren „die Messianer" (die Christen) offensichtlich in gleicher Weise vertraut – die Adressaten der neutestamentlichen Schriften ebenso wie ihre Verfasser.

Um beides wollen wir uns in den „Psalmenauslegungen" dieses Buches mühen. Die Psalmen sollen sowohl in ihrem Eigenprofil als auch in ihrem Zusammenhang geschaut werden. Vor allem das Zweite kann hier freilich nur andeutungsweise geschehen; es verlangte die fortlaufende Kommentierung der Psalmen, die an anderer Stelle erfolgen soll.

2. „Nachtherbergen für die Wegwunden" (Nelly Sachs)

In ihrem 1949 veröffentlichten Gedichtband „Sternverdunkelung" hat Nelly Sachs unter der Überschrift „Die Muschel saust", wobei „die Muschel" der Erinnerungsort ist, in dem die Geschichte in ihrem geheimnisvollen Rauschen gehört werden kann, auch David ein Gedicht gewidmet, in dem es heißt:

„Aber im Mannesjahr
maß er, ein Vater der Dichter,
in Verzweiflung
die Entfernung zu Gott aus,
und baute der Psalmen Nachtherbergen
für die Wegwunden."

Die Psalmen, insbesondere die Klagepsalmen (der überwiegende Teil der biblischen Psalmen!), kommen aus der „Landschaft aus Schreien" (N. Sachs). Die Angst und die Gefahr, der Zweifel und die Verzweiflung, die Not und der Tod, die Gottesferne und die Gott-Entfernung – das ist „die Nacht", in der die Psalmen „Herberge" sein wollen. Ihr Schrei ist Heimat und Heimatlosigkeit zugleich. Sie sind der Schrei der vom Tod Bedrohten, die in und mit ihnen das Leben suchen. Sie sind Schreie in der Nacht, die – oft gegen alle Hoffnung – daran festhalten, daß es einen Morgen geben muß.

Der 57. Psalm hat dies eindrucksvoll verdichtet:

Psalm 57

1a Für den Chorleiter. Nach „Vernichte nicht!" Von David. Ein Lied.
1b Als er vor Saul in die Höhle floh.

2a Sei mir gnädig, Gott, sei mir gnädig,
2b   denn bei dir sucht Zuflucht meine Seele,
2c und im Schatten deiner Flügel suche ich Zuflucht,
2d   bis vorübergezogen ist das Unheil.
3a Ich rufe zu Gott, dem Höchsten,
3b   zu Gott, meinem Vollender.
4a Er sende vom Himmel her und rette mich,
4b beschäme die, die schnappen –
4c   Gott sende seine Güte und seine Treue – nach meiner Seele!
5a Mitten unter Löwen muß ich mich niederlegen,
5b   die gierig sind nach Menschenkindern.
5c Ihre Zähne sind Speer und Pfeile,
5d   und ihre Zunge ist ein scharfes Schwert.
6a Erhebe dich über den Himmel, Gott,
6b   über die ganze Erde (erstrahle) deine Herrlichkeit.

7a Ein Netz haben sie ausgelegt für meine Schritte,
7b   sie haben gebeugt meine Seele.
7c Sie haben für mich eine Fallgrube ausgehoben –
7d   sie sind hineingefallen mitten in sie.
8a Fest ist mein Herz, Gott,
8b   fest ist mein Herz!
8c Ich will (Psalmen) singen und spielen!
9a   Wach auf, mein Inneres!
9b Wach auf, Standleier und Trageleier!
9c   Ich will wecken die Morgenröte.
10a Ich will dich loben unter den Völkern, Allherrscher,

10b   ich will dir aufspielen unter den Nationen:
11a Ja, groß ist bis an den Himmel hin deine Güte
11b   und bis an die Wolken deine Treue.
12a Erhebe dich über den Himmel, Gott,
12b   über die ganze Erde (erstrahle) deine Herrlichkeit.

Dieser Klagepsalm besteht aus zwei Teilen, die durch die beiden wortgleichen Bittrufe (V. 6 = V. 12) angezeigt sind. Die Dramaturgie der beiden Teile läßt den Psalm als „Nachtherberge für die Wegwunden" erleben. Sein erster Teil (V. 2–6) hebt das Grauen „der Nacht" ins Wort: es ist eine aus Klage und Notschilderung erwachsende Bitte. Sein zweiter Teil (V. 7–12) ist „Herberge": es ist die aus der Gewißheit, daß JHWH den Klagenden nicht allein lassen kann (V. 7 ist „prophetische" Vorwegnahme des Scheiterns der Feinde), heraus gestaltete Bitte. Der Psalm bündelt Bilder der Not: Beutegierige Löwen (V. 5 ab), Krieg (V. 5 cd) und Jagd (V. 7). In dieser Bedrohung will der Beter Zuflucht suchen „im Schatten der Flügel" JHWHs (V. 2 c). Das ist die altorientalische Metapher von JHWH als der geflügelten „Sonne der Gerechtigkeit": „Für euch, die ihr meinen Namen fürchtet (= anbetet!), wird die Sonne der Gerechtigkeit aufgehen, und ihre Flügel bringen Heilung. Ihr werdet hinausgehen und Freudensprünge machen wie Kälber, die aus dem Stall dürfen!" (Mal 3, 20). Ihr Licht verjagt das Böse und rettet den vom Tod Bedrohten. Um das Aufstrahlen „der Herrlichkeit" dieser rettenden Sonne auf der ganzen Erde und um ihr „Aufgehen" über den Himmel hin bitten die beiden „Refrains" V. 6 = V. 12.

Noch ist es freilich „Nacht" (vgl. V. 5 a „ich muß mich niederlegen"): Die beutegierigen Löwen sind Tiere der Nacht (vgl. Ps 104, 20 f); der Krieg und die Jagd gegen den

Beter sind als Manifestationen des Chaos „Schrecken der Nacht" (vgl. Ps 91,5). Gegen diese „Nacht" des Unheils kämpft der Beter an – mit Lobpsalmen auf Gottes Güte und Treue (V. 10–11). In einem wunderschönen Bild deutet der Psalm diesen „Kampf" gegen das Böse an: Mit seinen Gebeten und Liedern will er die Morgenröte wekken (V. 8–9)! Als die Morgenröte aufstieg, hatte Jakob seinen Kampf mit Gott ausgestanden (vgl. Gen 32,27). Aus dem „Mutterschoß der Morgenröte" wird der Messias geboren (vgl. Ps 110,3; die Einheitsübersetzung liest hier anders!).

Die Morgenröte ist (neben dem Regenbogen: vgl. Gen 9,8–17) das Tag für Tag erlebbare Realsymbol, daß JHWH seine Schöpfung erneuert, weil er sie *liebt* (vgl. zu den erotischen Konnotationen der „Morgenröte" Hld 6,10, aber auch Ijob 3,9; 41,10). Zwar hat die Überlieferung die mythischen und weiblichen Züge „der Morgenröte" (im Moabitischen und Arabischen ist das dem Hebräischen entsprechende Wort weiblich!) aus den biblischen Texten weitgehend zurückgedrängt (die griechische Bibelübersetzung macht daraus eine „einfache" Zeitangabe; in Ps 57,9 ändert sie dann sogar in: „ich will aufstehen vor dem Morgen", was dann von den Kirchenvätern in christologischer Deutung auf die Auferstehung Jesu bezogen wurde), aber die ursprünglichen Konnotationen sind unüberhörbar (vgl. auch Jes 14,12: „der Morgenstern" ist „Sohn der Morgenröte"): Aus der Morgenröte wird „die Sonne des Heils" geboren. Wenn sie in ihrem Feuerrot erstrahlt, ist sie „Offenbarung" der mütterlichen Liebe des Schöpfergottes und „Metapher des Evangeliums – ‚All Morgen ist ganz frisch und neu …'!" (E. Jüngel). Mit dem Singen der Psalmen und mit den „Psalmeninstrumenten" par excellence, der Stand- und der Tragleier, wird diese mütterliche Seite Gottes „geweckt".

Daß der Psalmdichter die Leiern auffordert, aufzuwachen und gewissermaßen von selbst mit dem Spielen zu beginnen, hängt mit der Tradition zusammen, daß das Leierspiel (die Musik überhaupt) „den bösen Geist" und das Böse vertreibt. Als Saul vom „bösen Geist" befallen wird, holt man den Hirtenjungen David an den Hof, dessen kunstvolles Leierspiel den bösen Geist verjagt (vgl. 1 Sam 16, 14–23). Und als Saul im Zorn seinen Speer auf David schleudert, während dieser singt und die Leier spielt, ist es keine Frage: Solange jemand Psalmen singt und spielt, kann ihn der tödliche Speer nicht treffen (vgl. 1 Sam 18, 10). Wer „mitten in der Nacht" die Kraft findet, Psalmen zu rezitieren, weckt die Morgenröte, aus der die „Sonne der Gerechtigkeit" geboren wird. Wer mit Psalmen die Morgenröte weckt, trägt zur Erneuerung der Welt bei und hält die Hoffnung wach, daß es einen Morgen gibt, dem kein Abend mehr folgen wird (vgl. Jes 60, 19 f; Offb 21, 4 f).

Daß die Morgenröte messianische Assoziationen und Hoffnungen weckt, bezeugt eindrucksvoll der Midrasch Rabba zum Hohenlied (VI, 10): „Es wird von Rabbi Chija und Rabbi Simon erzählt, daß sie bei der Morgendämmerung im Tale von Arbela wanderten und die Morgenröte heraufbrechen sahen. Da sagte Rabbi Chija: So ist Israels Erlösung auch; zuerst wird sie nur ganz wenig sichtbar, dann strahlt sie stärker auf und erst nachher bricht sie in voller Macht hervor".

3. Lobgesänge gegen den Tod

Die jüdische Tradition hat dem Psalmenbuch den Ehrentitel „Buch der Lobpreisungen (Gottes)" gegeben. Das meditierende Rezitieren des Psalmenbuchs ist als „Gotteslob" der intensivste Lebensvollzug: „Loben ist die dem Menschen eigentümlichste Form des Existierens. Loben und nicht mehr loben stehen einander gegenüber wie Leben und Tod" (G. von Rad). Solange jemand das Gotteslob der Psalmen „rezitiert", steht er auf der Seite des Lebens. Auch die Klage und Anklage Gottes ist nach Meinung der Tradition Leben stiftendes „Gotteslob", von dem gilt: „Ich bete, deshalb glaube ich" (K. Rahner), ich klage, deshalb hoffe ich. Welche Lebenskraft in den Psalmen als „Gotteslob mitten in der Nacht" verborgen ist, hat die biblische Überlieferung vielfach meditiert und reflektiert – beispielhaft in einer Erzählung im 3. Kapitel des Buches Daniel. Entstanden zu Anfang des 2. Jahrhunderts v. Chr., in einer Zeit großer Drangsal, sollte diese Geschichte damals den Leidenden Kraft zum Durchhalten und zum Widerstand, vor allem aber Vertrauen in die rettende Macht des Gottes Israels geben. Die Geschichte erzählt davon, wie Nebukadnezzar, der Zerstörer Jerusalems, als Weltherrscher ein goldenes Götterstandbild aufstellen ließ, vor dem sich Vertreter aller seiner Herrschaft unterworfenen Völker versammeln mußten. Als sie versammelt waren, verkündete ein Herold folgenden Erlaß Nebukadnezzars:

„Ihr Männer aus allen Völkern, Nationen und Sprachen, hört den Befehl! Sobald ihr den Klang der Hörner, Pfeifen und Zithern, der Harfen, Lauten und Sackpfeifen und aller anderen Instrumente hört, sollt ihr niederfallen und das goldene Standbild anbeten, das König Nebukadnezzar errichtet hat. Wer aber nicht niederfällt und es anbetet, wird noch zur selben Stunde in den glühenden Feuerofen geworfen" (Dan 3,6f).

Als dann, so erzählt die Geschichte, die Signale ertönten, warfen sich die Repräsentanten der Völkerwelt zu Boden und beteten das Götterbild an – mit Ausnahme von drei Juden, die in der Erzählung Schadrach, Meschach und Abed-Negro heißen. Dem wütenden König, der sie ultimativ zum Kniefall vor dem Götzen auffordert und ihnen androht, die Todesschergen stünden schon bereit, um sie in den Glutofen zu werfen, aus dem sie kein Gott erretten könne, sagen sie:

„Wenn überhaupt jemand, so kann nur unser Gott, den wir verehren, uns erretten; auch aus dem glühenden Feuerofen und aus deiner Hand, König, kann er uns retten. Tut er es aber nicht, so sollst du, König, wissen: Auch dann verehren wir deine Götter nicht und beten das goldene Standbild nicht an, das du errichtet hast" (Dan 3, 17 f).

Da läßt der Weltherrscher sie fesseln und mit all ihren Kleidern in den brennenden Ofen werfen. Sie aber, so sagt die Geschichte, *lobten Gott und priesen den Gott Israels.* Es ist der Lobgesang der drei Jünglinge, der nur in der griechischen Übersetzung des Ersten Testaments überliefert ist und als Canticum im katholischen Stundengebet zu hohen Ehren kam. Dieser Lobgesang ist eine Kombination verschiedener Lobpsalmen aus dem biblischen Psalmenbuch, eine Art Florilegium; vor allem der große Schöpfungspsalm 148 (vgl. dazu unten II.) ist aufgenommen. Ich zitiere seinen Anfang und seinen Schluß:

„Gepriesen bist du, JHWH, du Gott unserer Väter,
gelobt und gerühmt in Ewigkeit.
Gepriesen ist dein heiliger, herrlicher Name,
hoch gelobt und verherrlicht in Ewigkeit.
Preist alle den Lebendigen, ihr seine Verehrer,
preist den Gott der Götter;
singt ihm Lob und Dank;
denn ewig währet seine Güte" (Dan 3, 52.89 f).

Als sie den Lobgesang auf den Gott Israels sangen, stieg ein Engel Gottes mit ihnen zusammen, so erzählt die Geschichte weiter, in den Feuerofen und war ein Schutzschild für sie, so daß das Feuer ihnen nichts anhaben konnte.

„Da erschrak der König Nebukadnezzar; er sprang auf und fragte seine Räte: ,Haben wir nicht drei Männer gefesselt ins Feuer geworfen?' Sie gaben dem König zur Antwort: ,Gewiß, König!' Er erwiderte: ,Ich sehe aber vier Männer frei im Feuer umhergehen. Sie sind unversehrt, und der vierte sieht aus wie ein Göttersohn!' Dann ging Nebukadnezzar zu der Tür des glühenden Ofens und rief: ,Schadrach, Meschach und Abed-Negro, ihr Diener des höchsten Gottes, steigt heraus, kommt her!' Da kamen Schadrach, Meschach und Abed-Negro aus dem Feuer heraus. Nun drängten auch die Satrapen, Präfekten, Statthalter und die königlichen Räte herbei. Sie sahen sich die Männer an und fanden, daß das Feuer keine Macht über ihren Körper gehabt hatte. Kein Haar auf ihrem Kopf war versengt. Ihre Mäntel waren unversehrt und nicht einmal Brandgeruch haftete ihnen an. Da rief Nebukadnezzar aus: ,Gepriesen sei der Gott Schadrachs, Meschachs und Abed-Negros ... Im Vertrauen auf ihn haben sie lieber den Befehl des Königs mißachtet und ihr Leben dahingegeben, als daß sie irgend einen anderen als ihren eigenen Gott verehrten und anbeteten'" (Dan 3,91–96).

Dies ist natürlich kein historischer Bericht, sondern eine Lehrerzählung, die Hoffnung stiften will. Sie bietet eine Theologie des Gotteslobs in nuce. Folgende fünf Aspekte erscheinen mir wichtig:

(1) Der Lobpreis des biblischen Gottes bedeutet zugleich, ja zuallererst eine Verweigerung des Lobpreises und der Anbetung aller falschen Götter und Götzen. Die Lobgesänge der Psalmen sind von daher eine Einübung in das Halten des ersten Gebotes. Wer die Lobgesänge auf den biblischen Gott singt, widersetzt sich laut, öffentlich und in Gemeinschaft allen Individuen und

Gruppen, die sich als Götter aufspielen, mögen sie in der Pose des Verführers, des Dämons oder des Heilbringers auftreten. Die Lobgesänge auf diesen Gott motivieren vor allem zum Widerstand gegen menschenverachtende und totalitäre Ideologien. Es sind die Gesänge derer, die ihre Knie nicht beugen und weder ihre Köpfe noch ihre Herzen einschüchtern lassen. Die Lobgesänge auf den biblischen Gott sind ein dezidierter Standpunkt auch inmitten einer politischen und militärischen Szenerie, die lieber eine angepaßte Masse liebt.

(2) Der Lobpreis des biblischen Gottes ist in seinem tiefsten Wesen bedingungslos und interesselos – wie die Liebe. Das unterscheidet den Lobpreis vom Dank, der aus einer empfangenen Wohltat erwächst und wobei der Dankende seiner Freude und sogar seiner Verpflichtung dem Geber gegenüber Ausdruck verleiht. Wer dankt, schaut immer zugleich auch auf sich selbst. Wer einen anderen lobt und rühmt, schaut von sich selbst weg, schaut auf einen anderen, ist von ihm fasziniert und gibt dieser Bewunderung die Form des Lobpreises. Die Wahrheit dieses Lobpreises gilt auch, wenn der Rühmende selbst nicht Nutznießer aus den Qualitäten des Gelobten ist. Im Gegenteil: Je weniger eigene Interessen und Bedürfnisse im Spiel sind, desto „wahrer" ist die Rühmung. So ist es auch beim Lobpreis der drei jungen Männer. Sie bekennen sich lobpreisend zum Gott ihrer Väter, der sie retten kann, und stellen ausdrücklich fest: Von ihrem Lobpreis nehmen sie nichts zurück, auch wenn dieser Gott sie de facto nicht rettet. Gerade in Zeiten der Not und der Angst ist der Lobpreis Gottes deshalb ein Akt des Glaubens.

(3) Der Lobgesang, den die drei Männer im Feuerofen singen, ist Ausdruck ihrer messianischen Hoffnung, daß das Böse und die Bösen nicht das letzte Wort in der Geschichte und über die Geschichte haben. So wie sie mit

ihrem Lobpreis öffentlich bekunden, daß der wahre Gott nie und nimmer die Unterdrückung von Menschen durch Menschen hinnehmen kann, und wie sie damit bezeugen, daß Unrecht und Krieg nicht der Wille des wahren Gottes, sondern Werk der Menschen und Folge einer oft langen Kette menschlicher Sünde sind, so drücken sie in ihrem Lobpreis zugleich ihre Vision von einer menschenfreundlichen und friedlichen Welt aus, die dann und dort anbricht, wo die Menschen bewundernd zu *diesem* Gott aufschauen, der nicht ein vernichtender, sondern ein rettender Gott sein will. Daß und wie dies geschieht, deutet die Erzählung in der Gestalt des Engels an, der plötzlich im Feuerofen da ist und verhindert, daß die Flammen die drei jungen Männer verbrennen. Wie öfter in der biblischen Tradition ist die Engel-Figur eine Gottesbotschaft, eine Gestalt gewordene Botschaft, daß der wahre Gott seine Erde und sein Volk nicht im Stich läßt. Dieser Engel hat die Gestalt eines Menschen, der mitten im Feuerofen den Lobgesang als Hoffnungslied auf das messianische Reich anstimmt und mitsingt, gerade in jenen Augenblicken und Stunden, da nur noch Vernichtungs- und Rachewünsche über die Lippen kommen möchten oder alle menschliche Sprache in der Kehle erstickt. Das wäre gewissermaßen der zweite Triumph des Bösen, vor dem der Engel, der die Lobgesänge auf den wahren Gott kräftig mitsingt, bewahren möchte.

(4) Die Erzählung betont, daß die drei jungen Männer den Lobgesang „wie aus einem Munde" gesungen haben. Der Lobgesang macht sie zu einer innigen Gemeinschaft. In der Stunde der Not relativieren sich die Unterschiede der Stimmen und Worte, mit denen sie sonst reden. Jetzt erfahren sie, daß Gemeinschaft möglich ist und Kraft gibt. Die Lobgesänge der Bibel wollen gewissermaßen ein Medium sein, daß die Völker wieder, bei all ihrer not-

wendigen Verschiedenheit, zugleich eine gemeinsame Sprache finden, indem sie Lieder auf den wahren Gott singen, der nicht vernichtet, sondern retten will und kann. Wir kennen die biblische Erzählung von der Sprachverwirrung der Menschen, die damit einsetzt, daß Menschen sich zusammenrotten, um den Turm und die Stadt von Babel als Realsymbol ihres eigenen Ruhms und ihrer eigenen Macht zu bauen: „Auf, wir wollen uns eine Stadt und einen Festungsturm bauen, der bis zum Himmel reicht, damit wir uns einen großen Namen machen" (Gen 11,4). Wo Menschen sich verbünden, um sich einen großen Namen zu machen und um sich selbst zu rühmen, da entsteht keine echte Gemeinschaft, der es um Solidarität und Rettung geht. Die Kumpanei, die Türme wie jenen von Babel bauen und feiern will, war noch allemal eine Kumpanei des Todes, an deren Ende nicht die Erfahrung gemeinsam geteilten Lebens stand, sondern der Scherbenhaufen der Menschlichkeit. Das rufen die gemeinsam gesungenen Lobgesänge auf den befreienden Gott ins befreiende Gedächtnis: Wo Menschen sich in den Dienst SEINES Reichs stellen und gemeinsam „wie aus einem Munde" die Loblieder SEINER Herrschaft singen, geschieht Verwandlung der Welt durch das Nein dieser Lieder zum Selbstruhm und zum menschenverachtenden Größenwahn.

(5) Die Erzählung hat am Ende noch eine Pointe, die ins Wunderbare reicht und gewissermaßen die biblische Grundüberzeugung widerspiegelt, nämlich, daß Gott wirklich rettet und die großen und kleinen Weltherrscher zur Einsicht, ja sogar zur Umkehr bewegt. Der Nebukadnezzar unserer Erzählung kommt aus dem Staunen gar nicht heraus: Zunächst wagen es da drei Juden, mit dem Lobpreis ihres Gottes auf den Lippen sich der Anbetung seiner Götzen zu widersetzen – und schließlich überleben sie sogar noch diesen Holocaust. Das for-

dert nicht nur seinen Respekt, sondern sogar seinen Lobpreis auf diesen wahren Gott heraus. Die Lobgesänge der Bedrängten, die ihre Hoffnung nicht fahren lassen, führen hier sogar zur Umkehr des Bedrängers. Die Gotteslieder der Opfer können sogar die Täter verändern. Der biblische Gott ist, wie wir sagen, immer für eine Überraschung gut. Auch heute.

Freilich, all dies, was wir bisher gesehen und gesagt haben, gilt nicht pauschal für alle Lieder und Lobgesänge, in denen das Wort „Gott", möge es nun jüdisch, christlich oder muslimisch buchstabiert werden, vorkommt. Es gilt, wenn es Loblieder auf den wahren Gott sind, wenn es wahre Gotteslieder sind. Um die wahren von den falschen, die lebenbringenden von den tödlichen Gottesliedern unterscheiden zu lernen, bietet uns die Bibel ein ganzes Lieder- und Gebetbuch – die Psalmen.

4. Mystische Biographie Israels und der Kirche

Die jüdische Tradition hat schon in biblischer Zeit das ganze Psalmenbuch David als Verfasser zugeschrieben. Dieser Vorgang der „Davidisierung" (N. Füglister) des Psalters, der damit einsetzte, daß in den (sekundären) Überschriften David als Verfasser von Psalmen genannt wurde (in der hebräischen Bibel bei 73 der 150 Psalmen, in der griechischen Übersetzung sind es 83), und sich darin fortsetzte, daß mehrfach Angaben über Situationen aus dem Leben Davids hinzugefügt wurden, in denen der jeweilige Psalm „beheimatet" war, ist eine theologische Qualifizierung des Psalters: Er ist das königlich-messianische Buch schlechthin. Salomo, dem Sohn Davids, wurden die Bücher der Weisheit (Buch der Sprüche, Kohelet, Weisheit Salomos) und der Liebe zwischen Mann und

Frau (Hoheslied) zugeschrieben, seinem Vater David aber die „Gotteslieder" (Psalmen). Sie sind der „Vater" der „Weisheit" und der Liebe! Sie sind die Lieder der messianischen Hoffnung. Solange die Psalmen „Davids" erklingen, bleibt die Hoffnung auf den wiederkommenden „David" wach!

Natürlich weiß auch die Tradition, daß nicht *alle* überlieferten Psalmen von „David" stammen. Die Überschriften im Psalmenbuch nennen schließlich außer David auch noch Mose (Ps 90), Salomo (Ps 72), die Korachiten und Asaf; die rabbinische Tradition schreibt auch noch Adam, Melchisedek und Abraham Psalmen zu, insgesamt nimmt man zehn (!) Verfasser an. Dennoch sagt der Midrasch Tehillim (Midrasch zu den Psalmen): „Rab Huna hat im Namen des R. Acha gesagt: Obgleich das Psalmbuch durch zehn gesagt (verfaßt) worden ist, so ist es doch nur durch David, den König von Israel, gesagt (verfaßt) worden. Gleich einem Sängerchor, der einen Hymnus auf den König anstimmen wollte, dieser aber sprach zu ihnen: Obgleich ihr alle liebliche und vorzügliche Sänger seid und würdig seid, den Hymnus auf den König anzustimmen, so soll doch nur N. N. ihn für euch alle anstimmen. Warum? Weil seine Stimme noch süßer ist als die eurige. Das ist, was geschrieben steht: ‚Und des lieblichen Sängers von Israel' (2 Sam 23, 1), (was sagen will): Wer ist der lieblichste Sänger der Gesänge Israels? David, der Sohn Isais, der Edle, der Sohn eines Edlen" (MTeh 1, 6).

„David", der Psalmendichter und Psalmenbeter, ist die Idealgestalt des vor und mit seinem Gott lebenden Israel. Der Midrasch sagt dies so: „Jeden Abschnitt, den David im Buch der Psalmen gesagt hat, hat er mit Bezug auf sich selbst und mit Bezug auf ganz Israel gesagt" (MTeh 24, 3). Und umgekehrt gilt: Wenn „Israel" die Psalmen spricht, dann ist, als ob David selbst sie spräche und sänge (vgl. MTeh 4, 1). Dabei ist wichtig, daß die „biographischen" Angaben in den Überschriften nicht den „Helden" und „Krieger" David, sondern den Verfolgten, Leidenden, Sünder und Büßer David als Typus des gottgeliebten und gottliebenden Israel ausgewählt haben. David in der „Nacht", voller Sehnsucht nach der „Morgenröte", ist die messianische Leitfigur, die aus und in den Psalmen gegenwärtig wird. In diese mystische Biographie Davids sollen die Psalmenbeter sich hineinhören und hineinbeten. *So* hat auch Jesus die Psalmen gebetet: in der „Nachfolge" Davids. *So* betet Israel die Psalmen bis heute. Und so, Schulter an Schulter mit Israel, in der Nachfolge „Davids" sollen auch die Christen die Psalmen beten. *Mit* Jesus. In der Hoffnung auf das Kommen des Gottesreichs (vgl. unten IV.).

Seit wir Christen, nicht zuletzt unter dem Schock von Auschwitz, dem sogenannten Alten Testament, das *in sich* authentisches Gotteswort ist (vgl. dazu meine im Herbst 1991 erscheinende Streitschrift „Das Erste Testament"), wieder sein Erstgeburtsrecht zurückzugeben beginnen, müssen wir auch die Psalmen als Gebete des Ersten Testaments neu sehen und beten lernen. In den Psalmen begegnen wir nicht primär der „Erfüllung", sondern der „Verheißung" des Gottesreichs. Der Psalmen betende Jesus, den uns die Evangelien vor Augen stellen, ist der Vorbeter, dem wir uns anschließen. Sein Psalmenschrei am Kreuz: „Mein Gott, mein Gott, warum hast du mich verlassen ..." (Ps 22, 1), der den Horizont christlichen Psalmengebets aufreißt und in den von eben diesem 22. Psalm entworfenen Verheißungsraum (vgl. Ps 22, 23–32!) hineinstellt, bleibt auch die messianische Vorgabe für uns „Messianer": Mit den Psalmen besingen wir nicht die Erfüllung, sondern wecken wir die messianische Morgenröte.

Liturgie- und theologiegeschichtlich muß ohnedies

festgehalten werden, was der große Liturgiewissenschaftler J. A. Jungmann herausgearbeitet hat: Zwar kennt die frühe Kirche in einigen Ausnahmefällen das an Christus gerichtete Gebet, aber bis zum 4. Jahrhundert gibt es im wesentlichen kein Priester- oder Eucharistiegebet, das sich an Jesus Christus wendet. Die alte Kirche blieb darin ihrer jüdischen Wurzel treu, daß sie ihr Gebet nicht an Jesus Christus, sondern an Gott richtete. Wo betont christologisch gebetet werden sollte, wurde die Gebetsrichtung erweitert zu „durch Christus zu Gott".

Wenn Christen *so* die Psalmen „Davids" beten, *mit* und *durch* Christus als Vor-Beter, üben sie sich ein in die Israel und der Kirche gemeinsame mystische Biographie, die Israel und Kirche bei ihrer unterschiedlichen Geschichte und in ihrer je eigenen Identität beläßt und sie dennoch zusammenbindet in messianischer Weggemeinschaft.

XII. Geheimnis der Schöpfung

Daß JHWH die Welt als ihr Schöpfer liebt, durchwaltet und vollendet, ist eine Grundüberzeugung, die der erste Teil unserer Bibel in Erzählungen, Prophetensprüchen, weisheitlichen Reflexionen und nicht zuletzt in hymnischen Psalmen zu verkünden nicht müde wird. In diesen schöpfungstheologischen Texten spricht sich keineswegs, wie bisweilen zu lesen ist, eine unkritische Naivität und eine optimistische Weltsicht des antiken Menschen aus, deren wir Menschen des 20. Jahrhunderts angesichts der erlittenen und befürchteten Katastrophen, die wir nicht verdrängen dürfen, nicht mehr fähig sind. Historisch richtig ist: Die Schöpfungstheologie ist in Israel gerade angesichts erlittener Katastrophen zu ihrer Reife durchgebrochen. In ihr ringt sich Israel allen schmerzlichen Erfahrungen zum Trotz sein grundsätzliches Ja zur Welt und zum Leben in dieser Welt ab. Wie die einzelnen Beterinnen und Beter in Stunden des Leids und der Verzweiflung den Menschen-Schöpfergott beschwören (vgl. Ps 22, 10f; Ijob 3; Jer 20, 14–18), so sollten angesichts geschichtlicher und kosmischer Erschütterungen und Ängste die Erzählungen und Bilder von dem Welt-Schöpfergott die Erde als Ort der Gottesherrschaft, als Kosmos inmitten von Chaos, wahr- und annehmen lehren.

Wenn Israel die Darstellung seiner Ursprünge in den beiden großen Geschichtsentwürfen (Jahwist und Priesterschrift), die im Pentateuch kunstvoll verbunden wurden, mit Schöpfungserzählungen beginnt, soll die Geschichte buchstäblich im Schöpfergott „begründet" werden, der die Erde und alles Leben auf ihr, ja sogar den Himmel liebt – trotz aller Sünde (vgl. Gen 3–4) und Gewalttat (vgl. Gen 6,11f). Die schöpfungstheologische Rede von Gott als dem Liebhaber des Lebens (vgl. Weish 11,24–26) entspringt aus einer „nachkritischen Naivität", in der Israel aller Schuld- und Leiderfahrung zum Trotz das Leben der Erde als kostbares Geschenk betrachtete, an dem es selbst hing – wie sein Gott.

Daß die biblischen Schöpfungserzählungen anthropozentrisch mißverstanden wurden, ist leider allzu wahr. Aber daß sie *so* gemeint waren und sind, wird man kaum sagen können, wenn man das geradezu prophetisch-kritische Menschenbild dieser Erzählungen erfaßt. Daß das Leben fundamental und schöpfungswidrig bedroht und zerstört wird, ist – das schärfen diese Erzählungen provozierend offen ein – Werk des gierigen (Gen 3) und gewalttätigen (Gen 4) Menschen, ja „alles Fleisches" (Gen 6,11f). Der Resignation und der Verzweiflung, die angesichts dieser Realität aufkommen könnten, setzen die Schöpfungserzählungen ihre Hoffnungsbilder entgegen: Der Gott, der die „nackten Menschen" bekleidet (Gen 3,21), der den Brudermörder vor dem tödlichen Kreislauf der Blutrache schützt (Gen 4,15), der schließlich den Regenbogen als Zeichen seines „ewigen Bundes" mit allem (!) Leben in die Wolken setzt (Gen 9,12–17) – das sind die Merkzeichen, mit denen die Erzähler festhalten wollen, daß der Schöpfergott sich nach wie vor von seiner Vision gelingenden Zusammenlebens im Lebenshaus der Schöpfung (vgl. Gen 1) und im Paradeisos (vgl. Gen 2) leiten läßt.

Wenn die jüdische Tradition bis heute dazu einlädt, beim Aufscheinen des Regenbogens, die Beraka „Gepriesen bist Du, Herr unser Gott, König des Universums, weil du des Bundes [mit dem Leben] gedenkst, ihm die Treue hältst und zu Deinem Wort stehst" zu sprechen, bringt sie diese Funktion der Schöpfungstheologie auf den Punkt: Sie will einerseits Trost und Hoffnung stiften, und sie fordert andererseits dazu auf, das Universum als Reich Gottes zu begreifen und sich dankbar und demütig in die Lebensordnung dieses Reiches einzufügen.

Psalm 104

1a Segne, meine Seele, JHWH!
1b JHWH, mein Gott, du bist sehr groß.
1c Mit Pracht und Glanz bist du bekleidet,
2a du umgibst dich mit Licht wie mit einem Mantel.
2b Der den Himmel ausspannt wie eine Zeltdecke,
3a der die Balken seiner Gemächer in den Wassern festmacht,
3b der Wolken bestimmt zu seinem Wagen,
3c der einherfährt auf den Flügeln des Sturmes,
4a der zu seinen Boten Winde macht,
4b zu seinen Dienern brennendes Feuer.
5a Er hat die Erde gegründet auf ihre Pfeiler,
5b daß sie nicht wanke auf immer und ewig.
6a Das Urmeer bedeckte sie wie ein Kleid,
6b bis über die Berge standen die Wasser.
7a Vor deinem Anschreien flohen sie,
7b vor der Stimme deines Grollens hasteten sie davon,
8a sie stiegen die Berge hinauf, fuhren hinab in die Täler
8b zu dem Ort, den du gegründet für sie.
9a Eine Grenze bestimmtest du, die sie nicht überschreiten dürfen,

9b daß sie nicht zurückkehren, um wieder die Erde zu bedecken.
10a Der Quellen sendet in die Täler,
10b zwischen den Bergen laufen sie dahin,
11a zu tränken alle Tiere des Wildlands,
11b Wildesel stillen daraus ihren Durst,
12a an ihnen wohnt das Fluggetier des Himmels,
12b aus dem Dickicht erhebt es seine Stimme.
13a Der die Berge tränkt aus seinen Gemächern,
13b von der Frucht deiner Werke wird satt die Erde,
14a der Gras sprießen läßt für das Vieh
14b und Pflanzen für die Arbeit des Menschen,
14c um Brot aus der Erde hervorzubringen
15a und Wein, der des Menschleins Herz froh macht,
15b um zum Glänzen zu bringen sein Angesicht mit Öl,
15c und daß Brot des Menschleins Herz stark mache.
16a Es trinken sich satt die Bäume JHWHs,
16b die Zedern des Libanon, die er gepflanzt hat,
17a wo Vögel ihre Nester bauen,
17b wo in den Wipfeln der Storch sein Haus hat.
18a Die hohen Berge sind für die Steinböcke da,
18b die Felsen sind Zuflucht für die Klippdachse.
19a Der den Mond gemacht hat als Maß für die Zeiten,
19b die Sonne, die ihren Untergang kennt.
20a Du befiehlst Finsternis, und es wird Nacht,
20b in ihr wimmeln alle Tiere des Waldes,
21a die Junglöwen brüllen nach Beute,
21b um von Gott ihre Nahrung zu fordern.
22a Du läßt aufstrahlen die Sonne, da ziehen sie ab
22b und lagern sich in ihren Höhlen,
23a da tritt der Mensch heraus zu seinem Tun,

23b   zu seiner Arbeit bis zum Abend.
24a   Wie zahlreich sind deine Werke, JHWH!
24b   Sie alle hast Du in Weisheit gemacht!
24c   Übervoll ist die Erde von deinen Geschöpfen!
25a   Da ist (noch) das Meer, groß und unermeßlich weit,
25b   in ihm ein Gewimmel ohne Zahl:
25c   kleine Lebewesen zusammen mit großen.
26a   Da ziehen Schiffe dahin,
26b   der Leviatan, den du gebildet, mit ihm zu scherzen.
27a   Sie alle warten (voll Sehnsucht) auf dich,
27b   daß du ihnen Speise gibst zur rechten Zeit.
28a   Gibst du ihnen, so sammeln sie ein,
28b   öffnest du deine Hand, so sättigen sie sich mit Gutem.
29a   Verbirgst du dein Angesicht, sind sie verstört,
29b   ziehst du ihren Atem zurück, schwinden sie dahin,
29c   und zu ihrem Staub kehren sie zurück.
30a   Sendest du deinen Atem, werden sie geschaffen,
30b   und du erneuerst das Angesicht der Erde.
31a   Die Herrlichkeit JHWHs währe auf ewig!
31b   JHWH freue sich seiner Werke!
32a   Der die Erde anblickt, und sie erzittert,
32b   er berührt die Berge, und sie rauchen.
33a   Ich will JHWH singen, solange ich lebe,
33b   ich will meinem Gott aufspielen, solange ich da bin.
34a   Ihm möge gefallen mein (Psalmen-)Rezitieren,
34b   ich selbst will mich freuen an JHWH.
35a   Verschwinden sollen die Sünder von der Erde,
35b   und Gottlose soll es nicht mehr geben!
35c   Segne, meine Seele, JHWH!
35d   Hallelu-Jah (= Lobpreiset JHWH)!

Einführung

Der 104. Psalm ist insofern weisheitlich, als er die konkret wahrgenommene Welt „systematisch" beschreibt. Der Psalmdichter listet, gewiß in poetischer Auswahl, all sein naturkundliches Wissen auf. Geradezu ins Detail verliebt (auch uns moderne Weltbetrachter faszinieren ja immer wieder die Vielfalt und die Schönheit jedes „Einzelexemplars" von Mineralien, Pflanzen, Tieren und Menschen) zeichnet der Verfasser von Ps 104 die Welt so nach, wie er sie sieht. Er durchschreitet die Lebensräume seiner dreigeteilten Welt, den Himmel (V. 2–4: kurz), die Erde (V. 5–23: lang) und das Meer (V. 25–26: kurz). Wie unsere Auslegung zeigen wird, zeichnet er nicht nur die einzelnen Lebensräume und Lebenszeiten nach, sondern sieht das Leben geradezu in funktionalen Zusammenhängen. So verbindet er auch Aussagen über die Erschaffung der Erde (V. 5–9) mit solchen über ihre Erhaltung (V. 10–23).

Aber all dies geschieht nicht in der distanzierten Beschreibung des empirischen Wissenschaftlers oder des interessierten „Laien", sondern im hymnischen Lobpreis. Nicht nur die Selbstaufforderungen zum Lobgesang am Anfang und am Schluß des Psalms, nicht nur die für den Hymnus typischen Partizipien (in unserer Übersetzung leider nicht zu erkennen!) lassen für den, der mit der Tradition der hymnischen Formen vertraut ist, sofort deutlich werden, daß es hier von Anfang an bis zum Schluß um das Rühmen des guten Schöpfergottes geht. Die ganze „Skizze" des Weltbilds zielt auf die zentrale Aussage von V. 27–30: daß alles, was lebt, sein gemeinsames Leben der gebenden Hand, dem liebevoll zugewandten Angesicht und dem belebenden Atem Gottes verdankt – einem Du, vor und zu dem der Beter begeistert sein Schöpfungslob singt.

So ist der Psalm insgesamt ein weisheitlicher Schöpfungshymnus, um dessen schöpfungstheologischen „Hauptteil" (V. 2 b – 30) ein doppelter Rahmen gelegt ist. Den äußeren Rahmen bilden „Aufgesang" (V. 1 a: Selbstaufforderung zur Beraka) und „Abgesang" (V. 33 – 34: Widmung des Psalms; V. 35 ab: Bitte um „Erlösung von dem Übel", das die Schöpfung mutwillig bedroht und verletzt; V. 35 c: Selbstaufforderung zur Beraka, wie V. 1 a). Der innere Rahmen ist von (altorientalisch breit belegten) Motiven der Gottkönigtums-Theologie bestimmt und zeichnet in V. 1 b – 2 a JHWH als den im Königsglanz erscheinenden Gott, dessen welterhaltende „Herrlichkeit" und freudige Zugewandtheit für die Welt bis zum Ende der Weltzeit in V. 31 – 32 erfleht wird. Dieser innere Rahmen läßt JHWH die von ihm geschaffene und geordnete Welt gewissermaßen buchstäblich umfangen und halten. Zu dieser theologischen Rahmenstruktur gehört auch, nach dem breiten Abschnitt über die Erde (V. 5 – 23), der faszinierte Ausruf V. 24, der in seiner dritten Zeile nochmals das den Abschnitt einleitende (V. 5 a!) Themawort „Erde" wiederholt.

Der Psalm liest sich wie ein religionsgeschichtliches Florilegium von phönizisch-kanaanäischen, ägyptischen und assyrisch-babylonischen, aber auch genuin altisraelitischen Überlieferungen über die Themen „Bändigung und Verwandlung des (Wasser-)Chaos zu Kosmos durch eine (königliche) Gottheit" und „Der (Gott-)König als Lebensmittler (Ernährer) seines Volkes/Reiches"; beide Themen sind im Psalm in der spannungsreichen Perspektive Tod – Leben kunstvoll verschmolzen. Er bietet eine gezielt monotheistische Synthese, die JHWH als (kanaanäischen) Regenbringergott und als (ägyptischen) Sonnengott zeichnet. Er dürfte aus der nachexilischen Weisheitsschule stammen, der wir auch sonst wunderschöne Schöpfungstexte (z. B. Spr 8, 20 – 31) verdanken.

Sein besonderes Profil macht schon ein flüchtiger, vergleichender Blick auf Ps 93 bewußt, mit dem sich Ps 104, 1b–9 teilweise bis in den Wortlaut hinein berührt. Während Ps 93 in seiner nachexilischen Gestalt durch V. 2b und V. 5 eine tempeltheologische Gründung der Welt verkündet (vgl. dazu unten IV.), ist Ps 104 durch und durch davon bestimmt, daß die Welt tagtäglich neu und unvermittelt aus der gütigen Hand Gottes hervorgeht.

Der Psalm ist nun ein Abschnitt im vierten Psalmenbuch (Ps 90–106), das stark vom Thema des Leben stiftenden Königtums JHWHs (vgl. besonders Ps 93–100), aber auch vom Leiden am Tod in seinen vielen Formen (vgl. besonders Ps 90; 102; 105–106) bestimmt ist. Dabei hat die Redaktion Ps 103 und Ps 104 gezielt nacheinander gestellt (vgl. die Stichwort- und Motivbezüge zwischen Ps 103, 19–22 und Ps 104, 2–4 sowie besonders die den beiden Psalmen gemeinsame Rahmung!). Ps 104 ist demgemäß als Fortführung von Ps 103 die schöpfungstheologische Grundlegung der in Ps 103 verkündeten Botschaft vom vergebenden Gott.

Auslegung

Mit dem den Hymnus eröffnenden „Aufgesang" V. 1a fordert der Beter „seine Seele", d. h. sich selbst als Wesen voller Lebenshunger, auf, den Psalm als Beraka, d. h. als Preis- und Dankgebet, zu rezitieren (vgl. die Doppel-Beraka über Brot und Wein in der Eucharistie!). Er gilt JHWH als dem allen Göttern überlegenen König („Pracht und Glanz" sind typische Königsattribute: vgl. Ps 8, 5 f; 21, 6), der sich als „Licht", d. h. als Leben und Heil, offenbart – eben in seiner Schöpfung und für sie.

Im ersten Abschnitt des corpus hymni (V. 2b–4b) beschreibt der Psalm JHWHs Schöpferhandeln im und am Himmel (das Themawort „Himmel" steht entsprechend in V. 2b). Mitten in die Chaoswasser baut JHWH seinen Königs-Palast und entmachtet sie so. Zugleich bestimmt er wie ein altorientalisch-kanaanäischer Wettergott die „Himmelsphänomene" Wolken, Winde und Blitze zu Dienern für seine „königlichen" Aufgaben, für die Erde Geber des Lebens durch die Gabe des lebenswichtigen Wassers zu sein, wie dann im nächsten Abschnitt V. 5–18 (beachte wieder das Themawort „Erde" in V. 5a!) plastisch entfaltet wird.

Im Rückgriff auf die Vorstellungen vom Chaoskampf, bei dem JHWH „in illo tempore" dem Chaos seine chaotisch-destruktive Gewalt nahm und in dem er zugleich die immer noch vom Chaos ausgehenden partiellen Störungen Tag für Tag abwehrt, wird in V. 5–9 die anfängliche Gründung der Erde besungen. Daß das Chaos hier *all* seine destruktive Potenz verloren habe, wie bisweilen gesagt wird, widerspricht nicht nur der Sicht der Welt, die in V. 29–30 anklingt, sondern insbesondere der weisheitlichen Weltwahrnehmung, die für den Psalm charakteristisch ist. Dem Chaos ist eine Grenze gesetzt, die es nicht überschreiten kann, aber eben nur, weil der Schöpfergott Tag für Tag seine chaosbändigende Mächtigkeit aufbietet. Geradezu plastisch läßt der Dichter miterleben, wie der Urflut-Drachen vor der gebieterischen Stimme JHWHs über die Berge und Täler hinhastet, bis er ins Meer kommt, wo er bleiben „darf", aber von wo aus er die Erde immer wieder bedroht und ihre Bewohner ängstet. Dem „bösen" Wasser wird nicht nur seine katastrophische Zerstörungsgewalt, gewissermaßen sein „Sintflut-Charakter", genommen. Noch mehr preist der Dichter, daß JHWH das Chaoswasser in „gutes" Wasser verwandelt, indem er aus dem himmlischen Wasservorrat die Erde in ihren unterschiedlichen Landschaften mit je spezifischer Lebenswelt (V. 10–12: Wildland „zwischen den Bergen"; V. 13–15: Acker- und Kulturland „auf den Bergen"; V. 16–18: „die hohen Berge" mit ihrer Tier- und Pflanzenwelt; beachte das Schwenken der „Kamera" von unten nach oben!) mit Quell- und Regenwasser versorgt.

Im „Schöpfungsbild" von V. 10–12 hat sich nicht die Erfahrung der großen Flußkulturen Ägyptens und Mesopotamiens, wo die Flüsse der Lebensnerv von Ansiedlung und Ackerbau waren, niedergeschlagen, sondern das Erlebnis der syrisch-palästinischen Flüsse, nicht zuletzt des Jordans, dessen Ufer noch bis zum Beginn unseres Jahrhunderts von dschungelähnlichem Urwald und üppigem Dickicht gesäumt waren, die wilden und gefürchteten Tieren Lebensraum boten. Der Wildesel (V. 11 b) repräsentiert die Steppen- und Wüstentiere, denen JHWH ebenfalls durch Quellbäche in den Wadis das lebensnotwendige Wasser gibt. So reichlich fließt das Wasser in den Flüssen und Wadis des Wildlandes, daß an ihnen Vogelparadiese mit Gekreische und Gesang aller Art entstehen. So preist dieser Abschnitt V. 10–12 JHWH als Spender überschäumenden Lebens. Wenn gleichwohl diese Regionen und die dort lebenden Tiere den Menschen damals nicht als nützlich, sondern eher als bedrohlich erschienen, so sieht unser Psalm hier die gleiche Leben gebende Hand des Schöpfergottes am Werk wie in der Lebenswelt der Menschen, die V. 13–15 besingt.

Der Lebensraum von Vieh und Mensch wird von JHWH so mit Regen versorgt, daß der Boden durch die von JHWH gegebene Lebenskraft (JHWH ist in V. 13–15 der Handelnde!) die lebensnotwendigen Güter hervorbringt: Weide für das Vieh sowie Pflanzen und Bäume, aus denen der Mensch durch seine Arbeit Brot (Essen), Wein (Trinken) und Öl (Salben) gewinnen kann

(V. 13–15). Nicht nur das tägliche Brot (es ist besonders wichtig; so wird es zweimal genannt!) gibt JHWH, sondern auch Wein und Öl, Gaben des Überflusses und der festlichen Lebenskultur. Hier ist nichts von der in Gen 3, 17–19 beklagten Mühsal des palästinischen Bauern zu spüren; hier spricht sich im Gegenteil das Staunen darüber aus, was diese Erde an Gutem und Schönem hervorbringen kann, wenn sie unter dem Segen eines gütigen Schöpfergottes steht. Dabei hebt der Dichter hervor: diese Gaben der von Gott gegründeten und versorgten Erde erfreuen das Herz und das Angesicht des Menschen, d. h., sie können ihn stark, glücklich und schön machen.

Noch einmal setzt der Dichter im Abschnitt über die Bergwelt (V. 16–18) mit dem Motiv des Wassers an, um JHWHs überreiche Lebensgabe zu preisen. Die mächtigen und uralt werdenden Libanonzedern, deren Stämme bis zu 40 m Höhe und bis zu 4 m Durchmesser erreichen können, sind in der alttestamentlichen Tradition Symbol für Kraft und Macht (vgl. Ez 17, 22–24). Solch riesige Bäume sind Götterbäume; der Psalm nennt sie „Bäume JHWHs", er hat sie gepflanzt, und sie sind in besonderer Weise Ausdruck seiner Lebensmächtigkeit. Selbst die Bäume der Bergregion sind, so staunt der Dichter, „Lebensbäume" für Vögel. Ja, sogar dort, wo die Waldregion aufhört, gibt es immer noch Leben; hier tummeln sich (wie man in der Bergregion über En-Gedi erleben kann!) Steinböcke und Klippdachse.

Wie für den priesterschriftlichen Theologen, dem wir Gen 1, 1 – 2, 4a verdanken, ist auch für Ps 104 eine Voraussetzung dafür, daß die Erde das vom Schöpfergott gewollte „Lebenshaus" bleibt, daß die unterschiedlichen Lebewesen die ihnen zugewiesenen Lebensräume und Lebenszeiten respektieren. Deshalb kommt nun in V. 19–23 die vom Schöpfergott gesetzte Lebensordnung der Zeiten so zur Sprache, daß zunächst Mond und

Sonne als die „Ordner" der Zeit und danach die dadurch geordneten Lebensvollzüge für die Wildtiere und sodann für die Menschen (und der mit ihnen lebenden Tierwelt) beschrieben werden. Der Mond zeigt die grundlegenden Ordnungen „Jahr" und „Monat" (der altorientalische Kalender hat ursprünglich ein Mondjahr!) sowie die großen Festtage des landwirtschaftlichen und des kultischen Lebens (z. B. Neumond- und Vollmondfesttag, aber auch Pessach, Wochen- und Herbstfest) an. Die an zweiter Stelle genannte Sonne strukturiert die Zeit in Tag und Nacht und begründet die in Israel entstandene Siebentage-Woche mit ihrer grundlegenden Unterscheidung von Arbeit und Ruhe. Daß hier zunächst der Sonnenuntergang (V. 19 b) genannt wird, hängt mit der in der nachexilischen Zeit vorherrschend gewordenen Tageszählung zusammen, die den Tag mit dem Sonnenuntergang beginnen läßt (so im Judentum und im liturgischen Kalender des Christentums bis heute!). Nur wenn die Zeiten der Arbeit und der Ruhe, die Zeiten der Natur und der Feste, aber auch die unterschiedlichen Zeiten der Tiere und der Menschen (V. 20–23) beachtet werden, kann sich das allen gemeinsame Leben in seinem Reichtum entfalten – das ist die großartige Idee dieses Abschnitts, die uns im Zeitalter der ökologischen Neubesinnung höchst modern erscheint.

Nachdem der Psalmdichter in V. 5–23 die der Erde eingestifteten Lebensordnungen und -möglichkeiten besungen hat, bricht er in V. 24 in sein begeistertes „Zwischenfazit" aus: All dies ist die Erde von JHWH her – vorgängig vor allem Eingreifen des Menschen und unabhängig davon. Das ist ja das schöpfungstheologische „Ur-Erlebnis" der alttestamentlichen Menschen, über das sie unaufhörlich staunen: Daß das Leben einfach da ist, schier unerschöpflich vorgegeben, freilich auch darauf angewiesen, es immer neu entgegenzunehmen, weil keines der Lebewesen es für sich selbst machen kann. So ist für den Psalmdichter die natürliche Welt, insofern und wie sie lebt, ein höchst positives Machterlebnis, das ihm die grundlegende und bleibende Zuwendung des Schöpfergottes zur Welt bewußtmacht. Alles ist „in Weisheit" gemacht, und übervoll ist die Erde von der Lebenskraft, die Gott in sie „investiert". Die „Weisheit", von der hier die Rede ist, meint nicht nur eine Eigenschaft Gottes, sondern zugleich eine Eigenschaft der Welt, die Gott ihr eingestiftet hat. Sie ist das Geheimnis, durch das sie den Menschen anrührt, geradezu als ein Ich anredet. Es ist nicht das Ich JHWHs – Israel hat immer um die unaufhebbare Grenze zwischen der Schöpfung und dem Schöpfer gewußt –, sondern es ist die Sinndimension und die Schönheit der Schöpfung, insofern sie von und durch die Weisheit JHWHs gestaltet und geliebt wird. Wer auf diese „Weisheit" der Schöpfung hört, gewinnt Weisheit, mit der das Leben zu sich selbst kommt.

Knapp, aber ausdrucksstark skizziert V. 25–26 noch das Meer, also das Wasser, das nach dem altorientalischen Weltbild die Erdscheibe umgibt, als Lebensraum für Tiere – und als Raum, der durch Gottes Schöpfermacht seine mythisch-chaotische Gefährlichkeit verloren hat (V. 26 b). Das Meer ist übervoll von großen und kleinen Wassertieren, die hier leben. Sogar Schiffe können hier „einhergehen". Da Schiffe keine Lebewesen sind, scheinen sie hier zu stören. Aber sie passen voll zur Perspektive des Psalms, weil die Schiffe auf dem Meer eindrucksvoll dokumentieren, daß das Meer als Teil der von JHWH umsorgten Schöpfung seine chaotische (nicht: seine gefährliche!) Macht verloren hat. Daß darauf nur so kurz angespielt wird, ist dadurch bedingt, daß der Durchschnittsisraelit das Meer und die Seefahrt nur vom Hörensagen kennt (doch vgl. immerhin Spr 30, 18 f; 31, 14; Sir 43, 24 f). Dem Psalmdichter ist wichtig: Auch über das Meer hält JHWH seine ordnende Hand; den Leviatan, den Meereschaosdrachen der kanaanäischen und altorientalischen Mythologie (wo er mit unterschiedlichen Namen „auftritt"), hat JHWH als Schöpfergott ein für allemal entmachtet (vgl. auch Ijob 40,25 – 41,26) – er spielt mit ihm wie ein Dompteur mit dem Delphin!

Sind in der „Weltbetrachtung" von V. 2b–26 die elementaren Voraussetzungen und Bedingungen für Leben im Blick, so ist es in V. 27–30 das Leben selbst: „Sie alle warten auf dich" (V. 27a). Das gemeinsame Sich-Ausstrecken aller Lebewesen voller Lebenshunger und -sehnsucht macht die Welt zur Schöpfung. Worauf aber wartet sie? Gewiß – sie wartet, wie der Psalm bildreich entfaltet, auf Regen, der sie belebt, auf Nahrung und Kleidung, auf Brot, Wein und Öl. Aber darin wartet sie auf mehr: daß der lebendige Gott selbst auf sie zukommt – „zur rechten Zeit!" Auf *seine* Zukunft warten sie alle, weil ER allein ihre Zukunft ist. Mit ihm und durch ihn sind sie lebendig, ohne ihn werden sie todesstarr und zerfallen in Staub (V. 28–30). Hier sprechen sich die leidvollen Erfahrungen aus, die Israel auch mit dem Leben, mit der Natur und mit seinem Gott selbst gemacht hat. Israels Theologie hat die Störungen und Katastrophen nie verdrängt. Sie hat auch Krankheit und Tod nie verklärt. Die Klagepsalmen und das Buch Ijob zeigen überdeutlich, daß Israels Theologie einerseits der Versuchung widerstand, die Welt als Mißgriff eines launischen oder zornigen Gottes zu verachten, und daß sie andererseits nie der Illusion erlag, durch menschliches Machertum könne die Welt vollkommen werden. Im Gegenteil: Unser Psalm erlebt diese Störungen als Zeichen der absoluten Verwiesenheit allen Lebens auf den einen Lebensatem, der JHWH selbst ist und an dem alle teilhaben, die leben. Wenn und wo JHWH seine Lebenskraft „ausschickt", macht er Tote wieder lebendig (vgl. V. 30a mit Ez 37, 1–14) und gibt er der Erde immer wieder neue jugendliche Lebensfrische (V. 30b). Daß die „alte" Erde täglich „jung" wird, ist die „neue" Botschaft, mit der der Psalm seine Weltbetrachtung hoffnungsvoll zusammenfaßt. Aber zugleich gilt: Wo die Lebewesen sich ihr Leben selbst nehmen wollen, gierig und gewalttätig wie Adam und Kain, zerstören sie sich selbst und ihre Lebenswelt.

Das ist der lebenspraktische Realismus der Weisheit, die um die Schicksalsgemeinschaft von Mensch, Tier und Pflanze, ja um die unlösbare Verwiesenheit aller aufeinander weiß. Von einer „königlichen" Sonderstellung redet unser Psalm (vielleicht als bewußte Gegenstimme zu Gen 1, womit der Psalm 104 sich vielfach berührt?) nicht. Im Gegenteil: Ihm wird in V. 14.23 „Dienst" an der Erde zugewiesen. Das ist seine „Sonderstellung", die Pflanzen, die JHWH aus der Erde „herauskommen" läßt, zu Brot, Wein und Öl umzuwandeln. Die in Gen 1–2 programmatisch entworfene Vision von pflanzlicher Nahrung als Absage an die Tötung von Tieren leuchtet auch hier wieder auf. Es ist die Vision gewaltlosen Zusammenlebens, in das die Menschen hier eingewiesen werden. Ihr Leben ist Leben neben und mit anderem Leben. Das Leben des Menschen im Lebenshaus der Schöpfung ist Teil „eines Vorgangs göttlichen Wirkens, der keineswegs nur für den Menschen oder nur auf ihn hin, sondern zugunsten alles Lebendigen geschieht ... Was der Mensch für sein Leben wahrnimmt, gilt auch für tierisches Leben, und damit ist den Tieren prinzipiell das gleiche Lebensrecht zugestanden wie dem Menschen" (O. H. Steck). Die Sonderstellung der Menschen spricht der Psalm erst im „Abgesang" an (V. 35 ab). Sie besteht traurigerweise darin, daß er als Sünder und Gott-loser den gemeinsamen Lebensprozeß stört und gefährdet –

und vor allem den Schöpfergott verleugnet und sich der ihm zugewiesenen „Lebensaufgabe" verweigert.

Die zum „inneren Rahmen" gehörende Bitte V. 31–32 zielt darauf, daß das Warten der Schöpfung nicht unerfüllt bleibt. Es ist die Bitte, der Weltkönig JHWH möge die Erde als Ort des Offenbarwerdens seiner Herrlichkeit vollenden, gerade angesichts der Erfahrung, daß so vieles auf der Erde das Erscheinen der Herrlichkeit behindert. Hier klingt jenes Leiden aller Kreaturen an, das Röm 8,22 die Geburtswehen der „neuen" Erde nennt. Gerade eine Erde, der er täglich seine erneuernde Zuwendung schenkt, soll und wird JHWH besonders liebgewinnen und sich an ihr freuen. Um und für sie wird er kämpfen (V. 32), so er denn seine Bindung an die Schöpfung zu seinem fundamentalen Lebensvollzug gemacht hat.

Die „Widmung" V. 33–34 stammt schon aus der „Gebetsgeschichte" des ursprünglichen Psalms V. 1b–32. Hier redet einer, der den Hymnus gebetet und sich dabei so sehr von dessen theologischer Leidenschaft hat anstecken lassen, daß er in einem individuellen Lobpreisgelübde verspricht, sein ganzes weiteres Leben als einen einzigen großen Lobgesang zu leben. Das ist in der Tat eine angemessene „Fortschreibung" des Hymnus, insofern alles Gotteslob in eben dem Gott gründet, dessen liebevolle Zuwendung in V. 1b–32 hymnisch gefeiert wird. Der Mensch, der das Gotteslob zur Gestalt seines Lebens macht, verwirklicht genau das, was der Psalm mit Leben als verdankter Gottesgabe meint. Daran will der Beter sich auch nicht durch die deprimierende Gegenerfahrung des Bösen und Rätselhaften in der Welt, um dessen Verschwinden er bittet (V. 35ab), behindern lassen. Im Gegenteil: Mit der abschließenden „Andachtsformel" V. 35c fordert der Beter sich (wie in V. 1a) abermals auf, bei aller Bedrohtheit der Schöpfung auf den Schöpfergott zu blicken und in ihm „Freude" an der Schöpfung sowie die Kraft zu einem schöpfungsgemäßen Leben zu finden – auch als Antwort auf die in V. 35 beklagte Realität des Bösen.

Das Schöpferlob von Ps 104 ist Gebet eines Menschen, der sich aufbrechen läßt von dem Geheimnis, daß das Reich Gottes in der Schöpfung im Kommen ist. Der Psalm ist das Ja des Lobenden, der von sich selbst und von seinen Bedürfnissen weg- und auf das Ganze hinblickt – und dies voller Hoffnung, daß dieses Ganze Tag für Tag vom Schöpfergott neu geschaffen wird (V. 30). Als lobpreisendes Ja zum Schöpfergott ist der Psalm weder blinde noch blenden wollende Zustimmung zu allem, was ist und geschieht. Im Gegenteil: Er ist Ausdruck des Leidens daran, daß vieles nicht so ist, wie es sein könnte. Und er ist noch mehr Widerspruch gegen alles, was das Kommen des Gottesreichs in der Schöpfung behindert. Wer diesen Psalm singt, singt ihn auch gegen sich selbst! Indem er die Vision vom solidarischen Zusammenleben *aller* Lebewesen besingt, ist der Psalm ein öffentlicher Protest insbesondere gegen alle „Weltbilder" und die daraus entspringenden Taten der Menschen, die die Menschen und ihre Bedürfnisse zum „Maß aller Dinge" machen. So ist der Psalm keine kitschig-idyllische Meditationsmusik, sondern ein kritisch-utopisches Lied, das heute zur ökologischen Umkehr ruft. Indem es die Schönheit der Schöpfung, jenseits aller menschlichen Zwecke, besingt, hält es an der Verheißung fest, daß die Schöpfung zum Leben berufen ist. Insofern es diese Schönheit aber als täglich zu erneuernde aus der gütigen Hand Gottes kommen sieht und insofern es die verbrecherischen, gott-losen Menschen als Zerstörer dieser Schönheit benennt und das Nicht-Schöne nicht ausblendet, mahnt und motiviert es zu Umkehr.

Psalm 148

1a Hallelu-Jah (= Lobpreiset JHWH)!
1b Lobpreiset JHWH vom Himmel her!
1c *Lobpreiset ihn in den Höhen!*
2a Lobpreiset ihn, alle seine Boten!
2b *Lobpreiset ihn, alle seine Heerscharen!*
3a Lobpreiset ihn, Sonne und Mond!
3b *Lobpreiset ihn, alle leuchtenden Sterne!*
4a Lobpreiset ihn, Himmel der Himmel
4b und ihr Wasser über den Himmeln!
5a Lobpreisen sollen sie den Namen JHWHs,
5b *denn er gebot und sie waren erschaffen,*
6a und er stellte sie hin für immer und ewig,
6b *eine Ordnung gab er, die nicht vergeht.*

7a Lobpreiset JHWH von der Erde her,
7b *Meeresdrachen und alle Urfluten,*
8a Feuer und Hagel, Schnee und Nebel,
8b *Sturmwind, der sein Wort ausführt,*
9a Berge und alle Hügel,
9b *Fruchtbäume und alle Zedern,*
10a Wildtiere und alles Vieh,
10b *Kriechtiere und geflügelte Vögel,*
11a Könige der Erde und alle Nationen,
11b *Fürsten und alle Richter der Erde,*
12a junge Männer und auch junge Frauen,
12b *Alte zusammen mit den Jungen!*
13a Lobpreisen sollen sie den Namen JHWHs,
13b *denn erhaben ist sein Name allein,*
13c seine Hoheit ist über Erde und Himmel hin,
14a *und er erhöhte seinem Volk das Horn,*
14b einen Lobpreis all seinen Getreuen,
14c *den Kindern Israels, dem Volk, das ihm nahe ist.*
14d Hallelu-Jah (= Lobpreiset JHWH)!

Einführung

Der Psalm ist Teil des großen Finales Ps 146–150, mit dem das Psalmenbuch schließt. Daß diese fünf Psalmen, die allesamt eine Aufforderung zum Lobpreis JHWHs sind, als Komposition verstanden werden wollen, ist durch zwei Eigenheiten angezeigt: Alle haben als „Überschrift" und „Unterschrift" den Hallelu-Jah-Ruf (die Gruppe wird deshalb auch „Letztes Hallel" genannt), und sie sind durch ein enges Stichwortgeflecht miteinander verwoben (vgl. u. a. 146,10 mit 147,12; 147,4 mit 148,3; 147,11 mit 149,4; 147,20 mit 148,14; 148,14 mit 149,1.9; 148 mit 150). Zugleich sind diese fünf Lobpreis-Psalmen auf der Ebene der Psalmenbuchredaktion die Durchführung des in der letzten Zeile von Ps 145 vom Beter angekündigten Lobpreises: „Den Lobpreis JHWHs soll mein Mund rezitieren, alles was lebt, soll das Dank- und Preisgebet seinem heiligen Namen sagen – für ewig und immer!"

Mit der Komposition Ps 146–150 kommt das Psalmenbuch zu seiner Vollendung im wahrsten Sinne des Wortes: In den Worten der Psalmenbeter verdichtet sich die Erfahrung, daß alles, was lebt, von Gott her und auf ihn hin lebt – und der Lobpreis ist das dankbar-freudige Ja zu dieser Realität. Die Beter von Ps 146–150 machen sich zu Sprechern dieses Lobes für alles, was ist und lebt, im Himmel und auf Erden. Mit ihrem Lob wollen sie die unbelebte und die belebte Schöpfung in jene freudige Erregung versetzen, in der Liebende fühlen und wissen, daß sie miteinander und voneinander leben. Wer Ps 146–150 nacheinander rezitiert und sich von ihrer Dynamik ergreifen läßt, wird die zweifache Bewegung erleben, mit der hier in immer gewaltigeren Kreisen alles auf JHWH als die schöpferische Quelle des Lebens hindrängt. Ps 146 beginnt damit, daß ein einzelnes Ich sich selbst zum

Gotteslob auffordert. Ps 147 weitet die Aufforderung auf Jerusalem/Zion aus. Ps 148 wendet sich an alles, was im Himmel und auf Erden ist – und schließt, außerordentlich wirkungsvoll, mit dem Blick auf die JHWH-Gemeinde der Getreuen. Und mit der Aufforderung an diese Gemeinde zum Gotteslob setzt in Ps 149 die zweite Bewegung ein, die sich im abschließenden Psalm 150 abermals ausweitet zur Einladung, am großen Schöpfungsfest für JHWH teilzunehmen.

Von dieser Kompositionsidee her sind Ps 148 und Ps 150 in gewisser Hinsicht parallelisiert. Beide Psalmen arbeiten – typisch für die frühjüdische Zeit ihrer Entstehung – mit theologisch bedeutsamer Zahlensymbolik (diese Vorliebe nimmt in der Zeit der Rabbinen noch zu!). Der Zehnerreihe der Imperative „lobpreiset" von Ps 150 entspricht das zehnmalige Vorkommen der Imperative (acht) und Jussive (zwei: V. 5a.13a) des Verbums „lobpreisen" in Ps 148 (ohne die den Psalm rahmenden Hallelu-Jah-Rufe!). Innerbiblisch ist diese zehnfache (zehn: Zahl der Totalität) Aufforderung zum Lobpreis, die auf die beiden Teile von Ps 148 (1b–6b: Lobpreis „vom Himmel her"; 7a–14c: Lobpreis „von der Erde her") aufgeteilt ist, in Beziehung zu setzen mit den zehn Worten des Schöpfergottes in Gen 1 und mit den zehn Worten des Dekalogs vom Sinai (Ex 20; Dtn 5). Auf die zehn Schöpfungsworte, die die Grundordnung des Kosmos festlegen (vgl. Ps 148,6), und auf die zehn Gesetzesworte, die die Lebensordnung für das Zusammenleben der Menschen proklamieren (vgl. Ps 148,14), antworten die zehn Lobaufforderungen von Ps 148 und Ps 150. Auch von daher wird deutlich: das Psalmenbuch ist die dankbare Antwort auf das Heilshandeln JHWHs in Schöpfung und Geschichte.

Die unseren Psalm durchziehende Zahlensymbolik ließe sich (unter Aufnahme entsprechender Beobachtungen von L. Ruppert) noch vielschichtig beschreiben; einige Andeutungen müssen hier genügen (wer den Psalm laut rezitiert, wird vieles intuitiv erfassen). Insgesamt werden im Psalm dreißig (drei mal zehn!) Adressaten mit Vokativ zum Lobpreis aufgefordert (im ersten Teil: sieben!). Die Totalitätsangabe „alle" wird im Psalm zehnmal verwendet. Der durch die überschriftartigen Verse 1b.7a in zwei Teile gegliederte Psalm läßt sich in sieben (!) Strophen unterteilen (vgl. die Auslegung), wobei der den himmlischen Bereich umfassende 1. Teil mit seinen drei Strophen auf das Dreimal-Heilig von Jes 6 bzw. Ps 99 (vgl. dazu unten IV.) anspielt; die vier Strophen des 2. Teils, die dem irdischen Bereich gelten, inspirieren sich an den vier Himmelsrichtungen. Ohne die beiden Hallelu-Jah-Rufe besteht der Psalm aus dreißig (!) Zeilen. All dies ist keine Spielerei, sondern Stilmittel, um die Grundüberzeugung des Psalms, daß in der Vielgestaltigkeit der Schöpfung eine durchdachte, schöne Ordnung (= Kosmos) waltet, rhetorisch und poetisch nahezubringen.

Auslegung

Die beiden Teile des Psalms (V. 1–6 und V. 7–14) haben die gleiche Struktur: Sie beginnen mit einer imperativischen Aufforderung zum Lobpreis JHWHs, wobei die Adressaten in listenartiger Reihung einzeln aufgerufen werden (1. Strophe: 1b–2; 2. Strophe: 3–4; 4. Strophe: 7–8; 5. Strophe: 9–10; 6. Strophe: 11–12). Dann folgt jeweils eine zusammenfassende (jussivische: „sie sollen ...") Aufforderung zum Lobpreis des Namens JHWHs (V. 5a = V. 13a), die mit einem für den Hymnus typischen „Denn-Satz" begründet wird (3. Strophe: 5–6; 7. Strophe: 13–14). Im ersten Teil lautet die Begründung, daß der Schöpfergott der Schöpfung durch sein machtvolles Wort (vgl. auch Ps 33,9) eine ein für allemal gültige Ordnung eingestiftet hat (V. 5b–6b). Die Begründung des zweiten Teils (V. 13b–14c) blickt auf die Geschichte, in der sich der Name JHWH als rettender Schutz (vgl. Spr 18,10) und insbesondere als Lebenskraft (V. 14a: „er erhöhte seinem Volk das Horn" = Symbol für Kraft und Rettung; vgl. Ps 75,6; 89,18.25; 1 Sam 2,10) für sein Volk erwiesen hat. Der Psalm denkt hier zunächst an die wunderbare Rettung Israels aus der tödlichen Katastrophe des Exils, aber auch an das Wunder, daß Israel auf der Erde inmitten der Völkerwelt überlebt, – weil ER es als „sein Volk" geschaffen hat. Damit hat er, dessen Hoheit Himmel und Erde durchstrahlt (V. 13c spielt auf Ps 8,2c an!), Israel Grund genug gegeben, den Lobpreis (V. 14b) zur grundlegenden Lebensgestalt zu machen (beide Zeilen sind redaktionelle Erweiterungen).

In seiner listenartigen Nennung der Adressaten, die zum Schöpferlob aufgerufen werden, inspiriert sich der Psalm an der vor allem in der ägyptischen Weisheitsschule zur Blüte gelangten altorientalischen „Listenwissenschaft". Schon die Erfindung der Schrift verdankt sich dem wirtschaftlichen Interesse, Gegenstände und Lebewesen in Listen zu erfassen. Damit war der Schritt von der wirtschaftlichen zur wissenschaftlichen Erfassung der „Welt" nicht mehr weit: So entstanden Listen von Haustieren, Göttern, Orten, Pflanzen usw. (Manche Kinder üben auch heute noch das Schreiben, indem sie „Listen" der ihnen bekannten Tiere, von Vornamen, Städten usw. zusammenstellen). Durch die Listen, die teilweise über tausend Eintragungen hatten, wurde die Welt entmythisiert, geordnet und in die menschliche Lebenswelt integriert. Am bekanntesten ist das „Onomastikon (Namenliste) des Amenope" mit 610 Eintragungen. Es entstand im 12. Jahrhundert v. Chr., vermutlich in

Memphis, wo das Hauptheiligtum des Schöpfergottes Ptah war. Seine ersten Zeilen lauten: „Beginn der Lehre, um den Verstand zu klären, um den Unwissenden zu unterweisen und alle Dinge kennenzulernen, die existieren, die Ptah geschaffen und (der Schreibergott) Thot aufgeschrieben hat, den Himmel mit seinen Dingen, die Erde und was in ihr ist ..." Aus den enzyklopädischen Listen spricht letztlich das Bemühen, das vielschichtige Geheimnis der Schöpfung zu erfassen, um sich die Welt vertraut zu machen.

Unser Psalm steht in dieser Kultur- und (Natur-)Wissenschaftstradition. Er teilt die Schöpfung in einen himmlischen und irdischen Bereich, schreitet diese Bereiche durch exemplarisch ausgewählte, aber systematisch angeordnete Elemente und Lebewesen ab: Lebewesen im Himmel: der himmlische Hofstaat JHWHs (1. Strophe: 1b–2b); unbelebte Wesen und Mächte am bzw. über dem Himmelsfirmament: Sonne, Mond und Sterne (2. Strophe: 3–4); Wesen und Phänomene um die Erdscheibe herum und über ihr: Meeresdrachen und personifiziert gedachte Urfluten, Wetterphänomene (4. Strophe: 7–8); nichtmenschlicher Bereich auf der Erdscheibe: Berge und Hügel, Fruchtbäume und Zedern (Vertreter der wildwachsenden Bäume!), vier Arten der Tierwelt nach der Einteilung von Gen 1 (5. Strophe: 9–10); die Menschen auf der Erde (6. Strophe: 11–12), geordnet nach politischen und gesellschaftlichen Kategorien (V. 11), nach der Geschlechterdifferenz (V. 12a) und nach dem Lebensalter (V. 12b). In der Auswahl der einzelnen Elemente dieser Liste gibt es eine auffällige Nähe zu Ps 104, aber auch zu Gen 1, was auf Herkunft aus der gleichen weisheitlich-priesterlichen Tradition hinweist.

Das Faszinierende an unserem Psalm, der im sogenannten Lobgesang der drei Jünglinge im Feuerofen (Dan

3) (vgl. oben I. 3) eine großartige Fortschreibung erfahren hat, ist aber nun: Die listenartige Benennung von „Himmel und Erde" (sogenannter Merismus: alles, was geschaffen ist!) bindet alle zu einer umfassenden Lobgemeinschaft zusammen. Was allen gemeinsam ist, von den Mineralien bis zu den Königen, von der Sonne bis zu den Zedern, vom Jordanbär bis zu den jungen Frauen, ist dies: daß in ihnen ein wundervoll vielstimmiges Schöpfungslied schwingt und klingt, das von der Herrlichkeit und Großzügigkeit des Schöpfergottes erzählt.

Mit seiner zehnfachen Einladung „dirigiert" der Psalm gewissermaßen dieses Schöpfungsoratorium, das nie verstummt, solange der Schöpfer seine Schöpfung am Leben hält.

XIII. Zion – Quelle des Lebens

Die biblische Zionstheologie hat gegenüber den anderen theologischen Strömungen Israels ihr unverwechselbar eigenes Profil. Insofern sie den Berg Zion und die auf ihm gelegene Stadt Jerusalem als Orte des Heils deutet, reflektiert sie eine Beziehung zwischen JHWH und einem Ort. Gewiß hat sie dabei auch die auf dem Zion und in Jerusalem lebenden Menschen im Blick, auch die Beziehung der Menschen, die wegen der Bedeutung von Zion/Jerusalem dorthin kommen, aber der Ansatz aller theologischen Aussagen ist dieses „Stück" Erde inmitten des Landes Israel bzw. inmitten des Kosmos. Durch diesen Ansatz unterscheidet sie sich beispielsweise von der Exodus-Theologie, die die personale Beziehung zwischen JHWH und seinem Volk erzählt und meditiert.

Diese Besonderheit der Zionstheologie hängt mit ihrer Herkunft, aber auch mit ihrem Überlieferungsort zusammen. Ihre Herkunft reicht in die vor-jahwistische Zeit zurück. In ihr wirken alte, kanaanäische Jerusalemer Traditionen weiter. Und die Jerusalemer Theologen haben sich auch in der Zeit, als der Zion längst der heilige Berg JHWHs geworden war, immer noch bemüht, die ureigenen Traditionen Jerusalems zu bewahren, auch wenn die Zionstheologie neue Vorstellungen integrierte oder, vor allem angesichts der Zerstörung Jerusalems und des Tempels im Jahre 587 v. Chr., nach neuen Ansätzen suchte.

Schon in vorjahwistischer Zeit waren mit dem Zion vor allem kosmogonische Vorstellungen verbunden, die dann auf JHWH, als er Stadt- und Reichsgott wurde, mit seinem „Tempelpalast" auf dem Zion, übergingen. Der Zion war „Götterberg" und „Weltberg" zugleich. Auf ihm hatte JHWH als „Götterkönig" seinen Thron und von hier aus bändigte er das Chaos. Sein kanaanäischer „Vorgänger" Baal hatte sich die Königswürde durch seine mythischen Siege über das Chaosmeer Jammu und über die Trockenhitze Mot erkämpft und feierte Jahr für Jahr im Herbst, nach dem Ende der Trockenzeit und mit Einsetzen des ersten Regens, sein Inthronisationsfest auf dem Götterberg. Der beim Neujahrsfest im Herbst erklingende kultische Ruf „Baal ist König geworden" beschwor die Macht Baals, im beginnenden landwirtschaftlichen Jahr das Chaos zu bändigen und den für den Regenfeldbau, aber auch für die Kleinviehweiden notwendigen Regen zu spenden.

Als JHWH den Zion „übernahm", übernahm er auch diese Kompetenzen der Bekämpfung des Chaos und der Regengabe als Götterkönig des Zion. Von hier aus ordnete er, insofern der Zion „Weltberg" war, an dem sich Himmel und Erde berührten und die Erde ihren Halt erhielt, auch die politische und die soziale Ordnung. Am Zion und vom Zion aus bekämpfte er die feindlichen Völker und die Frevler. Am Zion zerschellen die Könige und Völker, die sich dort gegen ihn zusammenrotten – oder aber sie „bekehren" sich hier zu JHWH und nehmen IHN als ihren Gott an, wie Ps 46 besingt (vgl. dazu die Auslegung unten!) und wie die große Friedensvision Jes 2, 1–5 = Mi 4, 1–5 verheißt: „An jenem Tag wird der Berg Zion hoch aufragen als der höchste der Berge ... Vom Zion geht die Tora aus ..."

Es gab auch die Vorstellung, daß vom Zion aus die Schöpfung begann. Jene Bearbeitung, die in die Paradiesgeschichte Gen 2 den Abschnitt von der Quelle, die im Paradies entspringt und sich dann in die vier (!) Weltströme zerteilt, einfügte, wollte damit die Paradiesgeschichte auf den Zion als „Weltberg" verlegen; die Quelle, die nach Ez 47 inmitten des Tempels entspringt und das tote Land in ein Paradies verwandelt, gehört ebenso zu dieser Tradition wie die Vorstellung vom „Gotteskanal" in den Psalmen 46 und 65, die wir hier auslegen wollen.

Die Zionstheologie arbeitete aber auch mit dem Thema „Stadt". Die auf dem Zion liegende Stadt Jerusalem war „die Gottesstadt", die für ihre Bewohner und die dorthin kamen ein Ort besonderer Gottesgegenwart war. Was in der altorientalischen und altisraelitischen Welt mit „Stadt" als Ort der Sicherheit und des Schutzes, als kulturellem, kultischem und politischem Zentrum der Region (bzw. im Fall der Königs- und Hauptstadt Jerusalem: des Reichs!) verbunden wurde, das schrieb die Zionstheologie Jerusalem als der „Gottesstadt" zu. Sie galt als uneinnehmbar, weil JHWH in ihr wohnte.

So wurden Zion und Jerusalem zum mythisch-hymnischen Topos für Leben und Heil (schālōm). JHWH, der Zion und die Stadt als Quelle des Lebens für die Menschen und das Land, ja für den ganzen Erdkreis wurden in den Hymnen und in den großen Kultfesten, die „der Staat" feierte, so eng miteinander verschmolzen, daß eine schier unerschütterliche Allianz entstand. Wenn der 48. Psalm die Könige der Völker und deren Soldaten auffordert, den Zion zu umkreisen und die auf ihm liegende Stadt Jerusalem zu meditieren, um dabei zu dem Fazit: „Ja, da ist wirklich ein Gott. Auch unser Gott soll er fürderhin sein" (Ps 48, 15), zu kommen, dann ist dies Ausdruck jener Symbiose von JHWH und Jerusalem, die in der spätvorexilischen Zeit, nicht zuletzt angesichts der wunderbaren Rettung Jerusalems vor den Assyrern im Jahre 701 v. Chr., besonders intensiv war.

Als dann Jerusalem 587 v. Chr. erobert und zerstört

wurde und der Zion ein Ruinenfeld war, war dies die Stunde einer „neuen" (d. h. erneuerten!) Zionstheologie. Nun wurde über die Voraussetzungen und die Bedingungen reflektiert, unter denen JHWH auf dem Zion „wohnt" oder „erscheint". Und nun wurde Zion/Jerusalem vor allem als Frau, als Mutter der Kinder Israel, ja sogar der Völker (Ps 87!) vorgestellt, aber auch als „Geliebte" JHWHs und als Königin an der Seite des königlichen Gottes JHWH. Als Mutter weint und klagt Zion über ihre im Exil verschleppten und getöteten Kinder, als „Witwe" Zion trauert sie über den Verlust ihres Mannes JHWH, als „Tochter" Zion jubelt sie, weil ihr Geliebter zurückkehrt. Die ursprüngliche Beziehung zu einem Ort wandelt sich nun zu einer personalen Beziehung, in der Zion zu JHWH steht – und für die Menschen und Völker in „neuer" Weise zur Quelle des Lebens wird.

Psalm 46

1a *Für den Chorleiter. Von den Korachiten.*
1b *Nach der Weise „'Alamōt". Ein Lied.*
2a *Ein Gott ist für uns Fluchtburg und Festung,*
2b *als Hilfe in Bedrängnissen ließ er sich sehr finden!*
3a *Darum müssen wir nicht fürchten, daß die Erde sich wandelt*
3b *und daß die Berge mitten ins Meer wanken,*
4a *sogar wenn toben, sogar wenn schäumen seine Wasser,*
4b *sogar wenn beben die Berge bei seinem Aufbäumen.*

5a Ein Strom! Seine Kanäle erfreuen die Stadt Gottes.
5b Die heilige Wohnung des Höchsten ist es.
6a Ein Gott ist in ihrer Mitte, so wankt sie niemals.
6b Es hilft ihr ein Gott, wenn der Morgen anbricht.
7a Völker tobten, Herrschaften wankten.
7b Er donnerte mit seiner Stimme, daß die Erde schwankte.
8a JHWH Zebaot (der Heerscharen) ist mit uns.
8b Schutz ist für uns der Gott Jakobs!
9a Geht, schaut die Taten JHWHs,
9b der Schrecken legt auf die Erde:
10a Er ist es, der den Kriegen ein Ende macht bis an den Rand der Erde.
10b Den Bogen zerbricht er, er zerschlägt die Lanze,
10c die Lastkarren verbrennt er im Feuer.
11a „Laßt ab und erkennt: Gott bin Ich!
11b Ich erhebe mich über die Völker, ich erhebe mich über die Erde!"
12a JHWH Zebaot (der Heerscharen) ist mit uns,
12b Schutz ist für uns der Gott Jakobs.

Einführung

„Ein feste Burg ist unser Gott ... Er hilft uns frei aus aller Not ... Und wenn die Welt voll Teufel wär und wollt uns gar verschlingen, so fürchten wir uns nicht so sehr ... das Reich muß uns doch bleiben!" So hat Martin Luther in seinem bekannten Psalmlied die Bilder und die Aussageabsicht des Psalms umgesetzt. In der katholischen Tradition ist es das 1876 von Joseph Mohr verfaßte Lied „Ein Haus voll Glorie schauet", das vom biblischen Psalm inspiriert ist. Da klingt's weit kämpferischer als bei Luther: „Gar herrlich ist's bekränzet mit starker Türme Wehr ... Wohl tobet um die Mauern der Sturm in wilder Wut ... Ob auch der Feind ihm dräue, anstürmt der Hölle Macht ... Viel Tausend schon vergossen mit heil'ger Lust ihr Blut ... Auf, eilen liebentzündet, auch wir zum heil'gen Streit; der Herr, der's Haus gegründet, uns ew'gen Sieg verleiht." Kein Wunder, daß im neuen „Gotteslob" von der Urfassung dieses Lieds nur noch die erste Strophe geblieben ist.

An beiden Liedern wird die Gratwanderung spürbar, die auch im Psalm selbst da ist: Das Vertrauen auf die wirkmächtige Gegenwart Gottes, gerade angesichts katastrophischer, ja teuflischer Gefahren, darf weder in verbales Pathos noch gar in Vorstellungen umschlagen, die Gott zum Krieger und Sieger und seine Verehrer zu wackeren Soldaten auf der Schlachtstatt der Geschichte machen. Daß schon der Psalm selbst in alttestamentlicher Zeit so (miß)verstanden wurde, läßt sich an seiner Wirkungsgeschichte ablesen. In der eschatologischen Vision Joel 4, 9–21 (der Abschnitt hat zahlreiche Anspielungen an Ps 46), wo überdies das „Schwerter-Pflugscharen-Programm" von Jes 2 / Mi 4 umgekehrt wird, werden die Völker zum Krieg gegen Zion aufgerufen, um dort vom „Gott-mit-uns" vernichtet zu werden. Und in der aus dem 3. Jahrhundert v. Chr. stammenden Erzählung des zweiten Chronikbuchs über die im Jahr 701 geschehene unerwartete Rettung Jerusalems vor dem assyrischen Belagerungsheer des Sanherib wird dem König Hiskija unter Aufnahme von Worten unseres Psalms folgende Rede an sein Volk in den Mund gelegt: „Seid mutig und tapfer! Fürchtet euch nicht (vgl. Ps 46, 3) und erschreckt nicht vor dem König von Assur und der tobenden Menge (vgl. Ps 46, 7 a), die mit ihm ist, denn mit uns ist mehr als mit ihm. Mit ihm sind Arme aus Fleisch, mit uns ist JHWH, unser Gott, der uns hilft (vgl. Ps 46,6a.8a.12a) und unsere Kriege führt" (2 Chr 32,7f).

Daß Gottes Nähe *gerade* im Krieg und im Sieg erfahren wird, ist eine archaische Vorstellung, die Israel mit seiner Umwelt teilte – und die leider bis in unsere Tage vielerorts immer noch lebendig ist. Wir werden ihr noch in Ps 44 begegnen, werden dort zugleich sehen, daß und wie Israels Theologie sich mit dieser problematischen Vorstellung auseinandersetzte (vgl. unten VII.). Auch Ps 46 hat an diesem theologischen Lernprozeß Anteil. So gewiß einerseits die Hoffnung legitim ist, daß Gott sich, auch in Zeiten des Krieges, stärker erweisen soll als alle Mächte des Todes, so bleibt andererseits doch die Frage, die sich schon zum Exodusgeschehen aufdrängt: „Was denken die Ägypter über diesen Gott?", d. h., kann dieser Gott sein Volk denn nur durch die Vernichtung der Feinde retten?

Psalm 46 bildet zusammen mit den motivlich und strukturell sehr ähnlichen Psalmen 48 und 76 die Gruppe der Zionslieder im engen Sinn; eng verwandt damit ist Ps 87, der als zusammenfassende Neuinterpretation von Ps 45–48 zu lesen ist. Zwischen Ps 46 und Ps 48 gibt es zahlreiche sprachliche Bezüge. Sie haben insbesondere eine ähnliche Struktur:

(1) Am Anfang steht mottoartig ein Bekenntnis zum Zion-Gott.

(2) Das Bekenntnis wird dann erzählerisch entfaltet und begründet.

(3) Es folgen imperativische Aufrufe, die beide Male an die Könige der Völker gerichtet sind, und in denen die Ziongemeinde die Völkerwelt einlädt, JHWH als ihren Gott zu übernehmen.

(4) Am Schluß steht ein Bekenntnissatz, den Israel stellvertretend für die Völker spricht. In ihm kommt die

Zionstheologie als eine Theologie der Neuschöpfung der Welt zu ihrem tiefsten Wesen.

Die Erkenntnis des Aufbaus von Psalm 46 und des in ihm „ablaufenden" Sprachgeschehens hängt nicht unwesentlich an der Frage, ob die von den meisten neueren Auslegern (und im Anschluß daran auch von der „Einheitsübersetzung") vorgenommene Einfügung des „Kehrverses" V. 8 = V. 12 auch nach 4 ab berechtigt ist. Für diese Einfügung werden vor allem drei Gründe genannt:

(1) Fügt man den Kehrvers ein, entsteht ein wunderschönes Lied von drei gleich langen Strophen.

(2) Die Strophen 1 und 2 erhalten dadurch eine parallele Struktur: Bekenntnis – Chaoserfahrung (1. Strophe: mythisch; 2. Strophe: geschichtlich) – Bekenntnis (wortgleicher Kehrvers).

(3) Da V. 5 einen Neueinsatz markiert, wäre die 1. Strophe ohne den „Kehrvers" offen und unvollständig.

Der Haupteinwand gegen die Einfügung lautet und ist für mich entscheidend: Die Einfügung ist weder durch hebräische Textzeugen noch durch die alten Übersetzungen gestützt; sie entspringt neuzeitlichem Harmoniedenken. Vor allem zerstört die Einfügung die ganze Dynamik des Psalms!

Der Psalm setzt in V. 2 mit dem Bekenntnis der Ziongemeinde in Wir-Form ein, die in V. 3 daraus eine Schlußfolgerung zieht, die angesichts der in V. 4 benannten Realität immer wieder in Frage gestellt wird. Diese erste Strophe des Psalms ist ein einziger syntaktischer Zusammenhang; man kann sich die Strophe gut von einem Chor gesungen vorstellen.

Die zweite Strophe setzt in V. 5 mit einem Gegenbild zu V. 4 ein. Den ängstigenden Chaoswassern (V. 4) wird das mythische Bild von dem die Gottesstadt erfreuenden

Strom entgegengestellt, an dem erfahrbar ist, was das in V. 2 gesungene Bekenntnis konkret in der Geschichte bedeutet: Der Chaosbekämpfer JHWH ist der Retter seiner Stadt und der in ihr Zuflucht Suchenden, gerade in höchster Gefahr (V. 6-7). Auf diese (von einem Vorsänger entfaltete) Zionstheologie antwortet in V. 8 die Ziongemeinde mit einem vertieften Glaubens-Satz: Nun fallen erstmals Namen und Titel des Ziongottes. Und nun ist auch klar, vor wem die Ziongemeinde diesen Hymnus singt: vor der Völkerwelt!

Die dritte Strophe (V. 9-12) wendet sich an die Völker, die in feindlicher Absicht gegen Zion/Jerusalem gezogen waren und dabei vom Ziongott gestoppt worden waren (2. Strophe). Sie werden nun (vom Vorsänger) aufgefordert, ihre Kriegswut zu beenden und JHWH als Friedensgott anzunehmen (V. 9-11) und zusammen mit Israel das den Kosmos „erneuernde" Bekenntnis V. 12 zu singen (vom Chor bzw. der Gemeinde gesungen!)

Die Entstehungszeit des Psalms wird sehr unterschiedlich bestimmt. Mir scheint: Die zweite Strophe ist in ihrer ungebrochenen Gewißheit nur *vor* der Eroberung Jerusalems (587 v. Chr.) denkbar (V. 6 a), sie spielt auf die überraschende Rettung Jerusalems vor Sanherib (701 v. Chr.) an, hat den Untergang des Nordreichs (722 v. Chr.) und den Niedergang der Nachbarstaaten Judas im 8. Jahrhundert, aber auch den Machtzerfall des assyrischen Weltreichs (7. Jahrhundert) vor Augen (V. 7) und könnte deshalb aus der Frühzeit der joschijanischen Restauration (vgl. Ps 44,2-9) stammen - mit Ausnahme von V. 10 a. Diese Zeile ist in der poetischen Struktur „überschüssig" und in ihrer „pazifistischen" Tendenz nachexilisch.

Der Psalm dürfte ursprünglich seinen „Sitz im Leben" bei liturgischen Feiern gehabt haben, mit denen JHWH als Schutzgott seiner Stadt gefeiert wurde. Er wird insbesondere beim Jerusalemer Herbst- und Neujahrsfest (Thronbesteigung JHWHs als Aktualisierung seines weltgründenden Königtums) gesungen worden sein. Als Festpsalm feiert und verkündet er JHWHs „von Urzeit her" gegebenes Weltkönigtum als ein in der konkreten Geschichte bis zu deren Vollendung hin sich verwirklichendes Geschehen. Indem die Ziongemeinde den Psalm singt und dabei sogar stellvertretend für die Völker JHWH als Weltkönig anerkennt, bildet sie das Kommen der Gottesherrschaft nicht nur kultisch ab, sondern bietet sich zugleich als der „Ort" an, von dem aus der Ziongott „Quelle des Lebens" für den ganzen Kosmos sein kann.

Auslegung

Die *erste Strophe* setzt in V. 2 mit einem vollmundigen Bekenntnis der Ziongemeinde ein, das aus der Erfahrung kommt: Als „Fluchtburg", „Festung" und „Hilfe" ließ ER sich finden (vgl. Dtn 4,29; Jes 55,6; 65,1). Diese Bilder von V. 2 stammen aus der Erfahrung einer feindlichen Invasion, vor der die Leute sich in die durch Mauern befestigte Stadt flüchteten. Oft gab es in den Städten, auch im Jerusalem der Königszeit, noch eine auf dem höchsten Punkt der Stadtanlage (die Städte lagen gewöhnlich auf Hügeln!) gelegene Zitadelle („Burg"), in der der König oder der Stadtgouverneur residierte; sie konnte nochmals, wenn der Feind schon in die Stadt eingedrungen war, als „Fluchtburg" dienen. „Hilfe" in solcher „Bedrängnis", wenn sich der Belagerungsring der Feinde immer enger schnürte, ereignete sich dann, wenn die Feinde die Belagerung aufgaben – und die Stadt gerettet war. Als einen Gott, der aus solchen Nöten befreit, hat Israel seinen Gott seit der Rettung vor Pharao immer wieder erlebt, so in besonderer Weise im Jahre 701 v. Chr., als der assyrische König Sanherib urplötzlich die Belagerung Jerusalems abbrach (vgl. 2 Kön 18,13 bis 19,37).

Aus dem Bekenntnis zieht die Gemeinde in V. 3 eine Schlußfolgerung, die ähnlich am Ende der Sintfluterzählungen im Munde Gottes begegnet (vgl. Gen 8,21f; 9,8–17): Weil „ein Gott" da ist (auf dem Zion, dem „Weltberg", und in der Gottesstadt), fürchtet die Ziongemeinde nicht, daß die Welt wieder ins totale Chaos zurückfallen könnte, dadurch daß die Erde sich in ihr Gegenteil wandelt und daß die Berge, die der Erde Stabilität geben und das von der Erdscheibe weggejagte Chaoswasser zurückhalten (vgl. Ps 104,5–9; Jer 5,22), in das Chaoswasser um sie herum stürzen. An diesem Bekenntnis hält sich die Gemeinde fest, auch wenn in der Gegenwart alles dagegen spricht, weil das Chaos mächtig ist: es läßt seine „Wasserwogen" beängstigend laut toben (V. 4a) und es bäumt sich voller Empörung wild auf (vgl. Ps 89,10; Ijob 38,11), so daß die Berge wie bei einem Erdbeben erzittern (V. 4b; vgl. Jes 24,18f).

Der abgewehrten Schreckensvision (V. 3) und der real erfahrenen Bedrohung (V. 4) setzt die *zweite Strophe* das Kontrastbild der „Gottesstadt" entgegen: Sie ist die Stadt auf dem paradiesischen Götter- und Weltberg, über der immer wieder (aus dem Chaoswasser!) die rettende Morgensonne aufgeht, die das Dunkel vertreibt und das wärmende, klärende Licht bringt. Der Schöpfergott als Chaosbekämpfer wehrt das „böse" Chaoswasser ab und wandelt es zugleich in „gutes" Lebenswasser um (vgl. zu diesem zusammenhängenden mythischen Bild: Ps 74,12–15; 89,10–15; 104,5–18 und vor allem den folgenden Psalm 65!). Statt der aufschäumenden Chaoswasser entspringt hier ein mythischer „Strom", dessen „Kanäle" (Bezeichnung für „lebendiges Wasser" im Unterschied zu abgestandenem Grundwasser oder Wasserbassins!) die Stadt, ihre Bewohner und ihr Umland „erfreuen". Wer dieser Strom ist, sagt V. 5b: Der Tempel „des Höchsten", des Stadtgottes von Jerusalem (vgl. Gen 14, 18–20; Ps 47, 3.6), ist diese Quelle. Genauer: Der in diesem Tempel wohnende Gott ist es! Weil er „in der Mitte seiner Stadt" (vgl. Jer 8, 19; Mi 3, 11) ist, kann dieser Stadt das rings um sie tobende Chaos nichts anhaben. Dies wird mit der gemeinaltorientalischen Vorstellung von der siegreich aus den Chaoswassern aufgehenden Sonnengottheit erläutert. Wenn die Morgenröte aufsteigt, geht die Nacht als Zeit des tödlich bedrohlichen Chaos zu Ende. Die Sonne bringt das Licht als Quelle des Lebens und der Freude. Der Sonnengott kommt hervor als „Sonne der Gerechtigkeit" (vgl. Mal 3, 20), die die Frevler vertreibt und die Lebensordnung schützt. Das ist ein alttestamentlich breit belegter Topos, mit dem Israel auch seine geschichtlichen Erfahrungen deutete (vgl. die Rettung Israels am Schilfmeer beim Anbrechen des Morgens Ex 14, 27, die Rettung Jakobs beim Gotteskampf „am Morgen, als die Sonne aufging" Gen 32, 32; besonders aber die Rettung Jerusalems vor den Assyrern „am Morgen" 2 Kön 19, 35 = Jes 37, 36). V. 7 erläutert und begründet dieses Bekenntnis zu JHWH als „Lebensquelle" und „Sonne" mit einem Blick in die Geschichte (vgl. schon V. 2b): Da ließen sich Völker und ihre Könige vom „Chaos" anstecken (vgl. die Stichwortbezüge von V. 7 nach V. 3–4) und rotteten sich zusammen, um die „Gottesstadt", das Zentrum des „Kosmos" zu zerstören. Doch da „erschien" der Ziongott als kanaanäischer Gewittergott (Baal) „im Donner" und beendete das anstürmende Kriegschaos. Auf diese „Erinnerung" durch den Vorsänger antwortet „die Gemeinde" in V. 8 mit einem zusammenfassenden Bekenntnis. Sie nennt sich mit dem alten Würdetitel „Jakob" (Anspielung auf die

Rettung Jakobs „am Morgen" Gen 32,27.32?), zitiert den ursprünglich mit der Lade verbundenen und danach auf den Zion übergegangenen Gottestitel JHWH Zebaot („Gott der Heerscharen") und betont mit einer weiteren aus der Kriegserfahrung stammenden Metapher ihre Rettungsgewißheit: Der Ziongott ist *für uns* (vgl. den Rückbezug nach V. 2a) „Schutz", d. h. eigentlich eine auf einer unzugänglichen Berghöhe (Zion!) liegende Festung (Gottesstadt).

In der *dritten Strophe* ergreift zunächst wieder der Vorsänger das Wort und wendet sich nun an die Völker und ihre Könige, denen die Gottesstimme bereits ihre chaotische Gefährlichkeit genommen hat; V. 7b sprach ausdrücklich nur vom „Schwanken" der Erde, worauf V. 9b nochmals zurückblickt. Mit zwei Imperativen („geht und schaut"!) werden sie aufgefordert, „die Taten JHWHs" in ihrer Tiefendimension zu erfassen (V. 10) und daraus die entsprechenden Konsequenzen zu ziehen (V. 11–12). Dem Ziongott als dem Chaosbekämpfer geht es darum, alle Kriege weltweit und für immer aufhören zu lassen (V. 10a; vgl. Jes 2,4 = Mi 4,3; Hos 1,7; 2,20 u. ö.). Um Kriege zu verhindern, vernichtet er selbst alle Kriegswerkzeuge. Zuerst „zerbricht" er die hölzernen Bogen, die gefährlichsten der damaligen Waffen, weil der Pfeil aus weiter Ferne und heimtückisch traf; zugleich ist „der Bogen" Symbol von Herrschaft und Macht (vgl. Gen 9,13–15; Jer 49,35). Sodann „zerschlägt" er die Lanzen, d. h. er schlägt die Metallspitze vom hölzernen Schaft. Und schließlich verbrennt er „die Schilde" oder „die Lastkarren", die den Troß bilden (der Text ist hier unsicher!).

Wie aber will und wird JHWH dies tun? Der Vorsänger sagt es in V. 11 mit einer direkten Gottesrede, die als inhaltliche Explikation von V. 7b („er ließ seine Stimme ertönen") verstanden werden will: Der Friede kommt durch die Anerkenntnis des Gottes Jakobs durch die Völkerwelt als des allen (!), d. h. Israel *und* den Völkern, gemeinsamen Königs JHWH (zu V. 11 b als Königsaussage vgl. vor allem Ps 99,2; dazu unten IV.), der vom Zion aus „Quelle des Lebens" sein will.

So schließt der Psalm mit der von der Ziongemeinde proleptisch für die Völker gegebenen Antwort, die Israel und die Völker (V. 12 = V. 8) „zusammenklingen" läßt: Wo die ganze Erde sich nicht mehr von der chaotischen Gewalt anstecken läßt, sondern sich unter der schützenden, kosmosstiftenden und „erfreuenden" Gottesherrschaft des Ziongottes geborgen weiß, haben die Kriege ihre Anlässe und ihre schreckliche Faszination verloren. Bis es soweit ist, will der Psalm die Hoffnung wachhalten – und zumindest Israel und die Kirche, die den Psalm singen, dazu befähigen, jetzt schon auf den Wegen dieses Gottes zu gehen (vgl. Mi 4,5) und so zum „Ort" des Anbrechens der Gottesherrschaft zu werden.

Psalm 65

1 *Für den Chorleiter. Ein Psalm Davids. Ein Lied.*
2a *Dir geziemt Lobpreis,*
2b   *Gott auf dem Zion,*
2c *und dir erfüllt man Gelübde,*
3a   *du Hörer des Bittgebets.*
3b *Zu dir kommt alles Fleisch*
4a   *unter der Last der Schuldverstrickungen.*
4b *Zu schwer sind unsere Vergehen,*
4c   *du bist es, der vergibt.*
5a *Selig, den du erwählst und dir nahen läßt,*
5b   *daß er in deinen Höfen wohnt,*

5c Wir wollen uns sättigen am Guten deines
 Hauses,
5d   heilig ist dein Tempel.
6a Mit furchterregenden Taten antwortest du uns in
 Gerechtigkeit,
6b   Gott unserer Rettung,
6c du Zuversicht aller Enden der Erde
6d   und der fernen Meere.
7a Der die Berge gründet mit seiner Kraft,
7b   der sich gürtet mit Macht,
8a der glättet das Tosen der Meere,
8b   das Tosen der Wogen
8c und das Toben der Nationen.
9a Es fürchten die Bewohner der Enden deine
 Wundertaten,
9b   die Aufgänge des Morgens und Abends machst
 du jubeln.
10a Du sorgst dich um das Land und überschüttest es,
10b   du machst es überreich,
10c der Gotteskanal ist voll von Wasser,
10d   du gibst ihnen Getreide.
11a Ja, so gibst du es: seine Furchen netzend,
11b   ebnend seine Schollen,
11c mit Rieselregen lockerst du es,
11d   sein Gewächs segnest du.
12a Du krönst das Jahr mit deinem Guten,
12b   und deine Spuren triefen von Fett.
13a Es triefen die Auen der Steppe,
13b   und mit Jubel gürten sich die Hügel,
14a die Triften kleiden sich mit Schafen,
14b   und die Täler hüllen sich in Korn:
14c sie jauchzen sich zu und singen gar!

Einführung

Der Psalm gliedert sich in die drei Teile 2–5.6–9.10–14. Diese sind durch Stichworte aufeinander bezogen (V. 3: „Hörer des Bittgebets" – V. 6: „du antwortest"; V. 5: „am Guten deines Hauses" – V. 12: „mit deinem Guten"; V. 7: „sich gürtet mit Macht" – V. 13: „mit Jubel gürten sich"; V. 9: „machst du jubeln" – V. 14: „sie jauchzen"). Jeder dieser Teile hat sein eigenes literarisches und motivliches Profil.

Der erste Teil (2–5) ist hymnischer Lobpreis der auf dem Zion versammelten „Gemeinde" des Ziongottes (Du – Wir). Er ist von kultischer Sprache und Vorstellungswelt geprägt; er nennt kultische Vollzüge der nachexilischen Tempelfrömmigkeit (Lobpreis, Bittgebet, Gelübdeerfüllung durch Opfergaben, Sündenvergebung) und läßt durch topographische Hinweise den Jerusalemer Tempelbezirk vor unseren Augen Gestalt annehmen (Zion, Höfe, Haus, Tempel). Der Teil kulminiert in der pluralischen Selbstaufforderung: „Wir wollen uns sättigen ...". Er ist gerahmt durch die Angaben „auf dem Zion" und „heilig ist dein Tempel".

Der zweite Teil (6–9) setzt zwar noch in V. 6 mit Du-Wir-Rede ein, geht dann in den hymnischen Partizipialstil über (in unserer Übersetzung leider nicht erkennbar!) und endet mit dem Blick auf „die Bewohner der Erde", übersteigt also bei weitem das „Wir" des ersten Teils. Er ist geprägt vom „schöpfungstheologischen" Vokabular der Zionstheologie, die JHWH als „Gründer der Erde" und als Bekämpfer der Chaosfluten (vgl. u. a. Ps 46; 104) feiert. Der Teil ist gerahmt durch die Wortaufnahmen „furchterregende Taten" – „es fürchten" sowie „Enden der Erde" – „die Bewohner der Enden".

Der dritte Teil (10–14) läßt nicht erkennen, wer als sein Sprecher gedacht ist. Von der Dynamik des Psalms, aber auch von der analogen Struktur der Zionpsalmen 46 und 48 her, die beide mit dem (fiktiven) Zitat einer den Völkern in den Mund gelegten Rede (vgl. auch Ps 87!) schließen, könnte V. 10–14 als Zitat eines Hymnus verstanden werden, den die in V. 9 genannten „Bewohner der Welt" singen (so schon S. Schroer 1991 mit Hinweis auf B. Fuglistaller). Dieser Teil feiert JHWH als Spender des Regens und dadurch als Geber der Fruchtbarkeit des Landes. In dieser „Strophe" überlagern sich mehrere Wortfelder bzw. Bildwelten. Zum einen stammen die Bilder aus der bäuerlichen Lebenswelt („Land" = Erdboden, Getreide, Ackerfurchen, Schollen, Gewächs, Auen der Steppe, Triften, Schafherden, Korn; bewässern, auflockern, ebnen = „eggen"). Zum anderen spielt dieser Teil mit Assoziationen, die die Erde/das Land als Gestalt lebendig werden lassen (gekrönt werden, sich gürten, sich kleiden, sich umhüllen, jauchzen und singen). Im Hintergrund stehen hier Vorstellungen von Baal als Regenspender und Befruchter des Landes, wobei zugleich Bilder von der „Heiligen Hochzeit" zwischen Baal und der Erde mitklingen (vgl. Hos 1–3). Dieser Teil, der die geradezu verschwenderische Großzügigkeit des sich um seine Erde kümmernden Gottes besingt, verwendet vierzehn unterschiedliche Verben, um das Handeln Gottes (sieben Verben) und die dadurch ausgelösten Lebensvollzüge der Erde (sieben Verben) zu bezeichnen (sieben: Zahl der *Segensfülle*).

Die drei Teile wechseln jeweils den Horizont und die Perspektive: JHWH als der Gott der auf dem Zion versammelten kultischen Gemeinde (1. Teil) – JHWH als der Gründer und Erhalter der universalen Schöpfungsordnung (2. Teil) – JHWH als der Regen- und Fruchtbarkeitsspender für das landwirtschaftliche Jahr (3. Teil). Andererseits besteht zwischen diesen Teilen ein theologischer Zusammenhang: Daß das Land sich Jahr für Jahr nach der sommerlichen Dürre in ein Paradies von Getreidefeldern und grünen Weidetriften für die Herden verwandelt (3. Teil), verdankt sich dem Schöpfergott, der das fortwährend andrängende Chaos machtvoll abhält (2. Teil) – und vor allem dem auf dem Zion wohnenden Gott, der die Bittgebete seines Volkes hört und in seiner Barmherzigkeit die Schuld vergibt (1. Teil).

Der Psalm ist insgesamt eine nachexilische Komposition (1. Teil!), könnte aber altes Textmaterial (Teile 2 und 3) integriert haben (S. Schroer: V. 10–14 Aufnahme eines alten kanaanäischen Hymnus?). Er dürfte seinen Sitz im Leben bei einem der großen landwirtschaftlichen Feste gehabt haben. Manche Autoren denken an das Sukkotfest im Herbst vor dem das landwirtschaftliche Jahr eröffnenden „Frühregen". Andere denken an das Mazzotfest im Frühling zur Zeit des „Spätregens", wenn das Getreide voll im Halm steht. Am wahrscheinlichsten ist die Verbindung des Psalms mit dem „Herbstfestkreis". Zum einen spielt das im 1. Teil wichtige Sündenvergebungsmotiv auf das große Versöhnungsfest (V. 4c verwendet das Verbum *kipper* = sühnen, versöhnen, vergeben; Versöhnungsfest = Jom Kippur) an; zum anderen ist das Neujahrsfest im Herbst das Fest der Königsherrschaft des Ziongottes, womit das landwirtschaftliche Jahr beginnt!

Im Psalmenbuch bildet Ps 65 zusammen mit den Psalmen 66; 67; 68 eine durch zahlreiche Stichwortaufnahmen angezeigte thematische Komposition (den vier Psalmen ist die auffällige Doppelüberschrift „ein Psalm, ein Lied" gemeinsam!), die den Ziongott als den Gott feiert, der alle Chaosmächte entmachtet und der Erde Leben in Fülle schenkt (vgl. als programmatischen Schluß dieser Komposition: Ps 68,36).

Auslegung

Der *erste Teil* (V. 2–5) wird mit der betonten Anrede „dir" (und keinem anderen!) eröffnet. Ihm, dem auf dem „Schöpfungsberg" Zion (vgl. dazu Ps 46; 48) gegenwärtigen und von ihm aus segnenden (vgl. Ps 134,3) Gott, wird der Psalm als „geziemender Lobgesang" gesungen (vgl. den Anfang der Präfation!). Er ist die Einlösung eines Versprechens, womit Dankbarkeit und Ehrerbietung zugleich ausgedrückt werden sollen. Hier spiegelt sich ein tief verwurzelter kultischer Brauch wider, der seinen Ursprung im zwischenmenschlichen Bereich hat. Da hat eine Familie in einer Notsituation einen potentiellen Helfer um Hilfe gebeten und ein Geschenk versprochen; nach erfolgter Hilfe kommt nun die ganze Sippe in das Haus des Retters, um feierlich Dank abzustatten und das versprochene Geschenk zu übergeben. Zur kultischen Gelübde-Erfüllung wurden vor allem Tier- und Speiseopfer dargebracht. Unser Psalm versteht sich selbst als das feierliche Dankopfer für den Gott, der sich als lebendiger Gott erweist, indem er die Bittgebete seines Volkes hört. Als größtes Geschenk des Ziongottes nennt V. 4 die Durchbrechung des Teufelskreises „Schuld–Strafe" und die Vergebung der Sünden, die auf „allem Fleisch" (vgl. dazu Gen 6,12) als schwere Last liegen (vgl. Ps 130,3: „Wenn du die Schuldverstrickungen bewahrtest – wer könnte dann Bestand haben?"). Wie Lev 16 als literarische und theologische Mitte des Pentateuch anzeigt, wurde dies in der nachexilischen Zeit die entscheidende theologische Frage: Wie kann die sündige Menschheit vor dem heiligen Gott bestehen? Die dort gegebene Antwort, die auch im Zentrum der neutestamentlichen Botschaft steht, lautet: Durch die Gnade des vergebungswilligen Gottes, der nicht den Tod, sondern das Leben liebt – und, wie V. 5 in einer Seligpreisung zusammenfaßt, dazu einlädt, in der am Tempel erfahrbaren Gottesgemeinschaft das tiefste Lebensglück („das Gute") zu suchen und zu finden, das sich nicht auf bloße Innerlichkeit beschränkt, sondern in den konkreten, guten Schöpfergaben greifbar wird, wie die beiden nächsten Teile des Psalms entfalten.

Der *zweite Teil* (V. 6–9) zeichnet die universale Wirkmächtigkeit des Schöpfergottes, die bis an die Ränder der von den Meeren umspülten Erde (V. 6) reicht und alle Erdenbewohner fasziniert und beglückt (V. 6c und 9a). Aus den vielen Einzelzügen der altorientalischen und altisraelitischen Schöpfungsvorstellungen wählt unser Psalm zwei Aspekte aus: Daß die Erde inmitten der Meere (V. 6cd) nicht versinkt und daß die bisweilen wild aufschäumenden Meereswogen die Erde nicht überspülen, hat die Menschen der alten Welt ungeheuer beeindruckt. Gewiß haben sie die Erde als fortwährend gefährdet erlebt, aber daß sie bei allen partiellen Störungen sich immerzu als bergendes und nährendes Lebenshaus bewährte, das schrieben die biblischen Menschen dem Schöpfergott zu, der die Erde mitten aus den Chaoswassern abgrenzte und sie als „Chaosbekämpfer" täglich neu vor dem anbrandenden kosmischen und geschichtlichen Chaos (V. 8!) beschützt. Unser Psalm ist überzeugt: Der Welt ist eine Lebensordnung (V. 6a „Gerechtigkeit" = umfassende Heilsordnung; ägyptisch: ma'at) eingestiftet; der tägliche Aufgang der Sonne und des Mondes (V. 9b) sind dafür wahrnehmbare Zeichen (vgl. Ps 19, 1–7).

Im Hintergrund des *dritten Teils* (V. 10–14) steht die kanaanäische Bildwelt, die den Gewittergott Baal als Spender des Regens feiert, der die als Frau vorgestellte Erde befruchtet und als Geliebte wundervoll schmückt. Freilich markiert das den Teil eröffnende Verbum *pāqad* „sich kümmern um, heimsuchen" die gegenüber der

Baalüberlieferung neue Perspektive: Weil der Schöpfergott Verantwortung für seine Erde übernommen hat (vgl. Gen 8,20–22; 9,8–17), sorgt er für sie, indem er den im palästinischen Klima lebenswichtigen Regen schickt. Der im Oktober für wenige Tage kommende „Frühregen" lockert den Boden und ermöglicht die Aussaat, der kräftige „Winterregen" im Januar und Februar stabilisiert den Wasserhaushalt des Landes und das Wachstum, der wieder nur wenige Tage während „Spätregen" Ende April ist nötig für die Reifung des Getreides. In der Gabe des Regens aus dem „Gotteskanal" (entweder Bezeichnung für den „Wasserkanal", durch den der Regen durch das Himmelsfirmament fließt [vgl. Ijob 38,25], oder mythisches Bild für das vom Schöpfergott gebändigte und in „gutes" Wasser umgewandelte Chaosmeer [vgl. Ps 46,4f; 74,13–15; 104,6–13]) erlebt „das Land" konkret den Segen des Schöpfergottes als belebende Zuwendung. Das aufsprossende Grün und die Blumenpracht der Hänge („die Lilien des Feldes"), die wogenden Getreidefelder und die kraftvoll austreibenden Weinberge – das alles schaut der Psalm als die Krone, mit der der Schöpfergott seine geliebte Erde schmückt. In einem plastischen Bild sieht er Gott geradezu über das Land schreiten (oder am Himmel in seinem Regen bewirkenden Wagen einherfahren [vgl. Ps 18,10; 68,5.34]), den Erdboden pflügen und eggen sowie buchstäblich die Fruchtbarkeit („das Fett": V. 12b) austeilen. So verwandelt sich die (in der Trockenzeit) trauernde Erde in eine festlich gekleidete, schöne Frau (V. 13–14), deren Anblick und Erleben fasziniert: Sie hat den Bußsack ausgezogen und sich mit Jubel gegürtet (vgl. Ps 30,12), auf den Hängen tummeln sich die Schafherden und die Talebenen leuchten im Goldocker der wogenden Kornfelder.

Der Schlußsatz des Psalms (V. 14c) steigert noch: Die Natur feiert, belebt durch den Schöpfergott, Jahr für Jahr ein Schöpfungsfest; sie jauchzt und singt – von der Liebe *ihres* Gottes (vgl. auch Ps 96, 11 f; 98, 8). Es wird Zeit, daß wir Menschen diese Lieder der Natur wieder hören, uns von ihnen bewegen lassen – und mitsingen: die Ziongemeinde (V. 2), alle Erdbewohner (V. 9) und die von JHWH-Baal gesegneten Hügel und Täler (V. 14).

XIV. Visionen des Gottesreichs

„Darum hoffen wir auf dich, JHWH unser Gott ... die Welt zu ordnen durch das Gottesreich!" so heißt es im Alenu-Gebet, das am Schluß jedes jüdischen Gottesdienstes gesagt wird. Daß Gott von Anbeginn der Welt her ihr König ist, aber daß dieses Königtum auf dieser Welt noch nicht voll Wirklichkeit geworden ist, weshalb alles Hoffen *und* Tun seines Volkes darauf gerichtet ist, dem endgültigen Kommen seines Reichs die Wege zu bahnen, ist die zentrale Aussage der jüdisch-christlichen Überlieferung. Die Vaterunser-Bitten „Dein Reich komme", „Dein Wille geschehe: wie im Himmel so auf Erden!" ersehnen genau dies, daß die Lebensfülle und das Lebensglück des Gottesreichs „alles, was im Himmel und auf Erden ist", mehr und mehr ergreifen, verwandeln und vollenden sollen.

Was die biblische Sprache mit dem Kommen des Gottesreichs meint, läßt sich mit unserer Sprache nur noch brüchig wiedergeben. Im Zeitalter der Demokratie und insbesondere nach den Erfahrungen der letzten Jahrhunderte sind wir skeptisch gegenüber allem, was mit „Reich", „Herrschaft" und „Königtum" verbunden ist. Von „Herren", die uns knechten wollen, haben wir wahrlich genug, ob sie nun in weltlichen oder kirchlichen Ornaten auftreten. Und auch von Gottesbildern, die uns niederdrücken, haben wir uns losgesagt – bestärkt und ermutigt von jenen biblischen Traditionen, die uns die befreiende und nährende Botschaft vom menschenfreundlichen, vergebenden und mit uns das

Leben teilenden Gott vermittelt haben. Gleichwohl bleiben angesichts der Erfahrung, daß diese Welt von „Reichen" und „Herrschaften" erschüttert und bedroht wird, mögen sie nun als politische und ideologische Systeme oder als letztlich nicht greifbare, aber doch schmerzliche Mächte zerstörerischer Gewalt auftreten, die bangen Fragen: Wem gehört diese Welt und ihre Geschichte? Sind wir hilflos dem zynischen Spiel dämonischer Mächte ausgeliefert? Ist all dies, was mit und durch uns geschieht, letztlich bedeutungslos, weil mit unserem Tod vergangen? Auf diese Fragen gibt die biblische Rede darüber, daß JHWH König *ist* und *wird,* eine Antwort, die Hoffnung und Kraft geben will. „Darum hoffen wir auf dich ..."

Die Komposition Ps 93–100

Daß die JHWH-Königs-Psalmen 93–99 wegen ihrer semantischen und theologischen Verwandtschaft nebeneinandergestellt wurden, ist keine neue Einsicht. Bedeutsamer scheint mir, daß Ps 100 als kompositioneller und programmatischer Abschluß der vorangehenden JHWH-Königs-Psalmen entstanden ist. Schon die Siebenergruppe Ps 93–99 bildet eine planvolle Abfolge. Der erste (Ps 93), fünfte (Ps 97) und siebte (Ps 99) Psalm beginnt mit der Proklamationsformel „JHWH ist König geworden", wobei der Psalm selbst dann als sogenannter Themapsalm einen jeweils unterschiedlichen Aspekt dieses Königtums entfaltet (Ps 93: König über alle Mächte und Gewalten der Welt „von Urzeit her"; Ps 97: Offenbarung des Königtums vor allen Völkern; Ps 99: Offenbarung des Königtums in der Geschichte Israels).

Die beiden imperativischen Hymnen Ps 96 und Ps 98, die sich an „die Völker" wenden und diese zur Huldigung vor dem König JHWH auffordern, sind, wie ihre Stichwortverbindungen und Motiventsprechungen anzeigen, um Ps 97 als ihre Mitte gruppiert. Insbesondere sind ihre Anfänge und Schlüsse fast wortgleich. Beide Psalmen beginnen mit der Aufforderung „Singt JHWH ein neues Lied" (96,1; 98,1) und beide Psalmen kulminieren in den breit gestalteten Aufforderungen zum kosmischen Jubel „vor dem Angesicht JHWHs, der kommt bzw. gekommen ist, um zu richten die Erde: Er richtet den Erdkreis in Gerechtigkeit und die Völker in Treue zu der von ihm gesetzten Heilsordnung bzw. in Wiederherstellung der Rechtsordnung" (Ps 96,11–13 = Ps 98,7–9). Der zwischen beiden Psalmen stehende Ps 97 proklamiert nun genau die machtvolle Theophanie des Königs JHWH, dessen Thron „Gerechtigkeit und Recht" ist (97,2), dessen „Gerechtigkeit" die Himmel vor allen Völkern verkünden (97,6), über dessen „Rechtssetzungen" die Töchter Judas jubeln (97,8) und der die Freude „der Gerechten" und „der Rechtschaffenen" ist (97,11 f).

Auch die beiden um diese Mitte gelegten Psalmen 95 und 99 sind aufeinander bezogen. Ps 95 ist ein imperativischer Hymnus, der Israel einlädt, dem „großen" (95,3) Weltkönig JHWH als seinem König zu huldigen und als sein Bundesvolk (95,7) „seine Wege" der Tora zu erkennen und zu gehen (95,10). Daß und wie sich der Weltkönig JHWH als König seines Bundesvolks in dessen Geschichte geoffenbart hat, erläutert Ps 99, der wie Ps 95 abermals Israel auffordert, sich vor JHWH „niederzuwerfen" (95,6; 99,5), dem „großen" Gott (95,3; 99,2), von dem Israel sagen darf: Er ist „unser Gott" (95,7; 99,5.8.9). Dabei ist die dritte „Strophe" von Ps 99 als dialektische Kontrastaussage zu Ps 95,10f zu lesen: Das „letzte Wort" des Bundesgottes ist nicht sein vernichtender Zorn, sondern die in der langen Geschichte immer wieder erfahrene Gnade seiner Vergebung.

Ein erratischer Block innerhalb der Komposition Ps 93–99 scheint auf den ersten Blick Ps 94 zu sein. Immerhin ist er der einzige Psalm in der Gruppe, in dem der Begriff „König" fehlt. Daß er dennoch gezielt in den Kontext gestellt wurde, ist zum einen an der redaktionell geschaffenen „Überleitung" vom Schluß des 94. Psalms zum Anfang des 95. Psalms und an den Stichwortverbindungen im Corpus beider Psalmen ablesbar, zum anderen aber ist Ps 94 die gleich nach dem eröffnenden „Themapsalm" ergehende drängende Bitte, JHWH möge doch angesichts der Bosheit der Frevler und der Vernichtung der Witwen, Waisen und Fremden das Kommen seines Gottesreichs beschleunigen; hier wird zwar nicht der Begriff, wohl aber die altorientalisch und alttestamentlich gut bezeugte Topik vom König als Rechtsbringer für Witwen und Waisen angesprochen.

Die sieben Psalmen 93–99 bilden demnach eine zusammenhängende Komposition über das Königtum JHWHs, die freilich ihrerseits ganz auf Ps 100 als ihren programmatischen Höhepunkt hin drängt, wie die zahlreichen sprachlichen Bezüge zu den vorangehenden Psalmen nahelegen; diese Bezüge werden wir unten bei der Interpretation von Ps 100 erläutern. Daß Psalm 100 innerhalb der Komposition 93–100 nach dem Schema 7 + 1 als Klimax konzipiert ist, ergibt sich auch aus der Verwendung dieses Kompositionsprinzips in anderen alttestamentlichen Textbereichen (vgl. die Komposition des „Völkerspruchzyklus" im Amosbuch Am 1,3 – 2,16).

So ließe sich die Komposition Ps 93–100 geradezu als „Oratorium" über das Kommen des Gottesreichs aufführen!

Psalm 93

1a JHWH ist König geworden,
1b mit Hoheit hat er sich umkleidet,
1c umkleidet hat sich JHWH.
1d Mit Macht hat er sich gegürtet.
1e Fürwahr: Fest gegründet ist der (hat er den?) Erdkreis,
1f so daß er nicht wankt.
2a Fest gegründet ist dein Thron von Anbeginn,
2b von Urzeit her bist du.
3a Es erhoben Fluten, – (du) JHWH,
3b es erhoben Fluten ihre Stimme,
3c es erheben (jetzt) Fluten ihr Tosen!
4a Mehr als das Brausen mächtiger Wasser,
4b gewaltiger als die Brecher des Meeres
4c gewaltig in der Höhe – (du) JHWH!
5a Deine Gebote sind sehr verläßlich,
5b ja, dein Tempel ist schön an Heiligkeit,
5c JHWH, für die Länge der Tage!

Einführung

Der Psalm läßt sich in die zwei Abschnitte V. 1–2 und V. 3–5 („Strophen") gliedern, die vor allem in den beiden Aussagen über JHWHs Thron (V. 2) und über seinen Tempel (V. 5) motivlich parallelisiert sind: der Festigkeit des Thrones entspricht die Verläßlichkeit der Gebote, „dein Thron" (im Himmel) und „dein Tempel" (auf Erden) sind aufeinanderbezogene Ortsangaben (vgl. dazu besonders Jes 6,1–4), „von Anbeginn, von Urzeit her" und „für die Länge der Tage" sind analoge Zeitangaben.

Beide „tempeltheologischen" Aussagen qualifizieren JHWH als Gott-König (Thron, Rechtsordnung, Tempelpalast), der, wie die anderen Teile des Psalms erläutern, sein Königtum durch die machtvolle Gründung des Erdkreises (V. 1) und durch die „urzeitliche" und „in der Zeit" fortdauernde Bändigung der Chaosfluten angetreten hat und ausübt (V. 3–4).

Es ist fraglich, ob der Psalm eine ursprüngliche Einheit ist. Einerseits sind die Dreizeiler Hinweis auf das hohe Alter des Psalms (vor allem in Ugarit ist die poetische Technik der Dreizeiler, insbesondere in der „Treppenform", gut belegt; Dreizeiler sind freilich auch in jungen Texten belegt, vgl. unten Ps 100!); auch die Motivik vom Götterkönigtum, das im Kampf mit dem Chaoswasser errungen wird, ist eine alte kanaanäische Vorstellung. Andererseits weisen Sprache und Motivik von V. 5 („die Gebote" als Fundament bzw. „Skelett" des Kosmos!) in die nachexilische Theologie. In der ersten „Strophe" überrascht sodann in V. 2 der Wechsel in die Du-Anrede, die für die ganze zweite „Strophe" charakteristisch ist. So drängt sich folgende Hypothese auf: V. 2 und V. 5 gehen auf eine nachexilische „tempeltheologische" Überarbeitung des Psalms zurück. Ob auf sie auch die nun in V. 1e vorliegende Lesart „fest gegründet *ist* der Erdkreis" zurückgeht, die die ursprüngliche Lesart „fest gegründet *hat* er den Erdkreis" (so liest z. B. die Septuaginta!) abgeändert hat, um V. 1e an V. 2a („fest gegründet ist dein Thron ...") anzugleichen, ist schwer zu entscheiden.

Der ursprüngliche Psalm 93, 1.3–4 bestand demnach aus zwei Strophen. Die erste Strophe (zwei Dreizeiler!) proklamiert im Er-Stil JHWHs urzeitliches Königtum, das er mit der Weltschöpfung angetreten hat. Die zweite Strophe (zwei Dreizeiler!) beschwört im Du-Stil angesichts des bedrohlichen Chaos die in der Schöpfung offenbar gewordene Mächtigkeit JHWHs. In dieser „Grundform" ist der Psalm als Hymnus im Kult (beim Herbstfest) gut vorstellbar. Er könnte sogar die Übernahme einer kanaanäischen Vorlage sein!

Die nachexilische Theologie hat den Hymnus auf die beiden „Sakramente" des Königtums JHWHs bezogen: JHWH übt sein Weltkönigtum aus durch die Tora (wird in V. 5 an erster Stelle genannt!) und durch den Tempel.

Die im Ps 93 zum Ausdruck kommende schöpfungstheologische Bedeutung von „Gottesthron" (V. 2) und „Tora" (V. 5) wurde im rabbinischen Judentum so konkretisiert, daß beide *vor* der Erschaffung der Welt und im Blick auf sie von Gott geschaffen wurden. Zunächst schuf Gott die Tora als den Schöpfungsplan und danach schuf er seinen Thron als den Ort, von dem aus er die Welt erschaffen konnte.

Der motivlich mit Ps 29 verwandte Ps 93 wurde nach rabbinischem Zeugnis und in der Zeit des Zweiten Tempels am 6. Tag zum morgendlichen und abendlichen Opfer gesungen (vgl. Gen 2, 1: Vollendung der Schöpfung am 6. Tag!). Mit ihm wird noch heute die Psalmenfolge beim Sabbatgottesdienst am Freitagabend („Empfang der Königin Sabbat") abgeschlossen.

Auslegung

Beide Strophen beschreiben das Weltkönigtum JHWHs als Triumph über das die Welt bedrohende Chaos. Nach der kanaanäischen Tradition erringt der Gott Baal die Königswürde durch seinen Sieg über den Meeresgott Jammu. Er erhält einen königlichen Palast auf dem Gipfel des Götterberges, setzt sich auf den Thron und nimmt die Huldigung der übrigen Götter entgegen, wobei die Inthronisationsformel lautet: „Baal ist König geworden." Diese Tradition steht gewiß im Hintergrund von Ps 93, aber sie ist – vor allem in der Endfassung des Psalms – bedeutsam verändert.

Auch JHWH's Königtum gründet in einem Ereignis, in Thronbesteigung, Investitur und Gründung der Erde (V. 1). Aber dieses Ereignis geschah „von Urzeit her" (vgl. V. 2). JHWH ist König „von Anfang an" und unangefochten, seit es die Welt als „Reich Gottes" gibt. Das Chaos bedroht nicht seine Königsherrschaft und seinen Königsthron, sondern „den Erdkreis", der aber seine Festigkeit dadurch erhält, daß er zum Herrschaftsbereich des Schöpfergottes gehört (vgl. Ps 96,10; 104,5).

JHWH hat sein Königtum nicht im Chaoskampf errungen wie Baal, sondern: Weil er Königsgott ist, ist er Herr über das Chaos. Das wird besonders in der zweiten Strophe deutlich. Daß das Chaos, das in der 2. Strophe als wild aufschäumende Urfluten gezeichnet ist, eine die Schöpfung bedrohende Realität ist und bleibt, hebt die präsentische Verbalaussage von V. 3c hervor, gegen die aber antithetisch steigernd (vgl. die beiden Komparative in V. 4) die Überlegenheit des Königsgottes beschworen wird. Die Angabe „in der Höhe" kann einerseits konkret verstanden werden als Aussage über den auf seinem himmlischen Thron (vgl. V. 2a) sitzenden Königsgott, der über den Chaoswassern thront und sie so entmachtet bzw. dienstbar macht (vgl. Ps 104,5–9). Die Aussage kann andererseits auch metaphorisch die königliche Erhabenheit JHWHs meinen, der das spannungsreiche Aufeinanderprallen von Chaos und Kosmos in der von ihm beherrschten Schöpfung lebensförderlich beeinflußt (vgl. Ps 65,8–14).

Der Schlußvers (V. 5) erläutert, wie und wo das kosmosstiftende und kosmosbewahrende Handeln des Königsgottes Realität wird: in „seinem (Tempel-)Haus" und in seinen „Geboten"/„Zeugnissen" (vgl. Ps 99,7), die

„verläßlich" sind, d. h. Halt geben können. Gemeint ist damit der Tempel als der Ort, an dem konkrete Weisungen für das Zusammenleben ergehen und der Kult als Lobpreis des Königsgottes vollzogen wird. Die zerstörerische Macht des Chaos findet also dort ihre Grenze, und die Transformation des Chaos in Kosmos findet also dort statt, wo Menschen sich als ethische und feiernde Gemeinschaft zusammenführen lassen – sich gewissermaßen selbst dem Prozeß der Chaostransformation aussetzen, indem sie das befreiende Joch der Tora auf sich nehmen (vgl. Mt 11,28–30).

Das Reich Gottes ist dort unwiderruflich im Kommen, wo Menschen sich als Volk des Königs JHWH um SEINEN Thron versammeln und allen anderen Thronen und Mächten Widerstand leisten, die das Leben der Menschen, Tiere und Pflanzen mißachten und knechten. Ja, das Reich des Weltenkönigs JHWH, der gewaltiger ist als alle die Schöpfung bedrohenden Todesmächte, bricht unaufhaltsam an, wo sich das Leben Bahn bricht: wenn Blumen und Bäume im Frühling wieder lebendig werden, wenn Vögel singen, Klippdachse aus ihrem Versteck kommen (vgl. Ps 104,18), Schafherden die Hügel bevölkern (vgl. Ps 65,14) und wenn Menschen, allem Lebensleid und aller Lebensangst zum Trotz, sich auf das Leben einlassen – lachend, träumend und liebend. Dazu motivieren „die Gebote" der Tora, die zur Nächstenliebe als realisierte Gottesliebe aufruft (vgl. besonders Lev 19 im Horizont von Dtn 6,4f) und zur „Feier" des Lebens am Heiligtum einlädt (vgl. Dtn 12,7.12.18 u. ö., aber auch die christliche Eucharistie als „Mahl" des Lebens).

Psalm 99

1a JHWH ist König geworden: die Völker sollen erzittern!
1b Der Kerubenthroner (ist König): die Erde soll erbeben!
2a JHWH ist groß in Zion,
2b und erhaben ist er über alle Völker.
3a Sie sollen loben deinen Namen,
3b den großen und furchterregenden:
3c Heilig ist er!
4a Ja, die Macht des Königs ist es, daß er das Recht liebt:
4b du hast die Lebensordnung fest gegründet.
4c Recht und Gerechtigkeit in Jakob,
4d du, ja du hast sie gewirkt.
5a Erhebet JHWH, unseren Gott,
5b und werft euch nieder am Schemel seiner Füße:
5c Heilig ist er!
6a Mose und Aaron waren unter seinen Priestern,
6b und Samuel unter denen, die seinen Namen anrufen.
6c Sie riefen (immer wieder) zu JHWH,
6d und er antwortete ihnen.
7a Aus der Wolkensäule redete er zu ihnen,
7b sie bewahrten seine Gebote und die Satzung, die er ihnen gab.
8a JHWH, unser Gott,
8b du, ja du hast ihnen geantwortet:
8c Ein vergebender Gott warst du ihnen
8d und ein ihre Taten ausgleichender Gott.
9a Erhebet JHWH, unseren Gott,
9b und werft euch nieder an seinem heiligen Berg:
9c Ja, heilig ist
9d JHWH unser Gott!

Einführung

Wie Ps 93 und 97 setzt auch Ps 99 mit dem Inthronisationsruf „JHWH ist (ein für allemal) König geworden" ein und erläutert JHWHs Königtum mit einem Blick in Israels Ursprungsgeschichte. Diese Perspektive teilt er innerhalb der JHWH-Königs-Psalmen 93–100 nur noch mit Ps 95 (vgl. 95,7–11), auf den er auch kompositionell bezogen ist.

Wie schon die dreimal begegnende Akklamation „Heilig ist er", die sich aus der Erzählung von der Berufung Jesajas (Jes 6,1–11) inspiriert (Jesaja schaut den auf seinem erhabenen Thron sitzenden Gottkönig JHWH Zebaot, dem die Serafen das Dreimal-Heilig zurufen!) und die in der Gebetstradition des nachbiblischen Judentums und Christentums (vgl. unser „Sanctus") eine bedeutsame Wirkungsgeschichte erlebt hat, anzeigt, ist der Psalm in die drei Abschnitte V. 1–3.4–5.6–9 gegliedert. Für diese Dreiteilung spricht auch eine stilistische Beobachtung: Alle drei Abschnitte setzen mit einer Aussage über JHWH in der dritten Person ein, wechseln in eine Du-Anrede über und kehren dann wieder zu einer Aussage über JHWH in der dritten Person zurück.

Der erste Abschnitt gibt die thematischen Perspektiven an, die in den beiden folgenden Abschnitten entfaltet werden. Der Abschnitt V. 4–5 nimmt den Inthronisationsruf „JHWH ist *König* geworden" auf und expliziert, worin die Eigenart dieses Königtums besteht (V. 4a: „Und die Macht dieses *Königs* ist es ..."). Der Abschnitt V. 6–9 greift in V. 6b das Stichwort „seinen *Namen*" (V. 3a) auf und konkretisiert das Geheimnis des königlichen *Namens* JHWH mit einem Zitat aus der Sinaiüberlieferung (Ex 34,7). Diese beiden Abschnitte sind einerseits parallel gestaltet und andererseits ist der dritte Abschnitt als steigernde Weiterführung des zweiten Abschnitts zu lesen. Die Parallelität zeigt sich vor allem in der wortgleichen Aufforderung zum „Erheben" = Rühmen JHWHs und zur Königshuldigung durch Niederfallen (V. 5 ab = V. 9 ab), im Akklamationsruf „heilig ist" (gesteigert in V. 9 cd: programmatischer Schluß!) und in der betonten Verwendung des Personalpronomens „Du, ja du" (V. 4 d bzw. V. 8 b). Den dynamischen Zusammenhang der beiden Abschnitte stellen die Verse 4 und 7 her. Die in V. 4 noch allgemein bleibende Aussage, daß JHWH „in Jakob" (= in seinem Volk) Recht und Gerechtigkeit gegründet und gewirkt hat, konkretisiert V. 7 mit der Erinnerung an das Reden JHWHs mit Mose, Aaron und Samuel bzw. mit der Anspielung auf die mit diesen Namen verbundenen großen Geschichts- und Rechtstraditionen Israels.

Der Psalm, der von seiner Sprache und von seiner Theologie her aus der Zeit des Zweiten Tempels stammt (5. Jahrhundert?), arbeitet (neben dem Dreimal-Heilig!) mit der theologisch bedeutsamen Symbolik der Zahl sieben: Siebenmal setzt er den Gottesnamen JHWH, und siebenmal verweist er auf den Gottesnamen durch ein selbständiges Pronomen („er" oder „du"). Die beiden ersten Abschnitte bestehen jeweils aus sieben Zeilen, der dritte Abschnitt, der mit seiner Sinai-Theologie zugleich die Hauptaussage bietet (vgl. auch die in diesem Abschnitt dreimal begegnende Prädikation „JHWH unser Gott"), hat vierzehn (also zweimal sieben!) Zeilen.

Der Psalm ist eine großartige Neuinterpretation des Königtums JHWHs: SEINE königliche Macht besteht darin, daß er auf seine Macht verzichtet und sein Volk „trägt" – wie ein Vater seine Kinder, ja wie ein Diener die Lasten seines Herrn.

Auslegung

Der einleitende Abschnitt (V. 1–3) proklamiert (wie Ps 93,1; 97,1) das „von Anfang an", d. h. mit der Schöpfung, unableitbar gegebene Königtum JHWHs über die Erde und die auf ihr lebenden Völker. Dabei ist es für alle Psalmen der Komposition Ps 93–100 kennzeichnend, daß dieses universale Königtum JHWHs mit dem als „Schöpfungsberg" verstandenen Berg Zion und mit dem auf ihm stehenden Tempel als Königspalast, wo JHWH auf dem Kerubenthron residiert, verbunden ist. Der Götter- und Weltkönig JHWH hat sich diesen Ort erwählt, um sich von ihm aus als König zu offenbaren und sein Königtum immer neu, insbesondere beim jährlichen Herbstfest zu Beginn des neuen Jahres, zu aktualisieren. Das ist die Perspektive, in der in V. 1–3 der den Psalm singende Chor die Völker einlädt, JHWHs Königtum anzuerkennen und zum Maßstab des Handelns zu machen. Es ist ein zweifacher Wunsch: Zunächst ist es der Wunsch, JHWH möge doch endlich sich unter den Völkern so offenbaren, daß sie „erzittern" und „erbeben", d. h. zutiefst von seiner göttlichen Wirkmächtigkeit getroffen werden (beide Verben treten im Theophanie-Kontext und als Reaktion auf die Botschaft von einer Großtat JHWHs auf: vgl. Ex 15,14; Dtn 2,25; Jes 64,1; Ps 46,7). Dann aber steigert sich der Wunsch als an JHWH selbst gerichtete Bitte, die Völker möchten so sehr von dieser „Offenbarung" ergriffen werden, daß sie – wie Israel – im Lobpreis des JHWH-Namens, in dem sich die kanaanäisch-jebusitischen Vorstellungen vom Königtum Els (V. 3b: der „große" König) und Baals (V. 3b: der „furchterregende" König) verdichten, die Freude und die Erfüllung ihres Lebens finden.

Der zweite Abschnitt (V. 4–5) nimmt das Stichwort „König" auf und gibt ihm gegenüber der altorientalischen Königsvorstellung, die im Hintergrund steht, sogleich die für den Psalm charakteristische Perspektive. Während die Macht der altorientalischen Götter- und Erdenkönige auf ihrem starken Arm (vgl. das verbreitete Motiv vom schlagenden Gott, aber auch die entsprechenden Vorstellungen in Ex 15,6; Dtn 6,21; 26,8 u.ö.) und auf ihren Pferden, Streitwagen und Waffen (vgl. die Darstellungen der Könige auf dem Streitwagen, aber auch Ps 20,8; 45,6–8) beruht, hat der König JHWH die Liebe zu „Recht und Gerechtigkeit" zur Leitidee und zum Maß seines Wirkens gemacht. Dieser vor allem in der prophetischen Literatur verwendete Doppelbegriff (vgl. klassisch: Am 5,7.24; 6,12; Jes 1,21; 5,7 u.ö.) stellt heraus, daß JHWH eine fundamentale Welt- und Lebensordnung („Recht") gestiftet hat *und* daß er selbst ihr entsprechend („Gerechtigkeit") handelt (V. 4a verwendet ein Adjektiv!). Er ist kein König, der auf Kosten seiner „Untertanen" lebt oder der sich nicht um ihr Leben kümmert. Im Gegenteil: Er hat sich die Geschichte „Jakobs" = Israels ausgewählt, um in ihr für alle Völker zu zeigen, worauf es ankommt, daß die Erde wirklich zum Gottesreich wird. Angesichts dieser Zuwendung JHWHs zu Jakob ruft der Psalm in V. 5 die im Tempel versammelte Kultgemeinde auf, „am Schemel seiner Füße", d. h. auf dem Zion als dem Ort seines Thrones, niederzufallen und ihn in seiner einzigartigen Göttlichkeit („Heilig ist *nur* er!") anzuerkennen.

Der dritte Abschnitt (V. 6–9) lenkt den Blick in die Ursprungsgeschichte Israels. Er will mit der Nennung von Mose, Aaron und Samuel, aber auch mit dem Motiv von dem aus der Wolkensäule redenden Gott und vor allem mit dem Zitat aus Ex 34,7 im Hörer/Leser des Psalms Assoziationen an diese Frühzeit als eine Zeit besonderer Gottesnähe wecken. Daß nicht nur Aaron, sondern auch Mose und Samuel aus der Retrospektive zu

Priestern gemacht werden, hängt sicher mit dem priesterlichen Milieu zusammen, in dem der Psalm entstand (diese Sicht konnte an „priesterliche" Handlungen anknüpfen, die die Überlieferung von beiden erzählte: vgl. u. a. Ex 24,3–8; Lev 8; 1 Sam 7,9f; 9,13.22f). Wichtiger aber ist: Mose, Aaron und Samuel werden hier genannt als die Empfänger der rechtlichen und kultischen Überlieferungen Israels, die in der Sicht unseres Psalms Konkretion und Explikation der die Welt zum Reich Gottes verwandelnden königlichen „Lebensordnung" sind. Die Sinai-Tora und ihre Ausformung in die vielen konkreten Lebensweisungen sind das „Grundgesetz", das JHWH als der König Israels seinem Volk gegeben hat. Aber dieses Grundgesetz *Israels* ist zugleich das Grundgesetz, dessen Befolgung die *Welt* am Leben hält. Daß dieses königliche Grundgesetz freilich seine volle Lebenskraft entfalten kann, gründet in jener Großherzigkeit des Königs JHWH, mit der er am Höhepunkt der Gabe des Neuen Bundes in Ex 34 sich selbst (seinen Namen) definiert als den „die Schuld (weg-)tragenden Gott" (Ex 34,7). Unser Psalm läßt in seinem Zitat das Objekt „Schuld" weg. Es ist gewiß mitgemeint, weshalb die Übersetzung „ein vergebender Gott" durchaus angemessen ist. Dennoch spielt der Psalm hier mit der Vieldeutigkeit des Verbums „tragen". Ein „tragender Gott" war JHWH, indem er sein Volk zu sich an den Sinai „auf Adlersflügeln trug" (Ex 19,4), als er Israel durch die Wüste trug wie ein Vater seinen Sohn (Dtn 1,31). Weil er ein *guter* König seines Volkes ist, kann er sagen: „Hört auf mich, ihr vom Haus Jakob, und ihr alle, die vom Haus Israel noch übrig sind, die mir aufgebürdet sind vom Mutterleib an, die von mir getragen wurden, seit sie den Schoß ihrer Mutter verließen. Ich ... will euch tragen ... und werde euch weiterhin tragen, ich werde euch schleppen und retten" (Jes 46,3f). So wird auch die in V. 8d gegenüber Ex 34,7 beabsichtigte Uminterpretation der überkommenen Rede vom „strafenden Gott" wichtig. Die schwer übersetzbare kurze Zeile meint: „ein die durch ihre Taten gestörte Lebensordnung wiederherstellender Gott warst du ihnen", d. h. JHWH selbst macht wieder gut, was sein Volk zerstört. In der Tat: Durch die Vergebung von Schuld und durch die Erneuerung der gestörten Lebensordnung erweist er sich als der „heilige König", dem Lobpreis und Huldigung ziemt.

Psalm 100

1a *Ein Psalm zum Dank(opfer?).*
1b *Jauchzet JHWH zu, du ganze Erde!*
2a *Dienet JHWH mit Freude!*
2b *Geht hinein vor sein Angesicht mit Jubel!*
3a *Erkennet: „Ja, JHWH, (nur) er ist Gott;*
3b *er hat uns gemacht, ihm gehören wir:*
3c *sein Volk und Herde seiner Weide!"*
4a *Geht hinein in seine Tore mit Dank,*
4b *in seine Höfe mit Lobpreis!*
4c *Danket ihm, preist seinen Namen:*
5a *„Ja, gut ist JHWH;*
5b *auf ewig währt seine Güte*
5c *und von Geschlecht zu Geschlecht seine Treue!"*

Einführung

Zwar fehlt in Ps 100 die für die JHWH-Königs-Psalmen charakteristische Formel „JHWH ist König (geworden)", auch der Titel „König" kommt nicht vor. Doch besteht kein Zweifel: Wie die zahlreichen sprachlichen Bezüge zu den vorangehenden Psalmen zeigen (vgl. die Auslegung), ist Psalm 100 der Höhepunkt der Komposition Ps 93–100. Er lädt alle Völker der Erde ein, den auf dem Zion thronenden Weltenkönig JHWH als ihren König anzuerkennen und dabei zu erfahren, daß die beiden Grundprinzipien seines Regiments, nämlich „Güte" (*ḥæsæd*) und „Treue" (*ᵃmūnāh*), eine erneuerte, friedliche Geschichte der Völkergemeinschaft ermöglichen. Der Gott JHWH, dessen Herrschaft die urzeitlichen Chaoswasser bändigt (vgl. Ps 93) und der sich in der Ursprungsgeschichte Israels als der nahe und vergebende Königsgott seines Volkes Israel erwiesen hat (vgl. Ps 99), will der gemeinsame König aller Völker werden. So ist Ps 100 ein wichtiger Text zum Thema „Israel und die Völker". Er beläßt Israel und den Völkern ihre Identität, bindet sie aber als Untertanen des Weltkönigs JHWH zusammen, der vom Zion aus allen sein großes „Friedensgesetz" gibt (Jes 2, 1–5; Mi 4, 1–5). Das in Ps 96, 13; 98, 9 (beide Male: Schluß der Psalmen!) angekündigte „Gericht" JHWHs über die Erde und die auf ihr lebenden Völker ist von Jes 2, 4 (= Mi 4, 3) her die Eröffnung einer weltweiten Ab- und Umrüstung: „Er richtet zwischen den Völkern ... und sie schmieden die Schwerter zu Pflugscharen um und die Lanzen zu Winzermessern."

Daß diese Friedensvision, die Israel den Völkern durch seine eigene politische Praxis vermitteln soll, im Hintergrund von Ps 100 steht, läßt sich auch daran erkennen, daß Ps 100, 3 gezielt auf die thematisch zusammengehörende Psalmengruppe 46–48 anspielt.

In Psalm 46 bekennt Israel seine Überzeugung, daß JHWH sich als Quelle des Lebens nicht im Krieg, sondern gerade durch die Ausschaltung des Kriegs als Mittel der Politik erweist, und fordert die Völker der Welt auf: „Geht, schaut die Werke JHWHs: Er ist es, der den Kriegen ein Ende macht bis an den Rand der Erde" (46,9f). Und der Psalm gipfelt in der als Gottesrede gestalteten Einladung an die Völker: „Laßt ab (von eurer Macht- und Kriegspolitik) und erkennt: Gott bin (nur) ich!" (46,11). Diese Gottesrede wird in unserem Psalm zitiert und den Völkern in den Mund gelegt: „Ja, JHWH, (nur) er ist Gott!"

Ps 47 zeichnet dann die Vision, daß die Repräsentanten der Völker diese Einladung hören und zur Königshuldigung kommen: „Die Fürsten der Völker sind versammelt als Volk des Gottes Abrahams. Ja, (diesem) Gott gehören die Schilde (d.h. die Regierenden) der Erde" (47,10). Wie nach der Tradition einst Abraham sich von den falschen Göttern seiner Väter trennte, so sagen die Völker sich von ihren bisherigen Göttern los, um „Volk des Königsgottes JHWH" zu werden, denn „ihm gehören sie ". Auf diese Vision von Ps 47 spielt in unserem Psalm das Bekenntnis an: „ihm gehören wir, sein Volk sind wir".

Ps 48 schließlich feiert JHWH als den auf dem Zion thronenden Königsgott, dessen „Gerechtigkeit" in seiner „Güte" besteht (Ps 48,10–12) und den sich die Könige und Völker als ihren königlichen Hirten erwählen: „Auch unser Gott soll er auf ewig und immer sein. Er ist es, der uns als Hirte leiten soll" (48,15). Diese Perspektive klingt in unserem Psalm sowohl in dem Redeelement „und Herde seiner Weide sind wir" wie auch in dem Lobspruch V. 5: „auf ewig währt seine Güte!" an.

Die Anspielungen von Psalm 100 auf die drei Psalmen 46–48, die JHWH als „Friedenskönig" (vgl. die Bezüge zwischen 46,9f und 48,5-8, aber auch die keineswegs militaristisch gemeinte Aussage 47,4) feiern, ahmen sogar die Reihenfolge dieser Psalmen nach, so daß es keine Frage ist: Mit Ps 100 wird die Vision entworfen, nach der das Reich Gottes als universales Reich des Friedens und der Gerechtigkeit dadurch Wirklichkeit wird, daß „die Erde erfüllt ist von der Anerkenntnis JHWHs, so wie das Meer mit Wasser angefüllt ist" (Jes 11,9).

Der Psalm weist sich durch seine Technik der Anspielungen auf Ps 46-48 und auf die vorangehenden JHWH-Königs-Psalmen als späte Dichtung aus (vermutlich ist er gezielt als Abschlußpsalm der Gruppe 93-100 von der Redaktion beabsichtigt!). Er besteht aus vier Dreizeilern, die sich zu zwei Strophen mit analoger zweiteiliger hymnischer Struktur zusammenfügen: Imperativische Aufforderungen zur Huldigung vor JHWH (V. 1b-2 bzw. V. 4: spiegelbildliche Entsprechungen!) und, mit „ja" eingeleitet (typisch für den Hymnus!), hymnische Ausführungen, die als den Völkern in den Mund gelegte Zitate gestaltet sind (V. 3 bzw. V. 5).

Die Überschrift „Ein Psalm zum Dank" faßt seine Dynamik zusammen: Israel soll diese Einladung an die Völker zur Begegnung mit JHWH auf dem Zion als Dank für seine eigenen lebensförderlichen JHWH-Erfahrungen weitergeben, gemäß seinem Auftrag, „Licht für die Völker" (Jes 42,6) zu werden. Der Psalm ist heute fester Bestandteil des alltäglichen synagogalen Morgengebets; er wird auch im kirchlichen Morgenlob gebetet.

Auslegung

Die ersten drei Imperative sind eine Aufforderung, JHWH als König huldigend zuzujubeln (zum „Königsjubel" als Reaktion auf die Inthronisation eines Königs vgl.

1 Sam 10,24; 2 Kön 11,12; auf JHWH übertragen in Ps 47,2f; 98,6), ihm als dem König den exklusiven Dienst anzubieten (zu dieser Bedeutung von „JHWH dienen" vgl. Ex 7,26; 8,16; 9,1.13; 10,3; Jos 24,14f.18; Jes 19,23; Mal 3,14) und vor ihm sich einzufinden, um seine Anweisungen entgegenzunehmen (zu dieser Bedeutung von „kommen zu / hineingehen vor das Angesicht" vgl. 1 Kön 1,28.32). Adressaten dieser Aufforderungen sind nicht, wie die meisten neueren Exegeten meinen, die Israeliten, die aus aller Welt zur Wallfahrt nach Jerusalem gekommen sind und sich nun gegenseitig zum JHWH-Dienst aufrufen (noch enger zieht H. Gunkel den Kreis: die Aufforderung geht „an alles Land", d. h. „prosaisch an alle Bürger des Landes Jahwes, die sich zum Dankfest am Heiligtum zusammengefunden haben").

Beachtet man die Bezüge von Ps 100 nach Ps 93–99 und insbesondere die Tatsache, daß V. 1 wörtlich Ps 98,4a aufnimmt, wo sich der Imperativ vom ganzen Psalm 98 her unbestreitbar an alle auf der ganzen Erde lebenden Völker wendet, legt sich auch für Ps 100,1 nahe: Hier wird durch Israel als Sprecher des Psalms die gesamte Völkerwelt dazu aufgerufen, JHWH als ihren König anzunehmen. Von daher schließt Ps 100 gut an Ps 99 an, der ja mit dem Inthronisationsruf einsetzte: „JHWH ist König geworden: die Völker sollen erzittern und die Erde soll erbeben!" Was damit eigentlich gemeint ist, entfalten die Aufforderungen von Ps 100.

Daß diese Aufforderungen als Reaktion auf ein vorgängiges Handeln JHWHs erklingen, unterstreicht der vierte Imperativ (der Psalm verwendet – symbolträchtig – sieben Imperative; der vierte ist dann die Mitte!), der mit der sogenannten Erkenntnisformel gestaltet ist. Diese vor allem in der prophetischen (besonders Ezechiel) und priesterlichen (priesterschriftliche Exoduserzählung) Theologie belegte Formel, für die die unumkehrbare Reihenfolge 1. Tat JHWHs, 2. Erkenntnis von Menschen konstitutiv ist, faßt letztlich den Vorgang zusammen, durch den JHWH sich selbst und das Geheimnis seines Namens in der konkreten Geschichte offenbart („*daran* werdet/sollt ihr erkennen, daß ich JHWH euer Gott bin..."). Um die (An-)Erkenntnis dieser Selbstoffenbarung JHWHs in der Geschichte der Völker und der in dieser Selbstoffenbarung mitgesetzten Heilstaten geht es diesem vierten Imperativ.

Er bietet eine der spektakulärsten theologischen Aussagen der Hebräischen Bibel, insofern er die sogenannte Bundesformel, die traditionell die Sonderstellung Israels ausdrückte, nun den Völkern als Bekenntnis über ihr eigenes Gottesverhältnis in den Mund legt. Was in Ps 95,6f noch die besondere Würde Israels als Bundesvolk JHWHs beschreibt, wird hier mit entsprechender Abänderung auf alle Völker übertragen: Aus JHWH, dem Gott Israels (95,7: „unser Gott") wird nun JHWH der Gott schlechthin, der *eine* Gott aller Völker, die er geschaffen hat wie Israel (vgl. 95,6) und die deshalb ihm zu eigen sind wie Israel (vgl. Jes 43,1) – und dies mit der gleichen Würde, die bislang Israel reserviert war: Weil JHWH König aller Völker ist, sind auch die Völker „Volk JHWHs" und „Herde seiner Weide" (vgl. zu dieser Wortverbindung Ps 74,1; 77,21; 78,52.71f; 79,13; 80,2; 95,7). Die Völker verdrängen Israel nicht aus seiner besonderen Beziehung zu JHWH. Sie geben auch ihre eigene Identität nicht auf. Aber sie lassen sich (wie Israel) von JHWH als ihrem königlichen Hirten auf die Wege des Friedens und der Gerechtigkeit führen. Die Völker, die JHWH als ihren Gott anerkennen, werden keine Israeliten, aber sie lassen sich ergreifen von der spannungsreichen Mitte der Königstora JHWHs, den beiden Geboten der Gottes- und der Nächstenliebe.

So steigert die zweite Strophe des Psalms sogar noch. Mit den drei Imperativen von V. 4 werden die Völker eingeladen, wie die Israeliten, ja wie die Priester Israels die Tore der Mauern um den Tempelbezirk zu durchschreiten und in den Höfen des Tempelbezirks die traditionellen Lobgesänge auf JHWH (vgl. vor allem Ps 96,2.8; 116,17–19; 134,2; 135,19) und die Dank- und Preisgebete („die Segnungen") auf seinen Namen (vgl. Ps 99,3.6–8) mitzusingen (vgl. Ps 117). V. 5 faßt diese Loblieder in einem hymnischen Bekenntnis zusammen, das offensichtlich aus damals oft verwendetem liturgischem Formelgut (vgl. Jer 33,11; 1 Chr 16,34; 2 Chr 5,13; 7,3; Esr 3,11) besteht.

Daß JHWH „gut" ist (vgl. auch das Jesuswort Mk 10,18), ist die zentrale Aussage, mit der die Rettungserfahrungen des Volkes (vgl. Ps 106; 136) und der einzelnen (vgl. Ps 107; 118) beantwortet werden: JHWH ist „gut", insofern er aus den vielen Formen des gesellschaftlich-politischen Todes rettet. Und daß dieses Gut-Sein JHWHs in seiner „Güte" (ḥæsæd) wurzelt, die nicht launisch und sprunghaft, sondern verläßlich und treu ist – und zwar solange die Geschichte währt („auf ewig und von Geschlecht zu Geschlecht"), gründet ebenfalls in seinem Gott-Sein, das in seinem Namen JHWH („er wird und will da sein") und in der am Sinai gegebenen Auslegung dieses Namens verkündet wird: „JHWH ging (an Mose) vorüber und rief: JHWH ist ein barmherziger (mütterlicher) und gnädiger Gott, langmütig und voller Güte und Treue" (Ex 34,6). Mit dem Bekenntnis von V. 5 erkennen die Völker also nicht nur JHWH als ihren König an (vgl. Ps 100,5 als Aufnahme von Ps 96,13; 98,3), sondern übernehmen zugleich die Mitte des Credo Israels (vgl. zu dieser über zwanzigmal belegten „Sinai-Formel" im vierten Psalmenbuch Ps 90–106: Ps 103,7 f).

Wenn die „Kirche aus den Völkern" Psalm 100 aus der jüdischen Bibel übernommen hat und in ihrer Liturgie singt, darf sie gewiß sein: Wenn sie sich von der Dynamik dieses Psalms ergreifen läßt *und* den Psalm „Schulter an Schulter" mit Israel (vgl. Zef 3,9) als Lobpreis auf den Sinaigott singt, bereitet sie dem Reich Gottes die Wege.

XV. Der Gott des Exodus

„Ich bin JHWH, dein Gott, vom Land Ägypten her" (Hos 2, 10) lautet die „kürzeste Definition Jahwes im ganzen Alten Testament" (J. Jeremias). Von den vielen Ereignissen, die mit den Anfängen des biblischen Israel verbunden waren, hat Israel nur sehr wenig festgehalten. Es hat ausgewählt, was „lebenswichtig" war und bleiben sollte. Der statistisch am häufigsten wiederholte und variierte „Glaubenssatz" des Ersten Testaments ist das Bekenntnis zum Gott des Exodus. Der wichtigste Text, den ein israelitischer Vater seinen Kindern weitergab (und wir dürfen durchaus annehmen, daß jeder diesen Text damals auswendig konnte!), fing so an: „Wir waren Knechte des Pharao in Ägypten, doch JHWH hat uns mit starker Hand aus Ägypten herausgeführt (befreit) ..." (Dtn 6, 21).

Und so ist es im Judentum bis heute, wenn beim Pessach-Mahl der Jüngste die berühmte vierteilige „Kinderfrage" stellen muß: „Was ist dieser Abend anders als alle anderen, daß wir an allen Abenden gesäuertes und ungesäuertes Brot essen, heute abend nur ungesäuertes; daß wir an allen Abenden beliebige Kräuter essen, heute abend Bitterkraut; daß wir an allen Abenden Eingetauchtes überhaupt nicht zu essen pflegen, heute abend sogar zweimal (Eintauchen des Karpass = Erdfrucht [Knollengewächs als Realsymbol der Seßhaftwerdung im Lande; meist grüne Kräuter von Sellerie oder Petersilie] in den „Tränenkrug" mit Salzwasser; Eintauchen des Maror = Bitterkraut [meist roher Meerrettich, der die Tränen in die Augen treibt; zur Erinnerung daran, „daß der Pharao ihnen das Leben verbitterte"] in den Charossaet = ein mit Wein angerührtes Mus aus Äpfeln, Nüssen und Zimt [Symbol des Lehms, aus dem die Hebräer in Ägypten Ziegel für den Pharao machen mußten]); daß wir an allen Abenden nach Belieben sitzend oder angelehnt essen, heute aber alle angelehnt?" Die Antwort auf diese Frage gibt die ganze Tischgemeinschaft: „Knechte waren wir dem Pharao in Ägypten, Gott aber führte uns von dort weg mit starker Hand und ausgestrecktem Arm. Hätte Gott unsere Väter nicht aus Ägypten geführt, dann wären wir, unsere Kinder und Enkel noch heute dem Pharao verknechtet. Wären wir auch alle weise, alle verständig, alle torakundig, so müßten wir trotzdem vom Auszug aus Ägypten erzählen; und je mehr es einer tut, um so lobenswerter ist es."

In der Tat: Die Erinnerung des Exodus ist der „Grund-Satz" der biblischen Überlieferung. Mit ihm werden die Zehn Gebote eröffnet und begründet (vgl. Ex 20,2 = Dtn 5,6). Er bekräftigt in Lev 19,36 als „Unterschrift" (die „Einheitsübersetzung" verkennt leider diese Funktion von Lev 19,36) die großartige Charta der Nächstenliebe Lev 19, die die Gebote der Liebe des Nächsten (Lev 19,18: „Du sollst deinen Nächsten lieben wie dich selbst!"), des Fremden (Lev 19,34: „Du sollst den Fremden lieben wie dich selbst; denn ihr seid selbst Fremde gewesen in Ägypten!") und des Feindes (Lev 19,17: „Du sollst in deinem Herzen keinen Haß gegen deinen Bruder tragen!") enthält (was viele Christen nicht wissen!). Die großen Sozialreformen der deuteronomischen Epoche (Reform des Schuldsklavenrechts: Dtn 15,12–18), aber auch die Wiederbelebung des Armenrechts in dieser Zeit (vgl. Dtn 24,17–22) werden mit Rückgriff auf den Exodus theologisch begründet. Und wenn die „Liturgiereform" dieser Epoche die Erntedankfeste zu großen

Wallfahrtsfesten nach Jerusalem umgestaltet und vorschreibt, daß bei den dabei veranstalteten „Opfermählern" die Wohlhabenderen auch die Armen und die Fremden einladen sollen, damit auch sie die guten Gaben des Landes genießen können, wird dies als Aktualisierung des Exodus erläutert: „Erinnere dich dabei: Du bist Sklave in Ägypten gewesen. Daher sollst du diese Gesetze achten und sie halten" (Dtn 16,12; vgl. Lev 19,42f).

Als die Katastrophe des Exils hereingebrochen war, schreit das verzweifelte Gottesvolk nach dem Gott des Exodus (vgl. Jes 63,16; Mi 7,14–20). Und die Antwort auf die Klagen dieser Zeit, die durch prophetischen Mund ergeht, ist die Verheißung eines „neuen Exodus" (vgl. Jes 4,2–6; 10,24–26; 11,15f; 49,8–13; 52,8–13). Am Exodus machen die deuteronomistischen Theologen sogar die Zeitrechnung fest. Vergleichbar der christlichen Zeitrechnung von Christi Geburt her, tragen sie in ihr sogenanntes Deuteronomistisches Geschichtswerk eine Chronologie ein, die den Exodus als „Anfang" der Geschichte Israels betrachtet (vgl. u.a. 1 Kön 6,1: „Im 480. [= 40 × 12!] Jahr seit dem Exodus ..."; verschiedene chronologische Angaben von Dtn 1 – 1 Kön 6 lassen sich so zusammenrechnen, daß sie die Summe 480 ergeben!).

Die biblische Erinnerung des Exodus ist keine Flucht in die Vergangenheit, sondern ihre Verlebendigung zur Gestaltung von Gegenwart und Zukunft. Klassisch ist dies in der (schon oben zitierten) Pessach-Haggada so formuliert: „In jedem Geschlecht ist der Mensch verpflichtet, sich vorzustellen, er sei selbst aus Ägypten gezogen ... Nicht nur unsere Väter hat Gott erlöst, sondern auch uns ... Deswegen sind wir verpflichtet, zu danken, zu preisen, zu loben und zu verherrlichen den, der uns all diese Wunder getan und uns aus der Knechtschaft in die

Freiheit, aus Kummer zur Freude, aus Trauer zum Festtag, aus Dunkel zum Licht, aus Sklaverei zur Befreiung geführt hat; so wollen wir vor ihm ein neues Lied singen: Halleluja!"

Psalm 81

1   *Für den Chorleiter. Nach gititischer Weise. Von Asaf.*

2a   *Jubelt Gott zu, unserer Festung,*
2b   *jauchzet dem Gott Jakobs zu!*
3a   *Hebt an zum Gesang und schlaget die Handtrommel,*
3b   *die liebliche Tragleier zusammen mit der Standleier.*
4a   *Stoßet beim Neumond das Widderhorn,*
4b   *beim Vollmond, am Tag unseres Festes!*
5a   *Denn Satzung ist dies für Israel,*
5b   *Ordnung vom Gott Jakobs,*
6a   *Bezeugung, die er in Josef setzte,*
6b   *als er auszog gegen das Land Ägypten.*

6c   *Eine Stimme, mir unvertraut, höre ich:*
7a   *„Ich befreite von der Last seine Schulter,*
7b   *seine Hände kamen los vom Tragkorb.*
8a   *In der Bedrängnis riefst du und ich errettete dich,*
8b   *ich antwortete dir im Donnergewölk,*
8c   *ich prüfte dich an den Wassern von Meriba:*
9a   *Höre, mein Volk, ich beschwöre dich,*
9b   *Israel, daß du doch auf mich hörtest!*
10a *Du sollst bei dir keinen fremden Gott haben,*
10b   *du sollst dich nicht niederwerfen vor einem ausländischen Gott!*
11a *Ich bin JHWH, dein Gott,*

11b	der dich heraufführt(e) aus dem Land Ägypten.
11c	Öffne weit deinen Mund und ich will ihn füllen!
12a	Doch mein Volk hörte nicht auf meine Stimme,
12b	doch Israel war nicht willens.
13a	Ich ließ sie in der Starrheit ihres Herzens,
13b	sie wandelten in ihren eigenen Plänen!
14a	O daß doch mein Volk auf mich hörte,
14b	daß doch Israel auf meinen Wegen wandelte!
15a	Bald würde ich seine Feinde beugen
15b	und gegen seine Bedränger wenden meine Hand.
16a	JHWHs Hasser müßten ihm (Israel) huldigen,
16b	das würde ewig so bleiben!
17a	Ich würde es (Israel) nähren mit fettem Weizen
17b	und aus dem Felsen mit Honig dich sättigen."

Einführung

Der Psalm ist klar in zwei unterschiedliche Teile gegliedert. Er beginnt mit einer entfalteten Aufforderung zur Feier eines großen Festes, das durch Neumond (1. Tag des Monats) und Vollmond (15. Tag des Monats) terminlich näher bestimmt und ausdrücklich als von JHWH beim Exodus gestiftetes Fest vorgestellt wird (V. 2–6b). Daran schließt sich, eingeleitet durch eine Zitationsformel, der zweite Teil, der als direkte JHWH-Rede gestaltet ist (V. 6c–17) und als solche bei dem in V. 2–6 gemeinten Fest vorgetragen wird. Die Rede selbst vollzieht sich in drei Schritten: Zunächst rekapituliert JHWH die wichtigen Etappen der Anfänge Israels, vom Exodus bis zur Verkündigung des Hauptgebots des Dekalogs am Sinai (V. 6–11). Sodann erinnert JHWH an die traurige Erfahrung, daß Israel nicht auf ihn hörte, sondern seine eigenen Wege ging – offensichtlich bis „heute", d. h. bis zu dem Zeitpunkt, an dem dann der dritte Schritt der Rede (V. 14–17) als inständige Bitte ansetzt, Israel möge doch endlich JHWHs Stimme hören – und so der Verheißungen teilhaftig werden, die JHWH bereithält.

In dieser Doppelarchitektur (kultische Situierung und beschwörende Gottesrede), aber auch in zahlreichen Einzelmotiven berührt sich Ps 81 mit Ps 50 und Ps 95. Die Psalmen 50 und 81, die beide durch ihre Überschrift dem Kreis der Asafsänger (möglicherweise eine mit den Korachiten konkurrierende Tempelsängergruppe) zugeschrieben werden, sind insbesondere durch das Zitat der sogenannten Selbstvorstellungsformel („Ich bin JHWH, dein Gott": 50,7; 81,11) und durch den Aufruf „Höre, mein Volk, ich beschwöre dich!" (50,7; 81,9) und die „Errettung aus der Bedrängnis" (50,15; 81,8) eng miteinander verbunden.

Die Verwandtschaft der drei Psalmen wird von den meisten Exegeten – mit Recht – auf die Verwurzelung im gleichen Fest zurückgeführt. Da es in der Gottesrede um die Verkündigung des Dekalog(anfangs) geht, also um den zentralen Text der Tora, und da außerdem der Aufruf „Höre, mein Volk!" in der deuteronomischen Theologie zum Toragehorsam einlädt (vgl. klassisch das „Höre, Israel" in Dtn 6,4–9), kommt als kultischer Haftpunkt der drei Psalmen am ehesten das Laubhüttenfest in Frage, zumal mit diesem Fest nach Dtn 31,9–13; Neh 8,8.18 die öffentliche Verlesung der Tora verbunden war. Ob man diesen Akt der kultischen Verkündigung des Dekalogs und der im Namen Gottes ausgesprochenen Einladung, die Tora zu hören und auf ihren Wegen zu wandeln, als „Bundeserneuerungsfest" bezeichnen soll, erscheint mir eher als eine Definitionsfrage. Die Sache, um die es geht, ist klar: Israel wird aufgerufen, sich zu einer feierlichen Liturgie zu versammeln, in der der Exodus- und Sinaigott durch einen priesterlichen/levitischen Sprecher sich als einziger und wahrer Befreiergott seines Volkes in Erinnerung ruft und Israel einlädt, die ihm von JHWH gebahnten und in der Tora konkretisierten Wege der Freiheit und der Solidarität zu gehen.

Ob die drei Psalmen aus unterschiedlicher Zeit (in der Forschung gibt es die Reihenfolge: Ps 81 spätvorexilisch; Ps 95: exilisch oder frühnachexilisch; Ps 50: um 400 v. Chr.) oder ob sie alle erst aus nachexilischer Zeit stammen, läßt sich schwer entscheiden. Wichtig ist: Ps 50 und Ps 81 sind Zeugnisse dafür, daß der Dekalog mindestens in der Zeit des Zweiten Tempels ein zentraler Text der Liturgie war. Volk Gottes sein heißt nach Ps 81: Sich vom Exodus-Gott zu einem Leben nach dem Dekalog, der Mitte des Sinaibundes, verpflichten lassen.

Auslegung

Die Aufforderung zum Festjubel, mit der unser Psalm beginnt, will alles aufbieten, was die nachexilische Liturgie nach Ausweis der entsprechenden Textzeugnisse (vgl. 1 Chr 15, 16–24; 25, 1; 2 Chr 5, 12 f; Esr 3, 10–12 sowie Ps 150) damals bei großen Festen einsetzte: Jubelschreie des Volkes, Gesänge des Volkes und der Tempelchöre, Handtrommeln zur Begleitung der rhythmischen Prozessionen und des kultischen Tanzes, Orchester von Saiteninstrumenten („Tragleier" und „Standleier", so richtiger statt der üblichen Übersetzungen „Harfe" und „Zither", stammen ursprünglich aus unterschiedlichem gesellschaftlichem Milieu: die kleinere „Tragleier" war das Hirteninstrument, während die „Standleier" mit ihrem größeren, bauchigen Resonanzraum im höfischen Bereich entwickelt wurde). Das Fest soll zuallererst „Hofmusik" für den beim Fest „erscheinenden" Gott sein; diese soll ihn erfreuen und ehren zugleich.

Die Ankündigung des Festes und seine eigentliche Eröffnung sollen mit dem „Stoßen" von Widderhörnern vollzogen werden. Von der Blastechnik her ist das Widderhorn kein Melodie- sondern ein Signalinstrument, das die Signale zum und im Krieg gab (vgl. Ri 3,27; 6,34 u. ö.) oder bei der Amtseinsetzung des Königs den ersten Akt der Königssalbung markierte (vgl. 1 Kön 1,34–39) und zur Königsakklamation aufforderte (vgl. 2 Kön 9,13). Das Blasen des Widderhorns signalisierte insbesondere das Kommen Gottes zum Zion als König (vgl. Ps 47,6; 98,6) und am Sinai zur Proklamation der Bundescharta, des Dekalogs als seines „Regierungsprogramms" (vgl. Ex 19,16.19 und 20,18). Beide Aspekte dürften in unserem Psalm verschmolzen sein. Das hier angekündigte Fest wird im Kommen JHWHs als König seines Volkes und in der Verkündigung seiner königlichen Rechtsordnung, verbunden mit der Zusage seines königlichen Segens, kulminieren.

Wie wir schon bei der „Einführung" angedeutet haben, dürfte das Fest, zu dessen Feier Ps 81 ursprünglich gehörte, das im Herbst, zur Jahreswende, gefeierte Laubhüttenfest (Sukkot) sein. Dieses Fest, das ursprünglich zur Zeit der Weinlese „am Ende des Jahres" (vgl. Ex 23,16; 34,22) gefeiert wurde, war im Laufe der Zeit mit mehreren „Festinhalten" ausgefüllt und zu einem mehrwöchigen „Festkreis" entfaltet worden. Zwar ist auch hier unser historisches Wissen sehr begrenzt, doch dürfte die These, daß das Herbstfest zur Jahreswende schon in der vorexilischen Zeit das große Fest von JHWHs Königsherrschaft war, bei dem ihm für den Segen des abgelaufenen Jahres gedankt sowie die Erneuerung seiner Königsherrschaft erfleht und gefeiert wurde, nicht unwahrscheinlich sein.

In der nachexilischen Zeit wurde das Fest zu einem „Festkreis" erweitert: Dieser wurde am Neumond, also am 1. Tag, des Herbstmonats mit dem feierlichen Blasen des Widderhorns eröffnet (vgl. Lev 23,24; Num 29,1); am 10. Tag folgte der große Versöhnungstag „Jom Kippur" (vgl. Lev 23,33; Num 29,10) und am 15. Tag wurde das eine Festwoche dauernde Laubhüttenfest gefeiert (vgl. Lev 23,26; Num 29,12). Daß Israel während dieser Woche in „Laubhütten" lebte, sollte an die gnädige Führung Israels durch JHWH beim Exodus durch die Wüste erinnern (vgl. Lev 23,42), womit drei Aspekte gemeint sind, die auch in unserem Psalm anklingen: Israel verdankt seine Existenz der Befreiung durch seinen Gott (V. 7); der Befreiergott will auch weiterhin das Leben und die Freiheit seines Volkes, insbesondere gegen Versklavung unter trügerische Götzen, schützen (V. 9 a – 11 b); wie bei dem Weg durch die Wüste, will er, trotz der Weigerung Israels, auch weiterhin sein Volk mit wundervollen Gaben „sättigen" und beglücken (V. 11 c.17). All dies kann Israel in seiner Liturgie zuteil werden, weil seine Feste und Festzeiten nicht selbst-erfundene, sondern vom Exodus-Gott gestiftete Feiern sind (V. 5 f), bei denen er selbst zu Wort „kommt".

Zuerst ruft JHWH seinen grundlegenden Offenbarungserweis in Erinnerung: Er hat Israel von der entfremdenden Fronarbeit (Lastenschleppen beim Antransport von schweren Baumaterialien; Einsatz bei der Ziegelproduktion, wobei der Überschwemmungsschlamm in „Tragkörben" herbeigeschafft wurde) für Pharao befreit, mit der dieser das Volk buchstäblich niederdrückte (vgl. Ex 1,11) und das Leben bitter machte (vgl. Ex 1,14). Wenn immer Israel damals in Bedrängnis war, erwies JHWH sich als machtvoller und gütiger „Erretter" (Rettung vor dem Pharao und vor den Amalekitern, Gabe von Manna, Wachteln und Wasser). Er ließ am Sinai-Horeb, aus dem auch die Wasser von Meriba entsprangen (vgl. Ex 17, 6 f!), seine Stimme im Donnergewölk hören – mit jener beschwörenden Grundbotschaft, die Zusage und Anspruch zugleich ist: Israels Existenz als „Volk" (d. h. als geschwisterliche, freie Gemeinschaft) gibt es nur in Gemeinschaft mit *diesem* Gott JHWH.

In der gegenüber dem Dekalog umgekehrten Reihenfolge werden „Fremdgötterverbot" und „Selbstdefinition des wahren Gottes JHWH" als Folgerung aus dem Exodus-Credo V. 7–8 so verkündet, daß JHWH sein Gott-Sein an Israel gebunden hat. Weil JHWH zuallererst sich in und durch Israel als der wahre Gott erweisen will, ist die Klage über Israels Verweigerung (V. 12–13) „nur" der Ansatz zur leidenschaftlichen Bitte (V. 14–17), auf die der Psalm zuläuft und mit der er die liturgische Gemeinde zur Annahme dieser Gottesbotschaft und zum Gehen auf den Wegen JHWHs (d. h. der Gebote der Gottes- und der Nächstenliebe) bewegen will. JHWH setzt dabei sozusagen alles ein, um die Liebe seines Volkes zu gewinnen: Er verheißt „Ruhe vor den Feinden", Ende von Verfolgung und Verachtung sowie paradiesische („fetter Weizen" als Realsymbol friedvoller Zeiten, Ps 147, 17; „Honig aus dem Felsen": wilder Bienenhonig aus den Felsen als Steigerung gegenüber dem „Wasser aus dem Felsen", vgl. Dtn 32, 13; zur metaphorischen Bedeutung vgl. auch Ijob 29, 6) Lebensgaben (möglicherweise ist mit „Fett" und „Honig" als Gaben des Exodus-Gottes auf die nährende Kraft der Sinai-Tora angespielt: vgl. Ps 19, 11; 119, 72.103; Jer 15, 16; Ez 3, 3). Welch ein Werben JHWHs um das eine große Geschehen, auf das es ankommt: „Höre doch auf *meine* Stimme, mein Volk!" Das gilt auch Israel und der Kirche heute.

Psalm 82

1 *Ein Psalm Asafs.*
1b *Gott steht da in der Gottesversammlung,*
1c *inmitten der Götter hält er Gericht:*
2a *„Wie lange noch wollt ihr unheilvoll richten*
2b *und die Gottlosen begünstigen?*
3a *Verhelft zu ihrem Recht den Kleinen und den Waisen,*
3b *den Elenden und den Bedürftigen verschafft Gerechtigkeit,*
4a *rettet die Kleinen und die Armen,*
4b *der Gewalt des Todes entreißt sie!"*
5a *Sie haben weder Erkenntnis noch haben sie Einsicht,*
5b *in der Finsternis wandeln sie,*
5c *es wanken alle Fundamente der Erde.*
6a *„Ich habe zwar gesagt: ‚Götter seid ihr*
6b *und Söhne des Höchsten allesamt!'*
7a *Doch nun: Wie die Menschen sollt ihr sterben,*
7b *und wie einer von den Fürsten sollt ihr fallen!"*
8a *Steh auf, Gott, übernimm das Richteramt über die Erde,*
8b *denn dir sind alle Völker zu eigen.*

Einführung

Dies ist einer der aufregendsten Texte der ganzen Bibel. Hier werden Götter zum Tode verurteilt, weil sie sich nicht für die Armen und Kleinen einsetzen. Weil sie nicht für Recht und Gerechtigkeit kämpfen!

Gegenüber jener Auslegungsrichtung, die in Ps 82

eine ironische Polemik gegen irdische Richter und Machthaber sieht, die sich wie Götter gebärdet hätten (vgl. die scharfe „Richterkritik" in Ps 58), ist festzuhalten, daß es hier um die Frage nach dem wahren Gott geht. Wenn das in V. 7 ergehende Urteil über die „Götter", daß sie wie Menschen sterben sollen, als Höhepunkt der beiden Gottesreden des Psalms (V. 2–4.6–7) ernst genommen wird, kann nur vom Tod der Götter im religionsgeschichtlichen bzw. theologischen Sinn die Rede sein. Der Gott Israels demaskiert „die Götter" zu dem, was sie sind: Machwerke von Menschen und Legitimationsfiguren von Fürsten! Kriterium der Göttlichkeit ist der Einsatz für die Gerechtigkeit unter den Menschen, insbesondere der Schutz der Wehrlosen und die Parteinahme für die Rechtlosen. Das Gott-Sein (eines) Gottes entscheidet sich an seiner Option für die Armen und Unterdrückten. Daran muß sich jede Rede von Gott messen lassen. Und alle, die sich in ihrem Handeln und Denken auf Gott berufen. Auch die Kirche!

Daß Psalm 82 eine Aussage über den wahren Gott und die falschen Götter sein soll, hat die Psalmenbuchredaktion dadurch angezeigt, daß sie ihn neben den „Exodus-Psalm" Ps 81 gestellt hat, der ja, wie wir gesehen haben, in V. 7–11 JHWH als den Befreiergott der Versklavten verkündet und daraus die Konsequenz zieht, daß für Israel die Selbstversklavung unter andere oder fremde Götter nicht mehr in Frage kommt. Ps 82 steigert dieses „Götterverbot": Ihre Verehrung, aber auch die Angst vor ihnen sind absurd, weil es neben dem wahren Gott gar keine Götter gibt!

Der Psalm arbeitet mit der mythischen Vorstellung vom Götterpantheon, bei dem eine Vielzahl von Göttern (und Göttinnen) hierarchisch geordnet mit einem „Götterkönig" an der Spitze, der ihre Versammlungen leitet, „zusammenlebt". Manche Exegeten wollen aus dem Psalm sogar eine kanaanäische „Vorlage" rekonstruieren. Das scheint mir wenig wahrscheinlich. Die Vorstellung von der „Götterversammlung" bzw. von dem inmitten seines himmlischen Hofstaates residierenden „Götterkönig" ist für den ganzen vorderasiatischen Kulturkreis so verbreitet gewesen und auch in alttestamentlichen Texten so häufig aufgenommen (freilich in sehr vielfältiger Form: vgl. 1 Kön 22, 19 ff; Jes 6, 2 f; 40, 1–3; Ijob 1–2; Ps 103, 19–21; 104, 1–4), daß der Verfasser von Ps 82 dazu keiner besonderen kanaanäischen *Text*vorlage bedurfte. Daß der im altorientalischen Denken beheimatete mythische „Götterkampf", in dem ein Gott die Königswürde über die Götter dadurch erringt, daß er seinen Widersacher tötet (z. B. Baal den Jammu, Marduk die Tiamat), hier als „Göttergericht" gestaltet ist, bei dem JHWH seine göttlichen Widersacher durch sein Wort ausschaltet, weil sie, statt die Weltordnung zu schützen, das Chaos auslösen (V. 5), ist nicht von der Hand zu weisen. Von einem „Gericht über die Götter Ägyptens", die das pharaonische Ausbeutersystem stützten, ist auch in der göttlichen Ankündigung des Exodus in Ex 12, 12 die Rede!

Der Psalm schöpft in seinem Aufbau aus prophetischen und juristischen Redeformen. V. 1 b – 7 b ist eine zweimalige Abfolge von Bericht (V. 1 bzw. V. 5) und direkter Gottesrede (V. 2–4 bzw. V. 6–7). Der erste Teil berichtet vom Auftreten „Gottes" inmitten der „Götterversammlung", in der er „die Götter" wegen ihres unheilvollen Wirkens anklagt und sie ultimativ auffordert, endlich ihres göttlichen Amtes zu walten. Der zweite Teil berichtet, daß „die Götter" dazu offenkundig nicht in der Lage sind, sondern im Gegenteil das Chaos auszulösen drohen, weshalb „der Gott" nun das Todesurteil über „die Götter" verkündet. Man kann diese beiden Szenen als eine Art prophetische Vision begreifen, auf deren Vortrag hin dann die Zuhörer in V. 8 mit der Bitte antworten, „Gott" möge doch diese Vision Wirklichkeit werden lassen und sein universales Reich der Gerechtigkeit zum Wohl der Armen und Unterdrückten endlich durchsetzen.

Die Entstehungszeit des Psalms ist umstritten. Gewichtige Gründe sprechen dafür, ihn frühestens in der Exilszeit anzusetzen und in ihm einen wichtigen Beitrag zum Thema „Aufkommen und Entfaltung des Monotheismus" zu sehen. Man kann sich den Psalm gut in prophetischen Wortgottesdiensten vorstellen. Auf der Ebene der Psalmbuchredaktion will er die Antwort auf die in Ps 81, 14 ausgesprochene Bitte sein.

Auslegung

Mit der eröffnenden Doppelangabe entwirft der Psalm knapp, aber plastisch die Szenerie einer himmlischen Vision, die er miterleben lassen will. Da ist „die Gottesversammlung" zusammengetreten und „Gott" (falls die Hypothese von der sogenannten elohistischen Redaktion im Komplex Ps 42–83 richtig ist, hätte vor dieser Redaktion in V. 1b und V. 8a der Gottesname JHWH gestanden) steht da, um seine Anklage gegen „die Götter" zu erheben. Daß er nicht wie ein „Götterkönig" oder wie der König beim Gericht auf einem Thron sitzt, sondern „sich hingestellt hat", unterstreicht die kämpferisch-dramatische Auseinandersetzung (vgl. ähnlich Jes 3, 13 sowie Am 7; 7; 9, 1), um die es hier geht (vgl. auch die entsprechende Formulierung der Bitte in V. 8 „steh auf..."). Daß er allein im Göttergremium redet und die anderen allesamt angreift, macht von Anfang an seine Sonderstellung deutlich. Die vorwurfsvolle Frage „Wie lange noch?" läßt schon ahnen, daß für die Adressaten die Stunde der Götterdämmerung geschlagen hat.

Die Anklage ist klar formuliert: „Die Götter" stützen mit ihrem unheilvollen Regiment die Gottlosen, also die Kräfte und Gruppierungen auf der Erde, die rücksichtslos und gewalttätig das friedliche Zusammenleben stören, weil sie sich weder um Menschen- noch um Gottesrecht scheren. Da gibt es Götter, in deren Namen Kriege geführt und Menschen gefoltert und umgebracht werden. Da gibt es Götter, auf die sich Könige und Priester berufen, wenn sie die Leute durch Abgaben und Arbeitsleistungen in den wirtschaftlichen und gesundheitlichen Ruin treiben. Da gibt es Götter, auf die Richter und Zeugen schwören, wenn sie verschuldeten Kleinbauern und Tagelöhnern, Witwen und Waisen durch Meineide und Skandalurteile das Recht verweigern, um sich selbst zu bereichern oder aus Angst vor mächtigen Großgrundbesitzern. Kurz: Da gibt es Götter, die Unrecht nicht nur nicht verhindern, sondern sogar noch legitimieren und mehren.

Daß all dies „ungöttlich", weil „unmenschlich" ist, ist eine Erkenntnis, die immer stärker ins Zentrum der israelitischen Gottesvorstellung rückte. Das läßt sich sogar religionsgeschichtlich erkennen: Der „Aufstieg" des Nomadengottes JHWH zum Volksgott des jungen Israel und die damit verbundene Verdrängung der anderen anfangs auch in Israel noch verehrten Götter und Göttinnen hängt eng mit dem menschenfreundlichen und machtkritischen Profil JHWHs zusammen. Daß er nicht auf der Seite des Pharao und der Reichen und Mächtigen stand, um deren Selbstvergötzungen und Brutalitäten noch religiös zu überhöhen, sondern daß er den Unterdrückten und Armen Kraft zum Widerstand gab, durch seine Propheten Revolutionen und Reformen initiierte, ist für den Religionshistoriker ein entscheidendes Moment dafür, daß dieser Gott JHWH eben nicht wie die Götter Ägyptens und Assurs in den Katastrophen der Geschichte „starb", sondern in ihnen gerade seine göttliche, weil menschenfreundliche Lebenskraft erwies.

Die deuteronomische Theologie hat in ihrer Kraft zur Synthese dies so auf den Punkt gebracht: „JHWH, euer Gott, ist der Gott über den Göttern und der Herr über den Herren. Er ist der große Gott, der Held und der Furchterregende. Er begünstigt keinen und nimmt keine Bestechung an. Er verschafft den Waisen und den Witwen ihr Recht. Er liebt die Fremden und gibt ihnen Nahrung und Kleidung – auch ihr sollt die Fremden lieben, denn ihr seid Fremde in Ägypten gewesen" (Dtn 10, 17 f). Was hier in der „Nachahmungstheologie" von den Israeliten gefordert wird, daß sie wie JHWH sich für das Recht der Wehrlosen einsetzen und ihnen helfen, gilt um so mehr für „die Götter".

„Götter", „Religionen" und „Kirchen", die dies nicht tun oder gar das Gegenteil fördern, verfehlen sich selbst – und haben ihre Existenz verwirkt: Sie müssen und werden sterben! Das ist die Quintessenz des zweiten Teils der himmlischen Vision, in die der Psalm uns mithineinnimmt. Nach der resignierten Feststellung im Bericht-Stil (V. 5), daß „die Götter" eben „Mächte der Finsternis" und Störer der kosmischen Lebensordnung sind – und dies, weil sie, wie ihre Götzenbilder sinnenfällig zeigen, weder Erkenntnis noch Einsicht haben (V. 5 a = Jes 44, 18 ist nachträglich eingefügtes Zitat aus der Götzenbildpolemik Jes 44, 9–20), verkündet deshalb JHWH-Gott dem versammelten Göttergremium ihr Todesurteil.

Zunächst wird in V. 6 auf das noch aus der vor-monotheistischen Theologie stammende Denkmodell Dtn 32, 8 f, wonach „am Anfang" die vielen Götter auf die einzelnen Völker und Regionen der Erde aufgeteilt wurden, angespielt, aber es wird dann in V. 7 definitiv aufgehoben: Die Zeit „der Götter" ist vorbei. Ihr Tod ist beschlossene Sache. Und mit dem ihnen verkündeten Urteil ist auch das Urteil über alle gesprochen, die gleich ihnen und unter Berufung auf sie die Kleinen und die Armen, die Waisen und die Fremden verachten und unterdrücken. Mit seinem Urteilsspruch verkündet „der Gott" der Gerechtigkeit und der Armenliebe, daß nun *seine* Zeit angebrochen ist.

Freilich: Noch herrschen auch „die Götter". Damals und heute. Deshalb kulminiert der Psalm in dem Ruf V. 8, der JHWH-Gott beschwört, doch endlich sein „Gott-Sein" auf der ganzen Erde zu erweisen. „Der Gott, der nach diesem Psalm mit dem Anspruch auftritt, Göttlichkeit am Maßstab der effektiven Herstellung sozialer Gerechtigkeit zu messen, kann sich ja dem selbst nicht entziehen. Er ist doch auch und zuerst an seinem eigenen Maßstab zu messen. Er hat den Beweis, daß er in anderer Weise göttlich handelt, selbst zu erbringen" (F. Crüsemann). Ob wir an „Gott" oder an „die Götter" glauben, ist daran abzulesen, wie wir mit den Ausgegrenzten und Schwächsten umgehen. Und ob die Kirche „göttlich" ist, auch in ihrem Innenbereich, ist daran abzulesen, ob sie „menschenfreundlich" im Sinne von Ps 82 ist.

Psalm 118

1a *Lobet JHWH, denn gut ist er.*
1b *Ja, ewig währet seine Güte!*
2a *Es soll sagen Israel:*
2b *„Ja, ewig währet seine Güte!"*
3a *Es soll sagen das Haus Aarons:*

3b	„Ja, ewig währet seine Güte!"
4a	Es sollen sagen, die JHWH fürchten:
4b	„Ja, ewig währet seine Güte!"
5a	Aus der Bedrängnis habe ich JHWH gerufen,
5b	mit Weite hat mir JHWH geantwortet.
6a	JHWH ist für mich: Ich fürchte mich nicht!
6b	Was können Menschen mir tun?
7a	JHWH ist für mich als mein Helfer,
7b	Ich schaue (gelassen) auf die, die mich hassen.
8a	Besser ist es, Zuflucht zu suchen bei JHWH
8b	als zu vertrauen auf Menschen.
9a	Besser ist es, Zuflucht zu suchen bei JHWH
9b	als zu vertrauen auf Fürsten.
10a	Alle Völker umringten mich,
10b	im Namen JHWHs, ja, wehrte ich sie ab!
11a	Sie umringten mich, ja, sie umringten mich,
11b	im Namen JHWHs, ja, wehrte ich sie ab!
12a	Sie umringten mich wie Bienen,
12b	sie wurden gelöscht wie Dochtenden,
12c	im Namen JHWHs, ja, wehrte ich sie ab!
13a	Gestoßen, gestoßen hat man mich, daß ich fiele,
13b	doch JHWH hat mir geholfen.
14a	Meine Kraft und mein Lied ist JHWH,
14b	er wurde für mich zur Rettung.
15a	Eine Stimme von Jubel und Rettung
15b	in den Zelten der Gerechten:
15c	„Die Rechte JHWHs tut Mächtiges!
16a	Die Rechte JHWHs ist erhaben!
16b	Die Rechte JHWHs tut Mächtiges!"
17a	Nicht sterbe ich, sondern ich lebe
17b	und will erzählen die Taten JHWHs.
18a	Gezüchtigt, gezüchtigt hat mich JHWH,
18b	doch dem Tod hat er mich nicht übergeben!
19a	„Öffnet für mich die Tore der Gerechtigkeit!
19b	Ich will durch sie kommen, ich will danken JHWH!"

20a „Dies ist das Tor JHWHs,
20b   Gerechte kommen durch es hinein."
21a „Ich will dich loben, denn du hast mir geantwortet,
21b   und du bist für mich zur Rettung geworden.
22a Der Stein, den die Bauleute verwarfen,
22b   ist geworden zum Eckstein.
23a Von JHWH her ist dies geschehen,
23b   es ist eines der Wunder in unseren Augen.
24a Dies ist der Tag, den gemacht hat JHWH,
24b   wir wollen jauchzen und uns freuen über ihn.
25a Ach, JHWH, rette doch!
25b   Ach, JHWH, vollende doch!"
26a „Gesegnet, der kommt im Namen JHWHs!
26b   Wir segnen euch vom Haus JHWHs her!
27a Gott ist JHWH (allein). Er gebe uns Licht!
27b   Bindet einen Festreigen mit Zweigen in den Händen,
27c   bis hin zu den Hörnern des Altares!"
28a „Mein Gott bist du! Ich will dich loben.
28b   Mein Gott, ich will dich erheben!"
29a Lobet JHWH, denn gut ist er.
29b   Ja, ewig währet seine Güte!

Einführung

Psalm 118 ist der Schlußpsalm des sogenannten Hallel („Lobpreis"), wie die Psalmen 113–118 wegen ihrer Verwendung an allen großen Feiertagen im Synagogengottesdienst genannt werden. Die Gruppe heißt sodann „Ägyptisches Hallel" oder „Pessach-Hallel", weil diese Psalmen auch beim „Sederabend" des Pessachfestes, am Fest der Befreiung aus dem pharaonischen Ägypten, gesungen werden. Die durch zahlreiche Stichwortbeziehungen miteinander verwobenen Psalmen 113–118 sind ein Lobpreis auf JHWH als den Gott des Exodus (vgl. Ps 114), der sein Volk aus Todesnot rettet und „ins Land der Lebendigen" (Ps 116,9) führt.

Für uns Christen ist diese Sammlung auch deshalb kostbar, weil sie nach dem Zeugnis von Mk 14,26 (Mt 26,30) von Jesus und seinen Jüngern bei ihrem Sederabend vor dem Tod Jesu gesungen wurde. Der erste Teil des Hallel, die Psalmen 113 und 114, wird – vor dem eigentlichen Mahl – nach der Erzählung der Exodusgeschichte gesungen, ehe der zweite Becher mit Wein getrunken wird. Der zweite Teil des Hallel, also die Psalmen 115–118, beschließen das Pessachmahl (zum „Becher des Dankes"). Dabei hat der Schluß von Ps 118 im Pessach-Zusammenhang eine deutlich messianische Perspektive angenommen, was dadurch unterstrichen wird, daß die Bitte: „Ach, JHWH, rette doch (Hosianna)! Ach, JHWH, vollende doch!" (V. 25), zweimal gesprochen wird. Der darauf folgende Spruch: „Gesegnet, der da kommt im Namen JHWHs" (V. 26), ist dann Ausdruck der Sehnsucht nach dem Kommen des Messias. So wird Ps 118,26f ja auch in Mk 11,9f par auf das „messianische" Kommen Jesu zum Pessach-Fest nach Jerusalem übertragen. Die messianische Sehnsucht nach dem (Wieder-)Kommen des Messias Jesus klingt auch im Sanctus nach der Präfation weiter: „Hosanna (= Ach rette doch!). Hochgelobt sei, der da kommt ...", ebenfalls Zitat von Ps 118,25f.

Überhaupt wurde Ps 118, der auch in Qumran sehr beliebt war, für die neutestamentliche Christologie (vgl. u. a. Mk 12,10 par; Apg 4,11; Eph 2,20; 1 Petr 2,7), aber auch für den Entwurf christlicher Lebenspraxis (vgl. 2 Kor 6,9f; Hebr 13,6) sehr wichtig. Auch in der frühen Kirche und in der christlichen Liturgie kam der Psalm zu großen Ehren. Insbesondere V. 24 („Dies ist der Tag ...") hat Kirchenmusiker und Festprediger immer wieder inspiriert.

Über den ursprünglichen „Sitz im Leben" von Ps 118 gehen die Meinungen der Exegeten weit auseinander. Dies hängt nicht zuletzt mit der „Doppelgesichtigkeit" des Psalms zusammen. Zum einen ist sein liturgischer Charakter in V. 1–4 und V. 19–29 offenkundig; hier sind der Bezug auf die feiernde Gemeinde und der Wechsel liturgischer Rollen zu erkennen. Zum anderen aber ist V. 5–18 als Dankgebet eines „Ich" gestaltet, was zu sehr unterschiedlichen Deutungen geführt hat: Man sieht in dem „Ich" z. B. den König nach einem Sieg bzw. bei einem großen nationalen Fest oder den Hohenpriester beim Laubhüttenfest (vgl. „die Zweige" in V. 27; zu „den Zweigen" vgl. auch die Szenerie beim „messianischen Kommen" Jesu nach Jerusalem), sogar konkrete historische „Erstaufführungen" von Ps 118 werden vorgeschlagen (z. B. Festpsalm im Munde des Nehemia bei der Weihe der neuerrichteten Stadtmauer von Jerusalem o. ä.).

Wir gehen bei unserer Auslegung von der durch den Kontext Ps 113–118, aber auch durch die jüdische Tradition empfohlenen Auffassung aus: Das „Ich" des Psalms ist Israel bzw. die feiernde Gemeinde. Der (wahrscheinlich) in frühnachexilischer Zeit entstandene Ps 118 ist der Lobpreis, mit dem das befreite Gottesvolk seinen Gott feiert und sehnsuchtsvoll um die Vollendung seiner Geschichte mit Gott bittet, dessen „Güte ewig währet".

Auslegung

Der Psalm setzt mit der Selbstaufforderung (vgl. zu diesem Verständnis des Imperativs: Jer 33,11) der liturgischen Versammlung ein, den in der nachexilischen Liturgie offensichtlich zentralen und auch litaneiartig verwendeten (vgl. Ps 136) Ruf: „Ja, gut ist er (vgl. dazu auch unsere Auslegung von Ps 73). Ja, ewig währet seine Güte", zu singen. Nach Esr 3,11 erscholl dieser Ruf, als der Grundstein zum Zweiten Tempel gelegt wurde. Und die chronistische Theologie läßt diesen Ruf erklingen, als David die Lade nach Jerusalem bringt (vgl. 1 Chr 16,34), und zum Abschluß der Weihe des Ersten Tempels (vgl. 2 Chr 5,13). An dieser zuletzt genannten Stelle wird besonders deutlich, daß dem Ruf ein quasi-sakramentales Verständnis zugrunde lag: „Als sie mit Trompeten, Zimbeln und ihren Musikinstrumenten einsetzten und JHWH lobpriesen: ,Ja, er ist gut! Ja, ewig währet seine Güte!', da erfüllte eine Wolke das Haus JHWHs."

Durch den kultischen Lobpreis der ewigen Güte JHWHs wird JHWH selbst herbeigerufen und erfahrbar. Deshalb auch wird in unserem Psalm die Aufforderung noch dreimal(!), nun bei Nennung von Adressaten (vgl. Ps 115,9-11), wiederholt, wobei die in nachexilischer Zeit aufkommende Unterscheidung von „Israel" = Laien und „Haus Aaron" = Priesterschaft eingeführt wird. Ob die an dritter Stelle genannten „JHWH-Fürchtigen" die aus den Völkern kommenden Verehrer JHWHs („die Gottesfürchtigen" = Proselyten [vgl. Apg 10,2.22 u.ö.]) oder die vorher genannten beiden Gruppen „Laien" und „Klerus" zusammen unter dem Gesichtspunkt des Tora-Gehorsams („JHWH-Furcht" als Inbegriff von Ausschließlichkeit der JHWH-Verehrung und von Praxis sozialer Gerechtigkeit [vgl. Ps 119,38; Dtn 5,29; 6,2.13.24 u.ö.]) sind, läßt sich schwer entscheiden, die zweite Alternative ist aber als Steigerung des Abschnitts V. 1–4 wahrscheinlicher: Er verkündet JHWHs *ewige* Bundestreue, in und aus der er zu seiner mit Israel begonnenen Geschichte steht und diese in Güte *(ḥæsæd)* vollenden wird (vgl. V. 25).

Die von Paulus in Röm 9–11 vorgetragene These, daß JHWH um seiner eigenen Identität willen die von ihm gegebenen Verheißungen nicht zurücknehmen kann, ist letztlich eine Explikation des in unserem Psalm fünfmal (der Satz steht auch am Schluß des Psalms: Inklusion!) proklamierten Satzes: „Ja, *ewig* währet seine Güte!"

Der Hauptteil des Psalms, V. 5–28, der sich vom Rahmen V. 1–4 und V. 29 durch seine überwiegend als Ich-Rede gestaltete Form abhebt, ist die Durchführung der im Rahmen geforderten Dankliturgie. Dieser Hauptteil läßt sich in die zwei Abschnitte V. 5–18 und V. 19–28 gliedern. Während der erste Abschnitt von JHWH in 3. Person redet, wird im zweiten Abschnitt, der überdies als liturgisches Wechselgespräch zwischen „Israel" und „Haus Aaron" abläuft, JHWH in der Du-Rede angesprochen.

Der Abschnitt V. 5–18 erzählt, wie Israel in seiner Geschichte „die ewige Güte" JHWHs erfahren hat, und zieht daraus die Folgerung, daß die Gemeinschaft mit JHWH ein schützendes „Haus gegen den Tod" (vgl. die in V. 8–9 verwendete Metapher „Zuflucht suchen") ist. Zweimal durchläuft der Sprecher die Struktur „Not – Rettung durch JHWH – Vertrauensbekenntnis" (V. 5–9.10–16), um dann den Abschnitt mit der Aussage zusammenzufassen, daß alles Leiden, auch das Leiden an Gott, Israel nicht von JHWH weg, sondern zu der tiefen Überzeugung hingeführt hat: „Nicht sterbe ich, sondern ich lebe, um die Taten JHWHs zu bezeugen!"

Daß das hier sprechende „Ich" nicht ein Individuum (auch nicht der König, der Hohepriester oder ein sonstiger Amtsträger) ist, sondern daß damit Israel gemeint ist (auch wenn, was wahrscheinlich ist, bei der liturgischen „Aufführung" des Psalms dieser Abschnitt von einem Solisten vorgetragen wurde!), legt sich aus folgenden Gründen nahe: der Abschnitt spielt mehrfach auf das „Siegeslied am Schilfmeer" Ex 15,1–18 an (vgl. V. 10b mit Ex 15,3; V. 14 mit Ex 15,2a; V. 15b–16 mit Ex 15,6.12 sowie V. 17–18 mit Ex 14,11.30f), mit dem Israel, ebenfalls im Ich sprechend, die Rettung vor Pharao und den feindlichen Völkern feiert (ähnlich auch Jes 12,1–6!); die Einzelzüge der Not- und Rettungsbilder übersteigen den individuellen Erfahrungskontext (Vertrauen auf Fürsten; Bedrohung durch „alle Völker"; Jubelrufe „in den Zelten der Gerechten"); der Zusammenhang mit den einleitenden Aufrufen V. 1–4 sowie die Stellung des Psalms im „Hallel" Ps 113–118 überhaupt.

Der Abschnitt, der einerseits in dichten Metaphern die Leiden Israels erinnert (V. 5a: „die Bedrängnis" = die Enge, der immer kleiner werdende Lebensraum, die unaufhaltbare Gewalt; V. 10–12: der bedrohlich schwirrende und stechende Bienenschwarm, dem man nicht mehr entkommen kann [vgl. Dtn 1,44]; V. 13: Stoßen und Schlagen) und andererseits mit kraftvollen Bildern das Vertrauen in JHWH als die Macht wecken will, an der die feindlichen Mächte letztlich abprallen (V. 8–9: JHWH als schützende Festung; V. 10–12 der Name JHWH als „Waffe" [vgl. 1 Sam 17,45]; V. 15–16: „die Rechte JHWHs" schlägt die Feinde nieder bzw. packt die Bedrohten, um sie vor dem Fallen zu bewahren bzw. der Macht der Feinde zu entreißen), ist von ungeheurem Lebenswillen geprägt, der aus dem Wissen kommt, daß der Gott JHWH „gut" ist, d. h. ein Gott des Lebens ist, der sich als solcher gerade an und in denen erweist, deren Leben bedroht ist. Die Leiden und die Todeserfahrungen, so bezeugt der Psalm, sind ein schmerzlicher Lernprozeß

(„Züchtigung"), in dem Israel der Geschenkcharakter seiner Gottesgemeinschaft aufgeht. Auch für Israel gibt es keinen Weg am Leid vorbei, aber für Israel gibt es einen Weg durch das Leid hindurch – im Festhalten am Namen JHWH.

Nach der „Danksagungserzählung" (V. 5–18) folgt im zweiten Abschnitt des Hauptteils die „Dankliturgie" im engen Sinn. Sie ist als Wechselgespräch zwischen dem geretteten Ich = „Israel" (V. 19.21–25.28) und dem „Haus Aaron" = den amtierenden Priestern (V. 20.26–27) – in unserer Übersetzung durch die wechselnden Anführungszeichen angedeutet – gestaltet. Diese Liturgie findet an den „Toren der Gerechtigkeit" statt, die die danksagende Gemeinde durchschreiten will, um, in einem festlichen Reigen um den vor dem eigentlichen Tempelgebäude stehenden Brandopferaltar herum, JHWH zu danken und ihn zu feiern.

Leider kennen wir zu wenig Einzelheiten über den Zweiten Tempel und die an ihm gefeierte Liturgie, um hier mit Sicherheit Aussagen machen zu können. Doch dürften die „Tore der Gerechtigkeit" nicht die Toranlage(n) bezeichnen, durch die man, vom Kidrontal kommend, den von einer Mauer umgebenen Jerusalemer Tempelbezirk überhaupt betrat, sondern jenes Tor, durch das man vom äußeren Tempelhof zum inneren Tempelhof ging, in dem der Brandopferaltar und das eigentliche Tempelgebäude (das nur Priester betreten durften) waren. An diesem Tor in der Mauer, die den äußeren vom inneren Tempelhof trennte (deshalb ist in den Psalmen auch von „Höfen" im Plural die Rede [vgl. Ps 65, 5; 100, 4]), fanden die sogenannten „Torliturgien" statt, die auch in Ps 15 und 24 aufgenommen wurden. Hier standen Priester, die die Tempelbesucher über „die Gerechtigkeit" belehrten (vgl. auch 2 Chr 23, 19), die die Voraussetzung zur Zulassung in den inneren Tempelhof und insbesondere die Voraussetzung zur Begegnung mit dem am Tempel gegenwärtigen „Gott der Gerechtigkeit" (vgl. Jer 31,23) war. Vielleicht hieß dieses Tor auch „Tor der Gerechtigkeit", weil sich hier die Gruppen sammelten, die in Prozession zum Brandopferaltar zogen, um „dem Gott der Gerechtigkeit" für seine „Gerechtigkeitserweise", d. h. die durch ihn geschenkte Rettung aus vielfältiger Not zu danken.

Nachdem die liturgische Gemeinde also in V. 19 erklärt hat, sie wolle für die in V. 5–18 bezeugten Rettungen Israels JHWH danken, und von den am „Tor der Gerechtigkeit" Dienst tuenden Priestern mit dem entsprechenden Hinweis auf die Funktion der Tore empfangen wurde (V. 20), folgt das eigentliche Dankgebet (V. 21–25). Es beginnt mit einem wörtlichen Rückbezug nach V. 5 und V. 14: JHWHs Rettungshandeln, in dem er sich als Exodusgott erwies, ist ein Antworthandeln, mit dem er denen, die zu ihm schreien, „Gerechtigkeit" widerfahren läßt, d. h. jene Lebensordnung durchsetzt und wiederherstellt, deren sichtbare Zeichen der Tempel als „Haus gegen das Chaos" (vgl. unsere Auslegung von Ps 93) ist.

Daß Israel, wie der Psalm mit seinen Anspielungen auf Ex 15,1–8, aber auch im Kontrast zu den Todesandrohungen der Propheten (vgl. Am 5,1; Hos 13,1; Ez 18,31) bekennt, aus den tödlichen Katastrophen seiner Geschichte und den dadurch ausgelösten Gotteszweifeln (vgl. Ps 44,10–27) immer wieder herausgeführt wurde, ist in der Tat „eines der Wunder", dem Israel seine Existenz verdankt und die dem Mose am Höhepunkt des Exodusgeschehens vom Sinaigott verheißen wurden: „Das ist der Bund, den ich hiermit verkünde: Vor deinem ganzen Volk werde ich Wunder wirken, wie sie auf der ganzen Erde und unter allen Völkern nie geschehen sind" (Ex 34,10). Worin das Wunder besteht, wird in

V. 22 mit einem Sprichwort formuliert, das möglicherweise mit dem Tempelfelsen oder dem Tempelfundament als dem Stein, der das Chaoswasser verschließt oder der dem Tempel als „Haus der Gerechtigkeit" (vgl. Jes 1, 26) die Festigkeit gibt (vgl. auch Jes 28, 16), in Verbindung stand.

Wie dem auch sei, der Sinn der Ecksteinmetapher ist im Kontext unseres Psalms klar: Da ist ein Stein, den Bauleute wegwarfen, weil sie ihn (wegen seiner Form oder wegen seiner Brüchigkeit) für unbrauchbar hielten, zum wichtigsten Stein eines Gebäudes geworden, dessen Bauherr JHWH ist. Dieser wichtigste Stein ist hier auf keinen Fall, wie manche Ausleger meinen, „der Bauschlußstein" (die dabei vorausgesetzte Gewölbebautechnik ist in Israel zur Zeit der Entstehung unseres Psalms nicht belegt!), sondern „der Grundstein", mit dem der Bau begonnen wird. Der „Eckstein" ist ein besonders behauener Stein im Fundament, der die Lage und die Größe des zu erbauenden Hauses bestimmt. An ihm hängt auch die Festigkeit des Hauses, vor allem wenn das Haus ein Ziegelmauerwerk ist, das auf festen Steinen aufruht.

Auf das gerettete Israel übertragen, sagt das „Ecksteinwort" ein Zweifaches: Das von den als „Bauleute" der Geschichte Auftretenden mißachtete und mißhandelte Israel ist von JHWH zum „Eckstein" jenes Hauses gemacht worden, das *er* selbst baut. Wenn, was wahrscheinlich ist, mit diesem Sprichwort auf Israels wunderbare Rettung aus der Katastrophe des Exils („Neuer Exodus"), die Ez 37, 1–14 ja sogar als Totenauferweckung deutet, angespielt wird, wird die Bitte, in der das Dankgebet in V. 25 kulminiert, in ihrer ganzen Dringlichkeit verständlich: „Hoschiannah!" = „Rette doch! Vollende doch!" Es ist der Bittruf, JHWH möge endgültig kommen, um die in Israel begonnene Geschichte der

Rettung der vom Tod Bedrohten, ja der Welt insgesamt zu vollenden.

Auf dieses Dank- und Bittgebet der Festprozession antworten in V. 26–27 die Priester mit den Segensworten, die den aaronitischen Segen anklingen lassen (vgl. Num 6,24–26), und die Festteilnehmer zum Festtanz rings um den Brandopferaltar einladen, wobei sie mit den Zweigen, die sie in den Händen hielten, die „Hörner" an den Ecken des Brandopferaltars berührten (vgl. zu den Festreigen mit Zweigen in den Händen: Lev 23,40; 2 Makk 10,7). Mit dem Lobruf der Gemeinde (V. 28), der Ex 15,2 aufgreift, schließt die „Dankliturgie".

Das „Ecksteinwort" hat in Eph 2,20 in seiner Anwendung auf Jesus Christus als den „Eckstein" (abweichend von der „Einheitsübersetzung" ist in Eph 2,20 nicht „Schlußstein" sondern „Eckstein" zu übersetzen!), der die Kirche als „Anbau" mit dem bereits vorher von JHWH errichteten „Haus Israel" zusammenbindet, eine für das Verhältnis Israel–Kirche wichtige Deutung erfahren. Die Bitte von V. 25 „Ach, JHWH, vollende doch!" gilt für dieses „Bauvorhaben" JHWHs nun mit besonderer (messianischer) Dringlichkeit. Zumindest wenn der Psalm als Gebet der Kirche gesprochen wird, ist V. 4 auf die Kirche aus den Völkern zu beziehen; auch im Kontext des Hallel, insbesondere mit Blick auf den Nachbarpsalm 117, dürften in V. 4 schon „die Völker" anvisiert sein.

XVI. Der Gott der kleinen Leute

„Wer ist schon JHWH, daß ich auf ihn hören und Israel freilassen sollte? Ich kenne JHWH nicht!" (Ex 5,2). So spottet der Pharao, als Mose und Aaron um die Freistellung der Hebräer von der Sklavenarbeit bitten, damit sie ihrem Gott JHWH in der Wüste ein Fest feiern können. Der Pharao, dessen Götter in prächtigen Tempeln wohnen und sich um die großen Angelegenheiten des ägyptischen Großreichs kümmern und meist eine große „Göttergeschichte" haben, hat für diesen Sklavengott nur ein müdes Lächeln übrig. Und ähnlich läßt der König von Assur durch seinen Botschafter vor dem durch das assyrische Heer belagerten Jerusalem laut höhnen: „Haben denn die Götter von Hamat, Arpad, Sefarwajim, Hena und Awa ihre Verehrer vor mir und meinem Gott Assur retten können? Meint ihr, euer unbedeutender Berggott JHWH kann euch retten?" (vgl. 2 Kön 18,33–35).

Hier klingt an, was religionsgeschichtlich durchaus zutrifft: Der Gott Israels gehörte nicht zu den Großen der altorientalischen und ägyptischen Religionsgeschichte. Er lebte nicht in glorreicher Symbiose mit den bedeutenden Weltkulturen und hatte kein Großreich auf seiner Seite. Der Gott Israels ging nicht in die damaligen Annalen der Weltgeschichte ein. Die Geschichten, die seine Verehrer von ihm erzählten, sind im Vergleich zu den Mythen und Epen der Nachbarvölker Israels „kulturell" eher bescheiden. Und doch hat dieser „ unbedeutende" Provinzgott Weltgeschichte gemacht. Die großen Götter Ägyptens und Mesopotamiens sind gestorben – der Gott Israels lebt. Er hat im Lauf der altorientalischen Religionsgeschichte große Karriere gemacht. Er hat viele Kompetenzen von anderen Göttern übernommen. Er hat sogar weibliche Züge integriert.

JHWH hat sich erstaunlich „wandelbar" gezeigt. *Eines* aber zieht sich wie ein roter Faden durch alle Geschichten über ihn und durch alle Gebete zu ihm: Er ist immer der Gott der kleinen Leute geblieben! Er hat eine Vorliebe für die Unterdrückten und Verachteten, für die Armen und für die Verzweifelten. Die „Kleinen" waren in besonderer Weise seine Erwählten und Geliebten. Er erwählte Israel als „das kleinste unter allen Völkern" (Dtn 7,7). Er machte den kleinen Hirtenjungen David zur Überraschung seines Vaters und der älteren sieben(!) Brüder zum König über Israel (vgl. 1 Sam 16,11). Er berief den „jungen" Jeremia zu seinem Propheten (vgl. Jer 1,6f). Vor allem aber greift er ein, wenn „kleine Leute" in Not sind. In seinem Namen kämpfen Amos und Micha für die Kleinbauern und Lohnarbeiter. In seinem Namen propagieren Jerusalemer Theologen in der Zeit des Joschija eine Steuerreform zugunsten der armen Bevölkerungsschichten. Und als Israel nach der Zerschlagung seines Staates nur eine Provinz im persischen Weltreich war, wußte es sich von IHM gehalten und fand Kraft im Festhalten SEINES Namens.

Von dieser Epoche an bricht sich das Gotteswissen Bahn, daß JHWH sich liebevoll jedem *einzelnen* zuwendet – gerade wenn er nach den Maßstäben „der Großen" klein und unbedeutend ist. In vielen Psalmen kommt zum Ausdruck, daß *diese* Zuwendung JHWHs die Marginalisierten in ihrem Lebenskampf und in ihrer Menschenwürde stark machte. Die Gottesbotschaft Jesu und seine Lebenspraxis standen voll in dieser Tradition. Das Magnifikat ist ein mystisch-politisches Summarium dieses Gottwissens. Wir wollen ihm begegnen in vier Psalmen, die aus dem sogenannten Wallfahrtspsalter stammen. Diese Psalmen sind Lieder „der kleinen Leute", in denen sich der Reichtum derer offenbart, die „arm im Geiste" und deshalb „selig" sind (vgl. Mt 5,3).

Der Wallfahrtspsalter Ps 120–134

Daß die Psalmen 120–134 als ursprünglich eigenständige Teilsammlung des biblischen Psalmenbuchs entstanden sind, zeigt noch die über jedem dieser Psalmen (und nur über ihnen!) stehende Überschrift „Wallfahrtslied" an (andere Deutungen: „Stufenlied", d. h. zu singen auf den „Stufen" bzw. einem „Chorpodest" im Tempelhof oder auf den „Stufen", die zum Tempelberg hinaufführen; „Heimkehrlied", nämlich der Rückkehrer aus dem babylonischen Exil; „Lied der Erhebung", wegen der besonderen poetischen Technik mehrerer dieser Psalmen oder mit Blick auf das emotionale Pathos der Ermutigung, das in den Psalmen schwingt). Diese Sammlung wurde vermutlich im 4. Jahrhundert v. Chr. von der Jerusalemer Priesterschaft als „Wallfahrtsbüchlein" für Zionspilger(gruppen) zusammengestellt.

Die kleine Sammlung (die 15 Psalmen sind insgesamt z. B. nur dreimal so lang wie Ps 22 allein) paßte umfangmäßig leicht auf eine Papyrusrolle und fand, wie auch ihre Beliebtheit in Qumran belegt, gewiß auch Verwendung zur „geistlichen Wallfahrt" zum Zion. Die optimistische Grundstimmung dieses „Zionbreviers", die immer wieder betont wird und die sich beim betenden Singen und Sprechen dieser Psalmen unschwer mitteilt, darf nicht vergessen lassen: Der Wallfahrtspsalter ist in einer Zeit der Enttäuschung, ja inneren Anfechtung und politischen Unterdrückung entstanden – als Lied der

Hoffnung inmitten eines harten und verzweifelten Alltags. In der pilgernden oder auch meditativen Hinwendung zum Zion als dem Ort, an den JHWH seinen Segen ein für allemal gebunden hat, waren diese Lieder, gerade in ihrer Einfachheit, Lobpreis und Bitte zugleich „in den Nächten", die Israel damals durchlebte (vgl. Ps 134).

Die 15 Psalmen des „Wallfahrtspsalters" haben ihre je eigene Vorgeschichte. Nur Ps 132 und Ps 134 dürften in Jerusalem gezielt für die Sammlung geschaffen worden sein. Die übrigen stammen aus recht unterschiedlichen Gegenden: aus der Hermonregion im Norden (Ps 133), aus dem Negev südlich von Beerscheba (Ps 126), aus dem Randgebiet der syrisch-arabischen Wüste im Osten (Ps 120) und aus Jerusalem selbst (Ps 125). In einigen spiegelt sich die geistige Welt der nachexilischen Weisheitslehre (Ps 125; 131), in den meisten kommt eindrucksvoll die Lebenswelt der einfachen Leute zur Sprache, insbesondere der Kleinbauern und Handwerker vom Lande, die im gesellschaftlichen Existenzkampf um ihre Freiheit sowie ihren Grund und Boden standen.

Die (rekonstruierbaren) Urfassungen der einzelnen Psalmen, die in ihrer Mehrzahl auch auf Grund ihrer Sprache sich als volkstümliche Gedichte oder als Volkslieder (gesungen bei der Arbeit oder bei Dorf- und Sippenfesten) bestimmen lassen, sind stark gesellschaftskritisch (vgl. bes. Ps 127,1–2: Kritik am persischen Steuersystem und seinen Folgen; Ps 129,2–3: Klage über Ausbeutung durch Großgrundbesitzer bzw. über Schuldsklaverei; Ps 125,4: „Zepter des Frevels" als Kennzeichnung der persischen Zentralregierung und ihres Apparats). Zugleich aber halten alle diese Psalmen, vor allem in ihrer von der „Zionsredaktion" geschaffenen Endgestalt daran fest, daß allen Bedrohungen zum Trotz das Leben in der Solidarität derer, die auf den vom Zion her segnenden JHWH setzen, gelingen wird.

Wer die verhaltene, aber beharrliche Leidenschaft dieser Psalmen erahnen will, muß die soziale und religiöse Situation kennen, aus der sie kommen.

Judäa und Galiläa gehörten im 5. und 4. Jahrhundert v. Chr. zur persischen Satrapie Transeufrat. Judäa war sogar eine eigene Provinz unter der Administration eines persischen oder zumindest von den Persern eingesetzten Statthalters. In dieser Epoche verschärften sich erneut, wie zur Zeit der Propheten Amos, Micha und Jesaja, die sozialen Spannungen und Konflikte. Schon die frühnachexilische Epoche (letztes Drittel des 6. Jahrhunderts) hatte für Jerusalem und Umgebung mit der Rückkehr der deportierten Oberschicht und mit dem Tempelbau soziale Auseinandersetzungen gebracht. Mit dem Ausbau der persischen Verwaltung kamen nun aber besonders schwere Lasten auf die einzelnen Familien zu.

Außer den „Aufwandsentschädigungen" für den Provinzstatthalter und seinen Apparat mußten auch allgemeine Steuern für die persische Zentralregierung aufgebracht werden, die einen ungeheuren Finanzbedarf nicht nur für ihre militärischen Unternehmungen, sondern auch für den kostspieligen Ausbau ihres Weltreichs hatte. Anders als in Israels eigenstaatlicher Epoche, in der die Steuern in Naturalabgaben und in Form des „Frondienstes" entrichtet wurden, mußten die Steuern nun (überwiegend?) in Münzgeld abgeführt werden. Das stellte die kleinen bäuerlichen Betriebe, die bislang nur oder fast ausschließlich nach dem Prinzip der Selbstversorgung produzierten, vor große Schwierigkeiten. Sie mußten nun versuchen, einen deutlichen Überschuß zu produzieren, um durch den Verkauf von Ernteerträgen das nötige Steuergeld zu erzielen. Da aber die Landparzellen für eine solche Mehrwertproduktion in der Regel zu klein waren und die zu ernährende Familie zu groß, waren viele gezwungen, Kredite aufzunehmen, ihre Felder, Weinberge und Tiere zu verpfänden, ihre halbwüchsigen und erwachsenen Kinder als Arbeitskräfte oder gar auf dem internationalen Sklavenmarkt zu verkaufen. Der Reformversuch des Nehemia um 450 v. Chr., von dem Neh 5 erzählt, belegt auf bedrückende Weise den Mechanismus des Verelendungsprozesses, dem viele damals zum Opfer fielen.

Man muß annehmen, daß der Alltag dieser Kleinbauern (der überwiegende Anteil der Bevölkerung!) immer unter der Angst vor wirtschaftlicher Abhängigkeit und ausweglosen Verschuldung stand. Am Ende einer unglückseligen Verkettung von Kreditnahme und äußeren Widerwärtigkeiten (z. B. Mißernte, Preissteigerung, Zinsnahme trotz Zinsverbots) blieb nicht wenigen nur die schreckliche Alternative zwischen der Existenz eines Tagelöhners oder eines Schuldsklaven. Daß in Ijob 7,2–3 (der Text stammt aus dieser Epoche!) das Menschenschicksal überhaupt mit diesen beiden Lebensformen verglichen wird, dürfte durchaus damit zusammenhängen, daß die Masse der Kleinbauern, die um ihre wirtschaftliche Selbständigkeit fürchten mußte oder sie bereits verloren hatte, damals ungeheuer stark zugenommen hatte.

Was aber besonders belastend war: Die Nutznießer der Situation waren Angehörige des eigenen Volkes, der eigenen „Gemeinde". In Judäa hatten es die führenden Geschlechter schnell geschafft, zu Reichtum und politischer Macht zu gelangen. Geschickt setzten Teile dieser Oberschicht beides rücksichtslos ein, um sich auf Kosten ihrer „Brüder" zu bereichern. Dabei scheint das unsoziale Verhalten dieser ausbeutenden Aristokraten nur die Kehrseite ihres religiösen Verhaltens gewesen zu sein, das wir heute „praktischen Atheismus" nennen würden. Sie lebten faktisch gott-los, wie das ihnen in Ijob 21,14f in den Mund gelegte Zitat zeigt: „Sie sagen zu Gott: ‚Weiche von uns! Deine Wege wollen wir nicht kennen. Was ist der Allmächtige, daß wir ihm dienen, was nützt es uns, wenn wir ihn angehen?'" Sie sind so der Prototyp der „Frevler", die gottlos und reich zugleich sind – eine Anfechtung für die, die sich an JHWH und seine Wege halten wollen. Die vier Psalmen, die wir aus dem Wallfahrtspsalter ausgewählt haben, legen davon beredtes Zeugnis ab. Und sie zeigen, wo und wie die Menschen damals dennoch Kraft und Hoffnung fanden.

Psalm 125

1a Wallfahrtslied.
1b *Die in JHWH sich bergen, sind wie der Zionsberg:*
1c *er wankt nicht auf ewig.*
2a *Er wohnt in Jerusalem, Berge sind rings um es,*
2b *so ist JHWH rings um sein Volk,*
2c *von nun an, auf ewig!*
3a *Fürwahr, nicht wird lasten das Zepter des Frevels*
3b *auf dem Landanteil der Gerechten,*
3c *auf daß nicht auch noch die Gerechten ausstrecken*
3d *zum Unrecht ihre Hände.*
4a *Tue Gutes, JHWH, den Guten*
4b *und denen, die gerade sind in ihren Herzen!*
5a *Doch die zu ihren krummen Wegen gehen, die führe fort, JHWH,*
5b *mitsamt den Übeltätern!*
5c *Friede (sei) über Israel!*

Auslegung

In seiner ursprünglichen Fassung (ohne V. 1.2 c.5 c sowie ohne „er wohnt" in V. 2 a) war der Psalm ein Vertrauensgebet von JHWH-Frommen der nachexilischen Zeit, die sich nicht nur als soziale Opfer des Systems erlebten, sondern zugleich befürchteten, ihre religiöse und moralische Widerstandskraft gegen die bösen Praktiken ihrer Zeit könnte gebrochen werden.

Bei der Aufnahme in den Wallfahrtspsalter wurde die Wallfahrt zum Zion durch den dabei gesungenen Psalm als Ausdruck des in ihm formulierten Vertrauens gedeutet. Und die Bitte von V. 4 wurde nun mit dem in der Zionsliturgie gespendeten Segen verbunden. Es ist gut vorstellbar, daß das Wallfahrtslied gesungen wurde, als die Pilger vor Augen hatten, wovon in V. 1 f die Rede ist: mit dem Blick auf Jerusalem!

Der Psalm wird in V. 1 b – 2 c mit zwei Vergleichen eröffnet. Vergleichsspender ist beide Male Jerusalem. Zuerst ist es die dem Zion als dem (mythischen) Gottes- und Weltberg schlechthin zugesprochene Unerschütterlichkeit (vgl. Ps 46; 48; 76), dem alle bösen Mächte des Urchaos und der Geschichte nichts anhaben können, weil JHWH ihn als Ort des Lebens gegründet hat und hält. Wer auf JHWH vertraut, der ist so fest gegründet, und den kann das Böse nicht zerstören: er ist wie der Zion. Der zweite Vergleich, der sich an der Topographie Jerusalems inspiriert, ist eine Aussage über JHWH; er erläutert und vertieft den ersten Vergleich. Die alte Davidsstadt und der Tempel liegen ja auf einem Hügelrücken, der, durch Täler getrennt, im Osten, Süden und Westen von Bergen umgeben ist.

Wie sich dieser schützende Wall um Jerusalem legt, so bewacht und schützt JHWH sein Volk (vgl. Ps 127, 1). Betont der erste Vergleich JHWH als den starken Gott, der

Festigkeit gibt, so klingen im zweiten Vergleich fürsorgliche Nähe und umfassende Zugewandtheit an. Was immer im und gegen das Gottesvolk geschieht: JHWH ist da und hält seine liebenden Arme um es, mit jener Selbstverständlichkeit und Beständigkeit, in der die Berge rings um Jerusalem da sind. Die liturgische Formel V. 2c (vgl. Ps 113, 2; 115, 18; 121, 8; 131, 3) unterstreicht die Gewißheit, daß diese Bindung JHWHs an sein Volk und an jeden einzelnen, der in IHM Bergung sucht, immer gilt.

Sie wird sich als gültig erweisen gerade angesichts der Not, von der im zweiten (V. 3) und dritten (V. 4–5) Teil des Psalms die Rede ist. Das „Zepter des Frevels" lastete damals schwer und bedrohlich über dem „Landanteil", den der Gott Israels seinem Volk zugewiesen hatte, damit auf ihm in Freiheit exemplarische Gerechtigkeit verwirklicht würde. Die politischen und gesellschaftlichen Umstände der persischen Fremdherrschaft (vgl. die Einführung) haben nun aber offensichtlich so weit geführt, daß sogar „die Gerechten", also die, die unbedingt und konsequent auch ihren Alltag JHWH-gemäß leben wollten, korrumpiert zu werden drohten (V. 3). Das Böse ist zu einer schier unausweichlichen und unwiderstehlichen Macht geworden, so daß die Gerechtigkeit JHWHs selbst und ihre gesellschaftliche Verwirklichung im Gottesvolk auf dem Spiel standen. In dieser Situation verheißt der Psalm in prophetischer Sprache die Befreiung von der „frevlerischen Herrschaft".

Der dritte Teil des Psalms (V. 4f) wandelt diese prophetisch zugesprochene Zukunftsgewißheit in eine zweigliedrige Bitte um, die ihren Ansatz und ihre Formulierungen aus der Weisheitsüberlieferung nimmt. Diese wußte um eine von Gott selbst gestiftete und gewollte Ordnung aller Dinge und allen Lebens, wonach dem, der Gutes tut, dieses Gute auch selbst zum Guten gereicht, während der, der sich auf die krummen Wege des Bösen einläßt, sich auf diesem selbst verläuft. Diese Ordnung war zur Zeit der Entstehung des Psalms scheinbar aufgehoben – durch die Verhältnisse und durch die Vielen, die ihrer Versuchung erlegen waren. Deshalb bittet der Psalm, daß der Zionsgott endlich, entsprechend seinem Wesen (V. 2) und der von ihm grundgelegten Lebensordnung (V. 1.4), seine Segensmacht erweise (V. 5c als zitathafte Anspielung auf den Zionssegen Num 6,26).

Psalm 127

1a *Wallfahrtslied. Von Salomo.*
1b *Wenn JHWH nicht ein Haus baut –*
1c *vergeblich haben sich abgemüht, die an ihm bauen.*
1d *Wenn JHWH nicht eine Stadt bewacht –*
1e *vergeblich hat gewacht ein Wächter.*
2a *Vergeblich ist's für euch,*
2b *die ihr schon in aller Frühe aufsteht,*
2c *die ihr erst spät euch hinsetzt (zur Ruhe),*
2d *die ihr Brot der Mühsal eßt –*
2e *zu Recht gibt er den von ihm Geliebten (guten) Schlaf.*
3a *Siehe, ein Erbteil von JHWH sind Söhne,*
3b *ein Lohn (von ihm) ist die Frucht des Leibes.*
4a *Wie Pfeile in der Hand des Helden,*
4b *so sind Söhne aus jungen Tagen.*
5a *Selig der Mann,*
5b *der seinen Köcher mit ihnen gefüllt hat.*
5c *Nicht werden sie zuschanden,*
5d *wenn sie verhandeln mit Feinden im Tor.*

Auslegung

Die zwei Teile, aus denen der dem „Gotteshausbauer" Salomo zugeschriebene Psalm zusammengesetzt ist, sind ähnlich gebaut. Auf ein Doppelsprichwort (V. 1 und V. 3-4) folgt jeweils ein adressatenbezogener Spruch (V. 2 und V. 5), der sich mit dem harten Alltag der Kleinbauern der nachexilischen Zeit befaßt. Ihre Erfahrungen und Belastungen, aber auch das ihnen, den „Lieblingen JHWHs" (vgl. V. 2 e), mögliche Glück kommen deutlich zur Sprache. Der gemeinsame Bau eines Hauses oder einer kleinen Stadt, die bedrohte Sicherheit derer, die dann darin wohnen, die schwere Arbeit von früh bis spät auf den steinigen Äckern und in den Weingärten, der oft aussichtslose Versuch, vor Gericht („im Tor") Recht zu bekommen, wenn als Konsequenz der neuen Steuerpolitik der Erbteil des Landes (vgl. V. 3 a) verpfändet werden sollte oder wenn Lohnansprüche für geleistete Arbeit als Tagelöhner verweigert wurden (vgl. V. 3 b) – das waren die lebenswichtigen Ereignisse im Alltag dieser Menschen. Der harte Kampf um derart fundamentale Lebensgrundlagen besetzte ihre Herzen, drohte, ihnen den langen Atem zu nehmen oder verstärkte in ihnen den Gedanken, daß mit noch mehr eigener Arbeit und Mühe das Leben glücken müßte.

Angesichts dieser Situation will der Psalm – ähnlich wie später Kohelet – in der Form eines Warnspruchs (V. 2) und einer Seligpreisung (V. 5) aufzeigen, worauf es ankommt. Beide Male will der Psalm für eine andere Sicht des Alltags frei machen. Ohne dessen Last und Not (zu „Brot der Mühsal essen" vgl. Gen 3, 17) auf die Seite zu schieben, will er den Blick hinlenken auf „den himmlischen Vater, der weiß, daß sie das alles brauchen" (Mt 6, 32; Lk 12, 30) und der denen, die er liebt, auch gibt, was sie brauchen (V. 2 e). Daß sie, die um ihre Existenz ringenden und verarmten Kleinbauern, „die Geliebten JHWHs" sind, soll ihnen eine zweifache Botschaft sein: es will sie einerseits vor Fatalismus, aber auch vor Fanatismus bewahren, und es soll ihnen andererseits die Hoffnung wecken, daß JHWH auf ihrer Seite steht und mit ihnen kämpft. Wer meint, er schafft es aus eigener Kraft, der wird die Erfahrung des „Vergeblich" (V. 1–2) machen. Wer sich dagegen im Lebenskampf von JHWH leiten und stärken läßt, der wird erfahren, daß ihm vieles leichter fällt.

Zwei Lebensgüter, die im Alten Orient als Gabe der Götter galten und in jeder bäuerlichen Lebenswelt hoch geschätzt sind, führt der Psalm als Zeichen der Zuwendung JHWHs an: den guten Schlaf (V. 2e) und eine große Kinderschar aus jung geschlossener Ehe (V. 5).

Der gute Schlaf ist nicht nur Zeit des Atemholens für Leib und Seele (meine Mutter sagte uns „Arme-Leute-Kindern" immer: Guter Schlaf ist der kostenlose Luxus der kleinen Leute!), sondern im Horizont biblischer Schöpfungstheologie ist Schlafen Ausdruck von Gottvertrauen (vgl. auch die Volksweisheit: Ein gutes Gewissen ist ein sanftes Ruhekissen!), wie dies bündig in Ps 4,9 zusammengefaßt ist: „Ich lege mich hin und kann sogleich in Frieden einschlafen" (vgl. den Kontrast in Koh 5,11).

Und das zweite „Lebensgut", das ebenfalls nicht mit Reichtum zu erzwingen ist, sind (viele) gesunde Kinder (vgl. auch den Nachbarpsalm 128!). In bäuerlichen und patriarchalisch bestimmten Gesellschaften gelten vor allem viele Söhne als Reichtum. Sie waren nicht nur wertvolle Arbeitskräfte und eine wichtige Altersversorgung, sondern bedeuteten auch gesellschaftliche Macht, nicht zuletzt bei juristischen Händeln am Tor und bei Familienfehden (vgl. die diesbezüglich plastische Erzählung Gen 34). Die Erzelternerzählungen der Genesis lassen ahnen, wie sehr Söhne als Geschenk Gottes für die Weitergabe des Lebens und des Landes empfunden wurden. Und in der Not haben damals gewiß viele erfahren, daß der gemeinsam geteilte Lebenskampf leichter zu bewältigen ist: „Niemand durchquert die Wüste allein..."

Psalm 129

1a *Wallfahrtslied.*
1b *Viel haben sie mich bedrängt von meiner Jugend an,*
1c *soll Israel doch sagen,*
2a *viel haben sie mich bedrängt von meiner Jugend an,*
2b *doch nicht haben sie mich überwältigt.*
3a *Auf meinem Rücken haben Pflüger gepflügt,*
3b *sie haben lang gezogen ihre Furchen.*
4a *JHWH ist gerecht:*
4b *Er hat durchhauen das Seil der Frevler.*
5a *Es sollen zuschanden werden und zurückweichen*
5b *alle Hasser des Zion.*
6a *Sie sollen werden wie das Gras auf den (Haus-)Dächern,*
6b *das welk wird, noch ehe es aufwachsen kann,*
7a *mit dem der Schnitter sich die Hand nicht füllt*
7b *und der Garbenbinder nicht seinen Gewandbausch,*
8a *und (wobei) die Vorübergehenden nicht sagen:*
8b *„Der Segen JHWHs sei über euch!*
8c *Wir segnen euch im Namen JHWHs!"*

Auslegung

Der Psalm besteht aus zwei Teilen: V. 1–4 ist Schilderung einer Not und Feststellung der Befreiung aus dieser Not; V. 5–8 bringt die entfaltete Bitte, die Macht der Verursacher dieser Not möge ein Ende finden.

Im Psalm überlagern sich zwei entstehungsgeschichtlich bedingte Aussageebenen. In V. 1 und V. 5 sind Israel bzw. der Zion die Opfer von Anfeindung, Bedrückung und Haß; es ist eine Klage, in der Israels Geschichte „von seiner Jugend an", d. h. seit Exodus und Landnahme (vgl. Hos 2, 17; 11, 1; Jer 2, 2), als Leidensgeschichte betrachtet wird. Während V. 1 und V. 5 auf die Zionsredaktion der Wallfahrtslieder zurückgehen, bildete der übrige Textbestand ursprünglich ein Klagelied, dessen Bilder und Sprache eher einzelne Menschen im Blick haben, die Opfer ihrer unmittelbaren und alltäglichen Umgebung waren. Sie singen von ihrem Leid (V. 2–3) und ihrer Hoffnung (V. 4: sogenanntes prophetisches Perfekt) und sie formulieren ihre leidenschaftlichen Wünsche nach einem Ende ihres Leids (V. 6–8). Das ist der Schrei der Ohnmächtigen, die buchstäblich am eigenen Leib spüren, daß es um der Gerechtigkeit und um der Verheißungen des Gottes Israels willen nicht so bleiben darf, wie es ist.

Man kann sich die Erstfassung des Psalms als ein Arbeitslied vorstellen, das die Kleinbauern und Tagelöhner bei ihrer Feldarbeit vor sich hin sangen und murmelten (vgl. Sir 38, 25) – vergleichbar den Spirituals der schwarzen Sklaven. V. 2–4 und V. 6–8 sind durchgängig von Bildern des bäuerlichen Alltags geprägt. V. 2–4 zeichnet die harte Arbeit von Mensch und Tier beim Pflügen der Felder, dem ersten Akt des nach dem Frühregen im Herbst einsetzenden landwirtschaftlichen Jahres. V. 6–8 redet dann vom Ergebnis dieser Arbeit, von der Ernte – die allerdings keine Ernte ist. Es ist ein absolutes Kontrastbild zur üblichen Ernte. Was da als „Ernte-Ertrag" im Blick ist, braucht weder Schnitter noch Garbenbinder; vom Segen JHWHs, den man sich bei der Ernte zuruft (vgl. Rut 2, 4), ist da überhaupt keine Spur. Was da wächst, ist Auswirkung eines Fluchs. Poetisch kunstvoll fallen hier in V. 6–8 die gemeinte Sache und die gewählte Sprache zusammen!

V. 2–3 klagt über die lebenslange Menschenschinderei, der damals Kleinbauern und Tagelöhner ausgesetzt waren, um das Letzte an Arbeitsleistung und das Äußerste an Ertrag aus den kargen Böden herauszuholen. Sie selbst empfanden sich wie der Boden, den die Pflüge durchfurchten. Das Bild hat hier keinerlei positive Konnotationen; es meint Zerstörung (vgl. Jer 26, 18; Mi 3, 12) und Frondienst (vgl. 1 Sam 8, 12), es erinnert an die Schläge der Antreiber und Aufseher (vgl. Jes 9, 3) und an unendliche Mühsal in der Länge und Hitze des Tages (vgl. Gen 3, 19; Ijob 7, 2). V. 4 sagt, was diese Menschen am Leben hält: Ihre Hoffnung, daß ihr Gott JHWH sich als „gerecht" erweisen wird. Der Gott, der Israel vom Sklavenjoch Ägyptens befreit hat, muß doch auch sie „vom Seil der Frevler" (vgl. Ps 125, 3) befreien. Er wird diese leidvolle Zeit des Gepflügtwerdens beenden, indem er das Seil, mit dem die Pflugdeichsel und das Joch zusammengehalten oder mit dem die Zugtiere an den Pflug gebunden sind (entweder das „Zugseil", das den eigentlichen Pflug mit dem Nackenjoch verbindet [„Schwingpflug"] oder das Seil, mit dem das Joch an die Tiere gebunden ist), mit einem einzigen Hieb durchschlagen. Dann hat ihr Leid ein Ende!

Wirklich zu Ende aber ist das Leid erst, wenn die Mächte und die Menschen, die dieses Leid zufügen, entmachtet sind. Darum bittet V. 6–8. Die Ausbeuter sollen werden wie das Gras, das auf den flachen Lehm- und Erddächern der Bauern nach dem Regen schnell aufschießt und in der Sonne rasch verdorrt (vgl. Jes 37,27) oder das sofort ausgerissen wird, damit es keine tiefen Wurzeln schlägt und das Dach verdirbt. Erst wenn die Existenzvernichter das Nichts an ihrer eigenen Existenz erfahren, wird ihnen aufgehen, was es um den Segen JHWHs ist – auch für sie selbst!

Psalm 134

1a	*Wallfahrtslied.*
1b	*Ja, segnet JHWH, all ihr Knechte JHWHs,*
1c	*die ihr im Haus JHWHs Dienst tut in den Nächten!*
2a	*Erhebt eure Hände zum Heiligtum*
2b	*und segnet JHWH!*
3a	*Es segne dich JHWH vom Zion her,*
3b	*der Schöpfer von Himmel und Erde!*

Auslegung

Im kirchlichen Nachtgebet zum Sonntag folgt Psalm 134 auf den 4. Psalm. Anlaß für diese liturgische Zuweisung bietet zunächst sicher V.1c unseres Psalms. Zwischen beiden Psalmen besteht aber eine noch viel tiefere Beziehung. Unsere Auslegung wird zeigen, daß wie bei Psalm 4 (vgl. unten X.) auch bei Psalm 134 die Theologie des aaronitischen Segens Num 6,24–26 im Hintergrund steht. Daß Psalm 134 schon in alttestamentlicher Zeit als „Nachtlied" liturgisch gesungen wurde, läßt sich aus seiner Schlußposition im „Wallfahrtspsalter" Ps 120–134 erkennen.

Der Psalm ist eine (von der Redaktion des Wallfahrtspsalters geschaffene) Zusammenstellung von zwei Abschnitten (V. 1 b – 2 und V. 3), die ihren ursprünglichen Ort im Tempelgottesdienst noch gut erkennen lassen.

Der erste Abschnitt ist eine Aufforderung der liturgischen Gemeinde an die Priester und Leviten zum Gotteslob. Dieses Element entstammt gattungsmäßig dem „auffordernden (imperativischen) Hymnus", der, wie beispielsweise der Hymnus Ex 15,21 („Mirjamlied") zeigt, mit einem pluralischen Aufruf zum Gotteslob einsetzt, das dann, eingeleitet mit „denn, fürwahr", konkret ausgeführt wird. In unserem Psalm fehlt diese Durchführung des Gotteslobs selbst. Dies hängt nicht zuletzt mit dem kultischen Ort zusammen, an dem der Psalm ursprünglich beheimatet war. Es ist die Situation des Abschlusses der Jerusalem-Wallfahrt, die Stunde des Abschieds am Abend nach dem festlichen Gottesdienst am Tempel. Ehe die Pilger in die nächtliche Ruhe hinausgehen, um dann am frühen Morgen die Rückreise (vgl. Dtn 16,7) in ihre Dörfer und Städte (im Mutterland und in der Diaspora) anzutreten, rufen sie den Dienst tuenden Priestern und Leviten zu, JHWH zu preisen. Möglicherweise gibt die Situation in V. 1c sogar die ursprüngliche Verwendung des Psalms noch genauer an, falls die erst in nachbiblischen Quellen bezeugte nächtliche Liturgie (mit Fackeln und Tänzen) am Laubhüttenfest, dem bisher einzigen Beleg für einen feierlichen „Nachtgottesdienst" am Tempel, schon für das 5. oder 4. Jahrhundert v. Chr. eine Aussagekraft haben. Andere Ausleger vermuten hinter V. 1 b – 2 eine Aufforderung an die Torhüter, die am Abend die Tore der äußeren Tempelmauer verschlossen und von denen sich die hinausgehenden

Gottesdienstbesucher mit dem Aufruf verabschieden, wobei diese dann mit V. 3 geantwortet hätten.

Wie immer die genaue kultische Situation, aus der dieses Element stammt, zu bestimmen ist – in dem kurzen Abschnitt bündelt sich eine Theologie der Liturgie und eine tiefe Deutung des kirchlichen Nachtgebets, in das dieser Psalm Aufnahme fand. Das Verbum, das wir mit „segnen" übersetzt haben, meint „die segnende Kraft Gottes lobpreisend anerkennen": „Segnet JHWH", d. h. sagt eine Beraka, einen Lobspruch, so wie wir dies in der Eucharistiefeier über die Gottesgaben von Brot und Wein tun: „Gesegnet, gepriesen bist du, Herr, unser Gott ...!" Liturgie ist zuallererst und zutiefst erinnernder Lobpreis („Anamnese") des gütig zugewandten, des segnenden Gottes. Liturgie ist lobpreisende Antwort auf die Erfahrung, daß Gott sich den Menschen zuneigt, um bei und mit ihnen zu sein. Und genau um diese Vergewisserung geht es bei der Wallfahrt, die die Pilger an den drei großen Wallfahrtsfesten (Pessach = „Ostern"; Wochenfest = „Pfingsten"; Laubhüttenfest) in Jerusalem machen konnten und wollten: daß der segnende Gott, allen sozialen und politischen Widerwärtigkeiten zum Trotz, mitten unter ihnen da ist und auf der Seite der Seinen steht.

Bei der Rede vom segnenden Gott denken die alttestamentlichen Menschen nicht an die großen Rettungstaten Gottes in der Geschichte des Volkes, sondern an das eher stille, stetige und unauffällige Handeln Gottes im Alltag. Der segnende Gott wird dort erfahren, wo die Arbeit Früchte bringt und wo sie als Selbstausdruck und als Sozialität gelingt, wo Kinder geboren werden, heranwachsen und sich in der Stafette der Lebensweitergabe bewähren, wo zwischenmenschliche Beziehungen zwischen Mann und Frau, zwischen Nachbarn oder Sippenangehörigen das Lebensglück mehren, wo Feste die

Solidarität stärken, wo gegenseitige Hilfe in Not, Trauer und Müdigkeit das Leben erleichtern. Kurz: Der Segen Gottes ist die Kraft, die dazu befähigt, Ja zu sagen zum alltäglichen Leben in all seinen Tiefen und Höhen – so, wie sie nicht zuletzt in den Wallfahrtspsalmen zum Ausdruck kommen. Letztlich hat die Zionswallfahrt diesen einen Sinn: In der liturgischen Gemeinschaft Ja sagen lernen, um es im Alltag leben zu können. Auch wenn die Pilger den Zion verlassen, soll das lobpreisende Ja zum segnenden Gott auf dem Zion weiterklingen durch die, die dort im Dienste JHWHs stehen. Das ist auch der Sinn des Psalms im kirchlichen Nachtgebet: Stellvertretender Lobpreis des guten Schöpfergottes, der auch „in den Nächten" des Alltags „als Hüter Israels nicht schläft und nicht schlummert" (Ps 121,4).

Der zweite Abschnitt (V. 3) bringt, in der Form der flehentlichen Bitte („Epiklese"), die Antwort der Priester. Es ist der Anfang des aaronitischen Segens (vgl. Num 6,24–26), der JHWHs Lebensschutz und Lebenshilfe zuspricht „vom Zion her", d. h. das Wissen um die haltende Nähe des Schöpfergottes soll die Pilger auf ihren Wegen zurück in den Alltag begleiten. Gerade „in den Nächten" sollen sie in diesem Wissen Kraft und Hoffnung finden, das Leben als Gottesgeschenk anzunehmen und es gemeinsam (!) als solches zu teilen und zu formen. Abend- und Morgengebet, Abschied und Rückkehr sowie der Gruß unterwegs sind Situationen, in denen der Wunsch „ER segne dich ..." dafür besonderes Gewicht hat.

XVII. Anschrei aus der Tiefe

Weil die biblischen Menschen überzeugt waren und bleiben wollten, daß in und hinter allem, was mit ihnen geschieht, ihr Gott JHWH gestalterisch am Werk ist oder, wie auch immer vorstellbar, davon betroffen, ja sogar getroffen wird, stürzte die Erfahrung von Leid sie in eine schier undurchdringliche Nacht des Zweifels und der Verzweiflung. Da es ihnen verwehrt war und sie es sich selbst versagten, vordergründig hilfreiche Ausflüchte oder Erklärungen zu suchen, dergestalt daß solche Nächte des Grauens mit ihrem Gott nichts zu tun hätten, weil sie das Werk anderer Götter, die Macht eines anonymen Schicksals oder eben die grausame Tat von Menschen seien, da sie also nicht nur das Gute, sondern auch das Schwere und Böse im Angesicht ihres Gottes bestehen wollten und mußten, gibt es im Alten Testament nicht nur das begeistert glückliche Ja zum LEBENDIGEN Gott, sondern auch die leidenschaftliche Rückfrage nach Gott, den Protest gegen ihn, seine Anklage und Ablehnung. Die „Klagepsalmen des einzelnen" und die „Klagepsalmen des Volkes" sind eindrucksvolle Zeugnisse dieses Ringens Israels um das Geheimnis seiner Gottbezogenheit, um das Geheimnis seines Gottes JHWH.

Die in und mit diesen Psalmen Klagenden „sind keine wohlfeilen Jasager, weder erfolgreiche noch apathische, sie sind auch keine feigen Kuscher, keine Unterwerfungsmasochisten, keine frommen Untertanen. Ihr Ja zu Gott ist nicht Ausdruck schwacher Ergebenheit oder infantiler Regression. Und Beten als Ausdruck dieses Ja, das ist keine Sprache der Überaffirmation, keine künstliche Jubelsprache, die isoliert wäre von aller Leidens- und Krisensprache und die nur allzu schnell in den Verdacht verzweifelt gespielter Naivität gerät. In dieser Sprache geschieht auch nicht Verdrängung, sondern eher – Zulassung von Angst, Trauer und Leid; sie bleibt selbst eingesenkt in die Gestalt der Nacht, in die Erfahrung des Untergangs der Seele, in die Nachbarschaft zur Verzweiflung. Sie ist weniger ein Gesang der Seele, eher ein klagender Aufschrei aus der Tiefe, aber kein vage schweifendes Jammern, sondern ein – Anschrei. Die Sprache dieser Gottesbejahung hat ihre Richtung, sie hat und sucht immer neu ihre Instanz, die Instanz des verborgenen Antlitzes Gottes" (J. B. Metz).

Die Klagenden schreien ihre Not und ihre Verzweiflung heraus. Sie protestieren gegen ihre Verlassenheit. Sie klagen, weil sie sich nicht aufgeben wollen. Sie klagen, weil sie Sehnsucht haben – und Hoffnung wider alle Hoffnung. Das ist ja die faszinierende und zugleich irritierende Dynamik der Klagepsalmen: Sie reißen den Klagenden aus der Tiefe! Die Klagepsalmen enden fast alle mit einem hoffnungsvollen Ausblick.

Erich Fromm nennt diese Psalmen deshalb dynamische Psalmen. „Der dynamische Psalm zeigt den inneren Kampf des Dichters, der sich bemüht, seine Verzweiflung zu überwinden und sich zur Hoffnung durchzuringen. Der dabei eingeschlagene Weg ist der folgende: Der Ausgangspunkt ist Verzweiflung; sie wird zu einer leichten Hoffnung, worauf der Verfasser in eine noch tiefere Verzweiflung verfällt, auf die er mit einer stärkeren Hoffnung reagiert; schließlich stürzt er in die tiefste Verzweiflung, und erst jetzt gelingt es ihm, die Verzweiflung ganz zu überwinden. Seine Stimmung hat sich jetzt endgültig gewandelt, und in den nun folgenden Versen des Psalms ist von der Verzweiflung nur noch eine dahinschwindende Erinnerung geblieben. Hier ist der Psalm Ausdruck eines Kampfes, einer Bewegung, eines aktiven Prozesses, der sich in einem Menschen abspielt; während der Dichter in dem von einheitlicher Stimmung erfüllten Psalm ein bereits vorhandenes Gefühl zu stärken sucht, besteht im dynamischen Psalm sein Ziel darin, sich zu wandeln, während er den Psalm rezitiert. Der Psalm ist ein Dokument des Sieges der Hoffnung über die Verzweiflung. Auch dokumentiert er die wichtige Tatsache, daß ein angsterfüllter, verzweifelter Mensch erst dann ‚umkehren' und sich von seiner Verzweiflung befreien und zur Hoffnung gelangen kann, wenn er zuvor die ganze Tiefe der Verzweiflung durchlebt hat. Solange man den tiefsten Abgrund der Verzweiflung nicht erfahren hat, kann man sie nicht wirklich überwinden. Man kann sie vorübergehend überwinden, doch nur um nach einiger Zeit wieder um so tiefer hineinzustürzen. Man kann die Verzweiflung nicht durch aufmunternden Zuspruch heilen und auch nicht dadurch, daß man sich ganz mit ihr *identifiziert*. Es gilt das scheinbare Paradoxon, daß *die Verzweiflung erst dann überwunden werden kann, wenn man sie in ihrer ganzen Tiefe erlebt hat"* (E. Fromm).

Das letzte Gebet Jesu, das Matthäus und Markus überliefern (Mt 27,46; Mk 15,34), war der Klagepsalm 22: „Mein Gott, mein Gott, warum hast du mich verlassen...?"

Psalm 6

1 Für den Chorleiter. Mit Saitenspielbegleitung. Auf der Achten. Ein Psalm Davids.

2a JHWH! Nicht durch deinen Zorn züchtige mich
2b und nicht durch deine Zornesglut erziehe mich!
3a Sei mir gnädig, JHWH, denn ich verwelke!
3b Heile mich, JHWH, denn schreckensstarr sind meine Knochen,
4a und meine Seele ist schreckensstarr gar sehr,
4b und du, JHWH, bis wie lange noch ...?
5a Wende dich doch, JHWH, laß doch entkommen meine Seele,
5b rette mich um deiner Güte willen,
6a denn im Totenreich gibt es kein Gedenken an dich,
6b in der Unterwelt, wer kann da loben dich?
7a Ich bin am Ende meiner Kraft vom Stöhnen,
7b ich benetze in jeder Nacht mein Lager,
7c mit meinen Tränen überschwemme ich mein Bett,
8a verquollen ist vom Kummer mein Auge,
8b trüb geworden ist es angesichts all meiner Bedränger.

9a Weicht von mir, all ihr Unrechttäter,
9b denn gehört hat JHWH mein lautes Weinen,
10a gehört hat JHWH mein Flehen um Gnade,
10b JHWH wird mein (Bitt-)Gebet annehmen:
11a „Beschämt und schreckensstarr gar sehr sollen werden all meine Feinde,
11b sie sollen sich wenden, sie sollen beschämt werden mit einem Schlag!"

Einführung

Der Psalm ist von drei Wortfeldern bestimmt, die sich teilweise überlagern: (1) Der Beter bittet um Abwendung des Gotteszorns als Reaktion des ihn (wegen seiner Sünden?) strafenden Gottes. (2) Er zählt Symptome einer schweren Krankheit auf, die ihn an die Schwelle des Todes (der Scheol) gebracht hat. (3) Er ist oder fühlt sich bedroht von einer Menge von Feinden. Je nach Gewichtung dieser Wortfelder wird der Psalm als Klage unter der Last von Sünden („Bußpsalm"), als Klage in schwerer Krankheit („Krankenpsalm") oder als Klage über feindliche Bedrängnis („Feindpsalm") ausgelegt.

Die Auslegung als *Bußpsalm,* die eine lange kirchliche Tradition hat (nach dieser Tradition, die erstmals bei Cassiodor [gestorben 583 n. Chr.] belegt ist, gehört er zur Gruppe der sieben kirchlichen Bußpsalmen 6; 32; 38; 51; 102; 130; 142), geht davon aus, daß aus dem Psalm ein tiefes Wissen um Sünde spricht, so daß er letztlich als Gebet um Vergebung der Sünden gelesen werden muß. Da im Psalm freilich von Sünde nicht ausdrücklich die Rede ist, ist dieses Verständnis wenig textorientiert.

Die Auslegung als *Feindpsalm* kann darauf verweisen, daß der Psalm gegen sein Ende hin immer stärker von der Feindperspektive bestimmt ist und daß insbesondere die Schlußbitte nur noch die Feinde im Blick hat. Allerdings ist nicht zu übersehen, daß das „Feindmotiv" bis V. 8 b überhaupt nicht auftritt.

Da der überwiegende Teil des Psalms eine entfaltete Bitte um Rettung aus schwerer Krankheit darstellt (V. 2–8) und da auch in anderen „Krankenpsalmen" (vgl. Ps 38; 41) das „Feindmotiv" die soziale Desintegration beklagt, die Krankheit meist nach sich zieht (vgl. bes. Ijob 6,15–30; 19,1–22), dürfte das Verständnis des

Psalms als *Bittgebet in schwerer Krankheit* am wahrscheinlichsten sein.

Dieses Verständnis legt sich auch vom *Kontext* her nahe, in dem der Psalm nun steht. Er gehört zur ersten Teilkomposition Ps 3–14, die den Davidpsalter Ps 3–41 eröffnet. Die Komposition Ps 3–14 hat einerseits in Ps 8 ihre Mitte; dieser Psalm betont, daß JHWH den einzelnen Verfolgten und Armen („die Kinder und Säuglinge") nicht im Stich läßt, sondern ihrer rettend gedenkt. Die diese Mitte umgebenden Psalmen zeichnen andererseits typische Not- und Feindsituationen, in denen JHWH als rettender Gott angerufen und erfahren wird. Der Eröffnungspsalm 3 bittet zusammenfassend um Rettung aus vielfältiger Feindesnot, Ps 4 ist Bittgebet inmitten sozialer Bedrängnis und Anfechtung (siehe unten X.), Ps 5 ist Hilfeschrei in Rechtsnot (öffentliche Verleumdung, falsche Anklage), unser Psalm 6 ist Bitte in schwerer Krankheit und Ps 7 ist wieder zusammenfassend eine allgemeiner gehaltene Bitte um Hilfe inmitten feindlicher Bedrängnis. Die Reihenfolge dieser Psalmen, die alle von erstaunlicher Erhörungsgewißheit getragen sind, folgt einem zeitlichen Schema, das diese Psalmen als Gebete zu „allen Zeiten" ausweist: Ps 3 ist „Morgengebet" (vgl. 3, 6), Ps 4 ist „Abendgebet" (vgl. 4, 9), Ps 5 ist „Morgengebet" (vgl. 5, 4), Ps 6 ist „Nachtgebet" (vgl. 6, 7: die ganze/jede Nacht), Ps 7 ist „Tagesgebet" (vgl. 7, 12: den ganzen/jeden Tag) und Ps 8 ist Meditation in der „Nacht"; daß JHWH der „Nacht" ein Ende setzt und als rettende „Sonne der Gerechtigkeit" (Mal 3, 20) aufgeht, unterstreicht das in diesen Psalmen mehrfach begegnende „Morgenmotiv".

Von seiner Sprachgestalt her ist der Psalm stark appellativ. Er besteht aus einer Kette von Aufforderungen, deren drängender Charakter durch unterschiedlich lange (mit „denn" eingeleitete) Begründungssätze unterstrichen wird. Von diesem Satzgefüge her ergibt sich eine Gliederung des Psalms in die drei Strophen V. 2–4.5–8.9–11, die durch mehrere Stichwortbezüge untereinander vernetzt sind. Die ersten beiden Strophen reden JHWH an, die dritte Strophe wendet sich an die „Feinde" und redet über JHWH in dritter Person. Der Schwerpunkt des Psalms liegt in der mittleren Strophe. Sie ist nicht nur die längste Strophe. Sie entfaltet auch die Not am breitesten; sie kennzeichnet die Krankheit als Zerstörung des Lebenssinns (V. 6), des Lebenswillens (V. 7), der Lebenskraft (V. 8) und als Erfahrung feindlicher Bedrängnis (V. 8). All dies breitet der Beter in einem Gewebe von Bitten und Klageelementen vor JHWH aus – in der Gewißheit, daß ER ihn hört und ihm seine Gnade und Güte erweist, gerade seinen Feinden zum Trotz (V. 9–11).

Der Psalm zeigt auffallende Verwandtschaft mit dem weisheitlichen Bittgebet eines Schwerkranken Ps 38, aber auch mit dem Ijob-Buch. Er beginnt einerseits mit der traditionellen Einstellung, die Krankheit als Erziehungshandeln JHWHs annehmen will. Insofern allerdings, abweichend von Ps 38, ein ausdrückliches Sündenbekenntnis fehlt, ist der Psalm zugleich eine Auseinandersetzung mit dieser Position. Die Schwere der Krankheit, die den Beter buchstäblich zerstört, kann er nur noch als übermäßiges und irrationales Zorneshandeln JHWHs begreifen – deshalb bittet er um ein Ende dieser schweren Not, zumal Menschen seiner Umgebung ihn offensichtlich wegen seiner Krankheit verachten, statt ihm Solidarität zu erweisen; im Gegenteil: sie schädigen ihn auch noch.

Nach der üblichen Gattungsbestimmung ist der Psalm ein „Klagepsalm des einzelnen" mit folgenden Elementen: Klage mit Notschilderung (V. 2–4) – Bitte an JHWH um Ende der Not, mit Angabe von Gründen, die JHWH zum Eingreifen bewegen sollen (V. 5–8) – Erhörungsgewißheit (V. 9–11).

Die sprachliche und theologische Nähe zu den Büchern Jeremia und Ijob sind ein Indiz dafür, daß der Psalm aus frühnachexilischer Zeit stammt. Er ist außergewöhnlich stark von formelhaften Elementen bestimmt; über die Hälfte seines Textbestands hat Entsprechungen in anderen Psalmen. Er liest sich wie ein Kondensat vieler Klagepsalmen und ist wohl als „Gebetsformular" verfaßt worden, vielleicht von einem Weisheitslehrer. Als Gebet will der Psalm einerseits von falscher Angst vor Gottverlassenheit zu Vertrauen auf Gottesgüte und Gottesgemeinschaft hinführen. Und er will andererseits den Kranken von seiner Fixierung auf seine angeblich oder wirklich feindliche Umgebung befreien, um ihm so die Kraft zu neuen Lebensmöglichkeiten zu geben.

Auslegung

Der Psalm setzt, gattungstypisch für die Klage, mit der Anrufung des Gottesnamens ein. Der Beter weiß: Wenn es überhaupt jemanden gibt, bei dem er wirklich Kraft finden kann, dann ist es JHWH. Aber genau dies ist seine tiefste Not: Er fürchtet, daß seine Bedrängnis von JHWH selbst geschickt ist – aus für ihn selbst unbegreiflichem Gotteszorn!

Zwar werden von den meisten Auslegern die Bitten von V. 2 so gedeutet, daß der Beter den „Zorn" Gottes als gerechte Strafe für von ihm begangenen Sünden versteht. Man beruft sich für diese Deutung auf den Psalm 38, dessen eröffnende Bitten mit Ps 6,2 fast wortgleich sind und dort ausdrücklich mit dem Hinweis auf Sünden des Beters begründet werden. Aber es ist methodisch problematisch, Ps 6 von Ps 38 her auszulegen. Unser Psalm hat sein eigenes Profil und seine eigene Dynamik.

Im Hintergrund von V. 2 steht nicht nur die Last der tödlich erscheinenden Krankheit, sondern zugleich die Angst vor einem unbegreiflichen und lieblosen Gott. Da für den Beter alles, was geschieht, irgendwie mit seinem Gott zusammenhängt und da er sich von seiner Krankheit, aber auch von seiner feindlichen Umgebung buchstäblich erdrückt sieht, drängt sich ihm, ähnlich wie später dem Ijob der Ijob-Dichtung, der Gedanke auf, Gott selbst sei in der Irrationalität und im Übermaß seines Zorns an dieser Vernichtung beteiligt. Die Bitten von V. 2 müssen im Horizont der Vorstellung von JHWH als Lehrer und Erzieher gelesen werden. Dabei muß man wissen, daß in der Antike die Erziehung durchaus mit Schlägen arbeitete, wobei Schläge als pädagogische Maßnahmen weder immer schuldhaftes Verhalten voraussetzten noch als Zeichen fehlender Elternliebe galten, im Gegenteil (vgl. Spr 13,24). Auch unser Beter könnte für sich JHWH als solchen Erzieher akzeptieren (vgl. Ps 94, 12). Aber was mit und an ihm derzeit geschieht, ist keine Züchtigung mehr, sondern Vernichtung, von außen beginnend (vgl. V. 3a) bis in seine Personmitte hinein (vgl. V. 3b.4a). So bittet er, daß JHWH von seinem Zorn ablasse, und vor allem, daß er sich als gnädiger und heilender Gott erweise. Mit den Bitten „Sei mir gnädig!" und „Heile mich!" zielt er auf die Beendigung jener umfassenden Krankheit, die darin gipfelt, daß er sein Leben nicht mehr leben kann und will, weil er Gott selbst als lebenzerstörende Gewalt in und hinter allem am Werk sieht. Den vorwurfsvollen Fragesatz V. 4b bricht er mitten im Wort ab – so soll auch der Gotteszorn aufhören!

Mit dem Imperativ „Wende dich doch", der die zweite Strophe eröffnet, fordert er JHWH zu einer dreifachen

„Wende" auf: Er soll sich abwenden von seinem Zorn (vgl. Ex 32,12; Ijob 9,13), er soll sich ihm huldvoll zuwenden (vgl. Ps 80,15), ja er soll sich ändern und „umkehren" (vgl. Jes 63,17). Was er konkret erbittet, bezeichnen die folgenden Imperative „Laß entkommen!" und „Rette!" als ein Handeln JHWHs, das den Klagenden aus einer zunächst nicht näher benannten feindlichen Macht herausreißt. Dies ist der Appell an den gütigen Exodus-Gott (vgl. Ps 81,7 f), als der JHWH sich doch seinem Volk geoffenbart hat. Das hält der Beter JHWH entgegen: Es geht um JHWHs tiefstes Wesen, um seine Güte (V. 5 b). Sie steht in seiner Not auf dem Prüfstand, ist doch die Vernichtung, die er erleidet und die ihn an den Rand des Totenreichs gestürzt hat, der tödliche Gegenbeweis gegen die Rede von einem guten Gott.

Daß er praktisch schon lebendig tot und in der Unterwelt (Scheol) ist, in der es weder ein rühmendes Gedächtnis der großen Heilstaten JHWHs an seinem Volk noch die Loblieder für die Rettung einzelner aus Todesnot gibt (V. 6), entfalten V. 7–8 mit der Metaphorik des Weinens. Die Tränen sind in ihrem Übermaß Anzeichen des Übermaßes an Schmerz und Leid (Stilmittel: Wirkung verweist auf Ursache!); sie sind für den Hebräer buchstäblich ein Ausgießen der körperlichen und physischen Lebenskraft (vgl. V. 7 a). So hält V. 8 ergebnishaft den Tiefpunkt des Zerfalls mit der Metapher des verquollenen und blind gewordenen Auges fest. Während helle, leuchtende Augen als Zeichen von Lebensfrische gelten (vgl. Dtn 34,7; 1 Sam 14,27.29; Ps 13,4), sind trübgewordene Augen Zeichen des nahen Todes. Die übermäßigen Tränen sind der Tod der Augen, weil sie verhindern, daß die Augen Licht des Leibes sind (vgl. Mt 6,22). Das Auge des Leidenden nimmt die Wahrheit nicht mehr wahr, weil es nur noch eines im Blick hat: „all meine Bedränger". Er erlebt sehr schmerzlich, daß und wie Blicke töten können. Wer diese Feinde sind, sagt erst die nächste Strophe. Hier, in V. 8b, sind sie durch die Wirkung gekennzeichnet, die von ihnen auf den Leidenden ausgeht. Er erfährt sie als eine Masse („alle"), die ihn umgibt und zu erdrücken droht. Sie sind wie ein Ring, der sich immer mehr zuzieht. Umso überraschender liest sich dann die dritte Strophe.

Mit der Aufforderung „Weicht von mir, all ihr Unrechttäter!", die den Taburuf nachahmt, mit dem Verurteilte aus der Gemeinschaft ausgeschlossen werden (vgl. noch Mt 7,23; 25,41; Lk 13,27), stemmt sich zu Beginn der dritten Strophe der Leidende mit aller Kraft den feindlichen Mächten entgegen. Er, der sich als Opfer seines Gottes und als seiner Mitwelt hilflos ausgeliefertes Objekt fühlte, richtet sich plötzlich auf: Er ist zum Subjekt geworden und will den Lebenskampf, in den er verstrickt ist, aufnehmen.

Was ist geschehen? Wie kommt diese Ijob-Gestalt zu solchem Selbstvertrauen und zu dem Wissen, daß Gott auf ihrer Seite steht und daß sie darin die Kraft findet, sich den Verurteilungen und Belästigungen der Umgebung zu widersetzen? Ist unsere Annahme richtig, daß Psalm 6 als Gebetsformular verfaßt wurde, das Kranken eine vitale Hilfe in ihrem Leid und in ihrer sozialen Isolation sein sollte, damit sie im Rezitieren und Meditieren der Psalmworte zu eben dieser Gewißheit gelangen, von der V. 9–11 durchdrungen ist, dann braucht es keine besonderen Ereignisse zwischen V. 8 und V. 9, wie manche Exegeten annehmen. Es braucht weder ein Heilsorakel, vermittelt durch einen Priester oder Kultpropheten (vgl. 1 Sam 1,17) noch eine prophetisch-visionäre Gottesschau. Was zur Verwandlung führt, sagt V. 9b–10a in traditioneller Sprache. Im betenden (!) Abarbeiten seiner Situation ist dem Leidenden die Gewißheit gewachsen, eben geschenkt worden, daß JHWH seine Tränen und seine Bitte um Gnade gehört hat (vgl. Gen 21,16f; Jes 38,3.5; Ps 28,6f). Indem er sein Herz mit all seinen Ängsten und Aggressionen seinem Gott gegenüber ausgeschüttet hat, ist ihm die Wahrheit des biblischen Gottes aufgegangen, daß JHWH auf der Seite der Geängsteten und der Gedemütigten steht. Die Angst vor dem zornigen Gott ist zurückgewichen, das Vertrauen auf den gnädigen Gott ist an ihre Stelle getreten.

Nun verliert auch die gesellschaftliche Realität, in der der Kranke leben muß, ihre tödlich lähmende Bedrohung. Aus der Gewißheit, daß Gott sich auf seine Seite gestellt hat (V. 9b–10a), erwächst die Zuversicht des Beters, daß auch seine Angst vor den Menschen ein Ende nehmen wird (V. 10b) – so wie er darum in V. 11 abschließend bittet. Mit drei unterschiedlichen Verben, die als Geschehensfolge gemeint sind, formuliert er seine Wünsche. Sie zielen nicht, wie manche Übersetzungen nahelegen, auf die Vernichtung, sondern auf die Änderung der „Feinde" und insbesondere auf eine Verwandlung der Beziehung des Kranken zu ihnen.

Die Bitte, daß *alle* Feinde beschämt werden sollen, erhofft, daß ihnen die Augen aufgehen über all das, was sie über den Kranken gesagt, ihm angetan und ihm verweigert haben. Es soll ihnen aufgehen, daß sie „Unrechttäter" waren, d. h. sich vom Bösen haben anstecken lassen, und daß sie Instrumente des Chaos waren. Die Bitte zielt darauf, daß die göttliche Weltordnung sich durchsetzt, in der Gott den Opfern zu ihrer Würde und ihrem Lebensrecht verhilft, nicht zuletzt dadurch, daß zuallererst einmal ihre Verhinderer und Störer entlarvt werden.

Wenn das subtile Netz der Unrechttäter zerreißt, wird sie lähmendes Entsetzen ergreifen, worum das zweite Verbum in V. 11 bittet. Die vormals so Aktiven, Mächtigen und Erfolgreichen stehen dann versteinert da. Ihr zerstörerisches Treiben nimmt wie von selbst ein Ende.

Mehr noch, der Psalm erhofft, wie das dritte Verbum sagt, daß sie „sich wenden" (vgl. V. 5 a). Gewiß ist hier zunächst gemeint, daß sie sich vom Leidenden „abwenden" und ihn in Ruhe lassen. Freilich fällt auf, daß (wie in V. 5 a) weder Ausgangs- noch Zielpunkt des Sich-Wendens ausdrücklich genannt werden. Bedenkt man, daß in V. 11 zweimal von der Beschämung der Feinde als Offenbarwerden der Wahrheit JHWHs die Rede ist, so ist nicht auszuschließen, daß dieses „Sich-Wenden" der Feinde nicht nur die Abkehr von ihren bösen Praktiken, sondern auch die Hinkehr bzw. die Rückkehr zur Wahrheit JHWHs anzielt. Dann kulminiert der Psalm in der Bitte um Umkehr *aller* Feinde, und zwar so, daß ihnen sozusagen keine andere Wahl mehr bleibt: „Mit einem Schlag" soll das geschehen. Die Unwahrheit und das Unrecht ihres Tuns sollen ihnen urplötzlich aufgehen, so daß sie – wie der Beter des Psalms – begreifen und annehmen, daß JHWH allein das Maß ihres Lebens *und* ihres Umgangs mit anderen sein muß.

Kein christliches Gebet?

„Nimmt die schlichte Wahrheit des Gedichts uns für sich ein, so bleibt dem christlichen Empfinden die Auslassung über die Feinde befremdlich ... Zur Vorlesung an einem christlichen Krankenbett eignet sich der Psalm nicht." So urteilt der Kommentator Bernhard Duhm. Auch der große Friedrich Nötscher sagt zu V. 11: „Der Wunsch steht nicht auf christlicher Höhe." Und die nachkonziliare Liturgie läßt, neben V. 6, den ominösen Vers 11 einfach weg, wenn sie in einer Votivmesse zur Spendung der Krankensalbung den Psalm als Antwortpsalm auf die Lesung Ijob 3, 1–3.11–17.20–23 vorsieht. Daß die meisten Christen im Umgang mit Feinden und mit Gewalt so beispielhaft liebevoll und bis zur Selbsthingabe friedlich waren, daß sie den Psalm 6 weit transzendierten, ist mir nicht bekannt. Daß die Kirche als Institution in der Nazizeit sich selbst opferte, um beispielsweise die Juden zu retten, wird niemand sagen wollen. Ob Jesus den Psalm als ein ihm nicht zumutbares Gebet abgewiesen hat oder hätte, weiß ich nicht. Wie also kommt es zu den christlichen Mäkeleien und Empfindlichkeiten gegenüber diesem und ähnlichen biblischen Psalmen?

Nun könnte man gewiß sagen, die Bitten von V. 11 widersprächen doch dem jesuanischen Gebot der Feindesliebe (das es auch schon im AT gibt [vgl. Ex 23,4 f; Jer 29,7]). Daß wir mit diesem Hinweis das Problem des Bösen und der Gewalt, um das es in Ps 6 geht, nicht erfassen, zeigen die Zitationen von Ps 6,9 in Mt 7,23; 25,41; Lk 13,27; die sich dort jeweils anschließenden Erläuterungen über das Schicksal der „Unrechttäter" sind sogar noch drastischer als Ps 6,11. Wer im Namen seines Christentums die Bitte von V. 11 weit von sich weist, gerät in Verdacht, daß er das strukturelle Böse einer Gesellschaft und das rätselhafte Böse der Geschichte verharmlost und die Leiden und Schrecken der Opfer dieses Bösen nicht ernst genug nimmt. Ist es legitim und wirklich christlich, den Opfern zu untersagen, daß sie ihre Leiden herausschreien – und daß sie ihre Bitte um das Scheitern ihrer Henker ihrem Gott in die Hände geben? Haben die christlichen Zensoren unseres Psalms überhaupt verstanden, was es heißt, nicht selbst zurückzuschlagen (vielleicht auch: nicht selbst zurückschlagen zu können) und die eigene Sache Gott zu überlassen, wie dies in Ps 6 geschieht? Psalm 6 ist ein Gebet von Menschen am Rande des gesellschaftlichen und psychischen Todes; da darf es kein religiöses Sprachtabu geben. Nur dies ist wichtig: Daß das Herz „auf Gott hin weint" (Ijob 16,20).

In Psalm 6 geht es nicht einfach um eine private Feindschaft. Die „Unrechttäter", deren Scheitern der Psalm erbittet, sind Menschen, die die Solidarität mit Schwerkranken verweigern und ihre gesellschaftliche bzw. familiäre Stellung mißbrauchen, um meist heimtückisch und verdeckt anderen zu schaden und sich selbst dadurch Vorteile zu verschaffen. Wie unsere Auslegung andeutet, besteht die theologische Leistung des Psalms gerade darin, diese gesellschaftlichen Realitäten, die es in der Welt von heute ebenso gibt, als gott-widrig zu entlarven und zum Widerstand gegen sie zu ermutigen. Wer die unheilbar Kranken und die Ärmsten dieser Erde im Namen „christlicher Höhe" auffordert, sich in ihr Schicksal zu fügen und ihren Peinigern aus „Feindesliebe" zu vergeben, weiß nichts von der Leidenschaft des biblischen Gottes, der diese konkrete Erde als Lebenshaus für die Menschen will. Die Botschaft vom rettenden Gott gilt nicht nur den Sterbenden und Toten. Sie will ihre Wahrheit auch den Lebenden erweisen. Das ist sogar die bleibende Aktualität des durch die biblische Auferstehungsbotschaft korrigierten Verses 6 unseres Psalms.

Nein, Psalm 6 ist ein unverzichtbares Gebet im Kampf um Gerechtigkeit für die, denen in ihrer Ausweglosigkeit nur noch die Hoffnung geblieben ist, daß wenigstens ein Gott da ist, der auf ihrer Seite steht und der ihnen die Botschaft sendet, daß es nicht so bleiben darf und wird, wie es ist...

Psalm 6, der im Neuen Testament an drei Stellen wörtlich aufgenommen wird (Mt 7,23; Lk 13,27; Joh 12,27 f), ist ein notwendiges Gebet noch mehr für *die* Christen, denen der Psalm zu wenig jesuanisch bzw. „christlich" ist, wenn damit drei Dinge vor allem gemeint sein sollen. (1) Insofern der Psalm zu wenig den Aspekt der Solidarität der Opfer untereinander und mit ihnen betont (Freilich: welcher Einzeltext kann und muß schon alles sagen?), braucht er eine „Fortschreibung" im Leben, die zu einer echten Leidens- und Lebensgemeinschaft mit den Leidenden hinführt. (2) Wenn der Psalm in der Nachfolge Jesu gebetet wird, kann der Gedanke an ihn, der als Opfer feindlicher Gewalt vom Vater auferweckt wurde, die Kraft geben, sich voll dafür in Dienst nehmen zu lassen, die bösen Mechanismen der Welt zu verändern, in der Hoffnung, „daß der Herrscher dieser Welt hinausgeworfen werden wird" (Joh 12,31). Der Psalm 6 bittet zu Recht darum, daß die Unwahrheit und das Unrecht des Bösen gerade im Umgang der Gesellschaft mit den Kranken aufgedeckt und „beschämt" werden. Nur so, das erleben wir doch tagtäglich, wird es entmachtet. (3) Ein „christliches" Gebet ist der Psalm für uns vor allem dann, wenn die Bitte von V. 11 auch als gegen den Beter bzw. die betende Gemeinschaft gerichtet verstanden wird, nämlich als Bitte, daß all unserem Paktieren mit Gewalt und Unterdrückung Gott selbst ein „beschämendes" Ende setzen möge.

Im übrigen hat schon die biblische Überlieferung selbst Psalm 6 in einen theologischen Horizont gestellt, der beachtet werden muß und in dessen Licht die leidenschaftlichen Töne des Psalms gehört werden müssen. Der Psalm besteht (ohne die Überschrift) aus insgesamt 21 (drei mal sieben!) Zeilen. Genau in der Mitte (Zeile 11) steht der Klagesatz „Ich bin am Ende meiner Kraft vom Stöhnen" (V. 7a). Diese Zeile, die im Hebräischen kürzer ist als die übrigen Zeilen und die außerdem kein paralleles Glied hat, dürfte sekundär in den Psalm eingefügt worden sein, um ihm ein zusätzliches theologisches „Licht" aufzusetzen. Der Kurzsatz ist ein Zitat aus Jer 45,3 und zitiert mit ihm implizit den ganzen Abschnitt Jer 45, 1–4. Die dort entfaltete Leidenstheologie soll nun der Horizont sein, in dem Psalm 6 „kanonisch" gelesen/ gebetet werden soll. Den über sein Leiden klagenden Baruch verweist dort JHWH auf die Leiden, die er selbst mit seinem Volk erfährt und aushalten muß. Mit seiner Antwort will JHWH den Baruch freilich nicht nur tadeln, sondern trösten und stärken, sein „kleines" Leid in Solidarität mit ihm, dem an seinem Volk leidenden Gott anzunehmen. Ob ein so verstandener Psalm 6 kein christliches Gebet sein soll?

Psalm 44

1 *Für den Chorleiter. Von den Korachiten. Ein Weisheitslied.*

2a *Gott, mit unseren Ohren haben wir gehört,*
2b *unsere Väter haben uns erzählt:*
2c *Ein Werk hast du gewirkt in ihren Tagen,*
2d/3a *in den Tagen des Uranfangs, du, ja du mit deiner Hand.*
3b *Völker hast du vernichtet, sie aber eingepflanzt,*
3c *du zerschlugst Nationen, sie aber ließest du sich ausbreiten.*
4a *Ja, nicht mit ihrem Schwert haben sie das Land in Besitz genommen,*
4b *und nicht ihr Arm hat ihnen Rettung gebracht,*
4c *sondern deine Rechte und dein Arm*
4d *und das Licht deines Angesichts, denn du hattest Gefallen an ihnen.*
5a *Du, ja du, mein König, bist Gott:*
5b *Biete auf die Rettungen Jakobs!*
6a *Mit dir stoßen wir unsere Bedränger nieder,*

6b	mit deinem Namen zerstampfen wir unsere Widersacher.
7a	Ja, nicht auf meinen Bogen vertraue ich,
7b	und mein Schwert bringt mir nicht Rettung.
8a	Ja, du hast uns gerettet aus unseren Bedrängern
8b	und die, die uns hassen, hast du schamrot werden lassen.
9a	(Unseres) Gottes haben wir uns immerzu gerühmt
9b	und deinen Namen wollen wir lobpreisen bis ans Ende der Zeit.
10a	Doch du hast uns verstoßen und uns Schmach angetan
10b	und du ziehst nicht (in den Kampf) mit unseren Heerscharen,
11a	du läßt uns rückwärts wenden vor unserem Bedränger,
11b	und die, die uns hassen, plündern (uns aus) für sich,
12a	du gibst uns dahin wie Schafe zum Verzehr
12b	und unter die Völker zerstreust du uns,
13a	du verkaufst dein Volk um ein Nichts
13b	und mühst dich nicht um einen höheren Preis für sie,
14a	du machst uns zu Hohn für unsere Nachbarn,
14b	zu Gelächter und zu Spott für die, die um uns herum wohnen,
15a	du machst uns zum Spottlied bei den Völkern,
15b	zum Kopfschütteln unter den Nationen.
16a	Immerzu ist mir meine Schmach gegenwärtig,
16b	und Schamröte bedeckt mein Angesicht,
17a	vor der Stimme, die höhnt und die lästert,
17b	vor dem Angesicht des Feinds und des Rachgierigen.

18a Dies alles ist über uns gekommen, und doch haben wir dich nicht vergessen,
18b und nicht haben wir verleugnet deinen Bund,
19a nicht weicht unser Herz rückwärts,
19b und nicht biegen unsere Schritte ab von deinem Pfad,
20a auch wenn du uns zerschlagen hast am Ort der Schakale
20b und uns bedecktest mit Todesfinsternis.
21a Wenn wir vergessen hätten den Namen unseres Gottes
21b und unsere Hände ausgebreitet hätten zu einem fremden Gott –,
22a würde nicht Gott dies ergründen,
22b da er doch kennt die Geheimnisse des Herzens?
23a Ja, deinetwegen werden wir umgebracht immerzu
23b und wir werden erachtet wie Schafe zum Abschlachten.
24a Wach doch auf! Warum schläfst du, Herr?
24b Erwache doch! Verstoß uns nicht für immer!
25a Warum verbirgst du dein Angesicht,
25b vergißt unsere Unterdrückung und unsere Drangsal?
26a Ja, unsere Seele ist in den Staub gesunken,
26b unser Leib klebt am Erdboden.
27a Erhebe dich doch, uns zur Hilfe,
27b und löse uns aus um deiner Güte willen!

Einführung

Psalm 44 ist ein Volksklagepsalm. Der Klagepsalm im eigentlichen Sinn beginnt freilich erst mit V. 10. Er ist durch unüberhörbare Signale (V. 10: Einsatz mit betontem „doch"; V. 18: zurückblickende und eröffnende Zusammenfassung „dies alles"; V. 24: Imperativ „wach auf!" und Anrede „Herr!") in drei Abschnitte gegliedert, die zugleich eine innere Geschehensstruktur bilden. V.10–17 schildert die notvolle Situation, die der Anlaß der Klage ist. V. 18–23 reflektiert über die Ursache der leidvollen Gegenwart und benennt anklagend als tiefsten Grund des Leidens die Bindung Israels an seinen Gott: Israel muß leiden, weil es SEIN Volk ist. Hier wird gewissermaßen die Innenseite der Not, die zur Klage und Anklage treibt, sichtbar. So wird die leidenschaftliche Bitte vorbereitet, die in V. 24–27 folgt und den Psalm beschließt. Dieser Abschnitt bündelt in ungeheurer Intensität Appelle, Vorwürfe, Bitten, Argumente, Fragen, um schließlich mit dem gewichtigen theologischen Begriff zu enden, mit dem Israel das Gottgeheimnis und alle seine Gottessehnsucht zusammenfaßt: „um DEINER Güte/Gnade willen!"

Dem Klagepsalm vorgeschaltet ist ein „Vertrauenspsalm" V. 2–9, der gewissermaßen das Fundament ist, von dem her die Klage aufsteigt. Der Klagepsalm V. 10–27 ist sogar eine ausdrückliche Auseinandersetzung mit dem Gottesverständnis, das sich in diesem Vertrauenspsalm V. 2–9 ausspricht.

Beide Texteile stammen nicht aus derselben Situation. Vielmehr ist der Vertrauenspsalm mit seiner in V. 5–8 ausgesprochenen Bitte, JHWH möge, wie bei der Landgabe in der Ursprungsgeschichte Israels (V. 2–3), sich als Gott Israels dadurch erweisen, daß er ihm beistehe, die Feinde wie ein Stier mit seinen Hörnern (V. 6a) zu Boden zu stoßen und zu vernichten, als eigenständiger Psalm (vgl. die Abschlußformel in V. 9), vermutlich in der Zeit des Königs Joschija (also im letzten Drittel des 7. Jahrhunderts v. Chr.) entstanden. Das sich in ihm widerspiegelnde Bild eines Gottes des Krieges und der Macht, das ähnlich in der ebenfalls aus dieser Zeit stammenden Schicht des Buches Dtn sichtbar ist, wurde durch die Katastrophe von 587 v. Chr. und die sich daraus ergebende Leidensgeschichte des Gottesvolkes schmerzlich korrigiert.

Auf den mühsamen „Lernprozeß", den der biblische Gott seinem Volk damit zumutete, ließ Israel sich auf vielfältige Weise ein. Die in der Exilszeit und in der frühnachexilischen Zeit so immens anwachsende literarische Tätigkeit (Neuausgabe und Sammlung der Prophetenworte und -bücher; deuteronomistische Geschichtstheologie; priesterschriftliches Erzählwerk; Buch der Klagelieder u. a.) zeugen von der Leidenschaft, in der Israel damals die Gottesfrage neu stellte – und zu Antworten durchstieß, deren Tiefe und Ernst auch uns Heutige still und demütig machen. Auch die exilisch-frühnachexilische „Fortschreibung" des Vertrauenspsalms V. 2–9 durch den Klagepsalm V. 10–27 ist ein solcher Antwortversuch. Streng genommen ist es keine Antwort, sondern es ist der mutige Versuch, die richtigen Fragen zu stellen. Und vor allem, sie dem einzigen Adressaten zu stellen, von dem her allein letztlich helfende, tröstende Antwort kommen kann.

Auslegung

Der vorexilische Vertrauenspsalm beginnt betont mit der Anrufung Gottes; diese leitet einen heilsgeschichtlichen Rückblick ein, der Israels Landnahme als Machterweis der Göttlichkeit seines Gottes deutet (V. 2–4). Mit der erneuten Anrufung Gottes in V. 5 a, wodurch eine Zäsur markiert ist, wird die Bitte eröffnet, Gott möge diese seine Macht erneut erweisen in der Zeit der Beter (V. 5–8). Abermals wird mit dem Wort „Gott" in V. 9 a das abschließende Versprechen („Lobgelübde") eingeführt, das den Bogen bis ans Ende der Zeiten auszieht.

Nach einer von vielen Exegeten vertretenen Hypothese stand an Stelle des Gattungsbegriffs „Gott" in der Erstfassung des Psalms der Gottesname JHWH (ähnlich in Ps 42–83!); dadurch würde nicht nur der Aufbau, sondern vor allem die Bezugnahme auf „deinen Namen" in V. 6b und V. 9b noch deutlicher.

Geradezu beschwörend stellen sich die Beter des Psalms mit V. 2 in den Strom der Geschichte ihres Volkes. Die Erinnerung an das Werk, das JHWH „in den Tagen des Uranfangs", also als existenzgründende und ein für allemal gültig bleibende „Ur-Tat" gewirkt hat, bindet die Generationen Israels als eine Erzähl- und Lerngemeinschaft zusammen. Sie stiftet Identität in Augenblicken der Gefahr: Wer weiß, wo er herkommt, kann offenen Auges dem entgegengehen, was auf ihn zukommt. Daß der Vorgang des Erzählens und Hörens so betont wird, unterstreicht die Lebendigkeit, die die Generationen verbindet. Das ist ja alttestamentlich-jüdisch die wichtigste Aufgabe der Väter (und Mütter): das Wissen von den Ursprüngen, das Lebenswissen, weiterzugeben (vgl. Dtn 6, 20–23; 31, 10–13; Jos 4, 20–24). Der dem Baal Schem Tow zugeschriebene Spruch: „Das Vergessenwollen verlängert das Exil, und das Geheimnis der Erlösung heißt Erinnerung", faßt diese Überzeugung bündig zusammen.

Freilich: Viel, ja alles hängt davon ab, *was* und *wie* erinnert wird. Unser vorexilischer Psalm wählt die Tradition von der kriegerisch-vernichtenden Landnahme als Ur-Datum der Gottesoffenbarung aus. Es ist ein drastisches Bild, mit dem in V. 3bc die Entstehung Israels im Lande gezeichnet wird. Wir wissen heute, daß der historische Vorgang völlig anders verlief. Und wir erkennen vor allem, daß diese „Eroberungs- und Vernichtungstheologie" nur in bestimmten Phasen der politischen Geschichte des biblischen Israel auftrat, nämlich dann, wenn Israel unter starkem militärischen Druck der mächtigen Nachbarstaaten und Großreiche stand. Und wir wissen ebenso, daß insbesondere die Propheten, vor allem Jesaja, diese übereifrige Verbindung von Gott und Krieg scharf bekämpft haben. Daß unser Psalm das Werden Israels „im Lande" so zeichnet, daß JHWH zunächst dieses Land wie einen Wald kahlschlägt, um dann Israel als neue Pflanzung anzulegen und ihm mächtiges Wachstum zu verleihen (vgl. auch Ps 80, 9–12), will einerseits das Bekenntnis sein, daß JHWH, der Gott des weltpolitisch bedeutungslosen Israel, mächtiger ist als alle Götter der übermächtigen Nachbarstaaten; insofern entspringt diese Aussage mehr der Angst als dem Bewußtsein eigener Macht.

Andererseits ist nicht zu übersehen, daß dieses Bekenntnis dann in der Bitte von V. 5–6 zu politischen und militärischen Wünschen hinführt, die Gott zu einem aktuell erfahrbaren Kriegs- und Siegergott machen wollen. Diese Bitte steht zur Zeit der Entstehung des Psalms im Dienste der Bestrebungen des Königs Joschija, die im 8. Jahrhundert von den Assyrern besetzten Gebiete Israels wieder zurückzuerobern. Es ging also nicht um einen Expansions-, sondern um einen Befreiungskampf. Dennoch: Für uns ist diese glatte Verbindung von Gott und Vernichtung der Feinde (die leider auch die Christentumsgeschichte durchzieht!) nicht mehr akzeptabel. Auch das Bild von V. 6 ist drastisch: Mit Gottes Hilfe und in seiner Kraft wollen die Beter wie ein Stier mit den Hörnern die sie bedrängenden Feinde zu Boden stoßen und und mit den Füßen zertrampeln (vgl. Dtn 33, 17; 1 Kön 22, 11).

Die Geschichte hat, wie wir wissen, diese Bitte, mit der das Israel des ausgehenden 7. Jahrhunderts seinen

Gott bestürmte, nicht erfüllt. Schon der große „Reformator" König Joschija wurde im Verteidigungskampf von ägyptischer Hand getötet (vgl. 2 Kön 22,29). Vor allem aber brach das, was sie den Feinden antun wollten, mit der Katastrophe von 587 v. Chr. über sie selbst herein.

Gott also hatte dieses Gebet nicht erhört: Die Geschichte Gottes mit seinem Volk war und ist offenbar nicht die ständige Aktualisierung von Machttaten für sein Volk, gar der Erweis seiner Göttlichkeit durch die Vernichtung „der Völker". Was also ist diese Geschichte dann? Und vor allem: Worin besteht JHWHs Göttlichkeit? V. 10–27 versucht eine betende Antwort auf diese Fragen.

Die Partikel „doch", mit der die Notschilderung V. 10–17 einsetzt, betont den Kontrast zu V. 2–9: *„Wir haben die Loblieder auf dein machtvoll rettendes Mit-Sein gesungen, doch du hast uns von dir weggestoßen!"* V. 10 b zieht nüchterne Bilanz; der altüberlieferte Ehrentitel „JHWH der Heerscharen" (Jahwe Zebaot) bedeutet offensichtlich nicht, wie die Beter des 7. Jahrhunderts meinen, daß JHWH mit den Heerscharen Israels in die Kriege zieht. Die schreckliche Niederlage im Krieg mit Nebukadnezzar und die Niederbrennung des JHWH-Tempels haben dies aller Welt gezeigt. So ist Israel in seiner Gottsicherheit, ja „Gottbesessenheit" zum Spott und Hohn der Nachbarvölker geworden. V. 11 deutet im sprachlichen Rückgriff auf V. 6 und V. 8 an, daß das, was Israel mit Gottes Hilfe über seine Feinde bringen wollte, nun über es selbst hereingebrochen ist.

Der Text formuliert außerordentlich scharf: Du, unser Gott, hast dies getan und tust es immer noch! Die ganze Widersprüchlichkeit bringt V. 13 auf den Punkt: Gott hat sein eigenes (und einziges) Volk einfach verschleudert, zu einem Spottpreis; er hat sich nicht einmal bemüht, einen Gewinn bei diesem „Geschäft" zu erzielen. Ist ihm sein Volk wirklich nicht mehr wert gewesen? Ist er sich selbst nicht mehr wert? Was ist das für ein Hirte, der seine Schafe so fürsorglich aufzieht, um sie dann überallhin zum Verzehr für Mensch und Tier zu verschleudern (vgl. Ps 23,1; 80,2)?

V. 18–23 sucht diese Not, die über Israel hereinbrach und andauert, tiefer zu ergründen. Die in der deuteronomistischen Geschichtstheologie, aber auch im Buch der Klagelieder gegebene Deutung, daß dies alles die gerechte Strafe des Bundesgottes für den Bundesbruch sei, übernimmt unser Psalm (m. E. gezielt!) nicht. Dafür haben ihn nicht wenige christliche Kommentatoren getadelt, vor allem weil sie V. 18b–19 als „pharisäische Selbstgerechtigkeit" mißdeutet haben. Doch weigert sich hier das leidende Israel nicht, „den Grund dieses Leidens in eigener Sünde zu finden" (H. Gunkel). In den Versen 18b–20b kommt vielmehr die leidenschaftliche Bindung Israels an seinen Gott zum Ausdruck, in der es an ihm im Denken (V. 19a) und im Tun (V. 19b) festhalten will – auch in dieser Situation der buchstäblichen Verwüstung (V. 20a „Ort der Schakale") und der Gottesfinsternis, die ER über es gebreitet hat (V. 20b). So stößt V. 23 zu einer der tiefsten, aber zugleich schmerzlichsten Aussagen über die Existenz Israels durch: Weil Israel von JHWH als SEIN Volk erwählt ist, an dem er sein Gottsein offenbaren will, muß es leiden. Es muß am eigenen Leib erleben, daß JHWH nicht auf der Seite der Mächtigen und der Sieger steht, sondern auf der Seite der Schwachen und der Leidenden. In der Entschlossenheit, das Leid auszuhalten und dabei IHN nicht zu vergessen, im Leiden sogar an seinem Gott, will und kann Israel, so sieht es unser Psalm, Zeuge dieser gegenüber V. 2–9 neuen Gotteswahrheit sein.

Allerdings: Gerade in dieser Situation braucht das

Gottesvolk die Gewißheit, daß das Leid nicht Gottesferne, sondern besondere Gottesnähe ist. Deshalb schreit und klagt es in V. 24–27 mit ungeheurer Intensität um die Erfahrung, von Gott angesehen und angenommen zu sein. Mit Anspielung auf die Exodusüberlieferung (V. 25 b.27 a) bittet es stürmisch um Erlösung aus der Not, diese Situation als „Tod" (V. 26) und als „Fremdherrschaft" (V. 25 b.27 b) zu erleiden. Es ist ein Schrei um Erfahrung nicht mehr des allmächtigen (vgl. V. 2–9), sondern des allgütigen Gottes, mit dem der Psalm schließt. Schließt er also ungetröstet? Dieser Schrei, der aus den Warum- bzw. Wozu-Fragen von V. 24–25 aufsteigt, *sucht* den lebendigen Gott und kommt deshalb aus einer Ur-Bindung, die in Israels Ursprüngen gründet. Israel ist, wie die Exodusüberlieferung festhält, im Leid geboren – aus dem Mit-Leiden JHWHs (vgl. Ex 3,7 b). *Das* ist die Erinnerung, in der das Geheimnis der Erlösung Israels und aller Leidenden beschlossen ist.

Auf der Ebene der Redaktion des Psalmenbuches muß Ps 44 als Teil der ersten Korachitensammlung Ps 42–49 gelesen werden. Demnach sind die Psalmen 45–48 als „Antwort" auf den Schrei nach Gott von Ps 44 zu lesen. Schon der Nachbarpsalm 45 gibt eine erste grundlegende Antwort: Der in Ps 45 (auf der Ebene des Endtextes) als Tochter Zion dargestellten Gottesstadt wird zugerufen, daß für sie eine neue Phase ihrer „Lebensgeschichte" beginnt, weil „der König" (die „neue" messianische Dynastie oder der Gott-König JHWH selbst) nach ihrer Schönheit und Liebe verlangt und sie zur Mutter vieler Söhne machen will. Daß Ps 45 eine Antwort auf Ps 44 sein will, hat übrigens auch der Midrasch zu den Psalmen herausgearbeitet.

Psalm 44 muß aber auch in den Horizont der zweiten Korachitensammlung Ps 84–85; 87–88 gerückt werden (vgl. dazu schon oben III. zu Ps 46). Die beiden Sammlungen, die sich als „Schale" um Ps 50–83 legen, sind in ihrer thematischen Struktur miteinander parallelisiert: Ps 42/43 hat seine Entsprechung in Ps 84, Ps 44 ist auf Ps 85 bezogen (vgl. die Stichwortaufnahmen 44,4; 85,2: „du hattest Gefallen an ihnen"; 44,27: „löse uns aus um deiner Güte willen" – 85,11: „Güte und Treue begegnen sich"; 44,13; 85,9: „dein/sein Volk"; vgl. auch 44,8 mit 85,8), Ps 45–48 wird in Ps 87 gebündelt, Ps 49 steht in Entsprechung zu Ps 88. Von dieser Kompositionsidee, die hier nur angedeutet werden kann, ist die in Ps 85 referierte Gottesrede „die eigentliche" Antwort auf den Hilfeschrei von Ps 44,24–27:

„Ich will hören, was Gott redet:
JHWH, ja er redet Frieden
zu seinem Volk und zu seinen Frommen,
und zu den Götzen sollen sie nicht mehr sich wenden!
Gewiß, nahe ist seine Rettung denen, die ihn fürchten,
daß in unserem Lande wohne seine Herrlichkeit.
Güte und Treue begegnen sich,
Gerechtigkeit und Frieden küssen sich" (Ps 85,9–11).

XVIII. Vergebung der Sünden

Das biblische Israel hat begeistert von der guten Welt des guten Gottes erzählt und gesungen. Es hat die Menschen als Abbilder Gottes definiert. Es hat sich selbst als „Kronjuwel" (Ex 19,5), ja als „Augapfel" (Dtn 32,10; Sach 2,20; vgl. Ps 17,8) seines Gottes verstanden. Begeisterter als Israel hat wohl kaum jemand von sich selbst, von seinem Land, von der Erde und vor allem von seinem Gott geredet: „Und Gott sah alles, was er gemacht hatte: siehe, sehr gut ist es!" (Gen 1,31). Ja, „Gott hat das Ganze schön gemacht zu seiner Zeit" (Koh 3,11), das war sogar noch die „Erkenntnis" des Skeptikers Kohelet, dem der naive Optimismus seiner Weisheitskollegen auf die Nerven ging.

Aber zugleich und spannungsreich daneben muß festgehalten werden: Realistischer und offener hat auch kaum jemand über die Sünde Israels und der einzelnen Menschen geredet als das biblische Israel. Israel ist nie dem Unschuldswahn verfallen, der die Sünde verdrängt und beschönigt. Israel hat weder seine Ursprünge glorifiziert noch seine Geschichte mystifiziert. Die Erzähler und die Propheten, die Weisheitslehrer und die Psalmendichter wußten um das Rätsel des Bösen und um den Hang der Menschen zum Bösen. Sie haben die Verantwortung der Menschen betont, und sie haben die Sünde konkret beim Namen genannt. Niemand haben sie davon ausgenommen. Sie haben weder ihre Könige geschont noch ihre „heiligen" Stammväter Abraham, Isaak und Jakob. Und Mose, Aaron und Mirjam haben sie mit und in ihrer Sünde behaftet. Mehr noch: Die biblische Überlieferung Israels wußte um das, was wir heute die soziale und die strukturelle Sünde nennen. Immer und immer wieder hat sie die Menschen mit der destruktiven, widersinnigen Macht der Sünde konfrontiert. Und sie hat die sündigen Menschen aufgerufen, die Wege der Sünde zu verlassen. Sie hat die Wege gewiesen zur Umkehr!

Vor allem aber hat die Überlieferung Israels eingeschärft, daß die Sünde Gottes-Verweigerung, Selbst-Verfehlung und Zerstörung der gott-gegebenen Lebensordnungen ist: eine Störung des Lebens, die Gott, der Liebhaber des Lebens (vgl. Weish 11,26), nicht hinnehmen will und kann – um des Lebens willen! Deshalb schleudern die Propheten und die Erzähler den Sündern das Nein des Zornes Gottes entgegen. Dieses Nein macht die Schwere der Sünde und ihren Widerspruch zur Liebe Gottes offenbar. Aber dieses Nein zur Sünde ist zutiefst ein Ja zum Sünder – eben des biblischen Gottes, der nicht den Tod des Sünders will, sondern daß er umkehrt und lebt (vgl. Ez 18,23). Der biblische Gott spricht das Urteil über die Sünde und den Sünder, aber er verurteilt nicht – sondern „vergibt" die Sünde. Weil er der liebende Gott ist, dessen „mütterliches Herz" sich gegen den „väterlichen Zorn" wendet (vgl. Hos 11,1–9), kämpft er mit seinem Volk und mit dem einzelnen um einen „Ausweg" aus dem Unheilszusammenhang, den die Sünde auslöst. Indem er gerade den Sünder *als Sünder* seine Zuwendung erfahren läßt, ermöglicht er ihm einen Neuanfang. Das ist das Geheimnis des Neuen Bundes, der die Mitte des Ersten Testamentes ist, wie *auch* aus den drei Psalmen hervorgeht, die wir im folgenden auslegen.

Psalm 130

1a *Wallfahrtslied*
1b *Aus Tiefen rufe ich dich, JHWH.*
2a *Herr, höre doch auf meinen Schrei.*
2b *Möchten doch deine Ohren aufmerksam sein*
2c *für meinen Schrei um Gnade.*
3a *Wenn du Schuldverstrickungen bewahrtest, Jah (=JHWH),*
3b *Herr, wer könnte dann Bestand haben?*
4a *Ja, bei dir ist Vergebungsbereitschaft,*
4b *so daß du gefürchtet wirst.*
5a *Ich hoffe auf JHWH,*
5b *es hofft meine Seele,*
5c *auf sein Wort warte ich,*
6a *meine Seele (wartet) auf den Herrn,*
6b *mehr als Wächter auf den Morgen*
6c *(ja mehr als) Wächter auf den Morgen.*
7a *Warte doch Israel auf JHWH!*
7b *Ja, bei JHWH ist Güte*
7c *und viel ist bei ihm Erlösung.*
8a *Er ist es, der Israel erlösen wird*
8b *aus all seinen Schuldverstrickungen.*

Einführung

Anders als Psalm 6 (vgl. dazu oben VII.) ist dieser Psalm wirklich ein „Bußpsalm", ein Schrei aus den tödlichen Wassern (vgl. V. 1b) und aus der ängstigenden Nacht (vgl. V. 6) der Sünde – ein Schrei, dessen Leidenschaft aus der Hoffnung kommt, daß „Gottes Gnade rein nichts ist als Vergebung, und diese den Menschen neu und stark macht" (R. Bultmann). Er ist uns vertraut als Hoffnungspsalm, wenn wir ihn beim Begräbnis unserer Toten singen. Und wir kennen ihn auch als das Psalmenlied „Aus tiefer Not schrei ich zu dir ...", das wir Martin Luther verdanken. Freilich ist die nun in unserem „Gotteslob" abgedruckte Fassung des Lieds (vgl. Nr. 163) nur eine verdünnte Gestalt des in zwei unterschiedlichen Fassungen entstandenen Originals, die die markante reformatorische Theologie aus dem Lied weitgehend (und gezielt?) entfernt hat. Für Luthers Lehre von der Rechtfertigung des Sünders allein aus Gottes Gnaden war Psalm 130, den er wegen seiner theologischen Nähe zum Römerbrief (vgl. bes. Röm 3 und 5) zu den „paulinischen Psalmen" zählte, „einer der kostbarsten und wichtigsten Psalmen, weil er über die Rechtfertigung handelt, jenen Glaubensartikel, von dem gilt: wenn der steht, steht die Kirche, wenn der fällt, fällt die Kirche!"

Durch seinen Anfang, insbesondere in der lateinischen Fassung „De profundis", hat der Psalm in der religiösen und profanen Dichtung eine lebendige Wirkungsgeschichte erlebt, von der Romantik (z. B. C. Brentano) über den Expressionismus (z. B. F. Werfel, G. Trakl) bis zur Gegenwartslyrik (z. B. G. Kunert). Der „Schrei aus der Tiefe", wie immer sich seine Metaphorik entfaltete, wurde als Schrei der Sehnsucht nach Erlösung begriffen und verdichtet, selbst dort noch, wo „Erlösung" als religiöse Kategorie bestritten wurde. Vielleicht rührt dies an das tiefste Geheimnis unseres Psalms, das der unvergeßliche Fridolin Stier in seinem Tagebuch so beschreibt: „Am tiefsten, am heißesten beten wohl, die nicht wissen, daß sie es tun. Es gibt einen de-profundisclamans-Habitus – ein dauerndes Schreien aus dem Grunde des Wesens, am innersten Ort."

Wie bei den meisten „Wallfahrtsliedern" (vgl. dazu oben VI.) überlagern sich auch in Ps 130 eine individuelle („Ich") und eine Israel-Schicht (V. 7 a. 8 ab). Die letztere hebt sich dadurch ab, daß V. 7 a mitten in die zusammenhängenden Hoffnungsaussagen V. 5–7 eine Mahnung einschiebt und daß V. 8 eine endzeitliche und universale Perspektive hat. Die Israel-Schicht bindet auch Ps 130 mit dem Nachbarpsalm 131 enger zusammen (vgl. V. 7 a mit Ps 131,3).

Die „Ich-Schicht" des Psalms, also die Erstfassung, gliedert sich in zwei gleich lange und parallel gebaute Strophen, wobei die erste als Ich-Du-Rede (Anrede JHWHs) und die zweite als Ich-Er-Rede (Rede über JHWH) gestaltet ist. Beide Strophen setzen mit den entscheidenden Handlungsvollzügen des Beters ein, die sich gegenseitig deuten (Rufen ist Hoffen und umgekehrt!) Beide Handlungen suchen JHWH und gründen zugleich in ihm, wie die beiden strukturell sich entsprechenden Zeilen V. 4a und V. 7b festhalten. Beide Zeilen sind mit der bekräftigenden Partikel „ja, fürwahr" eingeleitet und machen eine Aussage über JHWHs innerstes Wesen („bei dir ist", „bei ihm ist"). Die theologischen Fachbegriffe beider Strophen geben dem Psalm ein theologisches „Gerüst": „Vergebung" (V. 4a) geschieht aus „Gnade" (V. 2c); „Erlösung" (V. 7c) geschieht aus „Güte" (V. 7b).

Von seiner theologischen Prägung her ist der Psalm frühnachexilisch, insbesondere in seiner radikalen Aussage über die allgemeine Sündenverstrickung aller Menschen (vgl. V. 3) und in der Deutung von Erlösung als Vergebung (vgl. in der Zusammenschau von V. 4a und V. 7c). Die Erweiterung ist ein Hoffnungsanruf, der die für die Redaktion des Wallfahrtspsalters charakteristische Notsituation Israels widerspiegelt.

Auslegung

Mit einer metaphorischen Ortsangabe, die die Situation des Beters angibt, setzt der Psalm ein (V. 1b): Er versinkt in „Wassertiefen", die über ihn zusammenschlagen und aus denen er sich nicht mehr retten kann. Er ist umspült von Chaos- und Todeswassern (vgl. Jes 51,10; Jon 2,3), die ihn in die Tiefe ziehen (vgl. Ps 69,3) – weg aus der Gemeinschaft der Menschen und weg von der Nähe Gottes. Was ihm geblieben ist, ist sein Schrei nach JHWH (V. 2a). Es ist ein Schrei der Klage, die sich mit der Situation nicht abfinden will, und ein Hilferuf, der aus dem Vertrauen aufsteigt, daß da ein Gott ist, der hört (V. 2b). Er klagt freilich kein Recht ein, sondern er schreit nach Gnade und Erbarmen (V. 2c).

V. 3 sagt in verallgemeinernder Form, worin die tiefe Not des Beters besteht. Er ist in den Strudel der Todeswasser geraten, weil er gesündigt hat und die Last seiner bösen Tat am eigenen Leibe und an der eigenen Seele erleidet. Er erfährt die selbstzerstörerische Macht der Sünde, aus deren Teufelskreis keiner sich selbst befreien kann. Das Unheil, das der Sünder wirkt, entfaltet eine Dynamik, die auch ihn selbst niederwirft (vgl. Ps 38,5; 65,4; 107,17) und in seiner Personmitte vernichtet (vgl. Ps 40,13). Wenn JHWH darüber wachen würde, daß der Zusammenhang von Untat und Unheil immer wirksam bleibt, könnte kein Mensch Bestand haben. Das ist einer der radikalsten Sätze der ganzen Bibel: Jeder Mensch *ist* Sünder, als Sünder verweigert er sich dem Heil und zerstört sich selbst und die anderen (vgl. Gen 6,5.11f). Aber V. 3 deutet auch an, daß Gott diese aus Sünde kommende Todesverfallenheit unterbrechen kann und will (vgl. Gen 8,21f; 9,11–15), weil sein innerstes Wesen, wie V. 4a herausstellt, „Vergebungsbereitschaft und Vergebung" ist. Dieser Begriff (und damit diese Eigenschaft) wird alttestamentlich nur von Gott ausgesagt. Daß er allein die Selbstvernichtungsmechanismen des schuldiggewordenen Menschen aufheben will und kann, gründet in seiner Göttlichkeit, die Neh 9,17 so definiert: „Du bist ein Gott der Vergebungen" (Plural der unbegrenzten Fülle!).

Gerade das Bittgebet in Neh 9 zeigt, daß göttliche Vergebung mehr ist, als daß Gott großzügig Sünden nicht „beachtet" (so die „Einheitsübersetzung" in V. 3). Wenn er vergibt, heißt das, daß er positiv der zerstörerischen Macht der Sünde Einhalt gebietet, indem er sich in Gnade (V. 2c) dem schuldverfallenen Menschen zuwendet, um ihm Leben in „Gottesfurcht" (V. 4b) zu ermöglichen, d. h. Leben in einem erneuerten und erneuernden Treueverhältnis (zu dieser Bedeutung von „Gottesfurcht" vgl. bes. Dtn 10,20). „Vergebung" bedeutet also gottgewirkte Erneuerung der vom Menschen gestörten Bundesgemeinschaft; „Vergebung" ist das göttliche Lebensprinzip des „Neuen Bundes" (vgl. die Auslegung der beiden folgenden Psalmen 51 und 103 sowie Jer 31,34 bzw. Jes 55,7; Jer 5,1; 33,8; 36,3; 50,2). Nach der Gnade des erneuerten Bundes schreit dieser „alttestamentliche" Mensch. Ja, wer könnte „Bestand haben" ohne die Gnade des „neuen Bundes", von und aus der Israel und die Kirche, ja alle Menschen immer schon leben?

In der zweiten Strophe reflektiert der Beter seinen Schrei nach Vergebung und deutet ihn als Vollzug von Hoffnung. Er wirft JHWH seinen Hoffnungsschrei entgegen, um sich an ihm aus den Wassertiefen emporziehen zu lassen (V. 5a). Er hofft als ein „Wartender", der voller Spannung auf ein rettendes Wort seines Gottes wartet. Daß Gott seinen Schrei aus den Tiefen hört – und antwortet und ihm so mitten im Dunkel und in der Verlassenheit zeigt, daß er nicht allein ist, das ist die Gewißheit, die ihm Kraft gibt. Was immer dieses antwortende Wort Gottes sein mag, es wird – das ist die Überzeugung, die ihn hält – das Wort des Exodusgottes sein, der aus Güte Versklavte und Verurteilte „freikauft" (V. 7 bc). Das Wort „Erlösung" von V. 7 c stammt aus dem Handelsrecht; vor allem im Buch Deuteronomium (z. B. Dtn 7,7 f) wird damit der Exodus Israels als ein Handeln JHWHs gekennzeichnet, durch das er das versklavte Israel „auslöst", um es als sein kostbares „Eigentumsvolk" anzunehmen – aus Liebe! Solche „Auslösungsbereitschaft" ist das innerste Wesen JHWHs, und zwar in Überfülle (V. 7 c). Auf ein Wort dieses „auslösungswilligen" JHWH wartet der Beter in der Nacht seiner Sünde; er wartet noch viel lebhafter darauf als in Gefahrenzeiten die Wächter einer Stadt auf das rettende Licht des Morgens warten. Von diesem Warten auf das Zu-Kommen Gottes her lebt er!

Die erweiternde Nachinterpretation der „Israel-Schicht" macht mit V. 7 a Israel diesen Schrei nach Erlösung als Aufhebung der tödlichen Sündenmacht zur Aufgabe. Das ist Israels messianische und eschatologische Sendung: Angesichts der Unerlöstheit soll es die Botschaft weitergeben, daß ER erlösen wird, um seiner eigenen Göttlichkeit willen!

Deshalb ist Ps 130 ein Buß- und Hoffnungspalm gerade im Angesicht des Todes. Der Schrei aus den Tiefen des Todes ist die Bitte, Gott möge „Bestand" geben (V. 3) für immer.

Psalm 51

1   Für den Chorleiter. Ein Psalm Davids,
2a als zu ihm kam Natan, der Prophet,
2b nachdem er eingegangen war zu Batseba.

3a	*Sei mir gnädig, Gott, nach deiner Güte,*
3b	*nach deinem großen Erbarmen lösche aus meine Verbrechen.*
4a	*Wasche mich ganz ab von meiner Schuld,*
4b	*und von meiner Sünde reinige mich!*
5a	*Ja, meine Verbrechen erkenne (bekenne?) ich,*
5b	*und meine Sünde ist gegen mich allezeit,*
6a	*gegen dich allein habe ich gesündigt,*
6b	*und das in deinen Augen Böse habe ich getan,*
6c	*so daß du gerecht bist bei deinem Reden,*
6d	*daß du makellos bist bei deinem Richten.*
7a	*Siehe, in Schuld bin ich geboren,*
7b	*und in Sünde hat mich empfangen meine Mutter.*
8a	*Siehe, Wahrheit willst du im Innersten,*
8b	*und im Verborgenen läßt du mich Weisheit erkennen.*
9a	*Entsündige mich mit Ysop, daß ich rein werde,*
9b	*Wasche mich, daß ich weißer werde als Schnee!*
10a	*Laß mich hören Wonne und Freude,*
10b	*es sollen jauchzen die Knochen, die du zerschlagen hast.*
11a	*Verbirg dein Angesicht vor meinen Sünden,*
11b	*und alle meine Schuld lösche aus!*
12a	*Ein reines Herz erschaffe mir, Gott,*
12b	*und einen festen Geist erneuere in meinem Inneren.*
13a	*Nicht wirf mich weg von deinem Angesicht,*
13b	*und deinen heiligen Geist nimm nicht von mir.*
14a	*Laß mir wiederkehren die Wonne deines Heils,*
14b	*und mit einem willigen Geist stütze mich.*
15a	*Ich will lehren die Verbrecher deine Wege,*
15b	*daß die Sünder zu dir zurückkehren.*

16a Rette mich von Blutschuld, Gott, Gott meines Heils,
16b daß meine Zunge juble über deine Gerechtigkeit.
17a Allherrscher, öffne meine Lippen,
17b daß mein Mund verkünde dein Lob.
18a Denn du willst nicht ein Schlachtopfer,
18b ich würde es geben,
18c an einem Brandopfer hast du kein Gefallen.
19a Opfer Gottes sind ein zerbrochener Geist,
19b ein zerbrochenes und zerschlagenes Herz, Gott, verachtest du nicht.
20a Tue Gutes in deinem Wohlgefallen an Zion,
20b baue die Mauern Jerusalems wieder auf!
21a Dann wirst du Gefallen haben an Schlachtopfern der Gerechtigkeit,
21b an Brandopfer und an Ganzopfer,
21c dann wird man opfern auf deinem Altar Stiere.

Einführung

Die Redaktoren haben diesen Psalm programmatisch an den Anfang des zweiten „Davidpsalters" (Ps 51–72) innerhalb des Psalmenbuchs gestellt. In diesem Psalm, der mehrere sprachliche Anklänge an die Erzählung 2 Sam 11–12 über die Sünde Davids aufweist (vgl. bes. 51,6a mit 2 Sam 12,13; 51,6b mit 2 Sam 12,27) und sich deshalb zur „Davidisierung" geradezu anbot, sahen die Überlieferer eine Identifikations- und Hoffnungsfigur par excellence: Dem David, der seine Sünde weder beschönigt noch verdrängt, sondern vor Gott bekennt und bereut, verzeiht Gott – und stiftet so Hoffnung für jeden Israeliten, der den Weg der Sünde verläßt und zu Gott zurückkehrt. Darin ist der David der Psalmen eine „messianische Gestalt", daß er die Sünder zur Umkehr ruft! Bei aller Idealisierung Davids hat die Überlieferung diesen Aspekt im Davidbild festgehalten: An David soll Israel lernen, daß der, der steht, fallen kann, aber auch daß, wer gefallen ist, von der Barmherzigkeit Gottes wieder aufgerichtet werden kann, mehr noch: „neu geschaffen werden kann" (vgl. 51,12).

Daß und wie David als Sünder zum Zeugen der Barmherzigkeit JHWHs vor allen Völkern wird, sagt der Babylonische Talmud (Makkot 24a) unter Hinweis auf Ps 51,6a (wobei das Bekenntnis – was vom hebräischen Wortlaut her möglich ist – so verstanden wird: „für dich allein...") folgendermaßen: „Mit wem können wir David vergleichen? Mit einem Mann, der eine Verletzung erlitten hatte und zu einem Arzt kam. Der Arzt wunderte sich und sprach: ‚Wie schwer ist deine Verwundung, du tust mir sehr leid!' Da sagte der Mann: ‚Weshalb bedauerst du mich? Kommt dir meine Verwundung nicht zustatten? Du solltest dich doch eher über deinen Lohn freuen.' So sagte David zu Gott: ‚Für dich allein habe ich gesündigt. Wenn du zu den Sündern sprichst: warum kehrt ihr nicht zurück, und du nimmst mich in Gnaden auf, und sie sehen es, dann werden sich dir alle unterwerfen, und ich werde für alle Zeugnis ablegen, daß du die Bußfertigen wieder aufnimmst.' Deshalb sprach Gott (Jes 55,4): ‚Siehe, zum Zeugen für die Völker habe ich ihn bestellt.'"

In der christlichen Überlieferung, wo er gerne mit dem Anfangswort der lateinischen Übersetzung als „Miserere-Psalm" bezeichnet wird, gehört der Psalm zu den sieben kirchlichen Bußpsalmen, ja er avancierte zum biblischen „Beichtgebet" schlechthin. Die betende Doppelbewegung, die sich in seinen beiden Teilen V. 2–11 (Bitte um Vergebung) und V. 12–19 (Bitte um Neuschöpfung) vollzieht, macht den Psalm in der Tat zu einem Gebet, das dazu einlädt, sich vorbehaltlos und ganz dem reinigenden, rettenden und schöpferischen Feuer des barmherzigen Gottes auszusetzen. Der Maler und Graphiker Georges Rouault hat in seinem 57 Blatt umfassenden Zyklus „Miserere" die Leidenschaft nachempfunden, mit der dieser Psalm an der Last der Sünde leidet und im Aushalten dieses Leids im Angesicht Gottes den Anfang neuen Lebens verheißt. Dieser Psalm weiß um das Dunkel der Sünde, aber er weiß noch mehr um den Lichtstrahl der Gnade!

Der Psalm inspiriert sich an den großen prophetischen Verheißungen der Neuschaffung des Herzens (vgl. Ez 11,14–20; 36,24–28) und der Vergebung der Sünden durch den bundeswilligen Gott (vgl. Jer 31,31–34). Er spielt auch auf die Sinaiüberlieferung (vgl. Ex 34,6f) an. Seine Opferkritik (vgl. V. 18f) setzt die prophetische Opferkritik (vgl. besonders Jes 1,11–17; Jer 6,20; Am 5,21–24; Mi 6,6–8) voraus. Dies alles spricht für eine Entstehung des Psalms in nachexilischer Zeit. Wann der Psalm seine Endgestalt erhalten hat, hängt vom Verständnis des auf eine spätere Erweiterung zurückgehenden Abschnitts V. 20–21 ab. Wer das Thema „Wiederaufbau der Mauern Jerusalems" (vordergründig) historisch versteht, wird den Psalm vor dem um 450 v. Chr. erfolgten Wiederaufbau der Stadtmauern von Jerusalem unter Nehemia ansetzen. Wer hier hingegen eine Bitte um die eschatologische Wiederherstellung der Gottesstadt sieht, wie dies auch in der späten prophetischen Literatur aufscheint, wird den Psalm entsprechend später ansetzen.

Auslegung

Der Psalm hat ein sehr individuelles Profil. Zwar kann man versuchen, in ihm die typischen Elemente eines Klagepsalms auszumachen: Anruf Gottes (V. 2–3), Bekenntnis der Schuldverstrickung als Notschilderung (V. 5–8), Bitte um Sündenvergebung und Erneuerung als Bitte um ein Ende der Not (V. 9–14), Lobgelübde (V. 15–19), doch wird dies weder der den ganzen Psalm durchziehenden Bitt-Struktur (beachte die vielen Imperative!) gerecht, noch ist hier die einen Klagepsalm kennzeichnende Auseinandersetzung mit Gott und mit den Feinden (sie fehlen im Psalm überhaupt!) gegeben. So wird man den Psalm am ehesten als „Bittgebet eines einzelnen" bestimmen, dessen beide Teile V. 3–11 und V. 12–19 nicht nur durch ihre jeweils unterschiedliche Thematik (Befreiung von Sünde bzw. Neuschaffung), sondern auch durch literarische Rahmung angezeigt werden: Die den ersten Teil eröffnende Bitte „lösche aus mein Verbrechen" beschließt auch diesen Teil, wobei durch die Totalitätsangabe der zusammenfassende Charakter unterstrichen wird: „und alle meine Schuld (im Hebräischen steht hier sogar der Plural!) lösche aus!" Auch der zweite Teil ist semantisch gerahmt: Die anthropologischen Begriffe „Herz" und „Geist", mit denen dieser Teil beginnt, beschließen ihn auch (in spiegelbildlicher Reihenfolge!). Beide Teile werden auch jeweils mit der Anrufung Gottes eröffnet; nach einer nicht unbegründeten Hypothese stand statt des Gattungsbegriffs „Gott" hier ursprünglich der Gottesname JHWH (so auch in V. 16a.19b). Beide Teile, die Gottes reinigendes und erneuerndes Handeln am Beter erflehen, sind insofern von einer parallelen Dynamik bestimmt, als sie beide die Freude und den Jubel als Zeichen der Zuwendung Gottes anzielen.

Der erste Teil wird eröffnet mit dem Appell (V. 3–4) an den Sinaigott, der sich in Ex 34,6f selbst so definiert: „JHWH ist ein barmherziger und gnädiger Gott, langmütig und groß an Güte ... vergebend Schuld und Verbrechen und Sünde". Diese drei Eigenschaften JHWHs, die die Großzügigkeit eines Höheren gegenüber seinem Untergebenen („Gnade"), die selbstlose und opferbereite Solidarität zwischen Verwandten und Liebenden („Güte") und die durch nichts zu zerstörende Bindung von Eltern an ihre Kinder („Erbarmen") in dem einen JHWH vereinigen, sind die von der Geschichte JHWHs mit seinem Volk vorgegebenen Erfahrungen, denen sich der Beter unter der Last seiner Schuldverstrickung aussetzt.

Mit den drei wichtigsten Begriffen für Sünde, die auch andernorts in dieser Trias begegnen (vgl. Ps 32,1f; 103,10.12 sowie Lev 16,21), werden die unterschiedlichen Dimensionen von Sünde gebündelt, die sich in der Realität freilich vermischen. „Verbrechen" *(pæš)* meint die Auflehnung und den Verstoß gegen die grundlegende Lebens- und Heilsordnung Gottes (vgl. Gen 3). „Schuld" *('āwōn)* ist die Zerstörung und der Schaden, die man anrichtet und die einen dann auch selbst bedrohen (vgl. Gen 4). „Sünde" *(ḥaṭā't)* bezeichnet das Abweichen vom richtigen Lebensweg und die Verfehlung des aufgetragenen Zieles; dieser Begriff wurde zunehmend zum Begriff für Sünde als Verstoß gegen JHWH.

Durch die drei Verben, mit denen der Beter JHWH um Befreiung von seiner vielschichtigen Schuld bittet, wird diese als Schmutz qualifiziert, der seinen Lebensraum, seine Kleider, ja sein Inneres beschmutzt. Dementsprechend bittet er darum, daß Gott diesen Unrat „wegwischt", wie man eine Schüssel auswischt (vgl. 2 Kön 21,13), daß er den Beter gründlich abwäscht, wie man Kleider auswäscht (vgl. Ex 19,10), und daß er ihn bis ins Innerste davon reinigt, wie man die Metalle durch einen Schmelzprozeß läutert (vgl. Mal 3,3).

In einem entfalteten Sündenbekenntnis (V. 5–8) breitet der Beter sodann die ganze Not seiner sündigen Existenz vor seinem Gott aus. Jenseits aller Versuche, Schuld abzuschieben oder zu verharmlosen, kommt hier die ganze Ambivalenz menschlichen Lebens zur Sprache, die auch die biblische Urgeschichte durchzieht: Der Hang zum Bösen (vgl. Gen 8,21) sowie die Verweigerung gegenüber dem Nächsten (vgl. Gen 4) und gegenüber Gott (vgl. Gen 3) stecken zutiefst in jedem Menschen – gewissermaßen vom ersten Augenblick seiner Existenz an, wie V. 7 sagt (V. 7 ist natürlich keine Aussage über den Vorgang der Zeugung usw. als „Sünde"!). Was den Beter besonders belastet, ist aber, daß er in seiner Sünde „gegen seinen Gott allein" sündigt. Damit ist nicht gemeint, daß er nicht um die Schuld gegenüber Menschen weiß (das wäre ein alttestamentlich unvorstellbarer Gedanke!). Im Gegenteil, hier wird Schuld am Nächsten und an der Gemeinschaft radikalisiert als „Sünde an Gott allein" (vgl. ähnlich Gen 39,9; Jer 22,16). Wer die Menschenwürde und die Menschenrechte verletzt, verletzt Gottesrecht – das war besonders die These der Propheten!

Die erneute Bitte um Befreiung vom Makel der Sünde (V. 9–11) setzt gegenüber der Anfangsbitte (V. 2–4) noch tiefsinniger an. Mit der bildhaften Anspielung auf die rituelle Reinigung der Aussätzigen (vgl. Lev 14) sowie der durch die Berührung mit Toten in den gefährlichen Machtbereich des Todes Geratenen (vgl. Num 19) wird einerseits die Sünde in ihrer ansteckenden (Aussatz) und tödlichen Destruktivität gekennzeichnet, andererseits wird aber gerade dem gütigen und barmherzigen Gott zugetraut, daß er von dieser Krankheit und von diesem

Tod befreien und neue Lebensfreude (V. 10) schenken kann.

Mit einer Kette von Bitten (V. 12–15), die auf die Verheißung des Ezechielbuchs, wonach JHWH sein Volk reinigen (vgl. den ersten Teil unseres Psalms) und ihnen ein neues Herz und einen neuen Geist geben wird, damit sie seine Tora leben können (vgl. Ez 11, 19 f; 36, 24–28), anspielen, erfleht der Beter eine derart fundamental ansetzende und tief greifende Rettung aus der beklagten Schuldverstrickung, daß er dafür zu Recht die beiden Verben „schaffen" und „erneuern" (V. 12) gebraucht. Angesichts der den Menschen vom ersten Augenblick seiner Existenz an bedrohenden tödlichen Krankheit „Sünde" bittet er darum, daß Gott ihn von der Mitte seiner Existenz her neu schaffen möge.

„Herz" und „Geist" sind nach alttestamentlichem Denken die beiden Grundkräfte, aus und mit denen der Mensch lebt. Das „Herz" *(leb)* ist dabei der Sitz der (praktischen) Vernunft. Das Herz ist das „Organ", mit dem der Mensch die Welt- und Lebensordnung erfaßt. Das Herz ist vor allem das Organ, mit dem der Mensch Gott hört und sich ihm öffnet. Von daher wird verständlich, wieso der junge Salomo, als Gott ihm (wie im Märchen) die Erfüllung eines Wunsches gewährt, bittet: „Verleihe deinem Knecht ein hörendes Herz, damit er dein Volk zu regieren und das Gute vom Bösen zu unterscheiden versteht" (1 Kön 3, 9). Dagegen ist „Geist" *(rū^aḥ)* das Zentrum der Lebenskraft und des Willens. Am „Geist" hängen gewissermaßen Leben und Tod. Wer „Geist" hat, hat Anteil an Gottes „Geist", der durch den „Geist" den Menschen befähigt, an seiner Stelle (als Prophet, als König, als Charismatiker) zu reden und zu handeln.

Es ist also nichts Geringes, um was der Beter von Ps 51 angesichts seiner leidvollen Erfahrung mit seinem „bloßen" Menschsein bittet: Er bittet darum, daß Gott ihm ein „reines *Herz*" schaffen möge, damit er die Lebensordnungen, ja das Gottgeheimnis voll erfassen kann. Und noch mehr bittet er um den rechten *„Geist"* (gleich dreimal!), damit er das mit dem Herzen Erkannte auch wirklich konsequent („fester Geist") und mit Hingabe, ja mit Liebe („williger Geist") tun kann. Wenn Gott seinen „heiligen Geist" in ihm wirken läßt, kann er „heilig" leben, d. h. in jener intensiven Lebensgemeinschaft mit dem heiligen Gott, daß die Sünde gegen Gott (und gegen die Menschen) unmöglich wird. Durch Gottes „heiligen Geist" wird ein Leben nach der im Heiligkeitsgesetz verkündeten Maxime „Seid heilig, weil/wie ich, euer Gott, heilig bin!" (vgl. Lev 19, 2) Wirklichkeit. Mit diesen Bitten bittet der Beter letztlich um die Gnade des Neuen Bundes – und dies nicht nur für sich, sondern auch für die anderen „Verbrecher" und „Sünder" (V. 15).

Noch einmal setzt der Beter mit seiner Bitte um Befreiung von der zerstörerischen Macht der Sünde an (V. 16–19; Neueinsatz markiert mit der Anrede „Gott"). Er greift das Verbum „herausreißen, retten" auf, mit dem die großen Befreiungserfahrungen Israels gefeiert werden (vgl. Ex 3, 8; 5, 23; 6, 6; 18, 8.10; Ri 6, 9; 1 Sam 10, 18), und bittet mit ihm darum, aus der „Blutschuld" der Sünde, d. h. aus dem tödlichen Kreislauf der Lebensvernichtung, in den die Sünde stürzt, herausgerissen zu werden.

Die für uns eigenartige Rede von der „Blutschuld" der Sünde spielt auf eine Rechtspraxis an, die ein schweres Vergehen mit der Todesstrafe ahndete. Eine andere Wurzel dieser Rede ist die urtümliche Vorstellung, daß das gewaltsam vergossene Blut nach Vergeltung („Blutrache") schreit (vgl. Gen 4, 10 sowie die Redewendung „das Blut komme über sein/unser Haupt" [Jos 2, 19; 2 Sam 1, 16; 1 Kön 2, 37; Mt 27, 25]). Errettung aus „Blutschuld" meint hier also nicht nur Errettung aus „blutigem Strafgericht", sondern Rettung vor allem Tun, das zu einem solchen „Strafgericht" führen könnte. Letztlich zielt die Bitte auf die Rettung vor der tödlichen Knechtschaft der Sünde und auf die „Erlösung von dem Bösen". Wo solches geschieht, begegnet der Mensch „dem Gott des Heils" und Gottes „Gerechtigkeit", er erfährt seinen Gott als den, der nicht den Tod des Sünders will, sondern daß er sich zu ihm wendet und darin Leben und Freude findet (vgl. Ez 18, 1–32; 33, 10–20).

Auf Rettung aus tödlicher Gefahr antwortete der Gerettete mit einem Dankopfer (vgl. Noach nach der Sintflut [Gen 8, 20] sowie die Dankopferversprechen in den Psalmen [54, 8 f; 66, 13–15; 116, 17–19 u. ö.]), bei dem er zugleich JHWH als den guten Rettergott feierte und verkündete (vgl. Ps 22, 23; 26, 12; 35, 18 u. ö.). Unser Psalm aktualisiert in V. 18 die prophetische Opferkritik, die statt der Opfer den Gottesgehorsam und das Tun von Recht und Gerechtigkeit fordert (so auch die Weisheit [vgl. Spr 15, 8; 21, 3.27; 28, 9 sowie bes. Sir 34, 21–35, 22]). Zugleich stößt der Psalm in V. 19 (ähnlich wie Ps 40, 7–10; 69, 31 f) zu einer „neuen" Opfertheologie durch: Nicht irgendwelche Gaben, die den Geretteten „symbolisieren" sollen, sondern *sich selbst* als den an Herz und Geist erneuerten Menschen übergibt er seinem Gott. Das ist das Opfer, das Gott als den Schöpfer und Retter verkündet und an dem Gott Wohlgefallen hat: Daß der selbstgefällige, hartherzige und hochmütige Sünder sich von ihm „zerbrechen" läßt und vor ihm „klein und arm" wird, (zu diesem Verständnis von V. 19 vgl. bes. Ez 6, 9; Ps 34, 19).

Der Psalm schließt in V. 20–21 mit der Vision von der eschatologischen Erneuerung des Zion. Da ist zunächst die Bitte, JHWH möge die Zeit seines „Wohlgefallens" anbrechen lassen und Jerusalems Mauern wieder „bauen". Das ist die Topik, mit der die nachexilische

Theologie, insbesondere die jesajanische Schule, davon träumt, daß JHWH den Zion zu einem Ort des Heils und der Gerechtigkeit macht – nicht nur für das bedrängte und zerstreute Gottesvolk Israel, sondern für alle Völker. Das ist die Botschaft, die der mit dem „Geist Gottes" erfüllte Gottesknecht in Jes 61 (vgl. die Aufnahme durch Jesus nach Lk 4, 18 f) verkündet: „Er hat mich gesandt, damit ich den Armen eine frohe Botschaft bringe und alle heile, deren Herz zerbrochen ist, ... damit ich ein Jahr des Wohlgefallens JHWHs ausrufe, ... damit ich alle Trauernden tröste, die Trauernden Zions erfreue, ihnen Schmuck bringe anstelle von Schmutz, Freudenöl statt Trauergewand, Jubel statt Verzweiflung. Man wird sie ‚Die Eichen der Gerechtigkeit' nennen, ‚Die Pflanzung, durch die JHWH seine Herrlichkeit zeigt'. Dann bauen sie die uralten Trümmerstätten wieder auf ..." (Jes 61, 1–4; vgl. zum Motiv vom eschatologischen „Bau" der Gottesstadt u. a.: Jes 58,12; 60,10; 62,7 sowie Ps 102,17; 147,2; Tob 13,17 f; 14,5 f).

Hier geht es um mehr als um den Aufbau der Stadtmauern von Jerusalem als einer militärisch-defensiven Anlage. Dies ist vielmehr die Bitte, JHWH möge Jerusalem „bauen" als „Stadt der Gerechtigkeit" (vgl. Jes 1,26 f) und als „Gottesstadt", auf dem Zion, von der Heil und Frieden ausgeht (vgl. Jes 2, 1–5; Ps 46.48). In einer so erneuerten Gottesstadt, deren Bewohner sich als von Gott aus ihrer Schuldverstrickung Gerettete und als Neugeschaffene erfahren (vgl. V. 12–19), wird JHWH seine Freude haben an den „Schlachtopfern der Gerechtigkeit", die nicht mehr unter die prophetische Kritik fallen. Diese Schlachtopfer sind dann Anerkennung und Dank für die Gegenwart des „Gottes der Gerechtigkeit" inmitten seines Volkes, und zwar in doppeltem Sinne: Sie sind öffentliche Anerkennung der Herrschaft JHWHs über die Gottesstadt und über ihre Bewohner.

Und insofern die Schlachtopfer immer verbunden sind mit einem gemeinsamen Opfermahl, realisieren sie die vom Sinaibundesgott (vgl. den Bezug auf Ex 34,6f in V. 3-4) gestiftete und in der Sündenvergebung fortwährend erneuerte soziale Gemeinschaft (Die in V. 21b noch genannten „Brandopfer" und „Ganzopfer", die die vollständige Verbrennung von Tier- und Speiseopfern bezeichnen, wollen noch unterstreichen, daß mit den Opfern die Majestät des in seiner Gottesstadt herrschenden JHWH anerkannt wird; vermutlich handelt es sich, wie auch die poetische und syntaktische Struktur zeigt, um einen nachträglichen Zusatz; auch V. 8 und V. 18b dürften nachträglicher Zusatz sein).

Die Vision von V. 20-21 schließt einerseits gut an V. 3-19 an: Die durch die Sündenvergebung neugeschaffenen Menschen sind in der Tat die „Idealbewohner" des neuen Jerusalem. Andererseits ist V. 3-19 nicht auf V. 20-21 als Höhepunkt hin gestaltet. Im Gegenteil: Zion und Jerusalem ist nirgends im Blick. Und die opferkritischen Aussagen von V. 18-19 stehen eher in Spannung zur Opfertheologie von V. 21. So legt sich die Hypothese nahe, V. 20-21 sei eine „eschatologisierende" Fortschreibung des Psalms, die die Erneuerung durch Sündenvergebung eng mit der Erneuerung des Zion verbindet und auf sie hin transparent macht.

In der Tat: Wo Sünder sich von JHWH neuschaffen lassen, wird das Gottesvolk erneuert. Und wenn dies auf dem Zion und von ihm her geschieht, wird Jerusalem zur Stadt der Gerechtigkeit. Und zwar in einem doppelten Sinn: Wo Sünder vor Gott ihre Schuld bekennen, stellen sie sich unter das gerechte Urteil JHWHs, wie dies V. 6cd sagt. Und wo das Urteil JHWHs angesichts des Schuldbekenntnisses dann die Vergebung und die Rettung des Sünders bedeutet, erweist sich JHWHs Gerechtigkeit als rechtfertigende, heilende Zuwendung; wo dies geschieht, wird JHWH als „Gott des Heils" (V. 16a) erfahren. Sowohl dieser Gottestitel wie auch V. 6cd gehen wahrscheinlich ebenfalls auf die erweiternde Hand zurück, die V. 20–21 angefügt hat. (V. 6cd ist syntaktisch schwierig angeschlossen und steht semantisch-theologisch in Spannung zum eröffnenden Appell an Gottes Güte bzw. Erbarmen; „Gott des Heils" ist ein die Zeile 18a übermäßig längendes Element).

Diese in V. 6cd.18a.20–21 erkennbare Redaktion steht nun in auffallender sprachlicher und theologischer Nähe zum vorangehenden Psalm 50 (vgl. u. a. V. 6cd mit 50,6f; V. 18a mit 50,23; V. 20f mit 51,14.21 als Aufforderung, mit der rechten Haltung Schlachtopfer als Dankopfer darzubringen). Beide Psalmen sind thematisch verwandt: In Ps 50 proklamiert der am Zion den Sinaibund erneuernde (50,5 ist präsentisch zu übersetzen!) JHWH seine Bundes-Gebote, klagt Israel des Bundesbruchs an und fordert zur Umkehr auf. In Ps 51 bekennt ein „Ich" seine Schuld, bittet um Vergebung und verspricht „Opfer der Gerechtigkeit".

Ps 50 ist von der Redaktion gezielt vor Ps 51 gestellt worden (die „Asafpsalmen" 50 und 73–83 legen sich als Rahmen um die Davidpsalmen 51–72!): Er soll nun als die Antwort der Ziongemeinde auf die Gottesreden von Ps 50 gelesen werden. In der Nachfolge Davids (vgl. 51,1–2) bekennt sie ihre Schuld, bittet um Vergebung und Neuschöpfung – und hofft darauf, daß der Ziongott als rettende und neuschaffende Sonne (vgl. 50,2) über dem Zion aufgeht, damit die in 51,19f gesprochenen Bitten, aber auch die in 50,18.23 (jeweils Schluß der Gottesrede) gegebenen Verheißungen sich zu erfüllen beginnen. Ob freilich die „Opfertheologie" von Ps 51,21 oder die von Ps 51,18f die heute zu hörende Botschaft ist, wird nicht so leicht zu entscheiden sein.

Dieser Psalm lebt aus der Verheißung: „So spricht der Hohe und Erhabene, der ewig Thronende, dessen Name ‚Der Heilige' ist: Als Heiliger wohne ich in der Höhe, aber ich bin auch bei den Zerschlagenen und Bedrückten, um den Geist der Bedrückten wieder aufleben zu lassen und das Herz der Zerschlagenen neu zu beleben" (Jes 57,15; vgl. auch Jes 61,1).

Psalm 103

1a	*Von David.*
1b	*Segne, meine Seele, JHWH*
1c	*und alles in mir seinen heiligen Namen.*
2a	*Segne, meine Seele, JHWH*
2b	*und nicht vergiß alle seine Taten:*
3a	*Er ist es, der vergibt all deine Schuld,*
3b	*er ist es, der heilt all deine Gebrechen,*
4a	*er ist es, der auslöst aus der Grube dein Leben,*
4b	*er ist es, der dich krönt mit Güte und Erbarmen,*
5a	*er ist es, der dich sättigt mit Gutem, solange du bist,*
5b	*daß sich erneuert wie beim Adler (Geier?) deine Jugend.*
6a	*Heilstaten tut JHWH*
6b	*und Recht allen Unterdrückten.*
7a	*Er ließ erkennen seine Wege den Mose,*
7b	*die Kinder Israels seine Werke:*
8a	*Barmherzig und gnädig ist JHWH,*
8b	*langmütig und voller Güte.*
9a	*Nicht auf immer streitet er,*
9b	*nicht auf ewig zürnt er,*
10a	*nicht gemäß unseren Sünden wirkt er an uns,*

und nicht gemäß unseren Schuldverstrik-
kungen tut er an uns.
11a Denn so hoch der Himmel über der Erde ist,
11b war stark seine Güte über denen, die ihn fürchten.
12a So weit der (Sonnen-)Aufgang entfernt ist vom Untergang,
12b entfernte er von uns unsere Verbrechen.
13a So wie sich erbarmt ein Vater über Kinder,
13b erbarmte sich JHWH über die, die ihn fürchten.
14a Denn er weiß, was wir für Gebilde sind,
14b er ist eingedenk, daß wir Staub sind.
15a Das Menschlein, wie Gras sind seine Tage,
15b wie eine Blume des Feldes, so blüht er.
16a Wenn der Wind über sie hinfährt, ist sie nicht mehr,
16b und der Ort, wo sie war, weiß nichts mehr von ihr.
17a Doch die Güte JHWHs ist von Ewigkeit zu Ewigkeit über denen, die ihn fürchten,
17b und sein Heilswalten über den Kindeskindern,
18a über denen, die bewahren seinen Bund
18b und die seiner Gebote gedenken und sie tun.

19a JHWH, im Himmel hat er gegründet seinen Thron,
19b und seine Königsherrschaft herrscht über das All.
20a Segnet JHWH, seine Boten,
20b Helden der Kraft, die sein Wort ausführen,
20c im Hören auf die Stimme seines Wortes.
21a Segnet JHWH, all seine Heerscharen,
21b seine Diener, die seinen Willen ausführen.
22a Segnet JHWH, all seine Werke,
22b an allen Orten seiner Herrschaft.
22c Segne, meine Seele, JHWH!

Einführung

Der Psalm ist ein Hymnus auf JHWHs Königtum, dessen tiefstes Wesen er am Sinai geoffenbart hat. Wegen seiner vielfältigen Anspielungen auf Ex 19–34 und das Jesajabuch (Jes 40, 6–8; 57, 16), aber auch auf andere Psalmen (vgl. besonders Ps 25) ist Ps 103 ein „junger" Psalm. Er gliedert sich in drei Teile: Aufgesang (V. 1–5), Hauptteil (V. 6–18) und Abgesang (V. 19–22).

Der zehnzeilige (!) „Aufgesang" setzt mit einer zweifachen Aufforderung des Sprechers an seine „Seele" (Kehle?) ein, JHWH bzw. „seinen heiligen Namen", den er beim Exodus (vgl. Ex 34, 6f) geoffenbart hat, zu lobpreisen. Diese Aufforderung reicht vom Satzgefüge her bis V. 5. Die Aussagen in V. 3–5 a (im Hebräischen ist es eine partizipiale Reihe) sind eine erläuternde Konkretion der in V. 2 b genannten „Taten" JHWHs. V. 5 b markiert mit seiner anderen Satzform eine Zäsur; die Zeile faßt mit einem Vergleich die Wirkung zusammen, die JHWHs Handeln auslöst: Er schafft wundervolle Erneuerung!

Der Hauptteil wird in V. 6 mit einer allgemeinen hymnischen Prädikation (im Hebräischen steht das Partizip!) eröffnet, die JHWHs Heilshandeln als Parteinahme für alle Unterdrückten festhält – gewissermaßen das Thema des Hauptteils. Daß es dann aber in der Entfaltung des Themas nicht um die Rettung von „äußeren" Feinden oder aus gesellschaftlich-politischer Bedrängnis, sondern um die Befreiung von eigener Schuld, also um „innere" Feinde geht, ist die überraschende Pointe des Psalms. Er spielt mehrfach auf die Sinai-Erzählung Ex 19–34 an (vgl. die Auslegung) und deutet den Sinaibund als „Neuen Bund", d. h. als „Bund der Erneuerung". Dies ist auch die Perspektive von Ex 19–34 auf der (kanonischen!) Ebene des Endtextes.

Die drei Phasen des in Ex 19–34 erzählten Bundesgeschehens, nämlich Bundesschluß auf der Basis des Dekalogs und des sog. Bundesbuchs (Ex 19–24) – Bundesbruch durch die Anbetung des Goldenen Kalbs (Ex 32) – Bundeserneuerung (Ex 33–34), werden in Ex 34, 9f präzise auf den Zusammenhang von Bitte um und Zusage von Sündenvergebung gebracht, wobei die Sündenvergebung vom gütigen und barmherzigen JHWH (vgl. Ex 34, 6f) als erneute Zusage des Bundes (Ex 34, 10a) und als Verkündigung des Gottesrechts (Ex 34, 10b–26) zugesprochen wird. Auch wenn in Ex 34 der Begriff „neuer Bund" nicht verwendet wird, steht die in Ex 34, 10 verheißene Geschichte Israels als Fortführung des Exodus dezidiert unter der Gnade des Sinaigottes, dessen Güte kein Maß und keine Grenze hat, wie unser Psalm verkündet.

Der Abschnitt V. 6–18 ist seinerseits klar aufgebaut. Nach Themenangabe und Bezugnahme auf die Sinaierzählung (V. 6–7) folgen drei je sechszeilige Unterabschnitte: V. 8–10 bietet eine Variation der „Sinaiformel" (vgl. die Auslegung). V. 11–13 ist eine Komposition von drei Vergleichen über das „Wesen" Gottes, in deren Mitte (!) die Aussage über die Sündenvergebung steht. V. 14–16 bietet Aussagen bzw. Vergleiche über das „Wesen" der Menschen. V. 17–18 schließlich faßt die im Hauptteil entfaltete „Theo-Logie" zusammen; hier fällt nun auch das Stichwort „Bund". In V. 6–18 überlagern sich Aussagen im Wir-Stil und Aussagen über die Gruppe der JHWH-Fürchtenden. Durch diese pluralische Perspektive hebt sich der Hauptteil deutlich vom Aufgesang ab; der Teil ist durch drei Stichwortbeziehungen gerahmt („tun": V. 6a.18b; „Heilstaten, Heilswalten": V. 6a.17b; „Kinder"; V. 7b.17b).

Mit dem betont an den Zeilenanfang gesetzten Gottesnamen beginnt in V. 19 der zehnzeilige (!) „Abgesang". Thematisch bedeutet er gegenüber dem „Aufgesang" eine Steigerung: Er fordert nun den gesamten himmlischen Hofstaat und alle Werke der Schöpfung zum Lobpreis JHWHs auf (V. 19–22); dabei bilden V. 19 b und V. 22 b durch das Stichwort „herrschen" eine Rahmung.

Die letzte Zeile ist wortgleich mit der ersten Zeile des Psalms: Wer den Psalm betet und sich von seiner Botschaft ergreifen läßt, wird erfahren, daß sich im staunenden und rühmenden Aufschauen zum Sünden vergebenden Gott eine „Verjüngung" des Lebens vollzieht, wie sie nur Gott schenken kann.

Auslegung

Die zweifache Aufforderung zum „Segensspruch" (Beraka), mit der der Psalm einsetzt, wendet sich an „die Seele" *(næfæš)*, womit ursprünglich vielleicht sogar wörtlich „die Kehle" als Organ des Sprechens (des Atmens, des Essens und des Trinkens: all dies ist im biblischen Sinn „Seele" = Lebensorgan des Menschen) gemeint ist. Der Lobpreis soll, wie das hebräische Verbum anzeigt, eine „Beraka", ein „Segensspruch" sein, d.h. eine rühmende Bezeugung des Segenshandelns JHWHs. Jede Beraka besteht unverzichtbar aus diesen beiden Elementen: Anbetung JHWHs als des wahren Gottes und Erinnerung seiner Taten (V. 1 c und 2 b).

Die (unendliche) Fülle „all seiner Taten" bündelt der Aufgesang in einer Reihe von fünf Partizipien (V. 3–5 a; vgl. dazu auch das fünfmalige Vorkommen des Gottesnamens im Abgesang V. 19–22). Gleich an erster Stelle steht, unter Anspielung auf Ex 34,9, die Vergebung „aller Schuld", wobei das hebräische Wort ʿāwōn die Sünde als (lebens-)zerstörerische Tat und das daraus auch für den Sünder letztlich entstehende Unheil (vgl. unsere Auslegung von Ps 51) bezeichnet. All dies „vergibt" JHWH, womit ein Dreifaches gemeint ist: er konfrontiert den Schuldigen mit seiner Schuld (er ist nicht gleichgültig gegenüber dem Bösen!); er spricht ein Urteil, das den Schuldigen nicht zerstört, sondern zur Abkehr von seinem zerstörerischen Tun motiviert („Urteil", aber keine „Verurteilung"); er läßt den Schuldigen seine Zuwendung und sein Wohlwollen so erfahren, daß Aussöhnung und Erneuerung geschieht (wirksame Vergebung).

Dieses tiefgreifende Geschehen der Sündenvergebung, das dann der Hauptteil des Psalms als „Wesen" des Sinaibundesgottes entfaltet, wird in den weiteren Partizipien und im abschließenden Konsekutivsatz des „Aufgesangs" mit metaphernreicher Sprache umkreist: Sündenvergebung ist Heilung schwerer Krankheit, Herausholung aus dem Grab, Schmückung und Krönung mit Güte und Erbarmen, überreiche Beschenkung mit allem Guten – und vor allem wundervolle „Verjüngung". Wem JHWH Schuld vergibt, der wird ein neuer Mensch. Der Psalm sagt dies in V. 5b mit einem Vergleich, den wir leider nicht ganz verstehen. Wahrscheinlicher als die Erklärung, der Vergleich habe die Mauserung des Adlers bzw. Geiers (schon die alten Übersetzungen entscheiden sich in griechisch-abendländischer Bewunderung für „Adler"; richtiger ist „Geier" – auch wenn wir dabei meist negative Assoziationen haben!) als „Verjüngung" (bzw. als Erkrankung und Genesung) im Blick, ist die Deutung, daß hier auf den schnellen, kräftigen, hohen und schier unermüdlichen Flug des Geiers angespielt wird: Wo andere Vögel aus Müdigkeit zu Boden gehen, schwingt der Geier sich immer noch durch die Lüfte (vgl. Jes 40,27–31).

Der Hauptteil des Psalms (V. 7–18) erinnert daran,

daß die Hoffnung und die Erfahrung der Leben erneuernden Sündenvergebung, wie sie „die Seele" des Beters von V. 1–5 beschreibt, in der großen Sinaioffenbarung gründet, die „am Ursprung" Israels als Bundesvolk steht. Während in der allgemeinen Gottesprädikation in V. 6, mit der der Hauptteil eröffnet wird und die JHWH als Gott bezeugt, der „den Unterdrückten" zum Recht verhilft, noch die Befreiung aus der pharaonischen Bedrängnis mitgemeint sein könnte (also der „Anfang" des Exodus!), macht V. 7 deutlich: Die eigentliche Befreiung Israels war und ist die Befreiung von der Last der Sünde und die Zusage des „neuen" Bundes vom Sinai.

V. 7 spielt sprachlich und theologisch auf die nach der Sünde des Gottesabfalls (Ex 32: Goldenes Kalb!) von Mose JHWH vorgetragene Bitte an: „Laß mich doch erkennen deine Wege" (Ex 33,13). Und V. 8–10 zitiert dann die dem Mose in Ex 34,6–10 gegebene Antwort auf diese Bitte. JHWH zieht dort oben am Sinai an Mose vorüber und erläutert ihm so buchstäblich „seine Wege", indem er „seinen Namen" ausruft und diesen durch eine Reihe von Aussagen definiert: „JHWH ist ein barmherziger und gnädiger Gott, langmütig und voller Güte und Treue, bewahrend Güte für tausend Generationen, wegtragend Schuld und Verbrechen und Sünde. Er spricht keineswegs einfach frei, er prüft vielmehr die Schuld der Väter an den Kindern und an den Kindeskindern" (Ex 34,6f). Als Mose diese „Selbstdefinition" des Sinaigottes hört, wirft er sich (wie bei einer Königsaudienz) nieder und bittet um Sündenvergebung (s.o.) für das Volk: „Vergib uns unsere Schuldverstrickungen und unsere Sünden und nimm uns als deinen Erbbesitz an" (Ex 34,9). Diese Bitte beantwortet JHWH mit der Bundeszusage, die im Kontext von Ex 19–34 als Zusage der Bundeserneuerung, d.h. als Zusage des „neuen" Bundes zu

begreifen ist: „Siehe, ich schließe (erneut) den Bund ...".
All dies ist im Hintergrund unseres Psalms.

Allerdings werden gegenüber Ex 34 deutlich neue Akzente gesetzt, die sich aus der prophetischen Theologie inspirieren (vgl. bes. zu V. 7: Jes 57,16, sowie zu V. 13: Jes 49,15; 63,16; Jer 31,9.20; Hos 2,6; 11,1.3.4): Was schon im Aufgesang mit Anspielung auf Ex 34,9 verkündet wird, nämlich daß JHWH alle (!) Schuld vergibt, wird nun dadurch verstärkt, daß aus Ex 34,6f nur der Aspekt der Güte und der Barmherzigkeit JHWHs zitiert und der Aspekt des strafenden Gottes in viermaliger (!) Bestreitung zurückgenommen wird. Möglicherweise sind der Vergleich mit dem Vater, der sich seiner Kinder erbarmt (V. 13) sowie der Hinweis auf JHWHs „Heilswalten über den Kindeskindern" (V. 17) sogar eine gezielte Gegenposition zu Ex 34,7 (vgl. die Stichwortbeziehungen!).

Die „neue" Sinai-Theologie unseres Psalms wird in den beiden je sechszeiligen Unterabschnitten V. 11–13 und V. 14–16 ausführlich begründet (beachte jeweils am Anfang die Partikel „denn"!), zum einen mit den drei Vergleichen über das Wesen JHWHs, das zutiefst unendliche „Güte" und „Barmherzigkeit" ist, und zum anderen mit dem Hinweis auf das Wesen der Menschen, das zutiefst Vergänglichkeit ist. V. 17f faßt die Theologie vom Bund, der von seinem Ansatz her „ewig", d. h. unwiderrufbar ist (vgl. u. a. Jes 54,7–10), nochmals zusammen.

Der Abgesang (V. 19–22) „gründet" die Sinaibundestheologie im uranfänglichen Königtum des Schöpfergottes. Die Sündenvergebung ist der fundamentale Akt, durch den JHWH seine Herrschaft über das All und an allen Orten „stabilisiert". Das war auch die Quintessenz der Gottesreichpredigt Jesu!

Kontext

Wer Psalm 103 als *biblischen* Text lesen und beten will, muß ihn im Zusammenhang seiner Nachbarpsalmen sehen. Das ist nicht erst eine Erkenntnis der kanonischen Psalmenlektüre, die die einzelnen Psalmen als Teil des biblischen Psalmenbuchs begreifen will. Schon die frühe jüdische Exegese hat die Psalmen *so* ausgelegt. Der Midrasch zum Psalmenbuch betrachtet Ps 103 und Ps 104 ausdrücklich als einen übergreifenden Zusammenhang, wenn er die in beiden Psalmen zusammen fünfmal vorkommende Aufforderung „Segne, meine Seele, JHWH" (103, 1.2.22; 104, 1.35) mit den fünf Büchern der Tora vergleicht oder wenn er diese fünf Aufforderungen zu einer mystischen Biographie Davids (des „messianischen" Psalmenbeters!) ausdeutet.

Als David im Mutterschoß war, sprach er 103, 1 („Segne meine Seele JHWH und all mein Innerstes"); als er geboren wurde, betete er 103, 2 („ ... und nicht vergiß all seine Wohltaten!"); als er in seinem Leben viel unterwegs war, sprach er 103, 22 (in verändertem Satzzusammenhang: „an allen Orten seiner Herrschaft lobpreise meine Seele JHWH!"); als er starb und die Herrlichkeit Gottes sah, sprach er 104, 1 („Segne meine Seele JHWH, mein Gott, du bist sehr groß!"); und bei der eschatologischen Vollendung wird er 104, 35 ausrufen: „Verschwinden sollen die Sünder von der Erde und Gottlose soll es nicht mehr geben! Segne meine Seele JHWH. Halleluja!"

Daß Ps 103 und Ps 104 durch die Aufforderungen „Segne meine Seele JHWH!" von der Psalmenbuchredaktion gezielt verklammert werden sollten, läßt sich auch exegetisch aufweisen. Diese Aufforderung „sitzt" nur im Aufgesang 103, 1–5 ursprünglich fest im Text; in 103, 22 c und in 104, 1 a. 35 c ist sie nachträglich gesetzte Rahmung bzw. Verklammerung.

Ps 103 und Ps 104 sind an ihren „Nahtstellen" motivlich verzahnt. Ps 103 schließt im Abgesang mit dem Bild von JHWH, der im Himmel seinen Königsthron errichtet hat und dort umgeben ist von seinen „Boten" und „Dienern", die darauf warten, seine Befehle auszuführen. Mit ebendiesem Bild setzt dann Ps 104, 1–4 ein: Der im königlichen Lichtglanz thronende JHWH beauftragt seine „Boten" und seine „Diener" (dieses Wort kommt im Psalmenbuch nur in 103,21; 104,4 vor!), ihn bei der Gabe des Lebens(wassers) an die Erde und alles, was auf ihr lebt, zu unterstützen. Beide Psalmen zeichnen JHWHs Königsherrschaft mit gleichen Stichworten: Er „sättigt mit Gutem" (103,5; 104,28) und er „erneuert" das Leben (103,5; 104,30). Beide Psalmen betonen, daß die göttliche Lebensgabe insbesondere für die Menschen unverzichtbar ist, weil sie aus sich selbst nur „Staub" sind (103,14; 104,29). Beide Psalmen verwenden auch für die von JHWH geschaffene und erneuerte Welt den Gesamtbegriff „seine/deine Werke" (103,22; 104,24). Welche dieser sprachlichen Bezüge „zufällig" sind oder erst auf eine Redaktion zurückgehen, braucht hier nicht diskutiert zu werden. Wichtiger ist, daß beide Psalmen dadurch einen theologischen Aussagezusammenhang bilden: Sie fordern zum Lobpreis JHWHs als der fortwährenden Lebensquelle auf. Er gibt bzw. erneuert das Leben „der Kinder Israels" (Ps 103) und aller Lebewesen der Erde und des Meeres (Ps 104). Die Geschichte Israels und die Geschichte des Kosmos sind hier ineinander verwoben – durch den Sinaigott, der gütig und barmherzig ist über die Maßen.

Ps 103 muß aber auch im Horizont seines Vorgängers Ps 102 gelesen werden, mit dem er ebenfalls sprachliche und motivliche Gemeinsamkeiten hat. In Ps 102 erwächst aus der Klage die Vision von der Erneuerung bzw. Wiederherstellung Zions – als Königserweis des im Him-

mel thronenden JHWH (102,20; vgl. 103,19; 104,2f).
Gerade angesichts der leidvollen Erfahrung, daß die „Lebenstage" des Menschen vergänglich wie Rauch und wie Gras sind (102,4f.12; vgl. 103,15), verkündet Ps 102 wie Ps 103, daß JHWHs „Wesen" darin besteht, daß er der Sinaigott ist: „barmherzig" und „gnädig" (102,14; vgl. 103,8.13). Wenn JHWH dieses sein Wesen erneut offenbaren wird, wenn er sich des Zion „erbarmt", werden die Völker „den Namen JHWHs" fürchten (102,16) – weil die Kinder Zions (dann, nein jetzt schon!) auf dem Zion den Namen JHWHs verkünden, „wenn (dort) die Völker sich versammeln und die Königreiche, um JHWHs Diener/Knechte zu werden" (102,23; vgl. auch 100,2), wie es die Kinder Israels sind (vgl. 102,13.29).

Liest man Ps 103 als „Fortsetzung" von Ps 102, dann ist 103 genau diese rühmende Verkündigung des „Namens JHWH" (vgl. 103,2 als Ankündigung der in 103,8–10 erläuterten Namensoffenbarung Ex 34,6f). In diesem Zusammenhang gehört Ps 103 dann zu den wichtigen Texten über das Thema „Israel und die Völker". Der Psalm ist die Gottesbotschaft, die Israel „den Völkern" der Erde weitergeben soll. Auch sie sollen Anteil erhalten an der Bundesgnade des Sinaigottes. Der Neue Bund vom Sinai ist offen für alle, die bereit sind, JHWHs Wege zu gehen. Israel *und* den Völkern ist im 103. Psalm gesagt: „SEINE Güte ist von Ewigkeit zu Ewigkeit über denen, die IHN fürchten, über denen, die bewahren seinen Bund, die seiner Gebote gedenken und sie tun" (103,17f).

XIX. Leben mit dem Tod

„Einen Vorteil des Menschen gegenüber dem Vieh gibt es nicht. Beide sind Windhauch. Beide gehen an ein und denselben Ort. Beide sind aus Staub entstanden, beide kehren zum Staub zurück. Wer weiß, ob der Atem der einzelnen Menschen wirklich nach oben steigt, während der Atem des Viehs ins Erdreich hinabsinkt?" (Koh 3, 19–21). „Wir müssen alle sterben und sind wie das Wasser, das, auf die Erde gegossen, versickert und nicht wieder zurückgeholt werden kann" (2 Sam 14, 14). Diese zwei Stimmen sprechen nüchtern und leidenschaftslos aus, was Israel jahrhundertelang über den Tod gedacht hat: Der Tod ist nicht Türe zu einem neuen Leben. Der Tod ist nicht Unterbrechung der individuellen Existenz, sondern ihr Abbruch. Nicht die Frage „Gibt es ein Leben *nach* dem Tode?" steht im Zentrum der alttestamentlichen Todestheologie, sondern die Frage: „Gibt es ein Leben *vor* dem Tod?" Wenn der Tod das unausweichliche, definitive Ende der individuellen Existenz ist, dem niemand entkommen und dessen beendende Rolle auch Gott nicht aufheben kann, wird der Tod zu einer Macht, die das Leben vor dem Tod so radikal bestimmt, daß die Frage unausweichlich ist: Ist solches „Leben-zum-Tode" überhaupt Leben? Ist solches „Sein-zum-Tode" überhaupt Sein? Ist solches „Leben-Sterben" nicht insgesamt sinnlos?

Der Verlockung, daß wir nach-alttestamentlichen Zeitgenossen besserwisserisch über diese radikale Todestheologie vorschnell hinweggehen, gar mit der These, damit könne man nicht leben, widersetzt sich eine zweite Realität: Die alttestamentlichen Menschen haben gerne und in vollen Zügen gelebt. Weil für sie *alles* auf das Leben-vor-dem-Tod ankam, haben sie ihre ganze Lebenskraft in dieses Leben geworfen. Weil es für sie kein „Leben danach" gab, haben sie mit aller Leidenschaft für das Leben-vor-dem-Tod gekämpft, listig wie der Erzvater Jakob, hingebungsvoll wie Rut, revoltierend wie Ijob, skeptisch wie Kohelet.

Das ist die dialektische Eigenart alttestamentlicher Todestheologie über Jahrhunderte hinweg: Je radikaler das Sterben als Versinken und als Ende bedacht wurde, desto leidenschaftlicher wurde das Leben geliebt und gestaltet. Das Bedenken des Todes führte nicht vom Leben weg, sondern zum Leben hin.

Es dauerte lange, bis das biblische Israel das Sterben nicht mehr als Ausscheiden aus dem Machtbereich JHWHs, sondern als Begegnung mit JHWH oder gar als Beginn einer gegenüber dem Leben auf dieser Erde noch intensiveren Gemeinschaft zu begreifen begann. Manche religionsgeschichtlichen Gründe ließen sich anführen, die Israel dazu drängten, lieber nichts als mit JHWH nicht Vereinbares über den Tod und die Toten zu sagen. Und es ließen sich manche „denkerischen Anläufe" nachzeichnen, in denen die israelitische Theologie an die rätselhafte Türe des Todes anklopfte, ehe sich das Tor in der spätalttestamentlichen Zeit öffnete. Wie tastend freilich die Sprache und die Bilder dieser Theologie blieben und angesichts des Geheimnisses, an das menschliches Reden hier immer stößt, wohl auch bleiben müssen, zeigen die drei Psalmen 90; 49; 73, die wir im folgendem auslegen wollen.

Psalm 90

1a   *Ein Gebet. Von Mose, dem Mann Gottes.*
1b   *Allherrscher, Hilfe bist du uns gewesen*
1c   *von Geschlecht zu Geschlecht.*
2a   *Ehe Berge geboren wurden*
2b   *und in Wehen gerieten Erde und Festland,*
2c   *von Ewigkeit zu Ewigkeit bist du Gott.*
3a   *Du ließest das Menschlein zurückkehren zu Staub*
3b   *und du sprachst: „Kehrt zurück, Adamssöhne!"*
4a   *Ja, tausend Jahre sind in deinen Augen*
4b   *wie ein gestriger Tag, wenn er (eben) vorbeigegangen ist,*
       und (wie) eine Nachtwache am Morgen.
5a   *Du hast sie dahingerafft, ein Schlaf sind sie (dann),*
5b   *wie Gras, das vergeht:*
6a   *Am Morgen blüht es auf und schon vergeht es,*
6b   *am Abend welkt es und schon ist es verdorrt.*
7a   *Ja, wir schwinden dahin durch deinen Zorn*
7b   *und durch deine Zornesglut werden wir verstört.*
8a   *Du stellst unsere Verfehlungen dir gegenüber,*
8b   *unser Geheimstes vor das helle Licht deines Angesichts.*
9a   *Ja, alle unsere Tage gehen zur Neige durch deinen Grimm,*
9b   *es schwinden dahin unsere Jahre wie Seufzen.*
10a   *Die Tage unserer Jahre sind siebzig Jahre,*
10b   *und, wenn mit Kräften, sind es achtzig Jahre,*
10c   *und ihr Ungestüm ist (gleichwohl) Mühsal und Unheil.*
10d   *Ja, schnell ist es vorbei, und wir sind (wie ein Vogel) weggeflogen.*

11a Wer begreift (schon) die Gewalt deines Zorns,
11b und wer sieht (schon) ein den Druck deines Grimms?
12a Unsere Tage zu zählen, lehre uns so,
12b daß wir ein Herz der Weisheit (davon) einbringen.
13a Kehre doch um, JHWH! Wie lange noch?
13b Und habe Mitleid wegen deiner Knechte!
14a Sättige uns am Morgen mit deiner Güte,
14b daß wir jubeln und uns freuen an allen unseren Tagen.
15a Erfreue uns entsprechend der Tage, die du uns unterdrückt hast,
15b gemäß der Jahre, die wir Unglück gesehen haben.
16a Es erscheine an deinen Knechten dein Wirken
16b und dein Glanz über ihren Söhnen!
17a Und es sei die Freundlichkeit des Allherrschers, unseres Gottes, über uns,
17b und dem Werk unserer Hände gib du Bestand!

Einführung

In seiner Letztgestalt ist Ps 90 von der Struktur der Volksklagepsalmen geprägt. Deren vier Bauelemente „Anrede Gottes – Klage – Bitte – Ausblick in eine heilvollere Zukunft" tragen die Bewegung, in die die Leidenden sich mit ihren Klagegebeten hineinbegeben, um in der von ihnen beklagten Leidenssituation nicht unterzugehen. Die beiden Elemente „Klage" (V. 2–10) und „Bitte" (V. 11–16) sind in Ps 90 breit entfaltet. Um sie legen sich knapp die beiden anderen Elemente: V. 1 verknüpft die Anrede Gottes mit einer allgemeinen Erinnerung an früher erfahrene Hilfe. V. 17 öffnet den Blick auf menschliches Tun, das die im Psalm beklagte Todesverfallenheit relativiert und so zu Weltgestaltung motivieren will.

Der Psalm ist kaum eine ursprüngliche Einheit. Als „Grundpsalm" legt sich V. 2–12 nahe. Der Psalm setzt sich in V. 2–10 mit „Todestheologien" auseinander, die die Tradition bereithielt – und verwirft sie in V. 11–12; in dieser dialektischen Struktur ähnelt der Psalm dem Ijob-Buch. Die These von V. 11 f ist: „Nimm das Leben an und *lebe es,* so wie es kommt. Es gehört zur Realität des menschlichen Lebens, daß es begrenzt ist. Zwar gibt es Versuche, dieses ‚tödliche Leben' als Brutalität oder als Zorngericht Gottes zu deuten. Laß dich nicht darauf ein: Wer weiß das schon? Also: Du darfst leben, du mußt leben!" Dieser weisheitliche „Grundpsalm", der in die Nähe der Ijob-Dichtung (4. Jahrhundert v. Chr.) gehört, wurde sodann „geschichtstheologisch" durch V. 1 und V. 13–17 gerahmt. Der Blick auf die Beziehung zwischen JHWH und seinen Knechten sowie auf die von JHWH mit seinem Volk gewollte Geschichte sollte nun den Schrecken des Todes mildern und den Tod des einzelnen in einen größeren Sinnzusammenhang „aufheben". Während V. 2–12 von universaler Menschheitsperspektive bestimmt ist (Welt- und Menschenschöpfungsmotive), trägt die Erweiterung spezifische Begriffe der JHWH-Theologie ein. Beide Vorstellungsebenen sind nun im Psalm zu einem nie endenden Diskurs über den Tod als bleibendes Lebensrätsel verschmolzen, das *alle* Menschen bedrängt und herausfordert.

Auslegung

Der „Grundpsalm" ist in die drei Teile V. 2–6 (Sprechrichtung: du – sie), V. 7–10 (Sprechrichtung: wir – du) und V. 11–12 (Doppelfrage und Bitte) gegliedert.

Der *erste Teil* (V. 2–6) klagt Gott als Urheber des Todes der Menschen an. Welch ein Widerspruch ist es doch, daß der Schöpfergott über den Menschen von Anfang an, wie mit Anspielung auf Gen 3, 19 beklagt wird, die Rückkehr zu Staub verfügt hat! Mitten in den gewaltigen Lebensprozeß der Weltschöpfung hinein, der mit der Geburt der Berge als „Säulen" von Erde und Festland ein- und sich in dem Herauskommen der Lebewesen aus der „Mutter Erde" fortsetzte, ertönte der Schreckensruf: „Kehrt zurück, Adamssöhne", der unterschiedslos über jedem einzelnen Menschenleben steht. Und noch widersprüchlicher erscheint das kurze Menschenleben, wenn es mit der unendlich-ewigen Lebensfülle Gottes selbst verglichen wird. Während Gott tausend Jahre wie einen einzigen Tag überschaut, hat er den Menschen nur die Zeit eines Grashalms zugestanden, der am Morgen aufblüht, aber unter der Sonnenglut des aufkommenden Tages schnell umknickt, von oben her verwelkt und schließlich bis in die Wurzel hin trocken und dürr wird. Was von den Menschen, die Gott „dahinrafft", übrig bleibt, ist „Schlaf". Das ist hier keine positive Metapher der ewigen Ruhe, sondern Bezeichnung einer Schattenexistenz im Totenreich ohne Erinnerung: Die Toten gehen ein in „das Land der Vergessenheit" (Ps 88, 15), wo sie selbst alles vergessen haben und wo auch sie vergessen sind – von den Lebenden und von ihrem Gott (vgl. Ps 31, 13). Das ist die nüchterne „Botschaft" der traditionellen Theologie von damals!

Der *zweite Teil* (V. 7–10) geht von der Anklage Gottes zur klagenden Notschilderung über und hält Gott vor, daß ein derart vom Tod bedrohtes Leben alle Lebensfreude verhindert und das Leben zur Lebenslast macht. Der Abschnitt greift die traditionelle These auf, der Tod sei der „Sünde Sold" und steigert sie gar noch (ähnlich wie die „Freunde" Ijobs im Ijob-Buch) mit dem Hinweis auf die vielen verborgenen, unbewußten Sünden, die zu Recht den tödlichen Zorn Gottes heraufbeschwören. Das ist die Sicht eines Menschenlebens, das „böse ist von Jugend an" (vgl. Gen 6, 5) und radikal unfähig, vor Gott zu bestehen. So bricht, neu angesetzt durch betontes „ja!", in V. 9–10 die gesteigerte Klage über dieses unausweichlich unter dem Zorngericht Gottes stehende Leben aus dem Beter heraus: Wer in der fortwährenden Gottesangst leben muß, dessen Tage und Jahre haben kein Ziel und keine Vollendung, woraufhin das Leben zuläuft und wovon her es angenommen werden könnte. Die Tage streben keinem Höhepunkt zu, sondern „sie gehen zur Neige" – unter Seufzen, das keinen Ausweg aus der Trostlosigkeit sieht. Selbst eine Lebenszeit von 80 Jahren, die nach biblischem Maß einen „lebenssatten" Tod ermöglichen würde, ist angesichts des Gotteszorns nur sinnlose „Mühsal" und schlimmes Unheil. Das Leben geht „einfach" und plötzlich ohne Ertrag zu Ende. Es bleibt nichts. Es fliegt weg wie ein Vogel! In der Tat: Eine geradezu gespenstische „Todeslogik"!

Der *dritte Teil* (V. 11–12) überrascht mit seiner Doppelfrage, deren Stil an die skeptisch-vorwurfsvollen Fragen des Kohelet erinnert (vgl. Koh 2, 19; 3, 21; 6, 21; 8, 1). Mit dieser Frage stellt der Psalm die in den ersten beiden Teilen entfaltete „Todeslogik" und das ihm zugrundeliegende Gottes- und Menschenbild in Frage. Er gibt das Problem des „Gotteszorns" Gott selbst zurück – und appelliert an Gott als „Lehrer des Lebens". Er bittet nicht um Rettung aus der Todesverfallenheit oder gar um die Unsterblichkeit. Nein, er bittet um die rechte Lebensweisheit, mit dem Todeswissen so umzugehen – jenseits aller Kategorien wie Gotteszorn und Tod als Strafe für Sünde –, daß das Leben als Gabe Gottes angenommen und erfüllt gelebt werden kann. So bittet der Beter darum, daß das Wissen um die Begrenztheit der dem Menschen zugemessenen Zeit ihm die Kostbarkeit jedes einzelnen Tages („unsere Tage zu zählen, lehre uns!"), des jeweiligen und gerade ihm geschenkten *Jetzt* bewußt macht. Im Wissen um den Tod kommt es nach Meinung dieser Bitte darauf an, jeden einzelnen Augenblick als Gabe eines guten Schöpfergottes staunend anzunehmen und als Herausforderung zu bestehen.

Den Überlieferern des Psalms war dies zu wenig. So haben sie ihn (vielleicht in drei Phasen) in V. 13–17 „fortgeschrieben". Sie beschwören nun JHWH als den Gott, der sich doch seiner besonderen Verantwortung und Nähe „seinen Knechten" gegenüber bewußt werden soll. Sie appellieren an sein Erbarmen und bitten um viele Zeiten des Glücks, so daß der Tod und die Gedanken an den Tod aus der Mitte des Denkens verdrängt werden können (V. 13–14). Und sie bitten darum, daß ihre Leiden insofern sinnvoll und ihr Tod letztendlich doch nicht ihre „Vernichtung" seien, wenn *er* die vielen Einzelleben zusammenbindet in der großen Geschlechterkette, um in und an ihr „seinen Glanz" zu offenbaren (V. 15–16). Ja, sie bitten sogar darum, daß er, ihr königlicher Gott, am Wirken und Streben seiner Knechte so mit Wohlgefallen Anteil nehme, daß ihre Werke einen Bestand erhalten, den menschliches Tun aus sich selbst nie haben kann (V. 17). Es ist die Hoffnung, Gott möge die Menschen befähigen, durch ihr Tun das Leben zu stärken – gerade gegen die Todesmächtigkeit, die in das Leben hineinragt. Wo und weil Gott mit am Werk ist, das Menschen tun, hat solches Tun an der „Festigkeit" Gottes selbst Anteil: es lebt weiter im ewigen Gott.

Kontext (Ps 90-92)

Mit Ps 90, dem einzigen Psalm, den die Redaktion durch eine entsprechende Überschrift „Mose, dem Mann Gottes" (vgl. zu diesem Titel Dtn 33, 1) als „Gebet" (vgl. dazu Dtn 9,26) zuschrieb, nicht zuletzt wegen der Bezugnahme auf Gen 3, 16 sowie wegen der mit Ps 90, 13 wortgleichen Gebetsbitte des Mose in Ex 32, 12, beginnt das vierte Psalmenbuch (Ps 90-106), das mit seiner abschließenden Lobpreisformel Ps 106, 48 („von Ewigkeit zu Ewigkeit") auf Ps 90, 2 anspielt. Zugleich aber hat die Redaktion neben Ps 90 gezielt die beiden Psalmen 91 und 92 gestellt, um mit der Abfolge dieser drei Psalmen eine übergreifende theologische Aussage zu machen. Die drei Psalmen wollen als Zusammenhang gebetet und meditiert werden (man könnte sie auch in folgenden liturgischen Zusammenhang stellen: Ps 90 91; Lesungstext: 1 Kor 15, 12-28; Antwortpsalm Ps 92).

Die drei Psalmen wurden nebeneinandergestellt, weil man ihre Stichwortbeziehungen erkannte; teilweise wurden die entsprechenden Querverbindungen aber auch erst durch die Redaktion geschaffen. Hier soll nur auf die wichtigsten aufmerksam gemacht werden.

Auf die Bitte von Ps 90, 14 „*Sättige uns* ... daß wir uns freuen ... an allen unseren *Tagen*" antwortet die Gotteszusage in Ps 91, 16: „Ich *sättige* ihn mit der Länge von *Tagen*" (= mit langem Leben). Ps 91, 14 begründet die Rettungszusage so: „denn er kennt *meinen Namen*". Der darauf folgende Ps 92 wird entsprechend eröffnet: „Wie schön ist es, *deinem Namen,* du Höchster, zu singen" (Ps 92, 2). Die Schlußbitten Ps 90, 13-17 klingen im Dankpsalm 92 teilweise wörtlich an, teilweise werden sie kontrastierend aufgenommen: Auf die Bitte Ps 90, 14 „Sättige uns *am Morgen* mit *deiner Güte,* daß wir jubeln und uns freuen" blickt Ps 92, 3.5 zurück: „Zu verkünden *am Morgen deine Güte* ... Du hast mich erfreut und ich kann jubeln." Die Bitte Ps 90,16 „Es erscheine an deinen Knechten *dein Wirken*" ist erfüllt in Ps 92,5: „Du hast mich erfreut durch *dein Wirken*". Die Schlußbitte Ps 90,17b „Und dem *Werk unserer Hände* gib du Bestand!" wird in Ps 92,5–6 kontrastierend in die Wirklichkeit eingegliedert, auf die es ankommt, wenn die Menschenwerke Bestand haben sollen: „Über die *Werke deiner Hände* will ich jubeln. Wie groß sind *deine Werke, JHWH!*"

Insgesamt kann man Ps 91 und Ps 92 so lesen, daß hier konkretisiert wird, wer mit den in Ps 90,13–17 angesprochenen „Knechten JHWHs" gemeint ist. Es sind die, die voll auf JHWH vertrauen (Ps 91) und die ihren konkreten Alltag als „Gerechte" leben (Ps 92). Wer so lebt, für den verliert die in Ps 90 beklagte Vergänglichkeit ihren Schrecken. Der Metapher Ps 90,5–6 vom vertrocknenden Grashalm setzt Ps 92,13–16 die Metapher von der fruchttragenden Palme und der festverwurzelten, hochragenden Libanonzeder entgegen: Wer „gerecht" lebt, d. h. wer sich gemeinschaftsgemäß verhält und wer die Wurzeln seiner Existenz in der Gottesgegenwart hat, der widersteht den Stürmen wie die Libanonzeder und der ist fruchtbar wie die Dattelpalme in der Wüstenoase. Wer so lebt, der ist „voll Saft und Frische" und trägt Frucht sogar noch, wenn das Leben sich im Alter zu Ende neigt.

Diese motivliche Verflochtenheit der drei Psalmen weist massiv daraufhin, daß die Psalmen als thematische Einheit beabsichtigt sind. Sie bilden einen fortschreitenden Geschehensbogen. Ps 90 beginnt als Klage über die menschliche Todesverfallenheit und zielt auf die Bitte, JHWH möge die lähmende Last dieses Todeswissens durch seine gnädige Zuwendung wegnehmen. Auf diese Bitte antwortet Ps 91 mit einer doppelten Zusage bzw.

Verheißung. Im Stil weisheitlicher Belehrung spricht ein fiktiver Sprecher (ein Weisheitslehrer oder der Beter zu sich selbst) einem Du die Gewißheit zu, daß JHWH den, der sich ihm vertrauend überläßt, vor aller lebenszerstörerischen Macht bewahrt. Ja, Ps 91 kulminiert mit der in direkter Gottesrede gestalteten Zusage langen und satten Lebens (Ps 91, 14–16). Daß diese Zusage kein leeres Wort ist, sondern sich an dem erfüllt, der sich dieser Zusage ausliefert, wird in Ps 92 sichtbar, der als Danklied eines einzelnen auf die Erfüllung der in Ps 91 anklingenden Verheißung zurückschaut. Die drei Psalmen konstituieren einen Prozeß, den Ps 91,15 bündig zusammenfaßt: „Ruft er mich, so antworte ich ihm ... und sättige ihn mit langem Leben."

Durch diese Dreierstruktur Klage (Ps 90) – Rettungszusage (Ps 91) – Rettung (Ps 92) will die Psalmenbuchredaktion dazu einladen, inmitten aller Vergänglichkeitserfahrung und Todesangst die Erfahrung der belebenden und rettenden Gottesnähe zu machen und daraus Lebenskraft zu schöpfen – im Widerstand gegen den Tod. Es ist die Einladung, sich klagend dem Gott des Exodus anzuvertrauen, der das Flehen hört, die Zusage seines Mit-Seins gibt und „um seines Namens willen" rettet – auch aus dem und im Tod.

Psalm 49

1 Für den Chorleiter. Von den Korachiten. Ein Psalm.

2a Hört dies, all ihr Völker,
2b nehmt es zu Ohren, all ihr Bewohner des Festen,
3a ihr Menschenkinder zusammen, ihr Leute zusammen,
3b miteinander der Reiche und der Arme!
4a Mein Mund will tiefe Weisheit reden,
4b das Nachsinnen meines Herzens tiefe Einsicht.
5a Ich will dem Weisheitsspruch mein Ohr neigen,
5b ich will öffnen zur Leier mein Rätsel.
6a „Wozu soll ich mich fürchten in Tagen des Unheils,
6b wenn die Schuld meiner Fußspuren mich umgibt?"
7a (So sagen) die, die auf ihren Besitz vertrauen
7b und ihres vielen Reichtums sich rühmen.
8a Weh! Nicht ein einziger kann sich loskaufen,
8b keiner kann Gott ein Sühnegeld geben.
9a Zu teuer ist das Lösegeld für sein Leben,
9b und er hört auf für ewig!
10a Sollte er (denn) für immer weiterleben?
10b Sollte er (denn) nicht die Grube schauen?
11a Gewiß schaut er sie! (Denn:)
11b Die Weisen – sie sterben miteinander,
11c der Tor und der Narr – sie vergehen,
11d und sie überlassen den Anderen ihren Besitz.
12a Gräber – das sind ihre Häuser für ewig,
12b ihre Wohnungen von Geschlecht zu Geschlecht,

12c   *auch wenn man sie mit ihren Namen auf der Erde gerühmt hatte.*
13a   *Ja, ein Mensch in seiner Pracht, er bleibt nicht,*
13b   *er ist gleich wie das Vieh, das verendet.*
14a   *Das ist der Weg derer, die Selbstvertrauen hatten*
14b   *und über deren Worte man sich nach ihnen freute.*
15a   *Wie Schafe sind sie in die Scheol gesetzt,*
15b   *der Tod weidet sie.*
15c   *Sie stiegen geradewegs hinab in das Grab,*
15d   *ihre Gestalt zerfällt, die Scheol ist ihr Palast.*
16a   *Doch: Gott kauft meine Seele los aus der Scheol,*
16b   *ja, er nimmt mich zu sich!*
17a   *Fürchte dich (also) nicht, weil einer reich wird,*
17b   *weil viel wird die Herrlichkeit seines Hauses.*
18a   *Denn bei seinem Sterben nimmt er all dies nicht mit,*
18b   *nicht steigt hinab nach ihm seine Herrlichkeit.*
19a   *Wenn er auch seine Seele in seinem Leben preist:*
19b   *„Man lobt dich, weil es dir gut geht!",*
20a   *so geht sie doch ein zum Geschlecht seiner Väter,*
20b   *die für immer das Licht nicht sehen.*
21a   *Ein Mensch in seiner Pracht, er ist ohne Einsicht,*
21b   *er ist gleich wie das Vieh, das verendet.*

Einführung

Der textlich schwierige, mit dem ebenfalls den Korachiten zugewiesenen Psalm 88 verwandte Psalm 49 (unsere Übersetzung versucht, den überlieferten hebräischen Text möglichst beizubehalten; anders die „Einheitsübersetzung"!) ist stark von weisheitlicher Begrifflichkeit geprägt, setzt sich aber mit der überlieferten Weisheitstheologie kritisch auseinander. Wie für Kohelet ist auch für unseren Psalm der unausweichliche Tod einerseits die Infragestellung schlechthin aller menschlichen Lebensträume und -planungen: Der Tod macht *alle* Menschen gleich – wie Vieh, das verendet. Andererseits klingt in unserem Psalm, anders als bei Kohelet, eine Hoffnungsperspektive an, die das Sprecher-Ich des Psalms für sich und die von ihm angeredete Gruppe, die von den Reichen unterschieden wird, verkündet. Wer diese Gruppe ist, läßt sich aus V. 3 und V. 17 unzweifelhaft ablesen: Es sind „die Armen", denen die Gewißheit gegeben wird, daß Gott sie „umsonst" zu sich nimmt: Er selbst kauft sie los aus der Sklaverei der Todesmacht Scheol, so wie er einst sein Volk Israel aus der Todesmacht des Pharao „losgekauft" hat. Die Reichen aber, die ihr Reichtum zu Brutalität, Selbstüberschätzung, ja Selbstvergötzung (vgl. bes. V. 19) verführt, verenden als Beute des „Hirten" Tod.

Daß beide sich im Psalm überlagernden Todestheologien nicht auf einen einzigen Verfasserkreis zurückgehen, wird von den meisten Exegeten angenommen. Hier wird die These vorausgesetzt, daß in V. 11–15.21 ein ursprünglicher „Grundpsalm" erkennbar ist, dessen beide Strophen (V. 13 und V. 21 sind „Refrains" mit kleinen, aber bedeutsamen Unterschieden!) die zerstörerische Macht des Todes einhämmern, der Besitz, Wissen und Nachruhm vernichtet und die Menschen allesamt, den Weisen und den Toren, letztlich dem Vieh gleichmacht. Um diesen Grundpsalm legte ein Bearbeiter einen Rahmen, der die Todestheologie im Kontrast Reich – Arm las und zugleich die oben angedeutete Hoffnungsperspektive eintrug. Dadurch entstand die nun vorliegende Komposition, die sich so gliedern läßt: Einleitung in der Form eines mehrgliedrigen Höraufrufs (V. 2–5); „Vorwort" des Bearbeiters als Problematisierung der Lebensmaximen der Reichen (V. 6–11a); „Grundpsalm" über den unabwendbaren Tod (V. 11b–15); „Nachwort" des Bearbeiters mit

„Entrückungstheologie" als Ermutigung für die Armen
(V. 16–20); „Ausleitung" als Motivation, die vorgetragene
„Lehre" anzunehmen (V. 21; vgl. den motivlichen Rück-
bezug nach V. 4 b; im „Grundpsalm" war V. 21 „Refrain").

Der Psalm, der noch *vor* Kohelet entstanden sein
muß, gehört, wie die Überschrift anzeigt, zur Korachi-
ten-Sammlung Ps 42–49. Er läßt sich gut als Antwortpsalm auf die in Ps 42/43 zum Ausdruck kommende
Sehnsucht nach der Begegnung „der Seele" mit dem lebendigen Gott (vgl. 42, 6.12; 43, 5) lesen bzw. beten.

Auslegung

Der feierliche Hör-Aufruf (V. 2–5), mit dem der Psalm
einsetzt, ist vor allem im Bereich der Prophetie (vgl. Jes
1, 2.10) und der weisheitlichen Belehrung (vgl. Spr
8, 4–19) beheimatet. Mit seinem allumfassenden Adres-
satenkreis unterstreicht er die universale Bedeutsamkeit
seiner „Botschaft", die ja in der Tat „weltweit" und jenseits aller sozialen Schichtungen gilt. Was der Sprecher
zu sagen hat, kommt aus der Mitte seines Herzens, also
aus dem intellektuellen Zentrum als dem Ort, in dem
zugleich nach altorientalischem Verständnis die Gottheit sich dem Menschen offenbart. Die „tiefe Weisheit",
die er als Lebenswissen zur rechten Lebenskunst weitergeben will, ist zwar einerseits aus seinem eigenen „Nachsinnen", also dem bedenkenden Wahrnehmen der
Lebensschicksale, entstanden, aber andererseits ist es für
den Psalm keine Frage: Eine solche „tiefe Einsicht" stellt
sich nur dem ein, der „sein Ohr" dem zu ihm redenden
Gott als Lehrer der Weisheit „zuneigt".

Im Schlußsatz des Hör-Aufrufs wird die Botschaft des
Psalms als „Rätsel" gekennzeichnet. Als solches ist sie,
wie der vergleichbare Wortgebrauch in Spr 1, 6; Sir 8, 8

u. ö. zeigt, eine kunstvoll verschlüsselte Redeform, die die Aufmerksamkeit *und* den Geschmack (auch im Lateinischen hat sapientia = Weisheit mit sapere = schmecken zu tun!) der Hörerinnen und Hörer gewinnen will. Wahrscheinlich wird damit auch das „Neue" der im Psalm vorgelegten Todestheologie angedeutet, das in dem verschlüsselten Satz „Du nimmst mich weg bzw. auf" (V. 16 b) gegeben ist.

Der (auf den Bearbeiter zurückgehende) Abschnitt V. 6–11 hält in offensichtlicher Auseinandersetzung mit dem Einfluß und der Arroganz der Reichen, deren ganzes Denken und Streben um ihren Besitz kreist, fest: Spätestens der Tod wird diese selbstsüchtigen und rücksichtslosen Machtmenschen (vgl. das ihnen in V. 6 in den Mund gelegte Zitat!) auf ihr sterbliches Normalmaß reduzieren, nach dem *alle* im Tod vor Gott mit leeren Händen dastehen. Kein einziger kann sich mit Besitz loskaufen aus der Sklaverei des Todes und keiner kann Gott ein „Sühnegeld", eine Kompensation für den ihm bestimmten Tod anbieten. Der größte Reichtum und die höchste Geldsumme helfen den Reichen nicht, dem Tod zu entkommen. Selbst wenn sie es geschafft haben, „der Schuld ihrer Fußspuren" (V. 6) immer wieder zu entwischen, am Tod scheitern endlich ihre Machenschaften. So steigert sich der Psalm in rhetorische Fragen, die implizit an die Gerechtigkeit Gottes appellieren: Sollte denn der brutale Reiche im Tode noch einmal seine Privilegien und seine Macht ausspielen können, gar ein Weiterleben mit seinem Reichtum erkaufen können und „die Grube nicht schauen müssen"? Darauf gibt der Psalm in einem staccatohaften Kurzsatz seine Antwort: „Gewiß schaut er sie!"

Daß der Tod für *alle* ausnahmslos das Lebensende ist, war schon die These des zweistrophigen „Grundpsalms" (V. 11 b – 15.21). Er reflektiert nicht über das Schicksal der Reichen, sondern entzaubert die überlieferte Weisheit mit ihrem Anspruch, zu langem und glücklichem Leben verhelfen zu können. Dem Optimismus der Weisheitslehrer: „Die Lehre des Weisen ist ein Lebensquell, um den Schlingen des Todes zu entgehen" (Spr 13,14; vgl. 14,27), setzt Ps 49 (ähnlich nach ihm Kohelet!) seine „tiefe Einsicht" entgegen: Der Weise und der Tor – der Tod behandelt sie alle gleich! Und was immer sie sich erworben haben, auch an Weisheit, müssen sie „den Anderen", den Fremden, hinterlassen. Mögen sie zu Lebzeiten noch so berühmt gewesen sein, im Haus des Todes „wohnen" der Weise und der Narr „solidarisch" zusammen – „gleich wie das Vieh, das verschwindet". Der Tod macht offenbar, daß es zwischen Mensch und Vieh eben doch keinen Unterschied gibt (vgl. Koh 3,18–22): Beide sind dem Tod hilflos ausgeliefert.

Möglicherweise polemisiert der Refrain V. 13.21 gegen die hochgestochene Anthropologie von Ps 8,7–9 und Gen 1,26, die die Gottähnlichkeit und Gottebenbildlichkeit des Menschen mit seiner „Herrschaft über das Vieh" expliziert hatte. Nimmt man den Tod ernst, dann bleibt von „der Pracht des Menschen" und von seiner Ehrenstellung gegenüber den Tieren nichts. Wie Schafe werden die Toten in den Pferch gesperrt – von einem Hirten, der das Gegenbild des guten Hirten ist: vom Hirten Tod! Er, so suggeriert der Abschnitt, ist der eigentliche Hirte der Menschen, weil sie schlußendlich in seinen Armen enden. Wenn dies nicht als Antitext zu Psalm 23 gemeint war?! Während die Herden sonst „hinabsteigen" an Quellen und in Weidegründe, die Herde der Toten steigt hinab in das Grab, um dort zu zerfallen...

Beiden „Wahrnehmungen" (daß die Reichen sich nicht vom Tod freikaufen können und daß auch die Weisheit nicht vor dem „Hirten" Tod rettet) setzt der Psalm nun in V. 16–20 seine eigentliche „Botschaft" entgegen. Nicht, daß er den Tod nicht ernst nähme. Aber das Bedenken des Todes führt ihn weg von sich selbst, vom Haben (die Reichen) und vom Sein (die Weisen), und führt ihn hin zu seinem Gott, der allein und *umsonst* ihn aus der ewigen Sklaverei des Todes retten kann. Was die Tradition von den großen Sondergestalten Henoch und Elija erzählte (vgl. Gen 5,24; 2 Kön 2,3–10), nämlich daß Gott sie zu sich „genommen" (d. h. entrückt) hat, überträgt der Sprecher des Psalms auf sich und „die Armen", mit der wichtigen, aus V. 16a ablesbaren, Modifikation: Während Henoch und Elija entrückt wurden, *bevor* sie starben, hofft unser Psalm darauf, im bzw. nach dem Tod von Gott zu sich „genommen" zu werden. Was immer sich der Beter darunter konkret vorgestellt haben mag (auf der bloßen Wortebene war der Satz ohnedies doppeldeutig; er konnte auch ganz traditionell „innerweltlich" mißverstanden werden: „du befreist mich aus der Macht des vorzeitigen Todes!"), entscheidend ist: Er hofft darauf, daß der Tod der Beginn einer noch innigeren Lebensgemeinschaft mit seinem Gott ist – für alle, die auf Gott und nicht auf Reichtum und auf Weisheit ihr Leben gründen! Angesichts dieser Botschaft ergibt sich die in V. 17–20 entfaltete Konsequenz beinahe von selbst: Niemand soll am Reichtum der Reichen irre werden, nicht einmal daran, wenn sie wie Götter gefeiert werden (V. 19b legt das für das Gotteslob reservierte Verbum „loben" den selbstgefälligen Reichen in den Mund!).

Der Psalm schließt mit dem Refrain des „Grundpsalms" (V. 21), der nun im Horizont von V. 16–20 bedeutet: Nur der Mensch, der auf seine Pracht setzt und nicht zur wahren vom Psalm verkündeten „Einsicht" durchdringt, ist gleich wie das Vieh. Wer aber „arm" ist vor Gott, der darf hoffen: „Ja, der LEBENDIGE nimmt mich im Tode zu sich!"

Psalm 73

1a Ein Psalm Asafs.
1b Gewiß, gut ist für Israel Gott:
1c   zu denen, die reinen Herzens sind.
2a Ich aber, fast wären gestrauchelt meine Füße,
2b   um ein Nichts wären weggeglitten meine Schritte,
3a denn ich ereiferte mich über die Prahler,
3b   da ich das Glück der Gottlosen sah.
4a Ja, keine Qualen haben sie,
4b   voll und fett ist ihr Wanst,
5a in der Mühsal der Sterblichen stecken sie nicht,
5b   und wie die anderen Menschen werden sie nicht geplagt.
6a Darum ist Hochmut ihr Halsschmuck,
6b   als Gewand umhüllt sie Gewalttat.
7a Aus Fett geht ihr Frevel hervor,
7b   ihr Herz läuft über von bösen Plänen.
8a Sie höhnen und reden von Bösem,
8b   Bedrückung reden sie von oben herab.
9a Sie haben an den Himmel ihren Mund gesetzt,
9b   und ihre Zunge geht einher über die Erde.
10a Darum wendet sich das Volk ihnen zu,
10b   und die Wasser (ihrer Worte) schlürfen sie gierig.
11a Sie sagen: „Was erkennt denn schon Gott?
11b   Gibt's Erkennen denn überhaupt beim Höchsten?"
12a Siehe, so sind die Gottlosen:
12b   Immer im Glück, mehren sie ihre Macht.
13a Gewiß, umsonst also hielt ich rein mein Herz
13b   und wusch in Unschuld meine Hände
14a und wurde geplagt den ganzen Tag
14b   und wurde gezüchtigt alle Morgen.

15a *Wenn ich gesagt hätte: „Ich will Gleiches erzählen!",*
15b *siehe, die Gemeinschaft deiner Kinder hätte ich verraten!*
16a *Ich dachte nach, dies zu erkennen,*
16b *eine Mühsal war es in meinen Augen,*
17a *bis ich eintrat in Gottes Heiligtümer,*
17b *Einsicht gewann über ihr Ende.*

18a *Gewiß, auf glatten Grund setzt du sie,*
18b *du läßt sie fallen in Täuschungen.*
19a *Wie werden sie zum Entsetzen mit einem Schlag,*
19b *sie verenden, werden zunichte vor Schrecken.*
20a *wie einen Traum beim Erwachen, o Adonaj,*
20b *verachtest du, wenn du aufstehst, ihr Schattenbild.*

21a *Als mein Herz sich erbitterte*
21b *und ich in meinen Nieren Schmerz empfand,*
22a *da war ich ein Rindvieh ohne Erkennen,*
22b *ein Vieh war ich bei dir!*
23a *Und doch – bei dir bin ich immer!*
23b *Du hast mich bei meiner rechten Hand ergriffen,*
24a *du leitest mich nach deinem Rat*
24b *und wirst mich danach in Herrlichkeit aufnehmen.*

25a *Wer ist mir im Himmel?*
25b *Bin ich bei dir, habe ich keinen Gefallen auf der Erde.*
26a *Wenn mir Fleisch und Herz dahinschwinden,*
26b *der Fels meines Herzens*
26c *und mein Anteil ist Gott für ewig.*
27a *Ja siehe, die fern von dir sind, werden zugrunde gehen,*
27b *du vernichtest alle, die dich treulos verlassen.*
28a *Ich aber: Nahen Gottes ist für mich gut,*

28b	*ich habe bei Adonaj JHWH meine Zuflucht genommen,*
28c	*so daß ich all deine Werke erzählen kann.*

Einführung

Auch Ps 73 ist wie Ps 49, mit dem er vor allem in der Hoffnungsperspektive übereinstimmt, daß Gott den, der sich voll von ihm „an die Hand nehmen läßt", letztendlich „an- und aufnimmt", von weisheitlicher Sprache geprägt, setzt sich aber zugleich von der traditionellen Weisheit ab: Nicht die Rechtschaffenen und die Gottesfürchtigen haben im Leben Glück, sondern die Gottlosen und die Skrupellosen. Daß Gutes tun dem Guten gut tut und daß Böses tun dem Bösen schadet, wie die traditionelle Weisheit lehrte, ist dem Verfasser dieses Psalms angesichts der gesellschaftlichen Wirklichkeit, in der er lebt, schlechterdings nicht mehr einsichtig. Und doch will er an der Überzeugung nicht rütteln lassen, mit der er den Psalm eröffnet: „Gut ist für Israel Gott!"

Daß und wie das Festhaltenwollen an diesem Bekenntnis-Satz ihn angesichts des Glücks der Gottlosen und des Leids der Gottesfürchtigen in tiefste Anfechtung gestürzt hat, wie er in der leidenschaftlichen Rückfrage nach Gott zu einem neuen „Gotteswissen" durchgedrungen ist und wie dieses neue Gotteswissen das Menschenleben anders sehen und leben läßt, das hält er in diesem Psalm fest, der sprachlich außergewöhnlich schwierig ist. Während Ps 49 sich als Lehre eines Weisen darbietet, mit der der Sprecher sich an eine Gruppe von Schülern oder Mitgliedern seiner „Gemeinde" wendet, enthält Ps 73 keine direkte Anrede. Er ist eher ein „Glaubensbekenntnis", das aus einer Glaubenskrise heraus gewachsen ist. Wie der Schlußvers hervorhebt, will der Psalm, dessen Grobgliederung in die drei Teile 1–12 (Schilderung), 13–17 (Bericht), 18–28 (Bekenntnis) durch das Signalwort „gewiß!" angezeigt wird, aber gleichwohl als Bekenntnisverkündigung für andere gehört werden.

Der erste und der letzte Vers bilden durch das gemeinsame Stichwort „gut für" einen Rahmen, der zugleich den theologischen Prozeß zusammenfaßt, in den der Psalm seine Beterinnen und Beter hineinziehen will. Das Bekenntnis „Gott ist gut für/zu Israel" meinte traditionell, daß Gott es Israel und den Israeliten, „die reinen Herzens sind", gut gehen läßt. Daß dieser Satz *so* nicht stimmt, hat der Psalmist, wie er im Psalm erzählt, am eigenen Leib und am Glück der Gottlosen erfahren. Dieser seiner Erfahrung hält er stand – im Eingedenken der Geschichte „der Gemeinschaft der Töchter und Söhne Gottes" (V. 15), die in ihrem Leid die großen Gottsucher geblieben sind, und so wird ihm ein tieferer, „neuer" Sinn des Satzes zuteil, den er in V. 28 festhält: „Nahen Gottes ist für mich gut!" „Gut" ist Gott, weil er den leidenden, sterbenden und toten Gerechten entgegenkommt und sich ihnen als der rettende Gott erweist. Dann wird sich zeigen, daß er denen, die in ihrem Leiden an seiner Verborgenheit dennoch bei ihm ihre Zuflucht gesucht haben, „ihr Anteil für ewig" sein wird.

Auslegung

Schon der Einsatz des Psalms mit dem Ausruf „gewiß, dennoch" läßt spüren, daß dieser Psalm die Dramatik einer leidenschaftlichen Auseinandersetzung mit der vitalen Frage, ob und wie der Gott Israels „gut" ist, wiedergibt und zum „Nach-Beten" dieses Kampfes einladen will. Dabei geht es nicht um irgendeine „Eigenschaft" Gottes, etwa um die Frage der traditionellen Theodizee, wie Gott „gut" und „gerecht" genannt werden kann angesichts der Katastrophen, der Leiden und des Bösen in der Welt. Im Psalm geht es viel grundsätzlicher um die Frage, ob der Gott Israels denn überhaupt „Gott" ist, wenn denn sein Gott-Sein in der konkreten Geschichte seines Volkes und der einzelnen Menschen erfahrbar sein soll. Denn der Satz „JHWH ist gut" war in der Zeit des Zweiten Tempels geradezu zur „Definition" des Gottes Israels geworden (vgl. Ps 106,1; 107,1; 118,1.29 u. ö.). Um das rechte Verständnis dieses Satzes geht es in Ps 73 – freilich in weisheitlicher Absicht, also mit dem Ziel, mit diesem Bekenntnis-Satz das Leben, das Leiden und den Tod zu bestehen.

Im *ersten Teil* (V. 1–12) schildert der Beter seine Anfechtung. Es ist eine Erschütterung seines Gottesglaubens, die mitten in seinem alltäglichen Leben aufbricht. Nicht gedankliche Probleme quälen ihn, sondern die zutiefst irritierende Erfahrung, daß die Gottlosen glücklich, gesund, erfolgreich und mächtig sind. Sie strotzen vor Gesundheit und Arroganz. Sie setzen rücksichtslos ihre Macht ein, um ihre Ziele durchzusetzen, und werden dafür gar noch öffentlich geehrt. Sie mischen überall mit. „Im Himmel und auf Erden" führen sie das große Wort. Sie höhnen über die, die ihnen mit Worten wie Solidarität, Gerechtigkeit, Nächsten- und Gottesliebe kommen. Dafür haben sie nur die spöttische Gegenfrage übrig: „Was weiß denn schon Gott?" Falls es ihn überhaupt gibt, hat er nach ihrer Meinung offensichtlich anderes zu tun, als sich um die Welt und die Menschen zu kümmern. Das denken sie nicht nur im stillen Herzenskämmerlein. Das verkünden sie laut, das findet den Beifall der Massen – und ihr Leben, das sie in dieser Gott-losigkeit führen, scheint ihnen recht zu geben.

Das ist die Realität, der Ps 73 nicht ausweichen kann

und will. Schlimmer noch: Der Psalmist macht an sich selbst, wie er im *zweiten Teil* (V. 13–17) erzählt, die Erfahrung, die die Gottlosen sogar zu bestätigen scheint. Er selbst, der nach dem Bekenntnis-Satz leben möchte, nämlich als einer „der sein Herz rein hält" und ein Leben im Gottesgehorsam und im Einsatz für Recht und Gerechtigkeit (zu diesem Verständnis von „ich wusch in Unschuld meine Hände" vgl. besonders Ps 24, 4; 26, 6) zu leben versucht, muß buchstäblich erleiden, daß er – im Widerspruch zur überlieferten Lehre vom Tun-Ergehen-Zusammenhang – all dies „umsonst" tat. Es brachte ihm weder Glück noch Reichtum noch Gesundheit noch Gelassenheit, im Gegenteil: Ihm geht es schlecht. Er muß gestehen, daß die Stimmen in seinem Inneren immer lauter wurden, die ihn lockten: „Recht haben sie, die Gott-losen! Du siehst es doch! Rede also, lebe also wie sie!" Und doch, so sagt er in V. 15, er schaffte es nicht, sich vom Gott seiner Mütter und Väter loszureißen. Da ist etwas in ihm, was ihn hindert, diesem Gott Israels den Abschied zu geben: „Die Gemeinschaft deiner Kinder hätte ich verraten!" Die Erinnerung an die Leidensgeschichte seines Volkes, an Abraham und Sara, an Isaak und Rebekka, an Jakob und Rahel, an das leidende Israel in Ägypten, an die verspotteten und verzweifelten Propheten von Elija bis Jeremia, das Eingedenken ihres Leidens an Gott, an dem sie festhielten auch in der Nacht ihrer körperlichen und seelischen Leiden – dies durfte *er* nicht verraten und nicht verdrängen. Ist es verwunderlich, daß dieses Eingedenken dem Psalmisten „unter der Hand" zum Gottesgedenken wird?

Zum ersten Mal im Psalm wechselt nun die Sprechrichtung: Bislang redete der Psalmist über Gott in der 3. Person, nun spricht er ihn im Du an („*deiner* Kinder"). Das ist der Durchbruch. Nicht die Fixierung auf die Gottlosen (1. Teil) und nicht die Selbstbemitleidung

(2. Teil), sondern die Erinnerung der Leiden seines Volkes und der Kraft, die sein Volk aus der Botschaft vom rettenden Gott geschöpft hat, bewahren ihn vor der tödlichen Apostasie. Was ihm da geschah, formuliert er in V. 17 in teilweise rätselhafter Rede: Als er „in Gottes Heiligtümer eintrat", wurde ihm klar, daß sich die Frage, ob der Gott Israels „Gott" ist, „am Ende" entscheidet. Ob hier auf eine kultisch-mystische Gotteserfahrung im Tempel, auf eine Erkenntnis beim Studium der Heiligen Überlieferungen Israels in der „Tempelschule" oder ob hier in einem übertragenen Sinne von einem Besuch „im Haus der Weisheit" (vgl. Spr 9, 1–12) die Rede ist, ist nicht eindeutig zu klären. Wichtig aber ist: Das Glück der Gottlosen verliert für den Psalmisten seinen Stachel, weil er „ihr Ende", das Gott setzt, in den Blick nimmt, ja, weil er überhaupt auf den Gott schaut, der allem „das Ende" setzt, das freilich für die Gottlosen anders ausfallen wird als für „die, die reinen Herzens sind".

Über „das Ende", das Gott den Gottverleugnern und den Gottsuchern, den „Glücklichen" und den „Leidenden", bringen wird, reflektiert der Psalmist, in konfessorischer Sprache, im *dritten Teil* (V. 18–28). Während das Ende derer, die mit Gott nichts zu tun haben wollen, ein Ende mit Schrecken sein wird (V. 18–20), wird sein eigener Schrecken ein gutes Ende haben: Der Gott, an den er sich gehalten hat, hat in Wahrheit *ihn* gehalten und geführt. Er ist ein Gott, der ihn „am Ende" in Herrlichkeit annehmen und sich ihm als „Anteil" (Begriff der Landverteilung) schenken wird – „für ewig"! Was die Tradition von Henoch und Elija erzählt (vgl. Gen 5, 24; 2 Kön 2, 1–12), darf er, sogar in gesteigerter Weise, für sich erhoffen: daß der Gott Israels sich ihm zuwenden wird, um ihn in seine ewige Lebensgemeinschaft aufzunehmen.

Die bange Frage, die über jedem Menschenleben und über der Geschichte insgesamt steht, ist – das ist die Gewißheit, die der Psalmist erfahren hat und die er erzählend weitergeben will – längst entschieden: Gott kommt als Retter auf die zu, die gerettet werden wollen. Er ist immer schon, allem Anschein zum Trotz, auf der Seite der Leidenden, die nach ihm schreien und seine „Güte" einklagen. „Am Ende" wird er, dessen Nahen den Leidenden und Sterbenden Kraft geben will, sich als „der Gute" offenbaren: als der, der die Fülle des Lebens ist. Daß Gott *so* und *dann* „gut ist für Israel und für die, die reinen Herzens sind", darauf kommt „am Ende" in der Tat alles an. „Die Zeit der Welt vergeht vor der Ewigkeit, aber der existente Mensch stirbt in die Ewigkeit, als in die vollkommene Existenz, hinein" (Martin Buber).

Nach Auschwitz

„Die Gemeinde des Neuen Bundes wird den Psalm nur lesen und verstehen können angesichts der Tatsache, daß Jesus Christus der ‚Ort' der Gottesgegenwart (28) ist, an dem und in dem die Wirklichkeit der göttlichen Gnade und des göttlichen Gerichts offenbar ist. Er selbst ist die Wende, er selbst ist ‚der Letzte', durch den alle aus dem Sichtbaren gewonnenen Glaubens- und Lebensurteile umgestürzt werden. In ihm erfährt der Christ das Wunder der Gemeinschaft mit Gott, das alle Leiden, ja auch den Tod überwindet." So faßt Hans-Joachim Kraus in seinem großen Psalmenkommentar die Bedeutung des 73. Psalms für christliche Beter zusammen. Das ist richtig und falsch zugleich.

Gewiß, Psalm 73 ist wie kaum ein anderer Psalm eine gebetete „Verdichtung" des Leidens Jesu an den Menschen und vor allem an Gott. Sein Schrei am Kreuz „Mein Gott, mein Gott, warum hast du mich verlassen" (Mk 15,34 = Ps 22,2) angesichts der politischen und religiösen Autoritäten, deren Gewalt und Hohn ihn bis in den Tod begleiteten, ist „der Schrei jenes Gottverlassenen, der seinerseits Gott nie verlassen hatte ... In der Gottverlassenheit des Kreuzes bejaht er einen Gott, der noch anders und anderes ist als das Echo unserer Wünsche, und wären sie noch so feurig; der noch mehr und anderes ist als die Antwort auf unsere Fragen, und wären sie die härtesten und leidenschaftlichsten – wie bei Hiob, wie schließlich bei Jesus selbst" (J. B. Metz). *Diesem* Jesus wurde das in Ps 73 bezeugte „Nahen Gottes" zuteil, als Gott ihn auferweckte und „in Herrlichkeit zu sich nahm" (Ps 73, 24). So bezeugt Jesus für uns Christen die Wahrheit und Tragweite des Bekenntnis-Satzes, mit dem der Psalm einsetzt: „Gewiß, gut ist für Israel Gott!" Denn Jesus lebte und starb als Israelit, als einer aus der „Gemeinschaft der leidenden Gotteskinder", deren Eingedenken dem Verfasser von Ps 73 die Kraft gab, bei Gott auszuhalten – gerade in der Nacht des Leidens.

Jesus hob die Leidensgeschichte Israels als Gotteszeugnis aber nicht auf, sondern gehört in sie hinein. Und deshalb ist es nicht richtig zu sagen, Christen könnten den Psalm „nur" so lesen und verstehen, wie H.-J. Kraus dies sagt (und die christlichen Kommentare im allgemeinen). So problematisch ohnedies alle „Nur"-Aussagen sind, so gefährlich und falsch sind sie im Blick auf Ps 73: Der Psalm beginnt in seinem kanonischen Text (über die von der wissenschaftlichen Exegese nicht ohne gute Gründe rekonstruierte „Vorform" von Ps 73,1, „Gut für den Rechtschaffenen ist Gott", ist hier nicht zu handeln!) mit einer Aussage über Israel. Dabei muß es auch für uns Christen bleiben: Wir können diesen Psalm nicht ohne oder gar gegen Israel beten. Die jahrhundertelang vertretene These, die Kirche sei „das wahre Israel" und sei nun an die Stelle des jüdischen Volkes als Trägerin der biblischen Verheißungen getreten, widerspricht nicht nur dem Zeugnis des Römerbriefs (vgl. Röm 9–11), sondern ist auch mit der Predigt Jesu schlechterdings nicht vereinbar. Es wurde höchste Zeit, daß das Zweite Vatikanische Konzil die Kirche und die Theologie wieder zu dieser verschütteten und verdrängten Wahrheit zurückführte. Wenn Christen diesen Psalm beten, werden sie mit der Leidensgeschichte Israels konfrontiert, an der Christen unselig beteiligt waren.

Spätestens nach Auschwitz können wir Psalm 73 nicht mehr mit jener das Leid und das Leiden an Gott verdrängenden optimistischen Erfüllungschristologie lesen und beten, wie H.-J. Kraus dies andeutet. Der oft zitierte Satz, daß wir „*nach* Auschwitz" noch beten dürfen, weil „*in* Auschwitz" gebetet wurde, gilt für Ps 73 mit besonderer Dringlichkeit. Nur wenn wir in diesen Psalm „den längst verhallten Schrei" der Opfer von Auschwitz „zu einem stummen Gott" (Hans Jonas) mithineinnehmen als einen Schrei der Schwestern und Brüder Jesu nach universaler Gerechtigkeit, werden wir die *Verheißung* erahnen, die Gott *allen* ungerecht Leidenden mit der Auferweckung Jesu gegeben hat. Wenn wir Ps 73,1 als „Satz mit einem Verheißungsvermerk" (J. B. Metz) lesen und beten, der uns in eschatologische Unruhe versetzt, werden wir die Seligpreisung der Bergpredigt zu begreifen beginnen, die auf Psalm 73 anspielt: „Selig, die reinen Herzens sind, denn sie werden Gott schauen!" (Mt 5,8).

XX. Gottesnähe

„War Israel ... glücklich mit seinem Gott? War Jesus glücklich mit seinem Vater? Macht Religion glücklich? Macht sie ‚reif‘? Schenkt sie Identität? Heimat, Geborgenheit, Frieden mit uns selbst? Beruhigt sie die Angst? Beantwortet sie die Fragen? Erfüllt sie die Wünsche, wenigstens die glühendsten? Ich zweifle.

Wozu dann Religion, wozu dann ihre Gebete? Gott um Gott zu bitten, ist schließlich die Auskunft, die Jesus seinen Jüngern über das Gebet gibt (vgl. Luk 11,1–3, spez. 11,13). Andere Tröstungen hat er, genau genommen, nicht in Aussicht gestellt. Der biblische Trost entrückt uns jedenfalls nicht in ein mythisches Reich spannungsloser Harmonie und fragloser Versöhntheit mit uns selbst. Das Evangelium ist kein Katalysator, kein Durchlauferhitzer zur Selbstfindung des Menschen. Darin haben sich m. E. auch alle Religionskritiker von Feuerbach bis Freud getäuscht. Die ‚Armut im Geiste‘, Wurzel allen Trostes, ist nicht ohne die mystische Unruhe der Rückfrage, auch christlich nicht. Auch christliche Mystik will verstanden sein als eine Mystik des Leidens an Gott ..., eine Mystik der offenen Augen, die uns auf die gesteigerte Wahrnehmung fremden Leids verpflichtet" (J. B. Metz).

Die drei Psalmen, mit denen wir unsere Psalmenauslegungen beschließen, sind Zeugnisse solcher Mystik. So sehr sie einerseits echte, aus der Mitte der Existenz aufsteigende Erfahrungen Gottes bezeugen, so durchzieht sie andererseits die Erfahrung der „Nacht", des sich bei aller Gottesnähe zutiefst verbergenden Gottes. Die Gottesmystik des Ersten Testaments hält jenen „Verheißungsvermerk" wach, unter dem all unser Reden von Gott „mitten in der Nacht" steht (die christlichen „Gotteswisser" mit ihren theologischen Glasperlenspielen haben das vergessen!). Die biblische Gottesgewißheit ist nicht die des schon dagewesenen, sondern die des kommenden Gottes.

Nur wer die Psalmen nicht kennt, kann die dümmlichen Klischees weiterlallen, die den Gott des sogenannten Alten Testaments als einen „Gott der Rache" absetzen wollen von dem „Gott der Liebe" des Neuen Testaments. Welche Intimität spricht sich nicht in vielen dieser Psalmen aus! Das ist nicht *Rede* über Gottes-Liebe, sondern *Leben* in und durch Gottes-Liebe. Sogar die Schreie der Psalmenbeter nach dem Gott der Ahndung und der Wiedergutmachung zerstörten Lebens (das ist mit dem hebräischen „Rache" gemeint, das keinerlei emotionale Irrationalität einschließt, wie dies unsere übliche Redeweise tut!) kommen aus der Leidenschaft dieser Gottes-Liebe, die nach Erfahrbarkeit der Gottesnähe verlangt und ruft. Die „Seele" der mystischen Beter der Psalmen verzehrt sich im Verlangen nach dem sie liebenden Gott: Ein einziger Tag nur im Vorhof seiner Nähe ist kostbarer als Tausende von Tagen ohne IHN (vgl. Ps 84, 11).

Psalm 4

1 Für den Chorleiter. Mit Saitenspielbegleitung. Ein Psalm Davids.

2a Wenn ich rufe, antworte mir,
2b   Gott meiner Gerechtigkeit!
2c In der Bedrängnis hast du mir Raum geschaffen,
2d   sei mir gnädig und höre mein Gebet!

3a Ihr Mächtigen, wie lange noch
3b   soll meine Ehre zu Schande werden,
3c indem ihr Nichtiges liebt,
3d   indem ihr Lüge sucht?

4a Erkennt doch, daß Wunder gewirkt hat
4b   JHWH an dem, der ihm treu ist,
4c daß JHWH gewiß hört,
4d   wenn ich rufe zu ihm.

5a Erzittert und sündigt nicht mehr!
5b   Erwägt es in eurem Herzen auf eurem Lager und verstummt!

6a Opfert Opfer der Gerechtigkeit
6b   und sucht Geborgenheit in JHWH!

7a Mögen auch viele sagen:
7b   „Wer kann uns noch Gutes schauen lassen?
7c Geflohen ist von uns
7d   das Licht deines Angesichts!" –

8a JHWH, du hast gegeben
8b   Freude in mein Herz,
8c mehr als zu der Zeit, da ihr Korn
8d   und da ihr Most gar viel waren.

9a In Frieden kann ich mich hinlegen
9b   und ich schlafe sogleich ein,
9c denn du JHWH allein,
9d   in Geborgenheit läßt du mich wohnen.

Einführung

Der Psalm ist kunstvoll aufgebaut. Nach einer eröffnenden Bitte (V. 2) folgt der Hauptteil (das in V. 2 d gemeinte „Gebet"!), der aus zwei gleich langen Abschnitten (V. 3–6.7–9) besteht, die in ihrer letzten Zeile durch Stichwortbezug („Geborgenheit") aufeinander hingeordnet sind und das theologische Thema des Psalms herausheben. Der erste Abschnitt wendet sich (literarisch-fiktiv?) an die Umgebung des Beters, der zweite Abschnitt ist als direkte Anrede an JHWH gestaltet.

Beide Abschnitte entsprechen sich in ihrer dreigliedrigen Struktur (vorwurfsvolle Frage: V. 3.7; Hinweis des Beters auf das Handeln JHWHs an ihm: V. 4.8; Vertrauen als rechtes Verhalten JHWH gegenüber: V. 5–6.9)! Auch motivlich sind sie parallel gestaltet. Sowohl hinter der Frage V. 3 als auch im Zitat der Frage V. 7 wird das vom Psalm abgelehnte Bestreben sichtbar, nicht bei JHWH, sondern anderswo Lebensorientierung und Heil zu suchen. V. 4 und V. 8 sind insofern parallelisiert, als sie vom erfahrenen Glück der Gottesgemeinschaft des Beters selbst reden. V. 5–6 und V. 9 sind durch das Motiv vom Nachtlager und vom „Hinlegen zur Nachtruhe" aufeinander bezogen; vom Stichwortbezug zwischen V. 6 b und V. 9 c d („Geborgenheit") war schon oben die Rede.

Als Kompletpsalm (am Abend vor Sonntag und Hochfesten, also an deren liturgischem Beginn!) ist Psalm 4 zu einem Vertrauensgebet geworden, dessen Schluß nicht nur die erhoffte Nachtruhe erbittet, sondern die „ewige Ruhe" in der Geborgenheit Gottes, der die Freude schlechthin schenken wird (vgl. 4, 8 f). Gerade im Tod wird sich erweisen, daß „JHWH Wunder wirkt an dem, der ihm treu ist". Der im Stundengebet vor den Psalmtext gesetzte „Psalmtitel" zitiert aus der Auslegung des

Augustinus und deutet den Psalm christologisch: „Wunderbar hat der Herr an ihm gehandelt, den er von den Toten auferweckte."

Auslegung

Der Psalm wird in V. 2 mit einer Reihe von Bitten eröffnet, in denen sich das biblische Verständnis von Gebet überhaupt zeigt. Dieses Beten ist ein „Rufen", d. h. es geschieht in einer Situation, die als Gottferne erfahren wird. Mit seinem „Rufen" will der Beter die Distanz, an der er leidet, überbrücken. „Rufen" ist eine Form von Suchen: Gebet ist Gottsuche! Im Gebet ruft der Beter nach einer „Antwort" seines Gottes. Darauf kommt es an. Nicht daß der Beter redet, sondern daß er zum Hören kommt, ist das Ziel des Psalmengebets. Dabei ist „antworten" etwas anderes als „erhören" (so wird häufig übersetzt!). Wer erhört werden will, gibt dem anderen weitgehend die Antwort vor und läßt ihn gewissermaßen nur zwischen Ja oder Nein wählen. Wer dagegen um Antwort bittet, hofft gerade, daß der andere in seiner Kompetenz neue Möglichkeiten öffnet, die den Rufenden aus seinem begrenzten Horizont herausführen. Daß solches Beten, in dem Gott dem Rufenden sein Gehör schenkt, sich der freien Herablassung des gütig-gnädigen Gottes verdankt, heben die beiden Bitten von V. 2 d hervor. Und daß solches Rufen seine Leidenschaft und seinen Grund aus dem Wissen um das biblische Gottgeheimnis schöpft, hält V. 2 bc fest: Der biblische Gott erweist sich als „Gerechtigkeit" schaffender Gott, indem er das Befreiungshandeln, mit dem er Israel als sein Volk geschaffen hat (vgl. Dtn 33,21; Ri 5,11), auch am einzelnen, insbesondere am Verfolgten und Armen, wirksam werden läßt (vgl. Ps 18,20; 31,9; 118,5). Als diesen Gott *hat* der Beter JHWH schon in seinem Leben erfahren – und an dieser Erfahrung hält er fest, gerade jetzt, wo er in soziale Not und Anfechtung geraten ist.

Worin die in V. 3–6 beklagte Not des Beters besteht, ist gar nicht leicht zu entscheiden und in der Exegese kontrovers. Zwei Deutungen sind möglich.

Da sind einflußreiche und mächtige Kreise in der Umgebung des Beters, die „seine Ehre" zuschanden machen – durch Nichtiges und Lügen. Darunter könnte man einen radikal theologischen Vorwurf verstehen, insofern „Ehre" hier ein Würdetitel für JHWH ist, der sein Handeln an Israel zusammenfaßt, während „Nichtiges" und „Lüge" den Abfall zum Götzendienst bezeichnet. Das ist gut belegte alttestamentliche Redeweise (vgl. Jer 2, 11; Ps 106, 20; 3, 4). JHWH ist einerseits Israels „Ehre", insofern er durch sein Rettungshandeln sich in Israel zu Ehren bringt. Und er ist es andererseits, wenn Israel JHWH als seinen Retter bezeugt und preist. Das gilt von der Geschichte Gottes mit seinem Volk – und es gilt, so bekennt V. 3b, auch vom einzelnen Frommen. Genau diese Lebensoption wird von den „Mächtigen", an die der Beter sich wendet, nicht geteilt. Sie schmähen und schänden „die Ehre" des Beters, d. h. JHWH, indem sie „Nichtiges" und „Lüge" lieben und suchen. Mit diesen Formulierungen brandmarken vor allem Hosea und Jeremia, aber auch die deuteronomistische Theologie den Abfall Israels zu fremden Göttern, jahwewidrigen Kulten und Ideologien. All dies ist „nichtig" und „trügerisch", weil es letztlich zu nichts nütze ist, außer eben, daß diese Lügenmächte den Menschen, die ihnen nachlaufen, trügerische Illusionen wecken, Enttäuschungen bringen und letztlich tödlich sind. Kurz: sie sind Nichtse und führen zu Nichts (vgl. Ps 115, 8).

Neben dieser „theologischen" Deutung ist eine „soziale" Interpretation denkbar: Sie versteht unter „Ehre" die Ehre des Beters selbst, d. h. seine Stellung in der Gesellschaft, ja seine Menschenwürde. Sie wird von den Mächtigen und Reichen mit Füßen getreten, indem sie über ihn allerlei Lügen verbreiten und dabei sogar den Gottesnamen beim Lügeneid einsetzen. Für diese Deutung sprechen vor allem zwei Beobachtungen. Zum einen zielt die Aufforderung des Beters in V. 6 darauf, daß diese Leute „Opfer der Gerechtigkeit" darbringen, d. h. daß sie sich dem Beter gegenüber endlich sozial und solidarisch verhalten sollen. Und zum anderen hat das Wort „Ehre" in den Nachbarpsalmen unbestreitbar starke soziale Konnotationen (vgl. Ps 3,4; 7,6; 8,6). Mit diesen Psalmen aber bildet Ps 4 zusammen die Teilkomposition Ps 3–7, die auf Ps 8 hingeordnet ist (vgl. dazu oben zu Ps 6). In Ps 3–7 sind typische Notsituationen zur Sprache gebracht, die mit diesen Psalmen bestanden werden sollen. Dabei geht es immer um recht konkrete Bedrängnisse und weniger um „theologisches" Leiden.

Gerade angesichts des starken Gefälles von Arm und Reich, an dem der Beter selbst zu leiden hat (und das auch im Abschnitt V. 7–9, wenngleich in anderer Perspektive, thematisiert wird), hält der Psalm an JHWH, dem „Gott der Gerechtigkeit" (vgl. V. 2) fest. Zwei Argumente führt er „für" JHWH an: (1) Er wirkt jene „Wunder", die Israel in seiner Ursprungsgeschichte erfahren hat und durch die viele einzelne seither ihr Leben als verdanktes Dasein begriffen haben. (2) Vor allem aber „hört" er, wenn man zu ihm ruft; das unterscheidet ihn von Baal (vgl. 1 Kön 18) und von den Götzen, „die Ohren haben und doch nicht hören können" (vgl. Ps 115,6).

Angesichts dieser Gotteserkenntnis (vgl. V. 4a) fordert der Beter in V. 5–6 mit sechs Imperativen, die paarweise gegliedert sind, zur Konsequenz auf, das rechte Verhalten JHWH und dem Beter gegenüber zu praktizieren. Das erste Paar (V. 5a) gehört zum Sprachspiel der

Gottesoffenbarung. Wo der wahre Gott offenbar wird, „erzittern" die Menschen (Ps 99,1; Jes 64,1; Jer 33,9 u.ö., vgl. auch Ex 19,16.18). „Erzittert" meint also: Nehmt in Gottesfurcht wahr, daß JHWH Gott ist und daß er als solcher die Sünde verabscheut, ja bekämpft (vgl. Ex 34,6f). Sie sollen stille werden vor dem Gottgeheimnis und es demütig annehmen (V. 5b; vgl. Ps 37,2; 131,32; Ijob 30,27). Und vor allem sollen sie jene „Opfer der Gerechtigkeit" darbringen (V. 6a), die der Gott der Zehn Gebote mehr liebt als Tieropfer, wie insbesondere die Propheten leidenschaftlich verkündet haben: „Hat JHWH Gefallen an Tausenden von Widdern, an zehntausend Bächen Öl? ... Es ist dir gesagt, Mensch, was gut ist und was JHWH von dir erwartet: Nichts anderes als dies: Recht tun, Güte und Treue lieben, in Ehrfurcht den Weg gehen mit deinem Gott" (Mi 6,7f).

Im Abschnitt V. 7–9 redet der Beter JHWH direkt an. Der zweifelnden und resignierten Haltung der „Vielen" in seiner Umgebung, die in V. 7b–d in einem Zitat zusammengefaßt ist, setzt er sein klares Bekenntnis zu JHWH als der Quelle seines umfassenden Heils entgegen. Das Zitat klingt wie eine ironische Ablehnung des sog. aaronitischen Segens Num 6,24–26 oder zumindest wie eine Absage an die traditionelle Theologie, die „das Glück" als Folge der Zuwendung des Angesichts JHWHs deutet. Das Leuchten des Angesichts JHWHs (vgl. Ps 44,4; 89,16) ist Metapher für seinen freundlichen, strahlenden, gütigen Blick. Die Metapher stammt aus der gemeinaltorientalischen Vorstellungswelt des Kultes, wonach der Kultteilnehmer am Angesicht der Götterstatue ablesen will, ob die Gottheit ihm gnädig gestimmt ist. In dieser Tradition ist die zweite Segensbitte des aaronitischen Segens formuliert: „JHWH lasse leuchten sein Angesicht zu dir hin und sei dir gnädig!" (Num 6,25). Genau diese Erfahrung aber bestreiten „die Vielen" mit ihrer Feststellung V. 7 c d, deren Auslöser offensichtlich eine schwere Not ist, die in der Frage von V. 7 b beklagt wird. In der Frage verbergen sich zwei Dimensionen von Not. Da ist erstens eine Hungersnot, worauf nicht nur die Erwähnung von Korn und Most in V. 8 cd hinweist; auch der allgemeine Begriff „Gutes" läßt sich vom alttestamentlichen Sprachgebrauch her als „das, was man zum Leben braucht" (vgl. Ps 34, 11.13; 85, 13; 104, 27 f) begreifen. Dieses „Gute" ist nun so wenig vorhanden, daß den „Vielen" sich angesichts des starken Gefälles zwischen den rücksichtslosen Reichen und den ihnen hilflos ausgelieferten Armen die Frage aufdrängt: „Gibt es überhaupt noch jemand, der uns Gutes schauen lassen kann?" In dieser Frage pocht der Zweifel, ob JHWH wirklich der „Gott der Gerechtigkeit" ist, der sich um die notleidenden kleinen Leute („die Vielen") kümmert, ja ob er ihnen überhaupt helfen kann.

Auch in dieser Not will der Beter an JHWH als der Quelle und der Kraft seines Lebens festhalten. Er erinnert sich selbst und „die Vielen" an die früher gemachten Erfahrungen mit JHWH. Er vergleicht (in V. 8) die Freude, die er in den Stunden erlebter Gottesgemeinschaft gefunden hat, mit der Freude, die es bei guter Ernte von Korn und Most (die jungen Produkte der Getreide- und der Weinernte) gibt. Und bei diesem Vergleich ist unserem Beter die Liebe seines Gottes wichtiger als die reichste Ernte. „Dieser Vers gehört mit zu den Beweisen, daß die alttestamentliche Religion ... sich vom Aufgehen in der Sinnenwelt zu befreien vermocht hat und ein inneres Vergnügen an Gott kennt, das ihr, schon von bloß kulturgeschichtlichem und philosophischem Standpunkt, einen hohen Rang in der geistigen Geschichte der Menschheit zuweist" (B. Duhm).

Weil die heilende Begegnung mit Gott unserem Beter eine Erfahrung ist, gegenüber der alle Erntefreuden verblassen, kann er in V. 9 das Fazit ziehen, das zugleich seine Antwort auf die in V. 7b gestellte Frage sein will. Was Israel als Volk erfahren hat und erhofft, das hat der Beter auch an sich selbst schon oft erfahren – und dazu führt ihn nicht zuletzt das Beten dieses Psalms selbst. Im Wissen um die Freude der Gottesgemeinschaft verliert für ihn die Nacht, sei es die Nacht am Ende eines Tages oder sei es metaphorisch die Nacht der Angst und des Todes, ihre bedrohende und lähmende Mächtigkeit. JHWH selbst ist für ihn gewissermaßen der Raum von Frieden, in dem er Schutz und Ruhe findet. Welch tiefes Glück spricht sich in diesem Sätzchen aus: „Ich lege mich hin und kann sogleich in Frieden einschlafen!" Der gute Schlaf als Gabe eines guten Gottes, das ist in der Tat – wie wir modernen Zeitgenossen wieder zu begreifen beginnen – eine Erfahrung, die religiöse Tiefen hat (vgl. Ps 3,6; 127,2; Spr 3,24; Sir 31,1f; 40,5f).

Für den Beter des Psalms ist es keine Frage, daß jene umfassende Ruhe für Leib und Seele, mag „die Nacht" noch so dunkel und stürmisch sein (Verfolgung, Not, Krankheit, Leid, Zweifel, Todesangst...), einer allein geben kann: „du JHWH allein bist es, der mich in Geborgenheit wohnen/leben lassen kann" (V. 9cd). Letztlich kommt es dem Psalm auf diesen Satz an: daß da ein Gott ist, der wirklich Gelassenheit, Ruhe und Geborgenheit geben kann und will.

Wer den Psalm so begreift, für den kann er wirklich zum „Abendgebet" seines Lebens werden; mit diesem Gebet auf den Lippen oder im Herzen läßt es sich „in Frieden" und in der Hoffnung auf „ewige Ruhe" sterben.

Psalm 139

1a   Für den Chorleiter. Ein Psalm Davids.
1b   JHWH, du erforschest mich und du erkennst mich.
2a   Du, ja du erkennst mein Hinsetzen und mein Aufstehen,
2b   du achtest auf meine Gedanken von fern her.
3a   Mein Gehen und mein Liegen mißt du ab,
3b   und in all meinen Wegen bist du bewandert.
4a   Ja, es ist kein Wort auf meiner Zunge,
4b   siehe, JHWH, da erkennst du es schon ganz.
5a   Hinten und vorne umgibst du mich,
5b   und du legst auf mich deine Hand.
6a   Zu wunderbar ist dieses Erkennen mir,
6b   zu hoch: ich fasse es nicht.
7a   Wohin könnte ich gehen vor deinem Geiste,
7b   und wohin könnte ich vor deinem Angesicht fliehen?
8a   Wenn ich aufstiege zum Himmel, dort bist du,
8b   und wenn ich mich betten wollte in der Unterwelt, du bist da.
9a   Erhöbe ich Flügel der Morgenröte,
9b   ließe ich mich nieder am Rand des Meeres,
10a auch dort kann deine Hand mich führen
10b   und kann mich ergreifen deine Rechte.
11a Und spräche ich: „Ach, Finsternis soll mich zudecken,
11b   und Nacht soll das Licht sein um mich herum!" –
12a auch Finsternis ist nicht finster vor dir,
12b   und Nacht – wie Tag leuchte sie!
12c   Finsternis und Licht sind vor dir gleich.
13a Ja, du, du schaffst meine Nieren,
13b   du webst mich im Leib meiner Mutter.

14a Ich lobe dich, daß ich ein Gottesfurcht
erregendes Wunder bin,
14b wunderbar sind deine Werke, meine Seele
erkennt dies wohl.
15a Nicht verborgen sind meine Glieder vor dir,
15b wenn ich auch im Verborgenen gemacht bin.
15c Kunstvoll bin ich gewebt in den Tiefen der Erde,
16a mein Werden sehen (dennoch) deine Augen.
16b Und in deinem Buch sind sie alle aufgeschrieben,
16c die Tage, die mir geschaffen, nicht einer von
ihnen fehlt.

17a Doch mir, wie schwer sind mir deine Gedanken,
17b o Gott, wie gewaltig ist ihre Zahl?
18a Wollte ich sie zählen, sie sind zahlreicher als der Sand,
18b wäre ich damit am Ende, wäre ich noch immer
bei dir!

19a Oh möchtest du sterben lassen, Gott, den
Gottlosen,
19b ihr Männer voll Blutschuld: Weicht von mir!
20a Sie nennen dich und treiben Götzendienst,
20b sie erheben deinen Namen zu Nichtigem und
widersetzen sich dir!
21a Sollte ich die dich bekämpfen, JHWH, nicht auch
bekämpfen
21b und verabscheuen, die sich wider dich
empören?
22a Ja, mit aller Leidenschaft bekämpfe ich sie:
22b Feinde sind sie mir selbst!

23a Erforsche mich, o Gott, und erkenne mein Herz!
23b Prüfe mich und erkenne meine Sorgen!
24a Sieh, ob ich auf einem Weg des Verderbens bin,
24b und führe mich auf dem Weg des Uranfangs!

Einführung

„Was meinst du, wieviel Drohung und Unentrinnbarkeit unter der Oberfläche dieser Lobpreisung liegen? Und was meinst du, wie solche Liederverse auf ein verwirrtes und verzweifeltes Seelenleben wirken, das vorübergehend die Orientierung verloren hat und eigentlich Menschen suchen müßte, die ihm weiterhelfen: ‚Weiß ich den Weg auch nicht, du weißt ihn wohl!' ... Sind Menschen je warmherziger zur Selbstaufgabe ermuntert worden ... Vieles von dem, was zu deinem Lobpreis und Gottesdienst erfunden worden ist, hat die Wirkung, einen süchtig zu machen. Wenn du einen einmal so weit hast, daß man diese Art von Seelennahrung akzeptiert und braucht und auf jene Sättigung hofft, die du in unwahrscheinlicher Dreistigkeit in deiner Schrift als unmittelbar greifbar anbietest, dann ist man verloren. Dein Angebot ist ausgerichtet auf die tiefsten, im Leben unerfüllt gebliebenen Sehnsüchte der Menschen. Was Menschen nicht geben können oder wollen, kannst du geben." Diese Sätze in „Gebetsform" schrieb der Psychoanalytiker Tilmann Moser in seinem 1976 erschienenen religionskritischen Buch „Gottesvergiftung" zu Psalm 139. Ein Gott, der alles hört und alles sieht, der die geheimsten Gedanken und Sehnsüchte kennt, der mit uns das schreckliche Spiel vom Hasen und vom Igel treibt, der uns Angst macht („Was wird der liebe Gott dazu sagen?") und uns hindert, wir selbst zu werden – daß ein solches Gottesbild eine „Gottessäure" ist, die zu „Gottesvergiftung" führt, wird kaum jemand bestreiten. Und daß Psalm 139 *so* ausgelegt wurde, ist ebenfalls nicht zu bestreiten, allenfalls zu beklagen.

Daß es Stunden in jedem Menschenleben gibt, in denen Einzelsätze des 139. Psalms nicht mit Zustimmung, sondern mit Verweigerung und Auflehnung gesprochen werden, belegen schon Jeremia und Ijob. Die sogenannten Konfessionen des Jeremia (vgl. Jer 12, 1–6; 15, 10–21; 20, 7–18) sind Ausdruck des Leidens an einem Gott, den der Prophet als niederdrückende Last empfindet. Und die Revolte des Ijob ist *auch* der Kampf gegen einen Gott, der sich um alles kümmert und so als einengende und lähmende Übermacht erlebt wird: „Laß ab von mir ... Wann endlich schaust du weg von mir, daß ich wenigstens einmal unbeobachtet schlucken kann? Was hab ich dir getan, du Menschenwächter?" (vgl. Ijob 7, 16–20). Daß der biblische Gott die menschliche Selbstfindung verhindern will und *sich* als „Quelle aller Freuden" aufzwingt, um Menschen das Leben zu vergiften, ist ein schlimmes Mißverständnis der biblischen Überlieferung, an dem freilich die „Kirchenleute" kräftig mitgewirkt haben. Auch die Exegese ist dabei nicht ohne Schuld. Wenn man beispielsweise den Psalm als Formular verstanden hat, das ein Angeklagter *vor* dem Gottesurteil in einem Untersuchungsverfahren wegen Abgötterei (also eine Art „Ketzerprozeß") zu rezitieren hatte und das ihm bewußt machen sollte, daß man Gott nicht ungestraft belügen kann, dann ist dies nur eine religionsgeschichtlich verbrämte Variante dieses unseligen Mißverständnisses von Ps 139.

Nein, der spätalttestamentliche Psalm 139 will nicht Angst machen, sondern mitten in der Angst Identität und Hoffnung stiften. Der Psalm muß als „Gebetsweg" gegangen werden, wie ihn die Komposition anzeigt. Dabei überlagern sich zwei Strukturen, die die Gebetsdynamik des Psalms bestimmen. Da ist *erstens* der Rahmen V. 1 und V. 23–24, der die Spannung „vom Indikativ zum Imperativ" aufbaut: „Du erforschest mich und du erkennst (liebst) mich" (V. 1) – „Erforsche mich und erkenne (liebe) mich" (V. 23). Der Psalmbeter bittet darum, daß er die „objektiv" gegebene Gotteswahrheit von V. 1

doch wirklich und endlich „subjektiv" erfahren möge – damit sein „Lebensweg", den er selbst (!) gehen muß und will, unter der Führung Gottes gelingt, wie der Schluß des Psalms unterstreicht (V. 24). Dieser „Rahmen" legt sich *zweitens* um den vierfach gegliederten Hauptteil: 2–6 (Thema: innige Beziehung JHWH – Beter). 7–12 (Thema: JHWH – der Kosmos – der Beter). 13–16 (Thema: innige Beziehung JHWH – Beter). 17–22 (Thema: JHWH – die Bösen als Exponenten des Chaos – der Beter). Dieser Hauptteil hat seinen dramatischen Schwerpunkt im vierten Abschnitt. Das ist die Welt, aus und in der der Psalm 139 „lebt": Inmitten einer rätselhaften Welt von Gottlosigkeit und Gewalt *sucht* dieser Psalm das, was der „Rahmen" formuliert: Licht und Kraft für einen „Weg der Ewigkeit", d. h. für einen Weg, wie er in der „Urzeit" Israels, insbesondere am Sinai, gewiesen wurde (vgl. Ps 25, 4; 103, 7). Anders als der Weg der Gottlosen, der in den Abgrund führt, ist der „Weg der Gerechten", den JHWH „erkennt" (liebend begleitet), ein Weg des Lebens (vgl. Ps 1, 6). Darum bittet dieser Psalm. So verstanden bewirkt er weder Menschen- noch Gottesvergiftung!

Der Psalm ist ein Stück weisheitlich-prophetischer Auseinandersetzungsliteratur. Von der Weisheit hat er ein Doppeltes: Es geht ihm zum einen um praktische Lebenskunst aus der Gewißheit heraus, daß es – insgesamt gesehen – eine gottgesetzte und gottgeschützte Lebensordnung gibt; das Gelingen des Lebens sucht der Beter nicht durch Eingliederung in die Geschichte des Volkes, sondern als einzelner, in seiner ureigenen individuellen Gottesbeziehung. Zum anderen ist das Problem, das den Beter umtreibt, typisch für die späte Weisheit. Er hat (wie der Ijob-Dichter und wie Kohelet) den naiven Optimismus der alten Weisheit verloren, daß es den Guten gut und den Schlechten schlecht geht. Das Gegenteil ist seine Erfahrung. Die Gottlosen und die Gewalttäter haben Erfolg, Einfluß und Macht. Das stellt *sein* Gottesverhältnis in Frage. Anders als in den älteren Psalmen, in denen die Beter darüber klagen, daß die Feinde sie direkt physisch und sozial bedrängen, gehört Ps 139 zu jener Gruppe von Psalmen (vgl. bes. Ps 49; 73), in denen das Glück der Frevler die Wahrheit Gottes „gefährdet". Sie bedrohen den Beter nicht physisch, sondern sie bedrohen seinen ganzen auf Gott gegründeten Lebensentwurf! Deshalb kämpft der Beter um seine Gottesbeziehung – wie Ijob und wie Jeremia (vgl. bes. Jer 12, 1–5; 17, 9f; 23, 23f). Mit prophetischer Leidenschaft kämpft er um den Erweis der Gotteswahrheit, ohne die er nicht leben kann.

Auslegung

V. 1b gibt überschriftartig die „Gotteswahrheit" an, um deren Vergewisserung der Beter mit und in seinem Psalm kämpft: daß JHWH den Beter sieht und „erkennt". Daß damit weder die lästige Kontrolle eines „Gott-Polizisten" noch das unsichtbare Auge des Big Boss gemeint ist, entfaltet der *erste Abschnitt* des Hauptteils V. 2–6, der betont mit dem Personalpronomen „du" einsetzt. Er verwendet dreimal (!) das Themawort „erkennen" und qualifiziert es in V. 6 als ein unbegreifliches Wunder (vgl. Ps 131; Ijob 42, 2f). Es ist das Staunen darüber, daß JHWH sich nicht nur um die Großen dieser Erde kümmert (wie diese meist denken!), sondern um jeden einzelnen (vgl. auch Ps 8, 5). Gemeint ist jenes „Erkennen", das echtes Interesse und verstehende Anteilnahme bedeutet. Der Beter beschwört geradezu diese „Gotteswahrheit", um deren *Erfahrung* er abschließend in V. 23f bittet: JHWH begleitet liebevoll alle Lebensvollzüge („Hinsetzen und Aufstehen": Totalität des Lebensweges, vgl. Dtn 6,7; Ps 127,12), das Denken, Arbeiten und Schlafen (V. 2b–3a), alle Art von Aktivitäten (V. 3b) und alles Sprechen (V. 4a) – all dies ist ihm wichtig. Wie ein schützender Wall umgibt er ihn (das Bild in V. 5a ist schwer zu fassen; manche Ausleger betonen negative Konnotationen: du engst mich ein wie ein Belagerungsring; andere sehen das Bild eines Vaters/einer Mutter, die das Kind voll umfangen). Er legt seine Hand auf ihn – segnend (vgl. Gen 48,14.17) und schützend (vgl. Ex 33,22). Daß hier an die Faust, die niederdrückt, gedacht sein sollte, wie wieder manche meinen, ist wenig wahrscheinlich; vor allem V. 6 als die staunende Zusammenfassung des Abschnitts spricht dagegen.

Der *zweite Abschnitt* (V. 7–12), dessen Neueinsatz durch das zweimal gesetzte Fragewort „wohin" markiert ist, verändert die Sprecherperspektive. Gegenüber der Sprechrichtung du – ich in V. 2–6 ist die Sprechrichtung nun ich – du. Der Abschnitt ist in sprachlicher Hinsicht dramatisch gestaltet: Frage–Antwort, Zitat einer Rede, Irrealis. Dies ist keine Klage eines Verzweifelten, der seinem Gott nicht entfliehen kann. Im Gegenteil: Der Beter bekämpft hier die Zweifel und Ängste in seiner eigenen Brust, Gottes Zuwendung und Nähe könnten Grenzen und Hindernisse haben. Deshalb durchschreitet er sozusagen experimentierend den ganzen Kosmos sowohl in der Vertikalen (V. 7: „Himmel" und „Unterwelt") wie in der Horizontalen (V. 8: „Morgenröte" und „Rand des Meeres", von Osten bis Westen). Überall gilt: „Da bist du" – mit deinem Geist bzw. deiner Lebenskraft und mit deinem liebevoll zugewandten Angesicht (V. 7) sowie mit deiner helfenden, rettenden und führenden Hand (V. 10, vgl. Ps 73,23f). Gottes Nahekommen sind auch keine zeitlichen Beschränkungen gesetzt: auch Nacht und Finsternis, die Zeiten des Chaos und des Unheils, kann er in Licht verwandeln (V. 11–12) – für die, die er „erkennt".

Im *dritten Abschnitt* (V. 13–16), dessen Neueinsatz wieder mit betontem Personalpronomen „du" markiert wird (Perspektive: du – ich), wird die im ersten Abschnitt beschriebene innige Beziehung zwischen JHWH und dem Beter auf ihre Ursprünge hin reflektiert: Sie gründet in der Hingabe, mit der JHWH am kunstvollen Werden des Menschen im Leib der Mutter (V. 13–15b) bzw. im Mutterschoß der Erde (V. 15c–16, vgl. Sir 40,1; Ijob 1,21) beteiligt ist. Hier sind der biologische und der mythische Ursprung des Menschen miteinander verwoben. Gott hat sozusagen das Webmuster entworfen. Er hat die Lebenstage in sein „Buch des Lebens" eingetragen, damit er für alles zu „seiner Zeit" sorgt (vgl. u. a. Koh 3,1–9) – er, der die Zeit in Händen hält (Ps 31,16).

Nach diesem dreifachen Anlauf kommt der Psalm im *vierten Abschnitt* (V. 17–22) zum eigentlichen Problem! Er ist wie der zweite Abschnitt mit einem zweimal gesetzten Fragewort („wie?") eingeleitet und wie dieser höchst dramatisch gestaltet (Ausrufe, Wünsche, Imperativ, Frage – Antwort). Der Beter sagt klar, was ihn plagt: Er kann Gottes Weltplan, den er – durchaus im Rahmen der traditionellen Weisheit – bisher im Psalm beschrieben hat, mit der Welt, in der er lebt, nicht zusammenbringen. Da herrscht nicht Gott, sondern da regieren die Gottlosen und die Männer, an deren Händen Blut der Gewalt und der Ausbeutung klebt (V. 19), die Götzendienst treiben und über JHWH spotten, seinen Namen beschwören und sich doch seiner Tora widersetzen (V. 20f). Voller prophetischer Leidenschaft bricht dies alles aus dem Beter heraus. Und nun kommt der Psalm zu seinem überraschenden Höhepunkt. Sein Leiden an der scheinbaren Ohnmacht seines Gottes und am offensichtlichen Glück der Gotteshasser führt ihn nicht dazu, sich auf die Seite der Erfolgreichen und Mächtigen zu schlagen. Nein: Das Festhalten an der in den ersten drei Abschnitten meditierten „Gotteswahrheit" motiviert ihn dazu, dieser Gotteswahrheit die Bahn zu brechen – durch den Kampf gegen den Gotteshaß. Er macht die Sache Gottes zu seiner eigenen! Wer hier von niederdrükkender „Gottesvergiftung" redet, hat den Psalm nicht verstanden.

Aber der Psalm ist damit noch nicht zu Ende. *Wie* der Kampf gegen die Gotteshasser zu geschehen hat, wird in den *Schlußbitten* V. 23–24 konkretisiert: JHWH möge sich in seiner Zuwendung dem Beter so sehr mitteilen, daß er „den Weg der Ursprünge" (vgl. Jer 6,16; 18,15) gehen kann. Das ist letztlich der Weg der Tora. Wer *ihn* geht, vertreibt das Chaos und stärkt das Leben – im Vertrauen auf den Gott, der den Weg der Gerechten liebevoll „erkennt" (Ps 1,6).

Kontext

Wer Psalm 139 als Teil der Bibel nachsinnend rezitieren will, muß jenes Beziehungsgeflecht mitdenken, in das ihn die Psalmenbuchredaktion hineingestellt hat. Wir haben dies mehrfach betont: Die Psalmen sind mit einer theologischen Idee nebeneinandergestellt. Oft hat die Redaktion durch Stichwortverkettungen noch zusätzliche Querverbindungen hergestellt. Mehrere Psalmen bilden eine „Kleingruppe", die als programmatische Komposition so gelesen werden will, daß die Einzelpsalmen dadurch neue Bedeutungen hinzugewinnen. Vor allem die Beziehung zwischen unmittelbar benachbarten Psalmen ist wichtig. Wer die Psalmen auswendig kannte, der entdeckte und lernte diese Bezüge. Man kann sich gut vorstellen, daß in jenen Gruppen, für die das Psalmenbuch das „Meditationsbuch" (das man auswendig lernte!) schlechthin war, diese Zusammenhänge buchstäblich gelernt wurden.

Schon die Redaktoren haben Ps 138–145 als eine zusammengehörige Gruppe dadurch gekennzeichnet, daß sie diese acht Psalmen durch die Überschrift dem David zugeschrieben haben. Der Psalmenbeter „David" ist der von Feinden verfolgte „Knecht" JHWHs, der in seiner Bedrängnis ganz und fest auf JHWH setzt und von IHM gerettet wird. „David" ist eine Figur sowohl für Israel wie für den Messias. Wer „seine" Psalmen betet, gliedert sich in die messianische Geschichte ein.

Die Kompositionsidee des Davidpsalters 138–145 kann hier nur angedeutet werden. Ps 138 ist ein Lobgesang auf den Namen JHWHs (138,2) „aus ganzem Herzen" (Anspielung auf Dtn 6,5; der Lobgesang ist realisierte Gottesliebe; ihm gilt deshalb die Zusage, mit der die Sammlung in Ps 145,20 schließt: „JHWH behütet alle, die ihn lieben!"). Was der Name JHWH bedeutet, wird mit Anspielung auf die „Sinaiformel" Ex 34,6f zusammengefaßt: „Güte und Treue" (138,2). Auch Ps 145 zitiert die Sinaiformel Ex 34,6f (145,8f: „Gütig und barmherzig, langmütig und groß an Güte ...") als Durchführung der den Psalm eröffnenden Ankündigung: „Ich will segnen deinen Namen auf ewig und für immer" (145,1). Worauf der segnende Lobpreis (Beraka) des Namens JHWHs durch „David" insgesamt hinzielt, faßt der letzte Satz der ganzen Sammlung so zusammen: „Mein Mund soll den Lobpreis JHWHs verkünden, damit alles Fleisch seinen heiligen Namen segne – auf ewig und für immer" (145,21). Das ist auch das Ziel, das pointiert am Anfang der Sammlung steht: „Loben sollen dich, JHWH, alle Könige der Erde, wenn sie die Worte meines Mundes [d. h. diese Psalmen!] hören! Und sie sollen singen von den Wegen JHWHs: ‚Ja, groß ist die Herrlichkeit

JHWHs ...'" (138, 5: „die Wege JHWHs" und das Motiv „Herrlichkeit JHWHs" spielen auf Ex 33–34 an; vgl. dazu unsere Auslegung von Ps 103 [siehe oben VIII.]).

Der Davidpsalter 138–145 ist also von seinen Rahmenpsalmen her ein „Lobpreis" JHWHs aus dem Munde „Davids", der die Könige der Erde und „alles Fleisch" dazu bewegen will, in diesen Lobpreis einzustimmen. Der diese Psalmen singende „David" ist freilich, wie Ps 139–144 zeigen, der von Feinden und Gotteshassern, ja sogar von eben diesen „Königen" verfolgte und verachtete „Knecht JHWHs" (vgl. 140, 13; 142, 7; 143, 2.12; 144, 10). Im Zentrum stehen deshalb die vier Bittgebete „Davids" um Rettung Ps 140–143 (sie sind durch ganze „Satzbausteine" miteinander verbunden; vgl. bes. die Linie 140, 7; 141, 1; 142, 2; 143, 1 sowie 142, 4; 143, 4). Gerahmt sind diese vier Bittgebete durch die „Vertrauenspsalmen" 139 und 144, die ihrerseits durch Stichwort- und Motiventsprechungen aufeinander hingeordnet sind (vgl. vor allem das Motiv vom „Erkennen" JHWHs in 144, 3 und die Kennzeichnung der Feinde des Beters in 144, 11: „ihr Mund redet Nichtiges", wie 139, 20). Von der Komposition her ergibt sich somit für das Verständnis von Psalm 139: Er ist ein „Kampf um die Gotteswahrheit", den „David", d. h. das bedrängte Gottesvolk in seiner messianischen Sendung, führt, um die Völker und ihre Könige zum Lobpreis (zur Beraka!) des Namens JHWHs zu bewegen.

Vom „Eröffnungspsalm" 138 her erhalten dann aufgrund der Stichwortbeziehungen mehrere Wörter bzw. Motive des 139. Psalms neue „Töne". Ps 138, 1 kündigt die Lobgesänge Ps 138–145 so an: „angesichts der Götter (oder: gegen die Götter) will ich (die Psalmen) singen". Die kämpferische Vergewisserung der Nähe JHWHs, um die es in Ps 139 geht, ist damit zugleich ein Kampf „gegen die Götter" – und gegen ihre Anhänger (vgl. Ps 139, 20).

Die „Hand" und die „Rechte", die den Beter von Ps 139 ergreift und führt (139,10), ist keine andere als die, von der es programmatisch in Ps 138,7 heißt: „Auch wenn ich mitten durch Bedrängnis gehen muß, erhältst du mich am Leben..., du streckst deine Hand aus, und deine Rechte rettet mich!" Die knappe Schlußbitte Ps 139,24 „sieh" bedeutet im Horizont von Ps 138,6: „JHWH sieht die Erniedrigten". Und „der Weg des Uranfangs", auf dem JHWH den Beter führen soll (139,24), ist eben „der Weg" des Sinaigottes (Ex 34,6f), den die Völkerkönige durch „David" = Israel lernen sollen.

Die „Lobgesänge Davids" Ps 138–145 sind die „JHWH-Lieder", die die Psalmenbuchredaktion gezielt hinter Ps 137 gesetzt hat. In 137,3 fordern „die Zwingherren" von Babel die deportierten Israeliten auf: „Singt uns ein Zionslied", worauf diese Antworten: „Wie könnten wir ein JHWH-Lied singen auf dem Boden der Fremde?" (137,4). Es gibt Zeiten, in denen das Verstummen das dichteste JHWH-Gebet ist (vgl. Ps 65,2 in der Lesart der Masoreten: „Dir ist Schweigen Lobpreis, Gott auf dem Zion."). Aber es gibt auch die Zeiten, wo die Lobgesänge erklingen – auch in der Fremde, inmitten bedrohlicher Götter und chaotischer Mächte. Ps 138–145 sind *eine* Antwort auf die (ironische) Aufforderung: „Singt uns ein JHWH-Lied!" (137,3). Die Stichwortbeziehung zwischen 137,3f; 138,5 („singen") deutet dann sogar an: Das „Singen" des armen Gottesknechtes „David" kann seine Feinde „besiegen" – indem sie in die Lobgesänge JHWHs einstimmen. Auch in den von Psalm 139!

Psalm 42/43

1 Für den Chorleiter. Ein Weisheitslied. Von den Korachiten.
2a Wie eine Hirschkuh, die in (ausgetrockneten) Wadis schreit,
2b so schreit meine Seele nach dir, Gott.
3a Es dürstet meine Seele nach Gott, nach dem lebendigen Gott.
3b Wann darf ich kommen und schauen das Angesicht Gottes?
4a Meine Tränen sind mein Brot bei Tag und bei Nacht,
4b wenn man (sie) zu mir den ganzen Tag sagt: „Wo ist denn dein Gott?"
5a Daran will ich gedenken und um meinetwillen schütte ich meine Seele aus,
5b daß ich hinging im Kreis der Edlen zum Haus Gottes,
5c beim Schall des Jubels und des Lobopfers, inmitten einer tanzenden Menge.
6a Was bist du aufgelöst, meine Seele, und was tobst du gegen mich?
6b Warte auf Gott! Denn ich werde ihn wieder loben können,
6c die Rettung meines Angesichts und meinen Gott.
7a Gegen mich ist aufgelöst meine Seele, darum gedenke ich deiner
7b aus dem Land des Jordan und des Hermon, vom Mizar-Berg her.
8a Urflut ruft zu Urflut, beim Donner deiner Güsse,
8b all deine Wogen und deine Wellen gehen über mich hin.
9a Bei Tag entbiete JHWH seine Güte,
9b und in der Nacht ist sein Lied bei mir, ein Gebet zum Gott meines Lebens.

10a Ich will sagen zu Gott, der mein Fels ist: „Warum vergißt du mich?
10b Warum muß ich als Ausgestoßener einhergehen, wobei der Feind mich bedroht?"
11a Bei der Zermalmung meiner Glieder verspotten mich meine Bedränger,
11b indem sie zu mir den ganzen Tag sagen: „Wo ist denn dein Gott?"
12a Was bist du aufgelöst, meine Seele, und was tobst du gegen mich?
12b Warte auf Gott! Denn ich werde ihn wieder loben können,
12c die Rettung meines Angesichts und meinen Gott.

1a Schaffe Recht mir, Gott, und streite meinen Streit gegen ein unbarmherziges Volk,
1b aus der Macht des Lügners und des Verbrechers errette mich.
2a Denn du bist Gott, der mein Schutz ist. Warum verstößt du mich?
2b Warum muß ich als Ausgestoßener einhergehen, wobei der Feind mich bedroht?
3a Sende dein Licht und deine Treue! Sie werden mich leiten,
3b sie werden mich bringen zu deinem heiligen Berg und zu deiner Wohnstätte,
4a und so werde ich kommen zum Altar Gottes,
4b zu Gott, der meine Freude und mein Jubel ist,
4c und so werde ich dich loben mit der Tragleier, Gott, mein Gott!
5a Was bist du aufgelöst, meine Seele, und was tobst du gegen mich?
5b Warte auf Gott! Denn ich werde ihn wieder loben können,
5c die Rettung meines Angesichts und meinen Gott.

Einführung

Psalm 43, der bis zur Liturgiereform als „Stufengebet" zu Beginn der Messe gebetet wurde, bildet zusammen mit Ps 42 einen einzigen Psalm. Zwar teilte auch die Septuaginta (die alte griechische Bibelübersetzung) den Text auf zwei Psalmen auf und gab, abweichend von der hebräischen Bibel, dem Psalm 43 sogar eine eigene Überschrift („Psalm für David"). Die Zweiteilung läßt sich auch verständlich machen. Während Ps 42 Klage ist, ist Ps 43 Bitte. Und anders als Ps 42, der als Hoffnungsgrund das Gedächtnis von in der Vergangenheit gemachten Gotteserfahrungen beschwört, erhofft Ps 43 die Wende der Not von einem zukünftigen Handeln Gottes. Dennoch bilden die beiden Psalmen eine organische (möglicherweise gewachsene?) Einheit. Das war nicht nur die Meinung mehrerer hebräischer Handschriften, die die beiden Psalmen als einen zusammengehörenden Text schrieben. Schon mehrere Kirchenväter haben darauf aufmerksam gemacht, daß die beiden Psalmen von der Situation des Beters her und in seiner motivlich-literarischen Gestaltung eine übergreifende Einheit bilden. Der dreimal wiederholte Refrain (42, 6.12; 43, 5) bindet den Text zusammen. Die Abfolge dieser Kehrreime entfaltet ihre Gebetsdynamik erst, wenn die beiden Psalmen als Einheit begriffen werden (V. 7 nimmt das Stichwort „meine Seele" aus V. 6 auf; 43, 1 nimmt aus 42, 12 das Stichwort „Gott" auf!). Ps 42 und Ps 43 sind durch mehrere Stichwortbezüge eng verbunden. Und zumindest in jener hebräischen Textüberlieferung, die als die am besten bezeugte gilt, hat Ps 43 keine eigene Überschrift. Das ist deswegen so gewichtig, weil *alle* Psalmen des 2. Psalmenbuchs, das mit Ps 42 eröffnet wird (Ps 42–72), mit Ausnahme von Ps 71 eine Überschrift tragen.

Der durch den Kehrreim in drei Strophen gegliederte

Psalm ist gattungsmäßig ein Klage- und Vertrauensgedicht, das theologisch den Psalmen 62; 77; 131 und der Ijob-Dichtung nahesteht und aus frühnachexilischer Zeit stammen dürfte. Freilich gibt es auch andere Datierungsansätze, vor allem bei solchen Auslegern, die den Psalm historisch-biographisch mit prominenten Gestalten oder Ereignissen der Geschichte Israels (z. B. David auf der Flucht, König Jojachin auf dem Weg in das babylonische Exil u. a.) verbinden wollen. Oft werden zum Verständnis des Psalms auch falsche Engführungen vorgenommen: Der Psalm sei das Gebet eines Todkranken, eines aus Jerusalem Verbannten, eines zu Unrecht Angeklagten und Verurteilten, eines von Heiden wegen seines Gottesglaubens Verfolgten. Solche Deutungen machen einen Teilaspekt des Psalms zum Gesamtschlüssel. Gewiß hat der Psalm ein ausgesprochen individuelles Profil, vor allem in seiner Bildwelt. Dennoch „verdichtet" er so unterschiedliche Leiderfahrungen, daß es mir, wie auch beim Ijob-Buch, verfehlt erscheint, den Psalm auf eine einzige Lebenssituation festzulegen – außer es ist die *eine* Ursituation, die in sehr unterschiedlichen Lebenskontexten erlebt, erlitten und erstritten wird und die Augustinus klassisch so formuliert hat: „Unruhig ist unser Herz, bis es ruht in Dir!"

Der Psalm ist in seiner dreigestuften Geschehensstruktur, die zugleich eine sich steigernde Bildkonfiguration entfaltet (Strophe 1: Tödliche Bedrohung in der Wüste; Gegenbild: der lebendige Gott; Strophe 2: Tödliche Bedrohung durch chaotische Wassermassen; Gegenbild: Gott als Halt gebender Fels; Strophe 3: Tödliche Bedrohung durch gesellschaftliche Gewalt; Gegenbild: Gott als rettende und schützende Zuflucht), ein faszinierendes, komplexes Gespräch. Er ist nicht nur betende Gottsuche, in der der Beter auf das rettende Du seines Gottes setzt und wartet; er ist zugleich ein leidenschaftliches Selbstgespräch im Inneren des Beters selbst. Da stürmt eine „Seele" ungeduldig und ungestüm auf ein „Ich" ein, das seinerseits diese lebenshungrige (Strophe 1), geängstete (Strophe 2) und bedrängte (Strophe 3) „Seele" zu Ruhe und Gelassenheit hinführen will. Dieses „Ich" rät zu einem geduldigen Warten auf Gott, der in der Vergangenheit sich doch als Quelle des Lebens erwiesen habe und gewiß in der Zukunft sich als der Treue, auf den Verlaß ist, erweisen werde.

Man hat Psalm 42/43 (etwas mißverständlich) auch ein „Herzberuhigungsgebet" genannt, und es wäre verlockend, die psychologische Weisheit, die sich in diesem Psalm verdichtet hat, tiefenpsychologisch zu ergründen. Doch muß vor allem herausgestellt werden, daß der Psalm dem Leidenden und Klagenden die Ruhe von Gott her und in Gott verheißt. Es ist ein inniger Psalm der „Ur-Sehnsucht des Menschen..., von Ihm erkannt zu sein. ‚Im Lichte seines Angesichtes' zu leben, ein Gedanke Gottes zu werden – das ist der wahre Beruf des Menschen" (Abraham Heschel). Das Psalmenbuch ist ein „Lehr- und Übungsbuch" für diesen Beruf.

Der Psalm eröffnet die erste Reihe der Korachiten-Psalmen (Ps 42–49); die zweite Reihe liegt in Ps 84–85; 87–88 vor. Diese Psalmen sind in auffälliger Weise aufeinander bezogen. Ps 42/43 hat eine „Parallele" in Ps 84; Ps 44 wird in Ps 85 aufgegriffen (siehe dazu unsere Auslegung oben IV.); die Psalmengruppe 46–48 wird in Ps 87 neu gedeutet (siehe dazu oben III. die Auslegung von Ps 46); Ps 49 schließlich hat seine Parallele in Ps 88 (vgl. dazu oben IV. die Auslegung von Ps 49). Diese Korachiten-Psalmen legen sich wie eine Schale um den Kern Ps 50–73 (Davidpsalter 51–72; seinerseits gerahmt durch die Asafpsalmen 50 und 73–83).

Auslegung

Dies ist der einzige biblische Psalm, der mit einem Vergleich einsetzt (V. 2). Die „Seele" des Beters, d. h. dieser Mensch in all seinen Bedürfnissen und Sehnsüchten, in seinen Empfindsamkeiten und Empfindlichkeiten, in seinen Verletzlichkeiten und Ängsten, kurz: der Mensch, insofern er Lebensdurst und Lebenslust ist, wird mit einer Hirschkuh verglichen, die in der Hitze des Sommers in den ausgetrockneten Wadis der Hermonregion (vor allem dort und im Karmel gab es damals Hirsche!) vergeblich nach Wasser suchte und nun, am Ende ihrer Kräfte, schmerzvolle Klagelaute ausstößt (vgl. zum Bild auch Jer 14, 5; Joel 1, 20). Wie die verdurstende Hirschkuh spürt und weiß diese „Seele" genau, was bzw. wer für sie in dieser Situation allein lebenswichtig ist – und genau dies fehlt ihr: die Nähe des lebendigen Gottes, d. h. des Gottes, der als Lebenskraft erfahren wird (V. 3a). Und so klagt sie und bestürmt das Ich des Beters, der seinerseits weiß, daß dieses lebenswichtige „Wasser", das allein den Durst der Seele stillen kann, ein Geschenk ist, auf das er warten muß. Er weiß dies, weil er es in seinem Leben schon erfahren hat. Und diese Erfahrung, da er in der gottesdienstlichen Gemeinschaft von Jerusalempilgern die beglückende Nähe seines Gottes geradezu sinnlich erlebt und darin Kraft geschöpft hatte (V. 5; V. 5c ist späte Erweiterung!), hält er der ungestümen Frage seiner Seele: „Wo ist denn dein Gott?" (V. 4b) entgegen. Mit dem Imperativ: „Warte auf Gott!" fordert er sie auf, in dieser Situation der inneren Dürre sich auszurichten auf ein geduldiges und gelassenes Warten, das ungeheure Kräfte freisetzt und fähig macht, im rechten Augenblick wach zu sein für die Gnade der Gottesgegenwart. Dieser Augen-Blick, daß sich das Angesicht des Beters (V. 6c) und das Angesicht Gottes (V. 3b) begegnen, *wird* wieder kommen.

Vermutlich denkt der Beter sehr konkret an eine Wallfahrt nach Jerusalem, die ihm nun (wegen Krankheit, aus sozialer Not, aus politischen Gründen o. ä.) nicht möglich ist. Deshalb wendet er sich an seinen Gott, daß dieser endlich (die Wann-Frage hat drängenden Charakter!) seiner Not ein Ende macht, indem er ihn SEIN Angesicht schauen läßt (V. 3b). Die alttestamentlich breit belegte und in V. 3b verwendete Rede vom Schauen des Angesichtes Gottes, die sich einerseits an der an altorientalischen Heiligtümern üblichen Praxis, bei großen Festen die Götterbilder in Prozession zu zeigen, inspirierte und die andererseits im Blick auf den Königshof bedeuten konnte, zu einer Audienz beim König zugelassen und von ihm beschenkt zu werden, ja an einem königlichen Festmahl teilnehmen zu dürfen, kennzeichnet die erhoffte Teilnahme an einer Jerusalemer Liturgie als befreiendes und beglückendes Erlebnis, eben als ein echtes Gottesgeschenk, das den Lebensdurst „der Seele" stillen kann.

Die zweite Strophe macht deutlich, daß das Leid des Beters nicht nur in seiner „Gottesferne" (V. 7b ist wörtlich oder metaphorisch lesbar!) besteht. Viel schlimmer: Nicht nur, daß er Gott sucht und nicht findet, quält seine Seele, sondern noch mehr die Angst, daß sein Gott, der ihm doch allein Halt und Überleben inmitten der tobenden Chaosfluten, die da über ihn hinwegspülen, geben kann, ihn „vergessen", d. h. im Stich gelassen hat. Den Spott, den seine Umgebung über ihn, „den Frommen", mit ihrer zynischen Frage „Wo ist nun dein Gott in deinem Leid?" ausgießt, kann er nur seinem Gott weitergeben – in der Form der Anklage: „Warum tust du mir das an?" Nicht nur, daß er in seinem Leid Gott nicht als Lebensquelle wahrnimmt, es ist, so formuliert V. 8,

Gott selbst, den die Seele in diesen Lebensstürmen zerstörerisch am Werk sieht. Der textlich schwierige Vers 8, der im Psalm, den Jona im Bauch des Fischungeheuers betet (vgl. Jona 2, 4), aufgenommen wurde, empfand die Tradition offensichtlich als so störend, daß sie V. 9 „entschärfend" eingefügt hat. Der Refrain, der auch diese Strophe beschließt, erhält angesichts der Anklage gegen den zerstörerischen Gott nun jene Dramatik, die im Ijob-Buch breit entfaltet ist: Gegen den als Zerstörer und Feind erfahrenen Gott wird der Gott beschworen, der sich als rettender Bundesgenosse (V. 12 c) erweisen wird!

Diese dritte Strophe des Gebets setzt mit einer doppelten Bitte ein (V. 1). Der Beter bittet darum, Gott möge ihn von der Verfolgung und Bedrückung durch rücksichtslose und betrügerische Mitmenschen, die offensichtlich mächtig sind, retten. Und zugleich ist dies die Bitte, Gott möge so die rechte Lebensordnung wiederherstellen. Beides ist der Appell an den Gott, der „der Schutz" der Schutz- und Rechtlosen ist (V. 2a). Für den Beter, der als Ausgestoßener der Gesellschaft umherirren muß, bedroht und gehetzt von seiner feindlichen Umwelt (V. 2b), soll sich Gott endlich als Asyl („Schutz") erweisen, wo er Heimat, Recht und Verteidigung vor seinen Verfolgern findet. Diese Strophe transponiert das Bild von der umherirrenden Hirschkuh aus der ersten Strophe (42, 2) in die gesellschaftliche Dimension: der Leidende empfindet sich als der von seiner Umgebung Gejagte und Unterdrückte, der nach Rettung lechzt und schreit wie das verdurstende Tier. Schlimmer noch: Er sieht hinter den Verfolgern seinen Gott selbst am Werk. Seine Anklage: „Warum verstößt du mich?" (vgl. Ps 44, 10) hält Gott die Rätselhaftigkeit und Ausweglosigkeit entgegen, in der er sich sieht. Es ergeht ihm wie Ijob. Er vermag in seinem schrecklichen Leid keinen Sinn zu sehen, von einer Erklärung oder gar Rechtfertigung seiner Situation ganz zu schweigen. Er kann nur dies: Mit seinen wiederholten Warum-Fragen will er Gott zum Eingreifen bewegen. ER soll ihn herausführen aus dieser Wüste und aus diesem Todesdunkel, in dem er herumirren muß. Mit seinem Eingreifen soll Gott selbst Antwort auf die Frage „der Seele" des Beters und seiner Feinde („Wo ist denn dein Gott?") geben. *Daß* und *wie* Gott in dieser Welt gegenwärtig ist, soll und kann er am Leben dieses Leidenden erweisen.

In V. 3 bittet der Beter darum, daß Gott ihm Boten sendet, damit sich ereigne, wonach er sich in der ersten Strophe gesehnt hatte (vgl. 42,3b). Diese Boten sollen ihm den Weg ebnen und ihn geleiten, daß er endlich „das Angesicht Gottes schauen" könne (Stichwortbezug „kommen": 42,3b; 43,4a; auch „hinbringen" ist im Hebräischen eigentlich: „sie sollen mich kommen machen"!). „SEIN Licht" und „SEINE Treue" sind die Boten, auf die der Beter all seine Hoffnung setzt. Das „Licht" soll der Nacht der Angst und des Unheils, in der er leben muß, ihren lähmenden, ja tödlichen Schrecken nehmen (vgl. Ps 27,1; Jes 9,1). Es soll ihm das Zeichen sein, daß sein Gott ihm wohlwollend und liebend zugewandt ist (vgl. Ps 31,17; Num 6,25). Es soll ihm vor allem die Kraft geben, an der großen „Wallfahrt" festzuhalten, von der er träumt. Als Ziel dieser Wallfahrt, die seine Gottferne beenden soll, wird zunächst gewiß die Teilnahme an einer ihn faszinierenden Jerusalemer Tempelliturgie gemeint sein (V. 4). Nur wer an der emotionalen und sozialen Kraft, die von gelungenen Festen ausgehen kann, noch nichts erfahren hat, wird über diese liturgische Sehnsucht des Beters lächeln. Aber ihm geht es um mehr. Er weiß um die theologische Vergewisserung, die der gemeinsame Gottesdienst schenken kann. Er hofft darauf, daß ihm dabei „die Treue" seines Gottes, in der dieser die Geschichte des Gottesvolks und jedes Einzellebens schützend umfängt, erneut aufgeht. Dies ist ja die tiefste Wurzel seines Leids: der Zweifel, ob Gott wirklich auf seiner Seite steht, ob er seinem Gott etwas bedeutet, ob sein Gott ihn versteht und mit ihm leidet. Nicht nur den spottenden „Feinden" soll offenbar werden, daß auf diesen Gott Verlaß ist. Nein, ihm selbst soll diese Erfahrung zuteil werden, damit er wieder zu dem Sinn seines Lebens zurückfindet, an dem er auch inmitten seiner Zweifel und seiner Verzweiflung festhält: Gott wieder loben zu können (V. 5 b) – mit einem einfachen Lied auf seiner Tragleier (V. 4 c).

Vielleicht ist dies der überraschendste Punkt des ganzen Psalms. Die jüdische Tradition mag uns helfen, diese Pointe zu verstehen. Sie sagt: „Es gibt drei Wege, auf denen ein Mensch seinem tiefen Kummer Ausdruck geben kann. Der Mensch auf der niedersten Stufe weint; der Mensch auf der zweiten Stufe schweigt; der Mensch auf der höchsten Stufe weiß seinen Kummer zum Lied zu wenden." Darauf kommt es an: Inmitten des Leids „das einfache Lied" zu lernen, das Lied von dem lebendigen Gott (42,3), der Fels (42, 10) und Asyl (43,2) ist, und mit diesem „Lied", das in seiner Vollkommenheit auf die eigenen Worte verzichtet, Gott, wie das östliche Mönchtum über das „Herzensgebet" lehrt), unaufhörlich in der Seele gegenwärtig sein zu lassen. Das ist Mystik.

Alle Psalmen sind letztlich Einübungen für dieses Lebenslied, das zu singen jedem von uns gegeben und aufgegeben ist (vgl. Ps 150). Freilich ist es auch bei diesem „Lebenslied" wie bei allen guten Melodien: Sie lassen sich nicht herbeizwingen, sondern stellen sich ein. Doch nur dem, der darauf eingestellt ist.

XXI. Der (nichtkanonische) Psalm 151: ein theologisches Nachwort zum Psalmenbuch

Dieser als Psalm 151 bezeichnete Text trägt in der Septuaginta die Überschrift: „Dieser Psalm ist von David selbst geschrieben, außerhalb der Zählung (d. h. er ist überzählig), und zwar als er (David) allein mit Goliat gekämpft hatte."

Das hebräische Original dieses Psalms (außer der Septuagintafassung gibt es auch eine syrische Variante) wurde nun – eine gewiß gute Fügung – in der 11. Höhle von Qumran gefunden. Das Original ist etwas umfangreicher, poetisch schöner strukturiert und theologisch tiefsinniger als die griechische Fassung. Die in Qumran gefundene Textfassung ist gewiß die ältere. Wann und wo sie gedichtet wurde, ist schwer zu entscheiden. Ihre letzte Zeile atmet den Geist der Qumran-Essener, aber ansonsten spricht alles dafür, daß der Text vor-qumranisch ist. Die Septuagintafassung „verdankt" ihre Kürzung orthodoxer Ängstlichkeit. Die Vorstellung von David als „jüdischem Orpheus" (vgl. unsere Auslegung) war offensichtlich selbst der aufgeklärten Theologie von Alexandria des Guten zuviel. Das gilt auch von der pharisäisch-rabbinischen Schule von Jamnia, die die kanonische Endgestalt des Psalmenbuchs festlegte. Sie hat den Psalm einfach ausgeschlossen.

Für uns, aus der historischen Distanz und jenseits ängstlicher Orthodoxie, ist Psalm 151 nicht nur ein kostbares Zeugnis frühjüdischer Psalmentheologie. Der Psalm ist zugleich eine abschließende Werbung, *mit* und *wie* David durch „seine" Psalmen die Erde und Gott zu verzaubern.

- **Ja.**, senden Sie mir kostenlos die nächsten beiden Ausgaben der Herder-Korrespondenz.
- Nur wenn ich danach die Herder-Korrespondenz nicht regelmäßig lesen möchte, werde ich Ihnen dies innerhalb von einer Woche nach Eintreffen der zweiten Ausgabe mitteilen.
- Sollte ich mich entscheiden, die Herder-Korrespondenz regelmäßig zu lesen, so muß ich nichts weiter tun.
- Die Herder-Korrespondenz erscheint monatlich und kostet 15,90 DM pro Ausgabe (Studierende 12,30 DM) zuzüglich Porto.

(Preise gültig bis 31.12.97)

Vor- und Zuname

Straße   PLZ/Ort

Datum   ✘ Unterschrift

Vertrauensgarantie: Ich kann den Probebezug bis zum Ablauf einer Woche nach Erhalt der zweiten Ausgabe beim Verlag Herder, 79080 Freiburg, schriftlich widerrufen. Zur Wahrung der Frist genügt die rechtzeitige Absendung. Davon habe ich Kenntnis genommen:

Datum   ✘ Unterschrift

HK0053

Antwort

Verlag Herder
Herrn Clemens Klein

D-79080 Freiburg

Bitte
frankieren,
falls Marke
zur Hand

Wie *Sie* sich umfassend *informieren*

- Die Herder-Korrespondenz vermittelt Ihnen einen umfassenden Überblick über die entscheidenden Ereignisse und Entwicklungen in Kirche, Religion, Staat und Gesellschaft.

- Zuverlässige und sauber recherchierte Hintergrundinformationen ermöglichen Ihnen ein sicheres Verständnis wichtiger Vorgänge und Entwicklungen.

- Sie sparen wertvolle Zeit. Weil die Informationen auf das Wesentliche konzentriert sind und Ihnen nur sorgfältig aufbereitete Beiträge vorgelegt werden.

- Sie behalten den Überblick, erkennen Hintergründe und durchschauen Zusammenhänge.

HERDER-KORRESPONDENZ
MONATSHEFTE FÜR GESELLSCHAFT UND RELIGION
Heft 6 · 51. Jahrgang · Juni 1997

GEISTLICH HANDELN

FAMILIE
Gesellschaftlicher Wandel in der Schweiz

THEOLOGIE
Halbzeit beim „Lexikon für Theologie und Kirche"

ÖKUMENISCHE VERSAMMLUNG
Versöhnung – auch im postkommunistischen Europa?
Ein Gespräch mit dem Prager Theologen Tomáš Halík

ABENDMAHLSGEMEINSCHAFT
Ist die Trennung noch haltbar?

ZAIRE
Nach der Ära Mobutu

Zwei *Gratis*-Ausgaben

Leider ist die Übersetzung des Textes der Qumranrolle (11 QPs ª) in der Forschung kontrovers. Unser Textvorschlag orientiert sich an der 1963 bzw. 1965 erschienenen Ausgabe des Erstbearbeiters J. A. Sanders.

1a   *Der Kleinste war ich unter meinen Brüdern*
1b   *und der Jüngste unter den Söhnen meines Vaters,*
1c   *und der setzte mich ein zum Hirten seiner Schafe*
1d   *und zum Herrscher über seine Zicklein.*
2a   *Meine Hände machten eine Langflöte*
2b   *und meine Finger eine Tragleier,*
2c   *und so gab ich JHWH die Ehre,*
2d   *ich hatte (nämlich) in meinem Inneren gesagt:*
3a   *„Die Berge legen kein Zeugnis ab für* IHN,
3b   *und die Hügel verkünden nicht,*
3c   *so sollen die Bäume meine Worte bewundern*
3d   *und die Schafe meine Werke.*
4a   *Ja, wer soll verkünden und wer soll reden,*
4b   *wer soll erzählen die Werke des Herrn?"*

4c   *Der Gott des Alls – er sah es,*
4d   *der Gott des Alls – er hörte es und lauschte.*
5a   *Da sandte er seinen Propheten, mich zu salben,*
5b   *den Samuel, mich groß zu machen.*
5c   *Meine Brüder gingen ihm entgegen,*
5d   *schön an Gestalt und schön von Aussehen.*
6a   *Groß waren sie in ihrem Wuchs,*
6b   *schön waren sie mit ihrem Haupthaar –*
6c   *doch nicht erwählte JHWH,*
6d   *der Gott nicht sie.*
7a   *Er sandte und holte mich hinter den Schafen weg,*
7b   *und er salbte mich mit heiligem Öl,*
7c   *und er setzte mich ein zum Fürsten seines Volkes*
7d   *und zum Herrscher über die Söhne seines Bundes.*

Der Psalm ist ein Midrasch zu 1 Sam 16,1-13, wo erzählt wird, wie Samuel im Auftrag JHWHs den David zum Nachfolger Sauls salbt. Dazu schickt JHWH den Samuel nach Betlehem, wo er Isai und seine Söhne zu einer Opfermahlfeier einladen soll. Einen dieser Söhne nämlich hatte JHWH zum neuen König bestimmt. Wer von ihnen dies sei, das wollte JHWH dem Samuel bei der Feier selbst sagen. Als nun der Erstgeborene des Isai kam, ein schlanker, großer junger Mann mit wunderschön wallendem Haar, das altisraelitische Schönheitsideal verkörpernd, da dachte Samuel bei sich: „Fürwahr, bei JHWH, das ist sein Gesalbter!" Doch JHWH sagte zu Samuel: „Schau nicht auf sein Aussehen und auf die Größe seines Wuchses. Denn es geht nicht um das, worauf der Mensch sieht; der Mensch sieht ja das Augenfällige, JHWH aber sieht das Herz an." So kamen die sieben Söhne des Isai der Reihe nach vor Samuel, aber keiner von ihnen sollte der Gesalbte JHWHs werden. Und als Samuel enttäuscht fragte: „Sind das alle deine Söhne?", sagte ihm Isai: „Der Kleinste ist noch übrig, er ist unterwegs und hütet die Schafe." Da forderte Samuel den Isai auf: „Sende nach ihm und laß ihn holen!" Und als der kleine Hütejunge kommt, hört Samuel die Stimme JHWHs: „Steh auf, salbe ihn, denn er ist es!"

Die zahlreichen sprachlichen Anklänge unseres Psalms an diese Erzählung sind offenkundig. Am wichtigsten aber ist: Der Psalm ist eine Erläuterung jenes Gotteswortes der Erzählung, wonach JHWH nicht auf das Äußere, sondern in das Innere der Menschen sieht. Was er da im Herzen Davids sah, das diesen von seinen Brüdern unterschied und ihn zum König über Israel befähigte, präzisiert nun unser Psalm in V. 2a-4b: Er dichtete und sang zu Flöte und Tragleier Psalmen zur Ehre JHWHs!

Wie der griechische Orpheus, der mit seinen Liedern und mit seinem Leierspiel Bäume und Tiere, ja sogar die Götter verzauberte, so sang und spielte der Schäferjunge David „die Werke des Herrn" (V. 4b). Weil die Berge und die Hügel nicht den Lobpreis JHWHs sangen (vgl. zu diesem Motiv, jedoch positiv gewendet, u. a. Ps 148,9), greift David zu den Hirteninstrumenten und spielt geradezu prophetisch (vgl. V. 4a b mit Jes 6,8) zum Lob des Schöpfergottes auf. Mit seinen dichterischen „Werken" aus „Worten" (V. 3 cd) feiert er „die Werke" des großen Schöpfergottes JHWH. Die Bäume und die Schafe lauschen staunend. Und vor allem: JHWH selbst hört die Psalmen Davids und ist fasziniert – und macht den Schafhirten zum Menschenhirten (vgl. die Parallelisierung V. 1 mit V. 7!). Wer solche Psalmen dichten und singen kann, der ist von seinem Herzen her fähig, König über Israel zu sein.

Kann man Größeres über das biblische Psalmenbuch sagen? Psalm 151 spricht eine wundervolle Verheißung über alle aus, die *wie* und *mit* dem orphischen David seine Psalmen singen. In den 150 Psalmen des Psalmenbuchs, von denen wir nur einige auslegen konnten, gibt sich „alles, was Atem hat" (Ps 150,6), ja der ganze Kosmos dankend und anbetend dem Schöpfer zurück – wie die jüdische Tradition *so* erzählt:

Wie schuf Gott die Seele Davids, des künftigen Psalmensängers? – Er öffnete die Tore des Gesangs, er nahm das Trillern der Vögel, das Raunen der Wälder, die angenehmen Stimmen des zarten Windes, der sich zwischen den Zweigen und Blättern hören läßt, das Rauschen der Quellen und Bäche, den Gesang derer, die zu Gott flehen, und ihre Danklieder – und machte daraus eine Seele, die er David einhauchte.

Literaturhinweise

1. Allgemeine Literatur

H. Gunkel – J. Begrich, Einleitung in die Psalmen. Die Gattungen der religiösen Lyrik Israels, Göttingen 1933. ³1975.

J. Becker, Wege der Psalmenexegese (Stuttgarter Bibelstudien 78), Stuttgart 1975.

O. Keel, Die Welt der altorientalischen Bildsymbolik und das Alte Testament. Am Beispiel der Psalmen, Zürich–Köln ³1984.

K. Seybold, Die Psalmen. Eine Einführung (Kohlhammer-Urban Taschenbücher 382), Stuttgart 1986.

E. Zenger, Mit meinem Gott überspringe ich Mauern. Einführung in das Psalmenbuch, Freiburg ²1988

N. Füglister, Das Psalmengebet, München 1965.

N. Füglister, Die Verwendung und das Verständnis der Psalmen und des Psalters um die Zeitenwende, in: J. Schreiner (Hg.), Beiträge zur Psalmenforschung (FzB 60), Würzburg 1988, 319–384.

E. Zenger, Was wird anders bei kanonischer Psalmenauslegung?, in: Ein Gott – eine Offenbarung. FS N. Füglister, Würzburg 1991, 397–413.

2. Ausgewählte Studien zu den besprochenen Psalmen (in der Reihenfolge des Bandes)

Zu Ps 1: R. P. Merendino, Sprachkunst in Psalm 1: Vetus Testamentum 29, 1979, 43–60; J. Reindl, Psalm 1 und der ‚Sitz im Leben' des Psalters: Theologisches Jahrbuch Leipzig 1979, 39–50.

Zu Ps 2: A. Deissler, Zum Problem der Messianität von Psalm 2, in: FS H. Cazelles, Paris 1981, 283-292; E. Zenger, „Wozu tosen die Völker...?" Beobachtungen zur Entstehung und Theologie des 2. Psalms, in: FS H. Groß, Stuttgart ²1987, 495–511.

Zu Ps 149: R. J. Tournay, Le Psaume 149 et la ‚vengeance' des Pauvres de YWHY: Revue Biblique 92, 1985, 349–358. N. Füglister, Ein garstig Lied – Ps 149, in: FS H. Groß (s. o.) 81–105.

Zu Ps 150: H. Schweizer, Form und Inhalt...: Biblische Notizen 3, 1977, 35–47.

Zu Ps 13: O. H. Steck, Beobachtungen zur Beziehung von Klage und Bitte in Psalm 13: Biblische Notizen 13, 1980, 57–62; E. Gerstenberger, Der bittende Mensch (WMANT 51), Neukirchen 1980.

Zu Ps 30: J. Schreiner, Aus schwerer Krankheit errettet. Auslegung von Psalm 30: Bibel und Leben 10, 1969, 164–175; H. Witzenrath, Am Abend Weinen – doch am Morgen Jubel. Ps 30 – ein alter Osternachtspsalm der Kirche, in: Liturgie und Dichtung (s. o.) 447–495.

Zu Ps 40: G. Braulik, Psalm 40 und der Gottesknecht (Forschung zur Bibel 18), Würzburg 1975.

Zu Ps 47: E. Otto-T. Schramm, Fest und Freude, Stuttgart–Berlin 1977, 50–55; J. Jeremias, Das Königtum Gottes in den Psalmen, Göttingen 1987, 50–69.

Zu Ps 15: W. Beyerlin, Weisheitlich-kultische Heilsordnung. Studien zum 15. Psalm (Biblisch-Theologische Studien 9), Neukirchen 1985; E. Otto, Kultus und Ethos in Jerusalemer Theologie: Zeitschrift f. d. atl. Wissenschaft 98, 1986, 161–179.

Zu Ps 133: O. Keel, Kultische Brüderlichkeit – Ps 133: Freiburger Zeitschrift für Philosophie und Theologie 90, 1976, 68–80.

Zu Ps 114: N. Lohfink, Ps 114/115 (M und G) und die deuteronomische Sprachwelt, in: FS H. Groß (s. o.) 199–205.

Zu Ps 126: W. Beyerlin, „Wir sind wie Träumende". Studien zum 126. Psalm (Stuttgarter Bibelstudien 89), Stuttgart 1977; Sch. Ben-Chorin, Das Volkslied der Juden, in: Liturgie und Dichtung (s. o.) 47–54.

Zu Ps 20.21.101: W. H. Schmidt, Alttestamentlicher Glaube in seiner Geschichte, Neukirchen ⁴1982, 190–215; N. Lohfink, Das Jüdische am Christentum, Freiburg 1987, 71–102.

Zu Ps 12.14.11: J. Jeremias, Kultprophetie und Gerichtsverkündigung in der späten Königszeit Israels (WMANT 35), Neukirchen 1970, 111–114; T. Veerkamp, Der Bewährte – was kann er wirken? Eine Auslegung des 11. Psalms: Texte und Kontexte 3, 1979, 5–10.

Zu Ps 19: O. H. Steck, Bemerkungen zur thematischen Einheit von Psalm 19,2.7, in: FS C. Westermann, Göttingen–Neukirchen 1980, 318–324; Ch. Dohmen, Ps 19 und sein altorientalischer Hintergrund: Biblica 64, 1983, 501–517; J. M. Oesch, Zur Übersetzung und Auslegung von Psalm 19: Biblische Notizen 26, 1985, 71–89.

Zu Ps 33: A. Deissler, Der anthologische Charakter des Psalmes 33(32), in: FS A. Robert, Paris 1957, 225–233; H. Graf Reventlow, Gebet im Alten Testament, Stuttgart 1986, 131–139.

Zu Ps 8: W. Beyerlin, Psalm 8. Chancen der Überlieferungskritik: Zeitschrift für Theologie und Kirche 73, 1976, 1–22; E. Zenger, „Was ist das Menschlein ...?" (Ps 8,5), in: FS A. Brems, Regensburg 1981, 127–145; M. Görg, Alles hast du gelegt ..., in: FS H. Groß (s. o.) 125–148.

Zu Ps 16: K. Seybold, Der Weg des Lebens. Eine Studie zu Psalm 16: Theologische Zeitschrift 40, 1984, 121–129.

Zu Ps 23: S. Mittmann, Aufbau und Einheit des Danklieds Psalm 23 Zeitschrift für Theologie und Kirche 77, 1980, 1–23; W. Stenger Strukturale ‚relecture' von Ps 23, in FS H. Groß (s. o.) 441–455.
Zu Ps 104: O. H. Steck, Der Wein unter den Schöpfungsgaben. Überlegungen zu Psalm 104, in: ders., Wahrnehmungen Gottes (ThB 70), München 1982, 240–261; K. Seybold, Psalm 104 im Spiegel seiner Unterschrift: ThZ 40, 1984, 1–11; H. Spieckermann, Heilsgegenwart. Eine Theologie der Psalmen (FRLANT 148), Göttingen 1989, 21–49; Ch. Uehlinger, Leviathan und die Schiffe in Ps 104,25–26: Bibl 71, 1990, 499–526; E. Zenger, „Du kannst das Angesicht der Erde erneuern" (Ps 104,30). Das Schöpferlob des 104. Psalms als Ruf zur ökologischen Umkehr: BiLi 64, 1991, 75–86.
Zu Ps 148: D. R. Hillers, A Study of Psalm 148: CBQ 40, 1978, 323–334; J.-L. Cunchillos, Le Psaume 148: Hymne au dieu inaccessible – Document religieux d'une mentalité conservatrice, in: Proceedings 8th Congress of Jewish Studies, Jerusalem 1982, 51–56; L. Ruppert, Aufforderung an die Schöpfung zum Lob Gottes. Zur Literar-, Form- und Traditionskritik von Psalm 148, in: Freude an der Weisung des Herrn. FS H. Groß (SBB 13), Stuttgart ²1987, 275–296; H. Spieckermann, Heilsgegenwart (s. o. zu Ps 104) 50–59.
Zu Ps 46: M. Weiss, Wege der neuen Dichtungswissenschaft in ihrer Anwendung auf die Psalmenforschung. Methodologische Bemerkungen, dargelegt am Beispiel von Psalm XLVI: Bibl 42, 1961, 255–302; H. Junker, Der Strom, dessen Arme die Stadt Gottes erfreuen (Ps 46,5): Bibl 43, 1962, 197–201; L. Krinetzki, Jahwe ist uns Zuflucht und Wehr. Eine stilistisch-theologische Auslegung von Psalm 46 (45): BiLe 3, 1962, 26–42; E. Zenger, Von der Unverzichtbarkeit der historisch-kritischen Exegese. Am Beispiel des 46. Psalms: BiLi 62, 1989, 10–20; N. Lohfink, „Der den Kriegen einen Sabbat bereitet." Psalm 46 – ein Beispiel alttestamentlicher Friedenslyrik: BiKi 44, 1989, 148–153.
Zu Ps 65: G. Rinaldi, Gioele e il Salmo 65: Bibbia e Oriente 10, 1968, 113–122; S. Schroer, Psalm 65 – Zeugnis eines integrativen JHWH-Glaubens?: UF 22 (im Druck).
Zu Ps 93: J. Jeremias, Das Königtum Gottes in den Psalmen. Israels Begegnung mit dem kanaanäischen Mythos in den Jahwe-König-Psalmen (FRLANT 141), Göttingen 1987, 15–29 (dazu vgl. vor allem: E. Otto, Mythos und Geschichte im Alten Testament. Zur Diskussion einer neuen Arbeit von J. Jeremias: BN 42, 1988, 93–102; H. Spieckermann, Heilsgegenwart [s. o. zu Ps 104] 180–186; B. Janowski, Das Königtum Gottes in den Psalmen. Bemerkungen zu einem neuen Gesamtentwurf: ZThK 86, 1989, 389–454); R. Mosis, „Ströme erheben, Jahwe, ihr Tosen ...". Beobachtungen zu Ps 93, in: FS N. Füglister, Würzburg 1991, 223–255.
Zu Ps 99: É. Lipiński, La Royauté de Yahwé dans la Poésie et le Cult de

l'Ancien Testament (VVAW.L XXVII, 55), Brüssel 1965, 276–335; P. Mommer, Samuel in Ps 99: BN 31, 1986, 27–30; R. Scoralick, Trishagion und Gottesherrschaft. Psalm 99 als Neuinterpretation von Tora und Propheten (SBS 138), Stuttgart 1989.

Zu Ps 100: J. L. Mays, Worship, World and Power. An Interpretation of Psalm 100: Int 23, 1969, 315–330; N. Lohfink, Die Universalisierung der „Bundesformel" in Ps 100,3: ThPh 65, 1990, 172–183; E. Zenger, Israel und Kirche im gemeinsamen Gottesbund. Beobachtungen zum theologischen Programm des 4. Psalmenbuchs, in: Israel und Kirche heute. FS E. L. Ehrlich, Freiburg 1991, 238–257.

Zu Ps 81: J. Jeremias, Kultprophetie und Gerichtsverkündigung in der späten Königszeit Israels (WMANT 35), Neukirchen 1970, 125–127; F.-L. Hossfeld, Ps 50 und die Verkündigung des Gottesrechts, in: FS N. Füglister (s. o. zu Ps 93) 83–101.

Zu Ps 82: H. W. Jüngling, Der Tod der Götter. Eine Untersuchung zu Psalm 82 (SBS 38), Stuttgart 1969; H.-J. Fabry, „Ihr alle seid Söhne des Allerhöchsten" (Ps 82,6): BiLe 15, 1974, 135–147; P. Höffken, Werden und Vergehen der Götter: ThZ 39, 1983, 129–137; F.-J. Stendebach, Glaube und Ethos. Überlegungen zu Ps 82, in: FS H. Groß (s. o. zu Ps 148) 425–440. F. Crüsemann, Meine Kraft ist in den Schwachen mächtig. Eine theologische Reflexion: Junge Kirche 48, 1987, 610–614; H. Niehr, Götter oder Menschen – eine falsche Alternative. Bemerkungen zu Ps 82: ZAW 99, 1987, 94–98.

Zu Ps 118: F. Crüsemann, Studien zur Formgeschichte von Hymnus und Danklied in Israel (WMANT 32), Neukirchen 1969, 217–223; J. L. Mays, Psalm 118 in the Light of Canonical Analysis, in: FS B. S. Childs, Philadelphia 1988, 299–311.

Zu Ps 125: W. Beyerlin, Weisheitliche Vergewisserung mit Bezug auf den Zionskult. Studien zum 125. Psalm (OBO 68), Fribourg-Göttingen 1985.

Zu Ps 127: H. Strauß, „Siehe, Jahwes Erbbesitz sind Söhne." Ps 127 als ein Lied der Ermutigung in nachexilischer Zeit, in: FS A. H. J. Gunneweg, Stuttgart 1987, 390–398; H. Irsigler, „Umsonst ist es, daß ihr früh aufsteht..." Psalm 127 und die Kritik der Arbeit in Israels Weisheitsliteratur: BN 37, 1987, 48–72; O. Wahl, Lieder der Befreiten. Psalmen beten heute, München 1989, 115–125; O. Keel, Psalm 127: Ein Lobpreis auf Den, der Schlaf und Kinder gibt, in: FS N. Füglister (s. o. zu Ps 93) 155–163.

Zu Ps 129: F. Crüsemann, Studien (s. o. zu Ps 118) 169–174.

Zu Ps 134: F. Crüsemann, Studien (s. o. zu Ps 118) 78 f.

Zu Ps 6: K. Heinen, „Jahwe, heile mich!" Klage und Bitte eines Kranken: Erbe und Auftrag 48, 1972, 461–466; K. Seybold, Das Gebet des Kranken im Alten Testament (BWANT 99), Stuttgart 1973, 153–158; N. Lohfink, Was wird anders bei kanonischer Schriftauslegung? Beobachtungen am Beispiel von Psalm 6: JBTh 3, 1988, 29–53; H. C. Knuth, Zur Auslegungsgeschichte von Psalm 6 (BGBE 11), Tübingen 1971.

Zu Ps 44: H. Groß, Geschichtserfahrung in den Psalmen 44 und 77: TrThZ 80, 1971, 207–221; W. Beyerlin, Innerbiblische Aktualisierungsversuche: Schichten im 44. Psalm: ZThK 73, 1976, 446–460; E. Vogt, Das Klagegebet Psalm 44 und die Belagerung Jerusalems 701 v. Chr. (AnBibl 106), Rom 1986, 78–86; E. Zenger, Warum verbirgst du dein Angesicht (Ps 44, 25)? Vom Leiden Israels an seinem Gott, in: R. Zerfaß – H. Poensgen (Hg.), Die vergessene Wurzel. Das Alte Testament in der Predigt der Kirchen, Würzburg 1990, 89–119.

Zu Ps 130: W. H. Schmidt, Gott und Mensch in Ps 130: ThZ 22, 1966, 241–253; W. Groß, Meditation zu Psalm 130: Erbe und Auftrag 55, 1979, 456–458; P. Lippert, Psalmen als Impulse für Pastoral und Gemeindeleben. Am Beispiel von Psalm 130: Theologie der Gegenwart 26, 1983, 49–54; H. Kurzke, Säkularisation oder Realisation? Zur Wirkungsgeschichte von Psalm 130 („De profundis") in der deutschen Literatur von Luther bis zur Gegenwart, in: H. Becker – R. Kaczynski (Hg.), Liturgie und Dichtung. Ein interdisziplinäres Kompendium II. St. Ottilien 1983, 67–89.

Zu Ps 51: J. Schildenberger, Psalm 50: Der große Bußpsalm Miserere: Benediktinische Monatsschrift 22, 1946, 114–124; H. J. Stoebe, „Gott sei mir Sünder gnädig." Eine Auslegung des 51. Psalms (BiblStud 20), Neukirchen 1958; G. Botterweck, Sei mir gnädig, Jahwe, nach deiner Güte. Eine Meditation über Ps 51 (50), 3–14: BiLe 2, 1961, 136–142; H. Groß, Theologische Eigenart der Psalmen und ihre Bedeutung für die Offenbarung des Alten Testaments – dargestellt an Ps 51: BiLe 8, 1967, 248–256; H. Haag, „Gegen dich allein habe ich gesündigt." Eine Exegese von Ps 51, 6: ThQ 155, 1975, 49 f. N. P. Levinson, Psalm 51. Schuld und Sühne, in: Aus den Psalmen leben. Das gemeinsame Gebet von Kirche und Synagoge neu erschlossen, Freiburg 1979, 91–102.

Zu Ps 103: F. Crüsemann, Studien (s. o. zu Ps 118) 302–304; K. Seybold, Das Gebet (s. o. zu Ps 6) 142–146; H. Spieckermann, „Barmherzig und gnädig ist der Herr…": ZAW 102, 1–18; E. Zenger, Israel und Kirche (s. o. zu Ps 100).

Zu Ps 90: C. Westermann, Der 90. Psalm, in: ders., Forschung am Alten Testament (ThB 24), München 1964, 344–350; G. von Rad, Der 90. Psalm, in: ders., Gottes Wirken in Israel, Neukirchen 1974, 268–283; H.-P. Müller, Der 90. Psalm: ZThK 81, 1984, 265–285; E. Zenger, „Dem vergänglichen Werk unserer Hände gib Du Bestand!" Ein theologisches Gespräch mit dem 90. Psalm, in: R. Panikkar – W. Strolz (Hg.), Die Verantwortung des Menschen für eine bewohnbare Welt, Freiburg 1985, 11–36.

Zu Ps 49: H. Groß, Selbst- oder Fremderlösung. Überlegungen zu Psalm 49,8–10, in: FS J. Ziegler (FzB 2), Würzburg 1972, 65–70; A. Schmitt, Entrückung – Aufnahme – Himmelfahrt. Untersuchungen zu einem Vorstellungsbereich im Alten Testament (FzB 10), Stuttgart 1973, 193–252; P. Casetti, Gibt es ein Leben vor dem Tod? Eine Auslegung von Ps 49 (OBO 44), Fribourg-Göttingen 1982.

Zu Ps 73: F. Stier, Psalm 73. Von der Leidensgeschichte eines Glaubens, in: Aus den Psalmen leben (s. o. zu Ps 51) 104–116; J. Magonet, Psalm 73. Selbsterkenntnis und Gottesliebe, ebda. 116–130; A. Schmitt, Entrückung (s. o. zu Ps 49) 253–309: H. Irsigler, Ps 73 – Monolog eines Weisen (ATS 20), St. Ottilien 1984; D. Michel, Ich aber bin immer bei dir. Von der Unsterblichkeit der Gottesbeziehung, in: H. Becker – B. Einig – P.-O. Ullrich (Hg.), Im Angesicht des Todes. Ein interdisziplinäres Kompendium I, St. Ottilien 1987, 643–656.

Zu Ps 4: L. Dürr, Zur Datierung von Ps 4: Bibl 16, 1935, 330–338; W. Beyerlin, Die Rettung der Bedrängten in den Feindespsalmen der Einzelnen auf institutionelle Zusammenhänge untersucht (FRLANT 99), Göttingen 1970, 84–90; O. Wahl, Du allein, Herr, läßt mich sorglos ruhen. Die frohe Botschaft von Ps 4, in: FS H. Groß (s. o. zu Ps 148) 450–470; E. Zenger, „Gib mir Antwort, Gott meiner Gerechtigkeit" (Ps 4,2). Zur Theologie des 4. Psalms, in: FS H. Reinelt, Stuttgart 1990, 377–403.

Zu Ps 139: H.-P. Müller, Die Gattung des 139. Psalms: ZDMG Suppl I, 1969, 345–355; R. Kilian, In Gott geborgen. Eine Auslegung des Psalms 139: BiKi 26, 1971, 97–102: H. Schüngel-Straumann, Zur Gattung und Theologie des 139. Psalms: BZ 17, 1973, 39–51; A. H. Friedlander, Psalm 139. Die Identität des Menschen vor Gott, in: Aus den Psalmen leben (s. o. zu Ps 51) 209–221; O. Wahl, Lieder der Befreiten (s. o. zu Ps 127) 127–141.

Zu Ps 42/43: J. Schreiner, Verlangen nach Gottes Nähe und Hilfe. Auslegung von Psalm 42/43: BiLe 10, 1969, 254–264; L. Alonso Schökel, The Poetic Structure of Psalm 42–43: JSOT 1, 1976, 4–11; M. Kessler, Response to Alonso Schökel: ebda 12–15; N. H. Ridderbos, Response to Alonso Schökel: ebda 16–21; E. Haag, Die Sehnsucht nach dem lebendigen Gott im Zeugnis des Psalms 42/43: GuL 49, 1976, 167–177.

Zu Ps 151: H.-J. Fabry, 11 QPs[a] und die Kanonizität des Psalters, in: FS H. Groß (s. o.) 45–67.